Nur zwei Monate nach ihrer Befreiung wird die polnische Jüdin Fela Dreksler von einer anderen ehemaligen KZ-Insassin zu Unrecht denunziert. Sie soll
in Auschwitz Mitgefangene misshandelt haben. Im Gefängnis bekommt Fela
einen Sohn, Jacky, – und endlich Hilfe. Die Gefängniswärterin Claire Stahl
nimmt sich ihrer an und erreicht schließlich, dass Fela aufgrund ihres schlechten Gesundheitszustandes begnadigt wird. Jacky und Fela ziehen zu ihrer Retterin. Doch schon früh ahnt der kleine Jacky, dass das Motiv für Frau Stahls
Hilfsbereitschaft alles andere als reine Nächstenliebe ist. Hinter der Maske der
aufopferungsvollen Helferin verbirgt sich eine glühende Nationalsozialistin.
Als Jacky neun Jahre alt ist, stirbt seine Mutter und hinterlässt einen Sohn, der
nicht viel anderes kennt als Leid, Ausgrenzung, Lügen und Unterdrückung. In
seinem Buch erzählt er, wie es ihm trotzdem gelang, ein erfolgreicher Mann
und glücklicher Familienvater zu werden.

Jacky Dreksler wurde 1946 in einem französischen Gefängnis geboren. Seine
Mutter war eine polnische Jüdin und KZ-Überlebende, sein Vater ein französischer Jude, den er nie kennengelernt hat. Jacky Dreksler studierte Soziologie
und Philosophie und arbeitete als Segel- und Gitarrenlehrer, Journalist, Co-
micautor, Gagschreiber und Liedtexter. Er war lange Jahre einer der meistbeschäftigten Fernsehautoren im Comedy- und Unterhaltungsbereich und
erfolgreicher Fernsehproduzent. Jacky Dreksler lebt mit seiner Frau und seinen
beiden Töchtern in Köln.

Jacky Dreksler

Ich wünsch dir
ein glückliches Leben

Das Leid meiner Mutter
und ihr Geschenk an mich

DUMONT

Bildnachweis:
Abbildung 5 (Seite 103): © Peter Wald,
Abbildung 6 (Seite 122): © Claudia und Rolf Warda,
Abbildung 32 (Seite 408): © Christine Streffing.
Alle anderen Abbildungen stammen aus dem Archiv
von Jacky Dreksler.

FSC
www.fsc.org
MIX
Papier aus ver-
antwortungsvollen
Quellen
FSC® C083411

September 2017
DuMont Buchverlag
Alle Rechte vorbehalten
© 2016 DuMont Buchverlag, Köln
Umschlaggestaltung: Lübbeke Naumann Thoben, Köln
Umschlagabbildung: Jacky Dreksler
Gesetzt aus der Adobe Caslon Pro und der Antenna
Druck und Verarbeitung: CPI books GmbH, Leck
Gedruckt auf säurefreiem und chlorfrei gebleichtem Papier
Printed in Germany
ISBN 978-3-8321-6414-0

www.dumont-buchverlag.de

Für meine Töchter
Noemi und Noelani

Inhalt

*Morgen, morgen schreibe ich
meine Träume auf und sehe,
wie in der Vergangenheit
der Schmutz in meinen Eingeweiden,
im Rückenmark, im Hirn
begonnen hat zu faulen
und zu Gift geronnen ist.
Morgen werde ich dann wissen,
wie es heißt, woher es kommt,
und wenn ich erst den Namen kenne,
bringt dies Gift mich nicht mehr um.*

Hannes Wader,
»Unterwegs nach Süden«

Jüdisches Bauchgrummeln

Geboren bin ich im Gefängnis. In einem gelb-grauen Steinkasten in den südlichen *banlieues* von Paris, 1946, ein Jahr nach dem Zweiten Weltkrieg. Meine Mutter war eine polnische Jüdin, mein Vater ein französischer Jude. Ihn habe ich nie kennengelernt. Ein Jahr lang war ich hinter Gittern, die nächsten drei in deutschen und französischen Kinderheimen.

Aufgewachsen bin ich in einem deutschen Gefängnis. Keins aus wirklichen Mauern und Gittern. Das Gefängnis bestand aus unsichtbaren Wänden der Unterdrückung, die meine christliche Pflegemutter um mich herum erbaute, nachdem meine Mutter gestorben war, als ich neun war; und es bestand aus den jüdischen Gittern in meinem Kopf, durch die ich die Welt betrachtete, bis ich ein junger Mann war.

Dies ist eine jüdische Geschichte. Die wahre Geschichte dreier Menschen, jeder beschädigt vom Gift der Nazis, jeder auf eigene Weise. Drei Menschen – drei Teile:

Im ersten Teil dieses Buches geht es um die Geschichte meiner jüdischen Mutter Fela. Die Anstifter des Zweiten Weltkriegs haben sie durch zwei Ghettos und zwei Konzentrationslager getrieben; die Sieger haben sie Anfang Mai 1945 befreit und in Paris schon einen Monat später wieder eingesperrt, weil sie in Auschwitz Mitgefangene misshandelt haben soll.

Der zweite Teil handelt von der Geschichte meiner christlichen Pflegemutter. Sie war Mamis Gefängniswärterin in einem deutschen Gefängnis, suchte Zeugen für die Unschuld meiner Mutter, holte die todkranke Frau nach der Begnadigung in ihre Wohnung, pflegte sie bis zum Ende und zog mich weiter auf. Bis ich entdeckte, dass sie ein Gebäude aus halben Wahrheiten und ganzen Lügen gemauert hatte und dass sie ein glühender Nazi gewesen war.

Und der dritte Teil ist die Geschichte eines Jungen, der schon mit fünf bei Kakao und Marmeladenbrötchen von seiner Mutter lernte, wie lange Juden in der Gaskammer nach Luft schnappen, eines Jungen, an dem zwei Religionen zerrten und der von seiner Pflegemutter eingesperrt und ausgebeutet wurde, der von seiner Mutter auf dem Sterbebett den Auftrag erhielt, glücklich zu werden – meine Geschichte.

Ich bin Jude

Meinen Freund Hugo Egon Balder lernte ich 1983 beim Radio kennen, sieben Jahre vor Beginn seiner Fernsehkarriere. Wir waren Gag-Autoren und sollten Witziges zu aktuellen News basteln. Meine Begrüßung überraschte Hugo: »Hi, ich bin Jacky ... Sag mal, bist du etwa Jude?«

In den Augen des Berliners glitzert Adrenalin. Aber der Schillertheater-Schauspieler hat sich im Griff: gepflegtes Zusammenzucken, entspanntes Lächeln, ein Zug an der Reyno: »Ja, ick bin Jude. Haste wat jejen Juden?«

Ich halte ihm mein Feuerzeug ans Ohr – zisschhh: »Ja, Gas.«

»Na, dann Schalömchen«, lacht Hugo und *highfived* mich, »noch 'n Judenbengel!«

Woran haben wir uns erkannt? Der alte SS-Kalauer war für Hugo ein untrügliches Kennzeichen: Nur Nazis machen solche geschmacklosen Witze – und Juden. Öffentlich nur Juden. Und nur Nazis und Juden würden – wie ich – die beiden winzigen Silberwinkel, die am Ende eines Kettchens aus Hugos T-Shirt lugten, sofort zu einem vollständigen Davidstern ergänzen. Nazis und Juden können Juden »riechen«.

Hugo lächelt: »Der Führer hätte seine Freude an dir gehabt. Meine Mutter war in Theresienstadt. Und deine?«

»Auschwitz.«

»Auch nicht schlecht«, sagt Hugo anerkennend nickend, »und wie hat's ihr gefallen?«

»Na ja, sie haben halt viel gelacht.«

Comedy ist Schmerz und Wahrheit![1] – Warum nur neigen Juden wie Hugo und ich zu dieser bemüht lockeren Form ironischer Vergangenheitsbewältigung? Unsere Mütter verloren im KZ ihre Würde und ihre Familien. Und wir Söhne spielen die Eiche, die es nicht kümmert, wenn ein Schwein sich an ihr kratzt.

Vielleicht sind wir, was Jean-Paul Sartre in seinem 1944 veröffentlichten Essay *Überlegungen zur Judenfrage* als »unauthentischen Juden« typisiert hat: Er stehe abseits, sei zwischen Demütigung, Furcht und Stolz hin- und hergerissen, aber »was er auch tun mag, in den Augen der anderen ist er und bleibt er Jude«. So entwickele er einen Minderwertigkeitskomplex und die Angst, jüdisch zu fühlen, zu handeln und zu denken. Er lebe nicht authentisch, sondern reflexiv: »Er *sieht* sich handeln, er *sieht* sich denken.« Und er entwickele – wie Hugo und ich – eine zuweilen masochistische jüdische Ironie, »die meistens auf Kosten des Juden selbst geht und der ständige Versuch ist, sich von außen zu sehen«. Der unauthentische Jude wolle »alle Bande mit der jüdischen Gemeinschaft … zerreißen und findet sie dennoch in der Tiefe seines Herzens wieder«. Laut Sartre spielen Juden das zynische Spiel, gar keine Juden zu sein – wie Hugo und ich.[2]

In seinen Memoiren *Ich habe mich gewarnt* erzählt Hugo, wie es weiterging:

> *Schnell stellten wir fest, daß [...] wir über die gleichen Dinge lachen konnten – und daß wir beide nichtpraktizierende Juden waren, was zumindest die Sache mit dem Humor erklären konnte. Wir hatten das Gefühl, uns schon eine Ewigkeit zu kennen.[3]*

Wir wurden Freunde, arbeiteten viel zusammen und produzierten gemeinsam über zweihundert TV-Unterhaltungssendungen. Darunter von 1993 bis 1998 *RTL Samstag Nacht*, die Kult-Comedy der Neunziger.

Eine jüdische Freundschaft unter erklärten Nichtjuden. Hugos Gefühl, dass wir uns schon »eine Ewigkeit« kennen, entspringt wohl dem Wissen, dass der andere im gleichen Teufelskreis reflektierender Reflexionen umherirrt wie man selbst – wie ein Chamäleon in einem Spiegelkabinett.

So ein rekursiv sozialisiertes Hirn ist allerdings im Comedybereich durchaus nützlich. Wie heißt der alte Spruch aus der Zeit der amerikanischen Vaudeville- und Radiocomedy? *You don't have to be Jewish, but it helps.*

Eine typisch jüdische Sentenz der Selbstvergewisserung – Hybris im Gewand der Bescheidenheit. Warum sind Juden stolz auf sich? Im Internet heißt es: »Ein Jude ist stolz, ein Jude zu sein, denn wäre er nicht stolz, wäre er auch Jude; also ist er gleich stolz.« Aha. Und mit stolzer Rabulistik gewinnen wir jeden Schwanzvergleich: Du kannst deine adeligen Vorfahren bis ins 12. Jahrhundert zurückverfolgen? Ich stamme von König David ab! Gott ist auf deiner Seite? Ich gehöre zum Volk seiner Lieblingsmenschen! Du sprichst mit dem Allerhöchsten? Ich rede mit ihm Hebräisch, seine Muttersprache! Deine Großeltern haben zwei Weltkriege erlebt? Wir haben 2500 Jahre Antisemitismus hinter uns! Du hältst dich für intelligent? 15 Millionen Juden stellen 0,2 Prozent der Weltbevölkerung, aber 20 Prozent der Nobelpreisträger! Du hast einen schönen Schwanz? Meiner hat schon im Babyalter eine Schönheitsoperation bekommen! Du glaubst an Jesus? Selbst Jesus war ein verdammter Jude! Wir sind arrogant? Ja, aber die, die bescheiden sind, *sollten* es auch sein! Wir sind Narzissten? Ja, aber die besten der Welt! – Nimm das, *Goj*!

Ein toller Hecht, sagte der Aphoristiker Manfred Hinrich, ist vielleicht nur ein unglücklicher Karpfen.

Als Jude bist du ein Antisemitismus-Detektor: Ich rieche ihn selbst da, wo es nichts zu riechen gibt. Der *Spiegel* schrieb zum Beispiel: »Genies wie der jüdisch-ungarische Emigrant John von Neumann und der Brite Turing ...« Da! Unterschwelliger Antisemitismus – warum musste von Neumanns Judentum betont werden? Warum schrieb das Blatt nicht: »der *jüdisch*-ungarische John von Neumann und der *christlich*-britische Turing«?[4] Und ich rieche ihn, wenn er sich hinter der (oft berechtigten) Kritik an Israel versteckt.

Als Jude bist du zudem ein Juden-Detektor: Welche Hollywood-Produzenten oder -Stars sind Katholiken, Buddhisten oder Baptisten? Ich habe keine Ahnung (und wozu sollte man sich so etwas auch merken?). Aber ich weiß, dass die Spiel-, Katzen- oder Eisenbergs und die Zuckers, Apatows und Bruckheimers Juden sind. Ebenso Stars wie Seth Rogen, Adam Sandler oder Sylvester Stallone; wie Natalie Portman, Gwyneth Paltrow und Scarlett Johansson. Ich kann mich nicht dagegen wehren, überall Juden zu »riechen« – wie ein guter Nazi.

Wenn du nur einen Hammer hast, sieht halt die ganze Welt wie ein Nagel aus.

Ich bin kein Jude

Nein, ich bin kein Jude.

Ich bin Atheist,[5] seitdem ich mit dreizehn Bertrand Russells *Warum ich kein Christ bin* gelesen habe (sieht man von einem halbjährigen Ausflug zum Katholizismus ein Jahr später ab). Ich bin Atheist, das heißt, ich glaube nicht an die totale Überwachung durch Gott.

Aber du kannst die Kippa absetzen, den Priesterhut aufsetzen und den wiederum durch eine atheistische Narrenkappe ersetzen – egal, ob dein Vater Mullah ist, polytheistischer Pygmäe oder Adolf Hitler persönlich: Hast du eine jüdische Mutter, hast du jüdisches Blut, bist du Jude. So sehen das die Juden. Die Nazis auch.

Juden und Nazis verorten Juden aber nicht nur religiös und genetisch, sondern auch *ethnisch*. Für beide gehörst du zum sogenannten »jüdischen Volk«. Schon morgen könnte ich in Tel Aviv landen und mir aufgrund »meines Blutes« auf »meinem Boden« in »meinem Land«, in »*Eretz Israel*«, einen Pass ausstellen lassen – weil ich auch nach fast zweitausend Jahren seit der angeblichen Vertreibung der Juden aus dem römischen Judäa ein historisch legitimiertes Anrecht auf dieses Land habe. So lautet das israelische Rückwanderungsgesetz.[6] Dabei ist es unerheblich, ob es überhaupt eine direkte Blutlinie von mir ins historische Israel gibt (ich könnte ein adoptiertes Christenkind sein) oder ob ich an Gott glaube (Beschneidung genügt).

Die Idee eines »jüdischen Volkes« ist ungewöhnlich: Stellen Sie sich vor, ein Katholik sagte, er gehöre zum »katholischen Volk«, und beantragte die Staatsbürgerschaft im Vatikan! Es gibt natürlich kein »katholisches Volk«. Aber ebenso wenig gibt es ein »jüdisches Volk« oder ein einzelnes »jüdisches Gen«, das sich bis ins historische Israel zurückverfolgen ließe (im ersten Jahrtausend nach Christus gab es im gesamten Mittelmeerraum massenhafte Übertritte von Nichtjuden zum Judentum). Und googeln Sie es: Europäische Juden sehen aus wie Europäer, äthiopische Juden wie Äthiopier und arabische Juden wie Araber. Das »jüdische Volk«, das auserwählte, ist eine sepiagetönte Legende von zwei Handvoll Wüstenstämmen mit einem ausgeprägten Selbstbewusstsein.[7] Ein Mythos, auf dessen tönernen Füßen ein brüchiger Tempel von Ideologie und Gegenideologie errichtet wurde, von Hass und Gegenhass, von Gewalt und Gegengewalt.

Auch die Nazis hatten eine ähnliche Blut-und-Boden-Ideologie – nur mit sogenannten Ariern als »Auserwählten«. Homosexuelle, »Zigeuner« und Juden gehörten nicht dazu – ab ins KZ. Ach, du bist *getaufter* Jude? Egal, du gehörst immer noch zum »jüdischen Volk«. Also ab ins KZ.[8]

Nein, ich bin kein Jude.

Aber der israelisch-arabische Konfliktherd ist für mich heißer als die vielen anderen, in denen Menschen vertrieben wurden (wie in Palästina) oder in denen ihnen droht, vertrieben zu werden (wie in Palästina). Das Leid der zwei Millionen Menschen hinter der 52 Kilometer langen Sperranlage von Gaza, das zu einer »Mischung aus Suppenküche, Obdachlosenunterkunft und Gefängnis geworden« ist, wie der Publizist Rami G. Khouri schreibt[9], das Leid der Israelis, die mit Raketen aus Gaza beschossen werden, erregt meine Aufmerksamkeit bei der Zeitungslektüre eine Spur mehr als das Leid der vielen anderen Menschen auf der Welt. Und ich habe immer wieder das nagende Gefühl, ich müsse in diesem unlösbaren Konflikt zu Israel halten, und immer wieder ein schlechtes Gewissen, wenn ich es nicht tue. Ich schaue genauer hin, wenn sich Israelis und Palästinenser wie zwei Wölfe aufführen, die sich gegenseitig an den Ohren halten: Sie würden gern loslassen, trauen sich aber nicht, aus Angst, der andere würde einen zerfleischen.[10]

Nein, ich bin kein Jude.

Aber das jüdische Angstzentrum im Hirn wird bleiben, berührungsempfindlich wie eine halb verheilte Wunde. In nur sechs Jahren lernte eine Nation den Stechschritt und verlor dabei den aufrechten Gang; nur sechs Jahre dauerte es, um ein Volk zu Nazis und Wegguckern zu machen. Wer hilft meiner Familie, wenn die braunen Geister wieder ihre hässlichen Häupter erheben? Wenn keiner gesehen haben will, dass sich Menschen mit Judenstern an Bahnhöfen oder Straßenbahnhaltestellen zur Deportation gesammelt haben. Wenn in der Nachbarschaft jüdische Wohnungen, Geschäfte und Arztpraxen »frei« werden. Wenn Versteigerungen von »jüdischem« Hausrat zu Schnäppchenjagden unter Nachbarn führen.[11]

Im Titelsong des Films *Ghostbusters* singt Ray Parker Junior: *»If there's something strange in your neighborhood – who you gonna call?«* Die beruhigende Antwort im Lied: »*Ghostbusters!*« Nach 1933 gab es in Deutschland wenige mutige Geisterjäger. Und heute? Ich hoffe, viele. Aber ich würde nicht die Hand dafür ins Feuer legen.

Zumindest nicht meine eigene.

Ich bin Deutscher

Mit Migrationshintergrund.[12] Meine Mutter kam aus dem Westen Polens. Mein Vater aus dem Süden Frankreichs. Das alles bemerken Sie nicht, wenn Sie mich auf der Straße treffen. Ich sehe nicht aus wie Kafka und spreche nicht wie Reich-Ranicki. Erst war ich Franzose – in Frankreich. Dort durfte ich mich im wehrfähigen Alter später nicht blicken lassen – sie hätten mich sofort zum Militär eingezogen. Dann war ich staatenlos – in Deutschland. Hier musste ich nicht zum Militär – weil ich Jude bin. Als Kind emigrierte ich in die USA und sollte amerikanischer Staatsbürger werden. Schließlich wurde ich Deutscher. Wohl wegen dieses bunten Hintergrunds denke und fühle ich nicht in Kategorien wie »Staaten« oder »Völker«. Kulturen sind mir wichtig.

Ich liebe Deutschland, dieses wundervolle Land, errichtet auf den Trümmern zweier Weltkriege, ich liebe es – trotz der Gräuel des Dritten Reiches. In wenigen anderen Staaten werden die Menschenrechte so ernst genommen, gibt es so viel Freiheit, Toleranz und Rechtssicherheit, wird Flagge nur gezeigt bei Jubelkorsos nach Fußballspielen.[13]

Ich lebe gern in diesem Land, in dem meine Kinder ohne Hunger und Verfolgung aufgewachsen sind, in dem meine Bücher veröffentlicht werden und nicht verbrannt, in dem nicht mehr nur Eisbein, Kotelett oder Kohlsuppe auf dem Tisch stehen, sondern auch Pizza und Sushi, Kebab, Hamburger und Ente süß-sauer.

Und niemand zwingt mich, die Welt in »Wir« und »Die« zu scheiden: Bist du einer von uns? Dann bist du lebenswertes Leben. Gehörst du zu den anderen? Dann bist du lebensunwertes Leben – wir müssen dich ausgrenzen, isolieren oder einpferchen; entrechten, enteignen oder versklaven; verfluchen, verdammen oder gleich töten.

Für einen Juden ist es gut, heute in Deutschland zu leben.

Ich wollte kein Buch schreiben

Es ist mir schwergefallen, dieses Buch zu schreiben, denn ich habe über drei Jahrzehnte als Spaßmacher gearbeitet: als Autor oder Produzent von über tausend unterhaltsamen Fernsehsendungen. Die Comedy liegt mir näher als die Tragödie.

Es war eine aufwühlende Erfahrung: Ich schrieb und beobachtete dabei, was ich fühlte und was ich nicht fühlte, fragte mich, warum ich etwas fühlte und – schlimmer noch! – warum nicht. Und dann schaute ich mir dabei zu, wie ich das alles niederschrieb und dabei durch die Metaebenen irrlichterte. Sartre hatte mich 1944 gut beschrieben, zwei Jahre bevor ich auf die Welt kam: Ich bin ein unauthentischer Jude.

Vor vier Jahrzehnten hatte ich die Wahrheit über meine Mutter, meine Pflegemutter und mich herausgefunden, war *mad as hell* und plante, ein Buch darüber zu verfassen. Ich war beleidigt wie ein Muslim, der immer noch unter den Kreuzzügen leidet. Nach den ersten Skizzen habe ich es ungeschrieben beiseitegelegt – aus Faulheit, Angst und Zeitmangel: zu faul, weiter monatelang in stockfleckigen Akten zu blättern; zu ängstlich, noch einmal in der braunen Scheiße zu rühren (der entweichende Gestank könnte ja erneut mein Leben verpesten); zu besorgt, die in vielen Jahren geronnenen Gefühle könnten meine Lebensadern verstopfen; zu beschäftigt mit meinem studentischen Bohèmeleben.

Im Jahr 2014 überzeugte mich der verstorbene Alfred Neven DuMont, diese Biografie/Autobiografie doch zu schreiben.

Es war eine gute Erfahrung: Das Schreiben und Nachdenken half mir, die Gegenwärtigkeit des Vergangenen zu erkennen und, vor allem, die Reste von Hass und Wut aus meinem Gehirn zu spülen. Hass und Wut sind aggressive Säuren. Sie zerstören den Behälter, in dem sie aufbewahrt werden.

Ein Buch also. Aber mit Bauchgrummeln.

Letzte Worte

Am Horizont floss die Sonne wie Honig auf die Prärie und über dem Lagerfeuer schmurgelte eine Bärentatze. In den verblassenden Hügeln heulte ein Kojote. Old Shatterhand legte den Arm auf meine Schulter und … da weckte mich Schwester Stephania kurz vor dem Morgengrauen. Um mich herum kalkweiße Wände. Kahl bis auf ein Kruzifix. Zwei schwarze Fenster. Der Geruch alter Menschen.

»Wach auf, mein Junge, deine Mami möchte dich sehen.«

»Wie geht es ihr?«

»Nicht so gut.«

Lieber Gott, mach, dass sie wieder gesund wird, dachte ich. Seit zwei Tagen lebte ich in diesem unbelegten Zimmer des Krankenhauses. Es war der 3. November 1955. Ich war neun und fühlte mich elend und allein.

Während unsere Schritte durch die Flure hallten, unterdrückte ich die aufsteigenden Tränen. Westmänner weinen nicht.

Auf dem Gang zu Mamis Zimmer roch es nach altem Rauch. Omi lehnte an der blassgrün lackierten Wand, drückte eine Supra Filter in einen vollen Aschenbecher und nahm einen Schluck aus einer flachen Silberflasche. Ich lief zu ihr und umarmte sie: »Omi, ich hab Angst.«

Omi schwieg und weinte. Ihr Gesicht war hart wie Eschen-

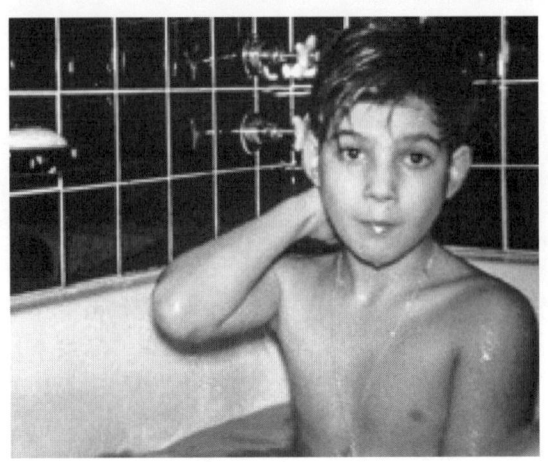

Abb. 1: Jacky (9), Ende Oktober 1955

holz. Ihre Arme hingen schlaff herunter, und ihre fast wimpernlosen Augen blickten mich streng an. Mein Magen krampfte
sich zusammen. Offensichtlich war sie mir noch böse, weil ich in
der Schule wieder Geld gestohlen hatte. Ich hätte es trotzdem
schön gefunden, wenn sie mich jetzt in den Arm genommen hätte. Aber das war nicht ihre Art.

Omi war nicht meine richtige Großmutter. Die war im KZ
umgekommen, wie meine gesamte polnische Familie außer Mami
und Onkel Berel. Omi war keine Jüdin. Sie hatte Mami vor fünf
Jahren aus dem Gefängnis geholt und mich aus einem Heim. Hatte uns bei sich aufgenommen und Mami jahrelang gepflegt.

In Mamis Raum roch es nach Desinfektionsalkohol. Ich kannte
den Geruch seit Jahren: Mami hatte gerade wieder eine Mor-
phiumspritze bekommen. Langsam ging ich zu ihrem Bett. Sie
nahm meine Hand, streichelte sie und versuchte zu lächeln; doch
ihre Kraft reichte wohl nicht mehr.

»Jankele, mein liebes Jankele«, sagte sie in ihrem melodiösen jiddischen Deutsch, »du wirst bald sein allein.«

Ich kämpfte gegen die Tränen an. Sie schaute mich aus dunklen Augenhöhlen an und atmete langsam. Ich bemühte mich, im gleichen Rhythmus zu atmen. Mamis Züge waren mild und entspannt. Aber die sonst leuchtend grünen Augen glommen nur noch matt. Halb aufgerichtet lag sie da, und das reiche schwarze Haar fiel auf ihre Schultern.

Sie war wunderschön. Ich liebte sie.

»Jankele, ich will, dass du wirst a guter Jid. Gej zu Onkel Berel nach Amerika. Er freit sich auf dich.«

»Ja, Mami.«

Amerika! Das Land von Winnetou und Old Shatterhand: mein sehnlichster Wunsch! Dann würde ich Onkel Berel endlich kennenlernen, meinen einzigen Verwandten. Er hatte uns in den letzten Jahren immer Pakete mit *peanut butter*, Kleidung und Dollarscheinen geschickt.

»Jankele, du musst lernen. Viel lernen. Werd was, womit du anderen Menschen helfen kannst, Arzt oder Rechtsanwalt. Und sag nie: *Das kann ich nicht.*«

»Ja, Mami.«

»Kann ich nicht« hatte ich schon seit Langem aufgegeben: seit sie mir mit vier Lesen und Schreiben beigebracht hatte, mit fünf Waschen, Strümpfestopfen und Knöpfeannähen. Jedem »Kann ich nicht« folgte ein »Dann lern es, im KZ musste ich auch alles können«.

»Und, Jankele, du musst versuchen, zu sein glicklich. Egal, was kommt. Du musst es wollen. Mehr als alles andere.«

Glücklich? Ob Kindergarten, Schule oder Spielplatz: Ich war immer der kleine Judenjunge – der einzige. Mit brennenden Augen sah ich die »Christenkinder« miteinander herumtollen. Ich stand immer am Rand und hätte so gern dazugehört. Sie waren auch nicht so arm wie wir. Hatten Familien, Großeltern, die zu Weihnachten Fahrräder schenkten, hatten Mütter und Väter, die zu Hause waren, nicht krank oder verschollen.

Mami schloss die Lider. Sie atmete tief ein – doch nicht wieder aus. Auch ich hielt den Atem an. Sekundenlang kristallisierte die Zeit – endlich stieß sie die Luft von sich und öffnete die Augen. Mir schien, als glühten sie noch einmal auf.

»Komm her, mein Jingele.« Mami streckte die Arme aus, und ich legte mich vorsichtig hinein. Sie atmete ganz ruhig. Dann drückte sie mich und küsste meine Stirn. »Gej jetzt schlofn, Jankele. Schlof scheen und lang.«

»Du auch, Mami.«

»Jankele, mein goldenes Kind, ich wünsch dir a glickliches Leben.«

Schon am Tag danach, wie es bei Juden üblich ist, stand ich mit Omi und dem Rabbiner an Mamis Grab auf dem Jüdischen Friedhof in Köln. Sie weinten. Ich nicht. Doch nicht vor allen Leuten!

Meine Mutter hatte sich an das Leben gehängt, das bisschen Leben nach fünf Höllen: nach zwei Ghettos, zwei KZs und dem Gefängnis. Aber das Leben schleifte sie bald nur noch hinter sich her wie eine lästige Bittstellerin.

Jetzt hatte es sie abgeschüttelt.

Im feuchtschwarzen Erdhügel neben dem Grab steckte ein Schild aus grauem Sperrholz:

Fela Dreksler 2. Februar 1915 – 3. November 1955.

Nur vierzig Jahre! Ich ballte die Fäuste. Ich war wütend und hatte kein Ziel für meine Wut. Aber ich beschloss, alles zu tun, was Mami mir aufgetragen hatte: guter Jude sein, viel lernen, glücklich werden. Fela kommt von Felicitas. Felicitas bedeutet »Glück«.

Aber meine Mutter hatte keins. Jacob, mein eigentlicher Name, ist hebräisch und bedeutet »Gott beschütze dich« – der Wunsch für ein glückliches Leben. Aber, wie sich zeigen sollte, keine Garantie. Der Allgegenwärtige kann nicht ständig überall und bei jedem sein.

Abb. 2: Omi (49), meine Mutter (39) und ich (8)
im Jahr 1954, ein Jahr vor Mamis Tod

Felas Unglück begann am 1. September 1939 mit Hitlers Überfall auf Polen. Drei Tage später marschierten seine Truppen in die – halb jüdische, halb christliche – Mittelstadt Będzin im damals polnischen Oberschlesien (meine Mutter sprach es »Ben-dschien« aus). Dort lebte Fela mit ihrer sieben- oder achtköpfigen Familie in einer winzigen Hütte am Ufer der Schwarzen Przemsza. Meine Mutter sprach den Namen des Flusses etwa wie »Schemscha« aus …

FELA

Abb. 3: Meine Mutter Fela Dreksler (34)
während der Haft in Rastatt, vermutlich 1949

Verbrenne ihre Synagogen [...],
zwinge sie zur Arbeit
und gehe mit ihnen
nach aller Unbarmherzigkeit um,
wie Moses in der Wüste tat,
der dreitausend totschlug [...].

Martin Luther,
Von den Juden und ihren Lügen

1

Sabbat in Będzin

»So, Schabbes für heute!«

Fela nimmt den Fuß vom Pedal der klapprigen Singer-Näh-maschine und legt die reparierten Seidenkleider beiseite. Ein Glück, dass die fette Birnbaum dauernd aus allen Nähten platzt. Sonst könnten sie sich heute kein Fleisch leisten. »Peluscha!«

Die Kleine spielt unten am Fluss, sagt Alek, küsst Felas Haar, nimmt die Kleider und hängt sie auf einen Bügel. Fela schmiegt sich kurz an ihren Mann, geht aus dem einzigen Raum ihrer Hütte in das Gemüsegärtchen hinterm Haus – »Peluuuscha!« –, dreht ein Bündel Schnittlauch ab und wirft einen ängstlichen Blick aufs Dach.

Die morschen Holzschindeln unter dem gebeugten First wer-den nur von wildem Wein und Leuchtmoos zusammengehalten, so scheint es ihr. Und vielleicht von den Ranken des Blauregens, dessen angewelkte Blütentrauben schwer von der Traufe ins Ge-müsebeet hängen: ein Wasserfall aus Amethyst, erinnerte sie sich gern. Und wie sie dieses Gärtchen liebte, in dem Kohl, Kopfsalat und Levkojen wuchsen.

»Peluscha, Schabbes! Komm, umziehen!«

Am anderen Ufer der Schwarzen Przemsza, eines Flüsschens, das träge durch die ärmeren Viertel Będzins fließt, steht die Sonne schon tief in den Haselsträuchern.

Wie jeden Freitag beginnt der jüdische Sabbat in der Abenddämmerung. Bis zum Samstagabend darf nicht mehr gearbeitet werden. Wie bei der Schöpfung: Gott befand, dass die Welt gut sei, und legte einen Ruhetag ein.

»Peluscha! Komm, ich hab ein neues Rätsel für dich.«

Endlich kommt mein sechsjähriges Schwesterchen angehopst. Ihre schwarzen Locken tanzen um zwei intelligente grüne Augen. Wie so oft schmettert sie: *Jeszcze Polska nie zginęła, kiedy my żyjemy* – die polnische Nationalhymne. Noch ist Polen nicht verloren.

Auch ich sang sie mit Inbrunst im Marschschritt, als ich vier war, und sah die Augen meiner Mutter dabei aufleuchten. Sie war stolz, Polin zu sein. – Stolz? Ich bin naturalisierter Deutscher und liebe dieses Land. Aber ich habe nichts dazu beigetragen, dass es ein gutes Land ist. Nur durch Zufall lebe ich hier und nicht in der Heimat meines französischen Vaters, meiner polnischen Mutter oder meines amerikanischen Onkels. Soll ich stolz sein auf Dinge, für die ich nichts geleistet habe, auf die ich keinen Einfluss habe? Stolz, blassrosa zu sein statt tiefbraun? Stolz, Jude statt Christ zu sein? Stolz, dass die Sonne scheint?

Peluscha singt immer lauter. »Schtil, Mejdl!«, flüstert Fela und hält ihr den Mund zu. »Sing a anderes Lidel.« Sie gibt Peluscha einen Klaps auf den Po. »Solang die Deitschen hier sind, will ich das nicht mehr hören.«

Es ist der 8. September 1939. Hitlers Kriegsmaschine hat vor einer Woche Polen niedergewalzt.

Ein jüdisches Rätsel

Peluscha krabbelt auf Felas Schoß. »So, Peluscha, jetzt erzähl ich dir das Rätsel mit dem Hirschen.« Peluscha juchzt; sie liebt die talmudischen Rätselwitze meiner Mutter.

Felas Mann Alek verdreht die Augen: »Allmächtiger! Die Deutschen stiefeln durch Będzin, und du erzählst Witze.«

»Grundgütiger, Fela!«, stöhnt meine Großmutter Róża[14] am bullernden Kohlenherd. »Hilf mir lieber.« Sie streicht sich mit dem Unterarm eine nasse Strähne aus dem schweißglänzenden Gesicht. »Der Tisch ist nicht gedeckt, und … wo bleibt eigentlich Berel mit dem Wasser?«

»Dein Sohn knutscht am Brunnen garantiert wieder mit irgendeiner Christenschickse«, wirft Alek ein. »Würd ich auch tun, wenn …«

Ein funkelnder Blick trifft ihn.

»… wenn ich noch sechzehn wäre und nicht so eine wundervolle Frau hätte.« Das war knapp.

»Also, Peluscha«, insistiert Fela, »stell dir vor, a scheener Hirsch steht draußen am Ufer der Przemsza und will ans andere Ufer zu seiner Hirschin. Der Hirsch darf nicht springen, er darf kein Boot bauen, und er darf nicht schwimmen. Wie kommt er rüber?«

Peluscha grübelt.

Onkel Lajzer schüttelt missbilligend die *pajes*, die gequirlten Schläfenlocken: »Der Herr spricht, die Frau soll das Licht der Familie sein. Von ›Clown‹ hat er nichts gesagt.«

Oyweh, denkt er, dass Frauen überhaupt ungefragt reden; in Warschau soll es sogar schon eine Synagoge geben, in der Mann und Weib nicht getrennt beten, das wird der Ewige garantiert rächen. Lajzer ist der einzige Orthodoxe in der Familie. Der Einzige, der einen Judenkaftan trägt. Und, wie man riecht, immer denselben.

»Lajzer hat recht«, bemerkt Alek grinsend. »Ich will die Scheidung.« Was für ein Glück er doch hatte, diese anmutige Frau zu gewinnen – birkenschlank, hohe Wangenknochen, funkelnd grüne Augen! Sechzehn war sie damals, und heute, acht Jahre später, hat sie zwar etwas an Gewicht gewonnen, aber nichts verloren von ihrem Charme und ihrer ansteckenden Fröhlichkeit.

Und wie geschmackvoll sie sich kleidet. Sie leben zwar im armen Fischerviertel am Fluss, aber ihr selbst geschneidertes Schabbeskleid sieht aus, als habe sie es in einem vornehmen Warschauer Modesalon gekauft. Dabei hat sie es nur aus einem zerfledderten Modemagazin nachgeschneidert. Manche Nachbarinnen rümpfen die Nase – hält sich wohl für was Besseres.

Noch mehr imponiert Alek, dass Fela es schafft, die geölten Fichtendielen sauber zu halten, die Regale ohne Staub und die Betten frei von Wanzen. Nicht leicht an einem Lehmweg ohne Kanalisation, in einem kleinen Loch mit sechs Schlafstellen, mit einer kleckernden, krümelnden, schlabbernden Mischpoche.

Aber sie schafft es mit Disziplin und gnadenlosen Regeln. Und an die haben sich alle zu halten. Selbst Mutter Róża, seit dem Tod ihres Mannes das Familienoberhaupt – aber nur dem Alter nach.

Fela spürt die Anerkennung in Aleks Blick und lächelt liebevoll zurück. Alek ist ein wundervoller Mann, denkt sie, humorvoll und gütig. Die schütter werdenden Haare stören sie nicht. Er ist ein liebevoller Vater und ein geschickter Schneider. So gut wie sie? Nein, aber Fela ist taktvoll genug, ihm das nie zu sagen. Armer Kerl: mit achtundzwanzig die Arbeit verloren, weil doch die Hände immer stärker zittern. Das muss an seinem Stolz nagen.

Tak-tak-tak! Schreckgeweitete Augen: MP-Garben. Tak-tak-tak!

Fela drückt Peluscha an sich und schaut Alek angstvoll an. Jeden Tag schikanieren die Deutschen ein anderes Viertel. Hundert Tote seit dem Einmarsch, hat sie gehört, mehr noch verhaftet. Fela beruhigt Peluscha mit einem gezwungenen Lächeln: »Wir lassen uns den Schabbes nicht verderben.«

Alek tut erleichtert: »Recht hast du. Sie greifen sich nur die reichen Jiden und die Polenbonzen. Was sollen sie auch mit uns Armen?«

»Der Allmächtige wird alles richten«, seufzt Róża.

»Außerdem«, bestätigt Fela und nickt, »können die paar Soldaten ja nicht fünfundzwanzigtausend Juden tyrannisieren, die Hälfte der Stadt.«

Schabbat Schalom

In dem kleinen Haus am Fluss fliegt die Holztür auf. Berel kommt mit zwei Kübeln Wasser von der Pumpe und stellt sie am Herd ab. »Oben an der Burg wird geschossen.«

»No, seit acht Tagen ist Krieg, da wird halt geschossen«, sagt Róża achselzuckend und gießt Wasser in einen Topf mit gerösteten Zwiebeln, Rinderknochen, Graupen, Bohnenkernen und Stücken von der Hammeldünnung, dem fettdurchwachsenen Bauchlappen – Tscholent.

»Sie werden gleich aufhören«, beruhigt Róża, stöhnt beim Umrühren und schwitzt wie ein Schwein. »Am Schabbes werden sie nicht schießen. Die Deutschen sind ein Kulturvolk. Kriegerisch, aber gebildet – und höflich.« Sie hat früher mit ihrem ersten Mann in Breslau gelebt und hält große Stücke auf das Volk von Goethe, Schiller und Beethoven.

»Jetzt deckt endlich den Tisch«, befiehlt Róża und legt schweiß-triefend ein paar Kohlen nach.

Fela macht unbeeindruckt weiter: »Also, Peluscha, der Hirsch – er darf nicht schwimmen, nicht springen, nicht mit dem Boot fahren. Wie kommt der Hirsch zu seiner Hirschin?«

Peluscha legt ihr Gesicht in komisch-angestrengte Falten und sagt: »Mame, ich krieg's nicht raus.«

Alek geht zum Tisch, gießt Wein in den Becher für den Kiddusch-Segen, legt die Barches, die beiden Hefezöpfe, auf den festlich gedeckten Tisch und breitet ein Tuch darüber. Die Barches sind Symbole für das Manna, mit dem Gott die Israeliten in der Wüste sättigte.

»Also, Peluscha?«

»Ich komm nicht drauf, Mame. Wie kommt der Hirsch rüber?«

»Ganz einfach: Er schwimmt.«

»Aber du hast doch gesagt, er *darf* nicht schwimmen.«

»No, er schwimmt aber *doch*!«

Peluscha zieht einen Flunsch, Berel lacht betont aufgesetzt. Verärgert unterbricht Fela ihn: »Es wird dunkel, setzt euch. *Schabbat Schalom.*«

Felas Lebenslauf

Diese Szenen sind so etwas wie *Scripted Reality,* Erinnerungsclips, oft erzählt von meiner Mutter. Und von Onkel Berel, als ich mit elf bei ihm in Buffalo wohnte und als er mir Jahrzehnte später sein Leben auf Tonband sprach, kurz bevor Alzheimer sein Gehirn verwüstete, in mir verdichtet in den Momenten, wenn die Gedanken verschwimmen und die Träume noch nicht kommen.

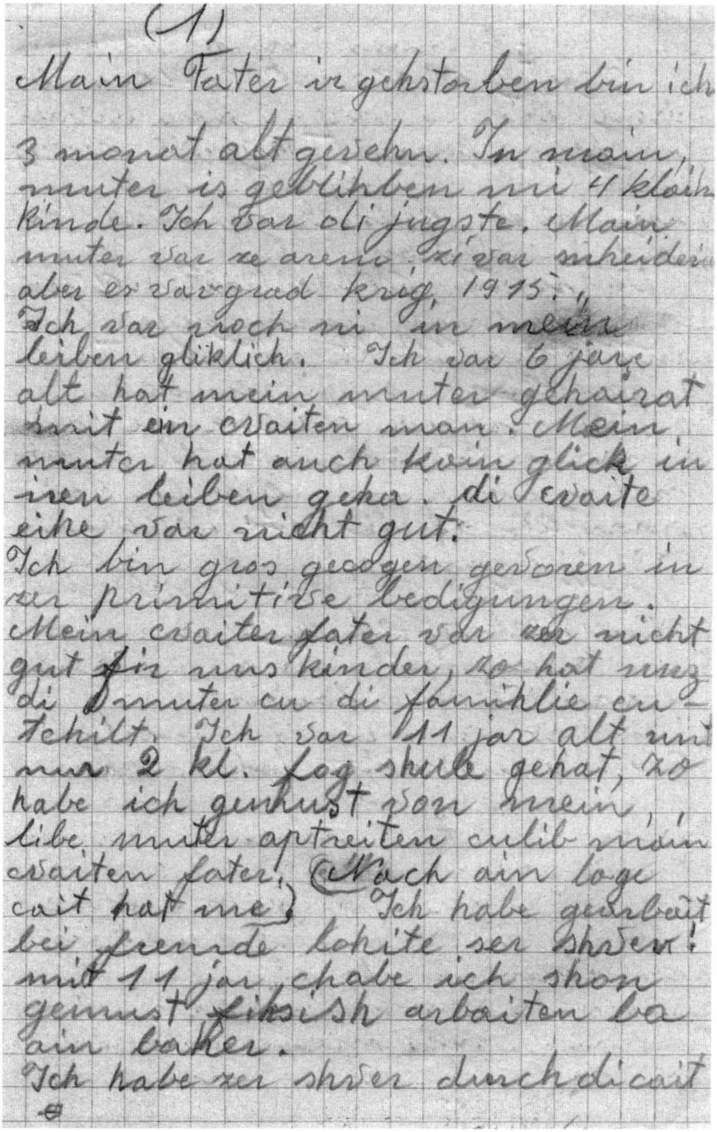

(1)

Main Fater is gehtorben bin ich
3 monat alt gesehn. In main,
muter is geblihben mi 4 klain
Kinde. Ich war di jngste. Main
muter war ze arem, zi war inheiden
aber er war grad krig, 1915;
Ich war noch ni in mein
leiben gliklich. Ich war 6 jare
alt hat mein muter gehairat
mit ein cvaiten man. Mein
muter hat auch kain glick in
iren leiben geka. di cvaite
eike war nicht gut.
Ich bin gros geogen gevoren in
zer primitive bedigungen.
Mein cvaiter fater var zer nicht
gut fir uns kinder, zo hat ung
di mnter cu di famihlie cu
Ichilt. Ich var 11 jar alt und
nur 2 kl. fog shule gehat, zo
habe ich gemust von mein,
libe muter aptreiten culib main
cvaiten fater. (Nach ain loge
cait hat me.) Ich habe gearbeit
bei fremde lehite zer shver;
mit 11 jar chabe ich shon
gemust arbaiten ba
ain baker.
Ich habe zer shver durch di cait

Abb. 4: Notizbuch meiner Mutter während der Haft 1947,
als sie im Gefängnis von Rastatt auf ihren Prozess wartete

Fünfzehn Jahre nach Felas Tod bekam ich zwei zerfledderte Notizbücher aus ihrer Zeit im Gefängnis. Im größeren fand ich eine Kurzautobiografie, wohl aus dem Jahr 1947, geschrieben zwei Jahre nach ihrer Befreiung aus dem KZ.

Main Fater iz gehstorben bin ich 3 Monat alt gewehn [gewesen] ... *Main muter is geblihben mi 4 kloin Kinder. Ich var di jugste* [Jüngste] ...

Meine Mutter liebte Narrative in jeder Form und erzählte mir immer wieder Miniaturen und Histörchen aus ihrem Leben in Będzin. Selbst brutale Geschichten aus den Ghettos und KZs gehörten zu meiner natürlichen Umwelt, solange ich zurückdenken kann, sollten Erziehung und Unterhaltung zugleich sein. Sie hat sie an mich weitergereicht, als wären sie ein Kulturschatz.

War mir eine Arbeit zu mühsam: »Jankele, stell dich nicht so an. In Auschwitz hab ich mal gemusst hochhalten a Zwanzig-Kilo-Stein mit die Händ a Stund lang. Sonst hätt die SS geschießt.«

Wenn ich keine Lust zum Lernen hatte: »Jankele, wenn noch mal a Ghetto kommt und du kannst kein Arbeit, wos die Deitschen brauchen kennen, musst du stehen im Graben und Schlamm schippen.«

»Mami, hier gibt's doch kein Ghetto.«

»Jankele, das ist wie bei einem Pups. Eben ist noch alles git, und plötzlich stinkt's.«

Über Felas Mann Alek weiß ich kaum etwas, fast nichts über meine Großmutter Róża und ebenso wenig über Onkel Lajzer, von dem ich mal ein Foto gesehen habe, er mit Homburg, Pajes, Bart und Kaftan, den Arm um Peluschas Schultern gelegt.

Sie alle sind vor meiner Geburt gestorben. Wie so viele meiner Onkel, Tanten, Cousinen und Cousins verhungert oder erschossen, erhängt oder vergast, ihre Namen verweht im Zeitenwind. Nur Onkel Berel und meine Mutter haben den Holocaust überlebt. Fela erinnert sich:

1934 habe ich mein libe tares [teures] *kind geboren. Ain jar shpeiter iz mein man krank geworden, und er nicht gekonnt fil arbaiten.* Ich übersetze das Weitere wieder: *Ich habe sehr glücklich mit mein Mann gelebt, und ich habe angefangen zu arbeiten. Mein Mann hat sich zu Hause bei dem Kind gekümmert, und ich habe gearbeit in ein Fabrik. Ich habe wenig verdient und »zer shver gearbait«. Ich habe gelebt immer in sehr schwere Bedingungen. Ich habe nur bewohnt in ein kleines Zimmer – sehr primitiv. [Aber] sauber war immer bei mir. Ich war sehr zufrieden mit meiner »Aremkeit«. Wir haben sehr gut sich mit mein Mann verstanden. Wir haben gehabt ein harmonisch Leben.*

Über Peluscha schreibt sie:

Zi va zer intiligent, shein gros entvikelt, sheine shvarce loken. Das kind var unzehr gances leiben.

In meiner Familie wurde Jiddisch und Polnisch gesprochen – wie in fast allen jüdischen Haushalten Będzins. Die Stadt war 1939 die größte jüdische Gemeinde Polens, 25 000 Juden – mehr als Christen. Hier fühlten Juden sich nicht als diskriminierte Minderheit, auch wenn die nichtjüdischen Nachbarn auf sie herabsahen: In Będzin hatten sie nicht die Spur eines Minderwertigkeitsgefühls.

Reiche Tuchhändler oder Goldschmiede wohnten in der Nähe der Burg und der Großen Synagoge. Weiter unten hausten die armen Schneider, Sattler und Kleinhändler, die Tagelöhner, Bettler und die Chonten – die Nutten. Hier gab es wenige befestigte Straßen, keine Kanalisation, keine Elektrizität. Hier hausten Armut, Hunger und Gestank.

Die Synagoge von Będzin

Fela hält beide Hände erst vor die Sabbatkerzen, die in Silberleuchtern auf dem weißen Tischtuch stehen, dann vor ihr Gesicht, zündet die beiden Dochte an und spricht die Schabbatlicht-Broche, einen Segen.

Als männliches Familienoberhaupt spricht Alek das Kiddusch-Gebet, dann die Broche über den bis zum Rand gefüllten Weinbecher und reicht ihn herum.

Nun nimmt er das Tuch von den Barches und murmelt den Segen für Brot: »*Baruch atta adonai elohenu, melech ha-olam, hamozi lechem min ha aretz.*« Gepriesen seist du, Ewiger, unser Gott; du regierst die Welt. Du lässt die Erde Brot hervorbringen.

Er reicht jedem ein salzbestreutes Stück und tönt: »*Schabbat Schalom.*« – Einen friedvollen Sabbat.

»*Schabbat Schalom*«, murmeln alle und stürzen sich auf die *Zupa szczawiowa*, die Róża vom Herd geholt hat, eine polnische Sauerampfersuppe, deren graswürzig duftender Dampf die Scheiben blind macht.

Plötzlich wird die Tür aufgestoßen und reißt eine Angel aus dem Rahmen. Drei Männer in grauen Felduniformen und Schirmmützen mit Totenkopfemblem krachen ins Zimmer, einer mit der Pistole im beidhändigen Anschlag: »Los, raus, ihr Saujuden!«

Während meine Familie nach draußen taumelt, kippt sich der SS-Sicherheitsdienst den Wein rein, durchsucht den Raum, wirft Möbel um, viele sind es ja nicht, und durchwühlt die Wäsche.

Die ungepflasterte Gasse draußen füllt sich mit verängstigten Nachbarn. Plötzlich zeigt der dicke Schmul Byalistock in Richtung Burg: »Die Synagoge! Oyweh, oyweh!«

Da kommen die Uniformierten aus der Hütte zurück auf die belebte Straße: »Aus dem Weg, Judenpack!«

Der dicke Schmul reagiert nicht schnell genug. Der Jüngere schlägt ihm – »Weg da, Jude!« – die Pistole über den Schädel.

Byalistock fällt. Aus der Platzwunde rinnt Blut in den Lehmstaub. Er hebt den Oberkörper: »Verrecken sollste! Und dei Fihrer auch!«

Sechs Stiefel zertreten Byalistocks Gesicht; dann zieht der Jüngere eine Pistole, richtet die Mündung auf Byalistock und drückt ab. Was von Schmuls Schädel übrig ist, explodiert.

Fela übergibt sich. Als sie wieder hochschaut, sieht sie es: Flammen schießen aus dem schwarzgrauen Qualm um die Synagoge und fressen sich gelblodernd in die Abendwolken. »Großer Gott«, flüstert Fela. »*Sch'ma Jisrael!*«

Mit vorgehaltenen Pistolen werden Fela und Alek die Straße hinuntergetrieben, zusammen mit anderen Verhafteten, bis zu einem planenbedeckten Henschel-Laster. Mit Hieben helfen die Uniformen beim Einsteigen. Drinnen sitzen schon ein Dutzend Juden und schauen sie angstvoll an.

Niemand spricht ein Wort.

Als der Laster fort ist, geht der Rest meiner Familie schweigend ins Haus. Jeder berührt die Mesusah, die kleine, schräg hängende Schriftkapsel am rechten Türpfosten, und küsst dann die Finger. Sonst geschieht das eher beiläufig. Aber dieses Mal werden sie sich dabei bewusst, was es bedeutet, zum »auserwählten Volk« zu gehören: Ausgrenzung, Schmach und Verfolgung.

Mal wieder.

Theodizee

Beim Tod des alten Juden Byalistock hatte der Herr über Leben und Tod wohl gerade anderweitige Verpflichtungen, sonst hätte er dieses Ende gewiss verhindert, denn der *Liebe Gott* ist gut und allmächtig. Das lernt jedes Kind. Werden wir dann älter, nagt ein Problem an unserem Verstand: Wie kann der Allmächtige, Allgütige und Allwissende so viel Leid und Schmerz zulassen? Erlauben, dass wir in ständiger Furcht vor einem gewaltsamen Tod leben, dass unser Leben einsam ist, armselig, scheußlich, tierisch und kurz, wie der Philosoph Thomas Hobbes es im *Leviathan* schwarzmalte. Am meisten aber wurmt uns, wenn wir das Leid der Gerechten mit dem Glück der Ungerechten vergleichen. Etwa im Gospelsong »*Farther Along*«, in dem beklagt wird, dass ausgerechnet schlechte Menschen gedeihen und erfolgreich sind:[15]

> *Often when death has taken our loved ones,*
> *Leaving our home so lone and so drear,*
> *Then do we wonder why others prosper,*
> *Living so wicked year after year.*

Ja, und Jesus, heißt es, liebt uns dennoch alle. Mit dreizehn hat mir dieses Problem viel Kopfzerbrechen bereitet. Ich wollte zum Katholizismus übertreten und fragte den Kaplan: Wenn Gott gut und allmächtig ist, wie kann er dann Hunger, Krebs und Massenmorde zulassen? Er murmelte, dass Gott der Welt damit die Freiheit geschenkt habe und uns mit Leiden prüfe, ob wir seiner würdig sind. Ansonsten habe er uns schließlich die beste aller möglichen Welten gegeben, und dafür müssten wir dankbar sein.

Das kam mir komisch vor, aber ich hatte keine Antwort darauf. Die beste, fand ich kurz darauf, hatte der britische Philosoph Bertrand Russell gegeben, in seinem Vortrag *Warum ich kein Christ bin*: Der allwissende und allmächtige Gott hatte Jahrmillionen, um die Welt zu vervollkommnen; und da ist ihm nichts Besseres eingefallen als der Ku-Klux-Klan oder die Faschisten?

Damals gefiel mir vor allem Russells frecher Angriff auf Jesus: Dessen moralischer Charakter habe einen schweren Defekt, befand er, weil er an die Hölle glaube. Kein menschenfreundliches Wesen könne ernsthaft an eine ewig dauernde Strafe glauben. Fand ich auch.

Zum Glück bin ich seit der Lektüre Atheist. Wenn ich aber unbedingt an einen Gott glauben wollte, würde ich mir keinen *Lieben Gott* zurechtbasteln, sondern einen *Bösen Gott*. Mit seiner göttlichen Schlechtigkeit wäre alles Böse perfekt erklärt, das natürliche wie das menschengemachte: Krebs, Hunger und Malariamücken – Herr, du hast es gegeben! Erdbeben, Tsunamis und Vulkanausbrüche – Herr, du hast es genommen! Der KZ-Schlächter Mengele, der Selbstmordattentäter Ali, der Massenmörder Mao – Herr, dein Name sei gepriesen! Diese pragmatische Gottes-Konstruktion gefällt mir besser als mystische Erklärungen, denn die gelten, wie Nietzsche beobachtete, zwar als tief, dabei seien sie noch nicht einmal oberflächlich.[16] Die Sonne scheint ja immer; nur die zähen Hochnebel mystischer Erklärungen behindern die Sicht darauf.

Ist der *Böse Gott* erst einmal etabliert, können wir dann in Ruhe bei einem *Château Schlaberadeur* diskutieren: Warum hat dieser *Böse Gott* eigentlich so viele liebevolle, barmherzige und hilfsbereite Menschen geschaffen? Warum lässt er nur so wenige durch Ebola, Wirbelstürme oder Gaskriege krepieren und nicht alle? Warum lässt er Hilfsprogramme zu? Warum die Vereinten Nationen, warum Staaten, die keinen Krieg führen?

Die meisten Menschen stehlen nicht, betrügen nicht und morden nicht – auch wenn sie es gefahrlos tun könnten. Kurz: Die meisten Menschen sind die meiste Zeit meistens gut. Rechtfertige das, *Böser Gott!*

Eine vielleicht noch interessantere Alternative scheint mir die Idee des amerikanischen Journalisten Jim Holt zu sein. In seinem Buch *Why Does the World Exist?* schlägt er vor: Das Universum wurde von einem Wesen geschaffen, das zu hundert Prozent bösartig und heimtückisch ist, aber nur zu achtzig Prozent erfolgreich.

Ich finde, dies ist eine bessere Lösung als jedes Entweder-oder: Auf einer Erfolgsskala von 0 bis 100 kann sich nun jeder einen Prozentsatz göttlicher Effizienz aussuchen, an den er oder sie gerade persönlich glaubt.[17]

Da die Juden aller Orten in Deutschland theils umgebracht und
theils vertrieben worden sind, ist es geschehen, daß die Judenstraßen
vieler Orte von ihren jüdischen Einwohnern leer wurden.
Man hat daselbst ihre Wohnungen theils verbrannt, und sie getödtet oder wegge-
trieben. Ihre Straßen und die etwa gebliebenen
Wohnungen sind in die Hände der Christen gekommen […].

Johann Georg Krünitz,
Oekonomische Encyklopädie, 1773[18]

2

Flucht ins Ghetto

Róża, Lajzer, Berel und Peluscha hören bis weit nach Mitternacht dröhnende Kübelwagen und Kräder, Schüsse und Schreie, auf Deutsch gebellte Befehle. Als die Sonne neben der Synagoge aufgeht und sich durch den beißenden schwarzen Rauch quält, ist alles ruhig.

Fela und Alek sind die ganze Nacht über von der Gestapo verhört und geschlagen worden. Am frühen Morgen prügelt man sie mit Gewehrkolbenstößen aus der Tür: Sie sind nicht die Gesuchten, die antideutsche Parolen auf Wände geschmiert hatten.

Sie biegen ab auf die leicht ansteigende Straße zur Synagoge, gleich unterhalb der Burg: eine Reihe abgebrannter Häuser, auf den Straßen zahllose Leichen, manche verkohlt, andere mit zerfetzten Bäuchen. Überall Blut. Die Synagoge ist völlig niedergebrannt. Die Trümmer glühen und rauchen.

Fela und Alek weinen hemmungslos. Schließlich zieht Alek Fela fort. Schnell – nur nicht den Deutschen begegnen! – laufen sie zur Schwarzen Przemsza hinunter und erschauern: am Ufer ein Dutzend blutiger Körper, im Wasser noch zahlreiche weitere.

Viel mehr hat mir meine Mutter nicht über den Synagogenbrand berichtet. Was geschehen ist, ist aber gut dokumentiert, am besten wohl in Mary Fulbrooks Buch *A Small Town Near Auschwitz*.[19]

Am Freitag, dem 8. September, wurden um sechs Uhr nachmittags Juden in die Große Synagoge getrieben. In manchen Quellen ist die Rede von vierzig bis sechzig, in anderen von hundert bis zweihundert.[20]

Nachdem die Türen verriegelt waren, warf die *SS-Einsatzgruppe zur besonderen Verwendung*, die den Stiefelspuren der sechs Divisionen des Heeres folgte, Benzinkanister und Brandgranaten durch die Fenster und verbrannte die Eingesperrten bei lebendigem Leib – Männer, Frauen, Kinder. Draußen lauerten weitere SS-Männer. Wer versuchte, den Flammen durch die Fenster zu entkommen, wurde niedergeschossen.

Rund um die Synagoge wurden weitere fünfzig Häuser ebenso niedergebrannt. Hunderte von Juden sollen verbrannt oder »auf der Flucht« erschossen worden sein.[21]

Germanisierung durch Terror

In den Tagen nach dem Brand praktizierten die Besatzer ihr Prinzip »Germanisierung durch Terror«. Täglich wurde die Demütigungsschraube ein wenig angezogen: Nicht nach sechs aus dem Haus, Straßen in einem vorgeschriebenen Winkel überqueren, keine Radios, keine Zeitungen, keine Telefone, keine Kameras oder Schreibmaschinen, nicht grußlos an deutschen Uniformen vorbeigehen. Im November 1939 befahl die Gestapo, dass Juden eine weiße Binde mit blauem Zionstern tragen mussten. Jüdische Schulen und Banken wurden geschlossen. In ihrem Notizbuch hielt Fela fest:

Was vir haben geliten! Di gestapo hat … ale juden geshlagen. In die strassen hat de jude di hende gemust immer hochhaten. Ich übersetze wieder: *… und wenn SS ist vorbeigegangen, so hat er gesagt, du bist Jude, hat er geschlagen oder gestoßen oder auf die Erde hinlegen.*

Juden wurden auf offener Straße abgeknallt, weil sie einen Deutschen »frech« angeschaut haben oder weil sie sich in einer Bäckerei »unordentlich« angestellt haben, wie mein Onkel Berel es erlebt hat:

Main Bruder 17 ja alt er is brot cum beker holen gegangen anshstelen zich in di raje. Ich übersetze: *Ist angekommen etlich Gestapo [und] weil es war nicht kein Ordnung bei dem Bäcker, haben sie geschossen zu die Leute. Ja, ich habe genug, ein zerbrochenes Herz auf ewig.*

Onkel Berel erzählte mir, neben diesen »spontanen« Gräueltaten habe es auch sorgfältig geplante gegeben: Schau-Hinrichtungen durch Kugel oder Strick – zur Abschreckung. Dabei mussten bis zu fünftausend Juden zuschauen.

Wie weit die Verrohung ging, zeigt der Dokumentarfilm *Verzeihung ich lebe* von Andrzej Klamt und Marek Pelc. Dort wird von zwei Männern berichtet, die sich damit amüsierten, dass einer ein Baby hochwarf und der andere mit der Pistole versuchte, es in der Luft zu treffen.

Vernichtung durch Arbeit

Bald nach dem Einmarsch der Besatzer wurde Felas Familie enteignet – wie alle Będziner Juden.

Alle juden gehseften favekgenomem, schrieb meine Mutter, *auch die Häuser. Alle Juden von die Fabriken herausgeschmissen und mich auch von die Fabrik.*

Besonders verbittert war meine Mutter, weil Geschäfte, Werkstätten und Fabriken anschließend nicht leer standen, sondern von deutschen »Treuhändern« oder Privatleuten übernommen wurden. So arbeiteten auch die Birnbaums weiter in ihrer Metzgerei – aber als Zwangsarbeiter für die deutsche Kriegswirtschaft.

Rings um Będzin wurden kräftige junge Männer und Frauen in stacheldrahtumzäunten Arbeitslagern zusammengetrieben, auch Fela und Alek. Diese Sklaven mussten Autobahnen bauen, Flüsse entschlammen, Holz hacken, Stiefel nähen oder Uniformen reparieren. Gnadenlos verprügelt wurde, wer das Soll nicht erfüllte; erschossen, wer faulenzte. Viele verhungerten oder arbeiteten sich – im Wortsinne – tot.

Dabei ging es nicht nur um eine Ausbeutung der Juden zum Wohle des Deutschen Reiches. Es ging um eine perfide Methode des Tötens. Am 14. September 1942 machte sich Reichsjustizminister Otto Thierack eine Notiz über ein Gespräch mit Propagandaminister Dr. Joseph Goebbels:

Hinsichtlich der Vernichtung asozialen Lebens steht Dr. Goebbels auf dem Standpunkt, dass Juden und Zigeuner schlechthin [...] *vernichtet werden sollten. Der Gedanke der Vernichtung durch Arbeit sei der beste.*

»Ausnutzung durch Arbeit« und »Vernichtung durch Arbeit« –
diese beiden Ideen standen am Anfang des Krieges gleichberech-
tigt nebeneinander. Eingekeilt zwischen diesen Slogans versuchte meine Familie zu überleben.

Gerechtigkeit

Versklavung und Völkermord sind extreme Ausflüsse einer einfachen Überzeugung: Wir Menschen sind ungleich – manche sind
besser, edler, wertvoller als andere –, darum sollten wir auch ungleich behandelt werden: »Jedem das Seine«. So schrieben es die
Nazis folgerichtig über das Haupttor des KZs Buchenwald.

Die zynische Deutungsverzerrung von Platons Diktum aus der
Politeia war mir schon als Kind klar. Als ich mit elf nach Amerika
kam, lernte ich zum Glück eine lichtere Form des Gerechtig-
keitsgedankens kennen:

*Wir halten diese Wahrheiten für ausgemacht, dass alle Menschen
gleich erschaffen wurden*, lernte ich in der Kenmore Public School
in Buffalo. Und: *dass die Menschen von ihrem Schöpfer mit unver-
äußerlichen Rechten beschenkt wurden, darunter Leben, Freiheit und
das Streben nach Glück*. So steht es in der amerikanischen *Decla-
ration of Independence* aus dem Jahr 1776, die wir vorlesen mussten, satzweise abwechselnd.

Ich war erst seit zwei Monaten in den USA und hatte noch
Probleme mit der Sprache, aber ich verstand. Und war tief beein-
druckt. Ich begriff sofort, dass Thomas Jefferson hier keinen Ist-
Wert beschrieben hat, sondern einen Soll-Wert. Er beschrieb kei-
ne Tatsache, sondern die uralte Sehnsucht nach Gleichheit und
Gerechtigkeit.

Schon lange bevor ich in die Schule ging, beschrieb meine

Mutter mir ihr Leiden in den Ghettos und KZs und das ihrer Mithäftlinge. Ich wusste – besser: fühlte –, dass die Welt nicht gerecht war, dass wir nicht alle gleich waren. Manche werden auf einem Schloss geboren, andere im ärmlichen Judenviertel, wie Felas Mann Alek; manche leben ein langes, sorgloses Leben, bis sie im Kreise ihrer Kinder friedlich sterben, andere verlassen diese Welt mit elf durch einen Schornstein, wie meine Schwester Peluscha.

Nicht einmal im Tode sind wir gleich. Meine Mutter lag in einem schlichten Fichtenholzsarg – nach uns wurde ein hochglanzpolierter Edelholzsarg mit geschmiedeten Beschlägen über den Friedhof gezogen. Und bei der Geburt sind wir erst recht nicht gleich: Manche werden als dumme, gehbehinderte Männer geboren, andere als intelligente, hübsche Elfen – nein, die Natur ist nicht gerecht.

Ich habe meine Mutter mal gefragt, warum der liebe Gott der Katze so lange Krallen gegeben hat. Damit sie Mäuse fangen kann. Und die Mäuse? Die hat er dann flink und klein gemacht, damit sie ihr Mauseloch erreichen können. Ich sah ein, dass der liebe Gott das geschickt eingerichtet hatte. Verstand aber nicht, warum er Mäuse und Katzen nicht gleich als friedliche Schmusetiere geschaffen hatte. Das wäre gerecht gewesen. Aber ich habe damals, so jung ich war, erkannt, dass Gerechtigkeit keine Sache Gottes war, sondern von uns geschaffen werden muss.

Später, während des Studiums, las ich die *Theory of Justice* des US-amerikanischen Philosophen John Rawls. Ich interessierte mich damals sehr für die Prinzipien einer gerechten Gesellschaft und war begeistert von seiner Lösung des Problems, wie wir Inseln der Gerechtigkeit und Gleichheit schaffen können in einem Meer von Egoisten und Böswilligen. Sein Vorschlag funktioniert wie das faire Verteilen eines Kuchens beim Kindergeburtstag: Einer teilt, der andere sucht aus – so kommt keiner auf die Idee, ungleiche Stücke herzustellen. Hinter einem solchen *Schleier des Nichtwissens* sollten auch Gesellschaftsverträge entworfen werden: Wer nicht weiß, ob er oder sie unten sein wird oder oben, wer nicht weiß, ob er im KZ oder im Führerhauptquartier landet, denkt sich die Nazigesellschaft wahrscheinlich gar nicht erst aus.

Die Idee von Jefferson und Rawls gefiel mir: Wir sind nicht gleich, aber wir sollten gleich behandelt werden.

Zwangsarbeit droht

An einem sonnigen Apriltag des Jahres 1940 arbeitet meine polnische Familie im Garten hinterm Haus. Fela, Lajzer und Berel graben ein Loch für einen neuen Johannisbeerstrauch. Und Peluscha schnuppert an den ersten violetten Blütentrauben des Blauregens.

Sie wissen nicht, dass Hitler und der italienische Diktator Mussolini gerade eine Allianz gegen Frankreich vereinbart haben; nicht, dass deutsche Truppen in Dänemark und Norwegen einmarschiert sind – Radios und Zeitungen sind ja verboten.

Da schlurft Alek weinend aus der Tür und hält ein Stück Papier hoch: »Merin hat eine Benachrichtigung geschickt. Für Fela und mich.«

Merin! Eine Benachrichtigung des allmächtigen und korrupten Chefs des Judenrates, der für die Nazis die Drecksarbeit verrichten muss – jeder weiß, was das heißt: Deportation in ein Lager für Zwangsarbeiter. In ein paar Tagen würde Merins schlagfreudige Judenpolizei sie und siebzig andere in einen Viehwaggon pferchen und als Sklaven »liefern«. Wohin, weiß niemand.

Nur durch Bestechung des Judenrates oder die Lieferung anderer Familienmitglieder konnte man der Deportation in eins der

177 mit Stacheldraht umzäunten Lager entgehen, wo zeitweilig über 50 000 Arbeitskräfte ausgebeutet wurden.

Bisher hatten Fela und Alek Glück. Es waren immer Lager rings um Będzin, und nach ein paar Wochen durften sie wieder zurück. Ausgehungert, aber lebendig.

»Ihr dürft nicht gehen«, jammert Róża, »von den letzten Transporten ist kaum einer zurückgekommen.«

Alek wischt sich die Tränen ab: »Wir müssen weg.«

»Aber wohin?«, fragt Fela. »Die finden uns doch überall.«

»Stimmt«, wispert Berel fuchsgesichtig, »aber nicht bei Motek in Łódź.« (Meine Mutter sprach es etwa wie englisch »woodsh« aus.)

Motek – keine schlechte Idee. Bei Felas Bruder wären sie sicher. Und unter den 200 000 Juden würden sie nicht weiter auffallen. Motek ist bei der Stadtverwaltung und wird sicher helfen, Arbeit zu finden. Dann könnte man der Familie in Będzin sogar Geld schicken.

Also Łódź

Die Industriestadt Łódź liegt 180 Kilometer nördlich von Będzin und hat 670 000 Einwohner, ein Drittel davon Juden. Die Reise wird beschwerlich sein. Sie müssen zu Fuß gehen, denn Juden ohne Sonderausweis dürfen weder Bus noch Zug noch Straßenbahn benutzen. In einigen Tagen könnten sie die Strecke bewältigen. Und vor den zahlreichen judenfeindlichen Polen auf den Straßen kann nur die Nacht sie schützen.

Um den 20. April 1940 herum, habe ich errechnet, packen Fela und Alek Nadel, Faden und Schere in zwei geliehene Rucksäcke, nehmen ein paar Złoty mit, ein paar Brotlaibe und etwas Schmalz. Sie schnallen zwei Decken obendrauf – denn auch tagsüber kann die Temperatur leicht unter zehn Grad sinken –, herzen ihre Lieben unter Tränen und schleichen in die Dunkelheit, dem Nordstern folgend entlang der Schwarzen Przemsza mit ihren versteckreichen buschgesäumten Ufern.

Eine Woche später betreten Fela und Alek Łódź am frühen Morgen über den südlichen Stadtteil Górna. Sie halten eine junge Frau mit zwei plärrenden Kindern an: Man suche den Bruder, er wohne in der Franciszkańska-Straße.

»Da wohnen keine Juden mehr!«, schnarrt die Frau. »Ihr seid alle ins Ghetto umgesiedelt worden. Nicht zu verfehlen«, zeigt sie hinter sich und grinst.

Nach einer guten Stunde stehen sie an einem vier Meter hohen Bretterzaun, auf dem drei Reihen Stacheldraht drohen. Ein Schild auf hohen Holzpfählen warnt: »Wohngebiet der Juden. Betreten verboten.«

Was tun? Zurück nach Będzin, wo Peluscha und die Familie warten (aber auch die Gestapo)? Oder vorwärts in diesen Käfig mit seiner ungewissen Zukunft?

Das Łódźer Ghetto

Also gut – der Allmächtige schütze uns! –, rein ins Ghetto! Aber sie hatten Pech. Nach dem Krieg berichtete Fela in einer eidesstattlichen Erklärung für die Wiedergutmachungsbehörde:

Es gelang … meinem Manne und mir Anfang des Jahres 1940 [wahrscheinlich Ende April oder am 1. Mai], *nach Łódź zu meinem Bruder zu flüchten. Im Mai 1940* [am 3. Mai] *schloss man das Łódźer Ghetto und wir mussten dort verbleiben.*

Entlang der stacheldrahtbewehrten Zäune patrouillierten alle Hundert Meter Schutzpolizisten, Maschinenpistole im Anschlag. Ausbrecher wurden ohne Warnruf erschossen. Hier kam nichts rein, hier kam nichts raus. Keine Zeitung, kein Brief, keine Laus.

In Łódź, der zweitgrößten Stadt Polens, lebten nach der Abriegelung der Ghetto-Stadtteile 180 000 Juden. Zusammengepfercht auf vier Quadratkilometer.

Nach kurzer Zeit gehörte Łódź zu den verdrecktesten Slums Europas: keine Laternen auf den ungepflasterten Straßen und keine Kanalisation darunter – ein Rattennest voller Läuse, Wanzen und Flöhe, voller Krankheiten wie Ruhr, Flecktyphus und Lungenentzündung.

Motek lebte mit seiner Frau Esther und den drei Kindern im dritten Stock einer heruntergekommenen Mietskaserne. Im Wohnzimmer lebte eine Frau mit ihren Großeltern und vier Kindern, in der Küche die Familie von Motek – und jetzt Fela und Alek. Aber egal, sie hatten ein Dach über dem Kopf und Menschen um sich, die sie liebten. Zigtausend andere fanden in den ersten Wochen keinen Unterschlupf und übernachteten unter Kellertreppen, auf Fluren oder gar in Hauseingängen.

Esther war Mitte zwanzig und eine – ungewöhnlich für eine polnische Jüdin – nordisch-blonde Frau. Fela und die quirlige Esther fanden sofort Gefallen aneinander.

Ich habe einmal gefragt: »Mami, was ist ein Ghetto?«

»Jankele, a Ghetto ist a Kuhstall für zehn Kühe, in dem aber hundert leben. Die Küh kriegen wenig Gras und müssen geben viel Milch von morgens bis abends. Wer nicht genug Milch gibt, kriegt Schläge mit einem Stock. Und zum Schluss werden sie geschlachtet.«

Das Schlimmste war der Hunger. Allein 1941 verhungerten in Łódź zweitausend Juden, im nächsten Jahr doppelt so viele.

»Jankele, wir brauchten keine Uhr«, erklärte mir meine Mutter einmal, »hat es gegeben nur zwei Tageszeiten: vor der Suppe und nach der Suppe.«

»Und, war die lecker?«

»Ja, sehr. Darin schwammen halb verfaulte Kartoffeln und schimmelige Rüben.«

»Und Fleisch? Oder Kuchen?«

Sie lachte. »Fleisch gab es nur, wenn wir fingen mal a Ratte oder a Maus. Oder a Taube. Aber bald gab es kaum noch Vegel. Weil wir die Eier aus den Nestern gestehlt haben. Oder mit Schleudern abgeschießt. Es gab auch wenig Unkraut. Wir haben es gekocht.«

Resilienz

Ich schreibe über das Leiden im Ghetto und merke plötzlich, wie egozentrisch ich bin. Ständig überlege ich: Wie hättest du das ausgehalten? Hättest du im Ghetto oder im KZ mutig Widerstand geleistet oder dich feige gebeugt und verkrochen? Hättest du es geschafft? Und wenn, aus welchen Gründen?

Wenn du ein Ghetto oder Konzentrationslager überleben willst, denke ich mir, brauchst du in erster Linie unverschämtes Glück. Fähigkeiten spielen wohl erst jenseits des Zufalls-Siebes eine Rolle, überlege ich. In den Ghettos und KZs waren ja nicht nur unfähige Idioten: Litten da nicht auch all die hochbegabten und hochintelligenten Frauen? Die körperlich fitten und handwerklich geschickten Männer? Die brillanten Lügner, Diebe und Trickser? Es spielte am Ende wohl keine Rolle. In Auschwitz beispielsweise überlebten nur fünf Prozent der Häftlinge.

Aber war der Tod in Ghetto oder KZ nur ein Würfelspiel, oder waren einige Menschen resilienter als andere, hatten eine innere

Widerstandskraft gegen Verlust und Traumata, gegen Schmerzen und Seelennot, gegen Belastung und Überlastung?

Vielleicht waren manche wie eine Palme im Sturm, die den Böen mit Stamm und Blättern nachgibt, aber dann unversehrt wieder zurückschwingt.

Oder waren manche robust wie eine Eiche, die sich den Windstößen unbeugsam entgegenstellt, auf die Gefahr hin, zerbrochen zu werden?

Oder gab es gar welche, die »antifragil« waren, wie es der Philosoph und ehemalige Finanzmathematiker Nassim Nicholas Taleb nannte: ein Bäumchen, das den zausenden Orkanen nicht nur unversehrt widersteht, sondern sie geradezu braucht, um zu gedeihen? »*Antifragilität ist mehr als Resilienz oder Robustheit. Das Resiliente, das Widerstandsfähige widersteht Schocks und bleibt sich gleich*«, befindet Taleb, »*das Antifragile wird besser.*«[22]

Egozentrisch frage ich weiter: Zu welcher Baumkategorie hätte ich im Ghetto oder im KZ gehört? Gewiss nicht zur robusten: Ich bin kein Held, stemme mich nicht kühn gegen übermächtige Gegner (na gut, manchmal ein bisschen, aber nicht lange). Ich fürchte, ich wäre auch kein gutes Beispiel für Antifragilität gewesen. Ich wäre dort bestimmt nicht »aufgeblüht« nach Nietzsches Satz aus seiner *Götzendämmerung*: »Was mich nicht umbringt, macht mich stärker.«

Aber im späteren Leben habe ich mich mehr und mehr in Richtung eines antifragilen Bäumchens entwickelt. Und dazu hat vor allem meine Mutter beigetragen, in doppelter Hinsicht: durch die Art, wie sie mich früher erzogen hat und wie ich mich durch die Beschäftigung mit ihrem Fall selbst erzogen habe, als ich ein junger Erwachsener war. »*Das Antifragile*«, schreibt Taleb, »*steht Zufälligkeit und Ungewissheit positiv gegenüber, und das beinhaltet auch – was entscheidend ist – die Vorliebe für eine bestimmte Art von Irrtümern.*«[23] Ein »antifragiles« Leben bedeutet Verzicht auf ein voraussagbares Leben, auf Sicherheit, auf Symmetrie der Chancen.

Nach einer »sicheren« Karriere, erst als Chemielaborant, dann als Gymnasiallehrer, entdeckte ich als Doktorand die Freiheit des Chaos, die Faszination eines studentischen Bohèmelebens, des *Anything goes*. Wir alle wünschen uns Freiheit und Sicherheit in unserem Leben. Aber leider gilt: Freiheit und Sicherheit lassen sich nicht gleichzeitig optimieren. Es sind Pole eines Kontinuums, das zur Entscheidung zwingt: Siedle ich mich näher am Pol der Freiheit an, muss ich akzeptieren, dass mein Leben chaotischer, volatiler und weniger vorhersagbar wird. Das ist für viele schwer zu ertragen, so romantisch es sich auf Papier liest. Denn es bedeutet den Verzicht auf ruhige Liebesbeziehungen, finanzielle Sicherheit und ein stabiles Weltbild.

Ich habe mich für das Risiko eines freieren Lebens entschieden und war nie wieder angestellt, nachdem ich die Schule verließ. Der Preis für ein durchgetaktetes Leben in wohliger Sicherheit war allerdings auch zuweilen ein Gefühl der Verlorenheit, der Desorientierung. *I guess, you can't have it all.*

Ich habe die wundervolle Weite der Freiheit und der damit verbundenen Freizeit in Nachmittage im Park, in Partys mit Freunden und Nächte in Kneipen investiert. Aber nicht nur. Immer hatte ich die Sätze meine Mutter im Kopf: »Jankele, du musst so viel lernen, wie du kannst, egal, was, man weiß nie, was kommt. Darum. Du weißt nie, wann du's brauchen wirst.« (Und dann folgte üblicherweise eine Viertelstunde mit Beispielen aus Ghettos und Konzentrationslagern.)

Ich habe dann nach Art eines Profi-Zockers gelebt (eine Metapher in meinem Fall): Ich wollte immer wieder an den Spieltisch zurück, egal, ob meine Wetten gewannen oder verloren. Taleb hätte das »robust« genannt. Aber eigentlich war ich ein antifragiler Spieler in Talebs Sinne. Habe meist einen höheren Einsatz auf die unwahrscheinlichen und seltenen Ereignisse gesetzt als kleinere auf wahrscheinliche. Taleb würde es so sehen: Es ist okay, lange Zeit hinter der Herde herzulaufen und eine kleine Summe auf unwahrscheinliche Ereignisse zu setzen. Denn gewinnt eins, machst du alles mehr als wett.

Meine Mutter hat mir für den Spieltisch des Lebens zwei einfache, aber wichtige Regeln mitgegeben, die ich immer befolgt habe (na, sagen wir: fast immer). Beide fassten ihre Ghetto- und KZ-Erfahrungen zusammen.

Die erste: »Jankele, mer muss immer ehrlich sein. Mer darf aber auch nit bled sein.« Diese fast paradoxe Regel hat mir beigebracht, dass Ehrlichkeit und Moral keine starren kategorischen Imperative sind, sondern Gradienten, Werte mit fließenden Übergängen. Und dass es unserer Klugheit und Weisheit überlassen bleibt, an welcher Stelle wir uns in welcher Situation zwischen diesen ethischen Polen ansiedeln wollen. Als ich zum Beispiel in meinem späteren Leben vor der Wahl stand, ein erfolgreicher Fernsehautor zu bleiben oder Fernsehproduzent zu werden, habe ich überlegt, was sie mir wohl geraten hätte. Ich habe mich jedenfalls entschieden, »nit bled« zu sein. Aber davon erzähle ich im dritten Teil des Buches mehr.

Die zweite Regel war noch wichtiger: »Jankele, lauf, wenn du laufen kannst, und guck nicht zurück.« Zum ersten Mal habe ich sie wohl gehört, als ich völlig zerschunden von einem Kampf mit einem Klassenkameraden nach Hause kam. Zum Helden macht dich diese Regel allerdings nicht. In Kenny Rogers' Countrysong »*The Gambler*« findet man eine ähnliche, wenn auch differenziertere Zocker-Regel fürs Leben:

You've got to know when to hold 'em,
Know when to fold 'em,
Know when to walk away,

Know when to run.
You never count your money
When you're sittin' at the table,
There'll be time enough for countin'
When the dealin's done.

Ich habe sie nicht oft befolgt, aber oft genug: Ich sitze immer noch am Tisch. Und gezählt habe ich auch noch nicht.

Kriegswichtige Ghetto-Industrie

Warum diese unwürdige Massenjudenhaltung in Łódź? Warum die Ausnahme? Hatte Hitler nicht immer wieder darauf hingewiesen, Juden seien Ungeziefer, das es zu vernichten gelte?

Łódź war das einzige Ghetto in Polen, in dem die Ausbeutungsideologie Vorrang vor der Vernichtungsideologie hatte. Die Zwangsarbeiter nützten Deutschlands Kriegswirtschaft. Sie stellten Stiefel und Polstermöbel her, Sättel und Gürtel, Pelze und Gummiwaren, Würste und Rapsöl. Sie schneiderten Slips und BHs, strickten Pullover oder reparierten Uniformen.

Motek arbeitete in der Ghetto-Selbstverwaltung. Ein Glück für Alek und Fela: Er brachte sie schnell unter in einer der gerade eingerichteten Schneidereien. Arbeit bedeutete Essenskarten. Es muss ein seltsames Gefühl für meine Mutter gewesen sein, dass sie mithalf, den deutschen Krieg zu gewinnen. Neunzig Prozent der Produkte der Ghetto-Industrie waren für die deutsche Wehrmacht bestimmt, der Rest ging an Privatunternehmer wie Neckermann oder Karstadt. Łódź war nicht nur eine Deponie für »Rassenmüll«, der bis zur Abschiebung ins Generalgouvernement, eine Art deutsche Kolonie in Polen, zwischengelagert werden musste, sondern eine kriegswichtige Industriestadt.

Papa, was wollten die Nazis?

»Papa, was wollten die Nazis eigentlich in Polen?«, fragte mich vor zehn Jahren meine elfjährige Tochter Noelani, als wir den Abendbrottisch deckten. Sie nahmen in der Schule gerade den Zweiten Weltkrieg durch.

Hitler habe Polen und andere Länder Osteuropas »germanisieren« wollen, erklärte ich, »Lebensraum im Osten« schaffen wollen für deutsche Aussiedler, sogenannte »Volkstumsbrücken«; er habe sogenannte »Volksdeutsche« »heim ins Reich« holen wollen – alles, was in Polen, Russland, der Tschechoslowakei deutsch sprach, aber keinen deutschen Pass hatte, vier Millionen insgesamt. Dazu sollten mehr als zehn Mal so viele Menschen anderer Nationen vertrieben, versklavt oder ermordet werden. Also Blitzkrieg: Armee überrumpeln, Banken, Fabriken und Bauernhöfe enteignen und dreißig Millionen Polen versklaven – als billiges Arbeitskräftereservoir für deutsche Herrenmenschen.

»Ich hätte einen Aufstand organisiert«, rief Noelani und schwang die Fäuste.

Gute Idee, stimmte ich zu, aber dazu brauche man Führungspersönlichkeiten. Reichsführer SS Heinrich Himmler habe aber schon vor dem Krieg eine Todesliste erstellt, eine Liste von 60 000 möglichen Anführern eines Aufstandes, die gleich nach dem Einmarsch ermordet werden sollten – Politiker und Gewerkschaftler, Priester und Journalisten, Professoren und Intellektuelle.

»Und die Juden?«, fragte Noemi, meine andere Tochter.

Polen sollte völlig – wie die Nazis es nannten – »entjudet« werden, sagte ich. Anders als in Deutschland sei das ein großes Problem gewesen: Im Reich gab es nur 560 000 Juden – knapp ein Prozent der Bevölkerung. Aber in Polen lebten dreieinhalb Millionen Juden – immerhin zehn Prozent der Bevölkerung.

Der König von Łódź

Für die Selbstorganisation des Ghettos war – wie in Będzin und anderen Ghettos – ein Judenrat zuständig. Chef war der autoritäre Vorsitzende Mordechai Chaim Rumkowski. »König Chaim« war damals dreiundsechzig, ein dicklicher kleiner Diktator mit runder Hornbrille und weißer Mähne. Sein Porträt ließ er auf die Ghetto-Briefmarken drucken und schickte seinen Anordnungen gern selbstherrliche Floskeln voraus wie »Ich befehle«.

Dabei hatte er eigentlich nichts zu befehlen. Seine Aufgabe war die gleiche wie die des Judenchefs Merin in Będzin: die Terror-Anordnungen der Gestapo und der deutschen Stadtverwaltung sklavisch auszuführen.

Und das tat er. Mit seiner vierhundert Mann starken Judenpolizei, einer Gestapo-ähnlichen Spezialtruppe, und begleitet von vielen schönen Reden: In jedem seiner Worte hörte man die zusammenschlagenden Hacken vorauseilenden Gehorsams.

Andererseits versuchte Rumkowski, das Schlimmste zu verhindern: »Unser einziger Weg ist Arbeit.« Indem er das Ghetto unentbehrlich machte: Nur so könne die Deportation in das für Łódź zuständige sechzig Kilometer entfernte Vernichtungslager in Chełmno verhindert werden!

Aleks Flucht

Im Januar 1942 begannen die Razzien und anschließenden Deportationen ins Konzentrationslager Chełmno: zuerst 4300 Sinti und Roma aus dem »Zigeunerlager«. Bis zum 15. Mai folgten ihnen 55 000 Juden aus Łódź.

»Alek, wir müssen hier raus«, sagt Fela irgendwann im Frühsommer, »sonst landen wir auch in Chełmno.«

Alek nickt nachdenklich. Der Hunger, der Dreck und der Terror hier sind grausam, aber was würde in Chełmno auf sie warten? Dort würden Juden mit Auspuffgasen ermordet, wispert man. Würden Juden vor ein Massengrab gestellt und dann mit einer Maschinenpistole erschossen. Nein, nein, alles düsteres Geschwätz, beruhigen andere, dort siedele man Juden neu an, jeder bekomme ein Stück Land.

Fela glaubt den Optimisten kein Wort: Sie müssen hier raus, beide, einer, egal, Peluscha braucht sie, acht ist sie jetzt, Grundgütiger, schon seit zwei Jahren haben sie ihr kleines Mädchen nicht gesehen. Fela berichtet:

Unsere Versuche [zu fliehen] *schlugen immer wieder fehl, bis es endlich meinem Manne gelang herauszukommen, dieses war etwa Mitte des Jahres 1942. Ob mein Mann nach Będzin durchgekommen war, konnte ich damals nicht erfahren.*

Fela ist nun völlig allein. Eine Grube aus Schwermut und Selbstmitleid öffnet sich vor ihr. Kraftlos lässt sie sich hineinfallen und kommt monatelang nicht mehr heraus.

Gebt mir eure Kinder

Am Freitag, den 4. September 1942, liegen Fela und Esther unter einer Decke: Im Radio hören sie Glenn Millers »*Chattanooga Choo Choo*« und die neuesten Nachrichten – darauf steht die Todesstrafe. Deutschland wird von den Engländern bombardiert, und vor ein paar Tagen haben die Deutschen Stalingrad bei einem Luftangriff fast völlig zerstört.

Esther muss immer wieder aufgeheitert werden. Sie ist nicht mehr quirlig und fröhlich, seit Motek vor ein paar Monaten »in die Drähte gegangen« ist – ein Ghetto-Euphemismus für Selbstmord.

Am Nachmittag gehen Esther, Fela und die drei Kinder bei strahlendem Sonnenschein zum Feuerwehrplatz und drängeln sich in eine tausendköpfige Menge.

Judenrat Rumkowski erscheint mit hängenden Schultern. Während er zum Behelfspodium geführt wird, nimmt er immer wieder den Strohhut vom weißen Haar und wischt sich die Stirn und den nassen Haaransatz:

»Gestern erteilte man mir den Befehl, ungefähr zwanzigtausend Juden vom Ghetto zu schicken … ich muss diese schwere und blutige Operation ausführen. Ich muss Glieder abschneiden, um den Körper zu retten! Ich muss Kinder nehmen, denn wenn nicht, könnten – Gott behüte –, auch andere genommen werden.«

Ein Aufschrei. Vereinzelte Stimmen rufen: »Mörder!« Rumkowski verlangt auch noch, dass die Alten und Kranken ausgeliefert werden. Fela hasst Rumkowski in diesem Moment noch mehr als sonst. Die Deutschen würden die armen Seelen auch ohne Rumkowski fordern. Aber es tut gut, jemanden gezielt hassen zu können.

Ich habe vor Wut gekocht, als ich diese Geschichte vor vierzig Jahren zum ersten Mal stichwortartig notierte. Und auch jetzt steigt der Hass wieder hoch in mir.

Die »grojse shpere«

»Allgemeine Gehsperre« steht auf den Plakaten der Bekanntmachung Nr. 391, mit denen Rumkowski am nächsten Tag eine brutale fünftägige Razzia einleitet – »di grojse shpere«: Wer ohne Passierschein auf die Straße geht, landet in einem der drei Gefängnisse und wird von Rumkowskis Judenpolizei erhängt.

Vierhundert Judenpolizisten zerren Kranke, die nicht mehr die Kraft haben, sich gesund zu stellen, los von dem Bettpfosten, an den sie sich klammern; reißen weinende Kinder aus den Armen ihrer schreienden Mütter, knüppeln die schützend dazwischengehenden Väter nieder und lassen sich vom Hauswart alle Dachböden und Kellerverschläge öffnen, in die sich verzweifelte Frauen und Männer geflüchtet haben könnten.

Am nächsten Tag schauen Fela und Esther auf einen Zug von Tausenden Kindern, Greisen, Kranken und Erwachsenen. Die Menschen schleppen sich über die Straßen zur Laderampe des Bahnhofs Radogoszcz. Insgesamt werden es in den nächsten fünf Tagen 15 895 sein.

Im Zug gehen auch Esthers Kinder.

Rationaler Optimismus

Meine Mutter hatte damals keinen Grund, optimistisch in die Zukunft zu sehen. Viele der anderen (damals erst) 2,3 Milliarden Mitbewohner dieses Planeten auch nicht. Sechzig Länder waren direkt oder indirekt am Zweiten Weltkrieg beteiligt. Überall auf der Welt: Hungersnöte und Ausbeutung, Sklaverei und Kolonialismus, Unruhen und Aufstände, Ströme verzweifelter Flüchtlinge, Kriege, Folter und Mord.

Aber wie sieht es heute aus? In den Zeiten von Arbeitslosigkeit und Verarmung, Aids und Ebola, Islamischem Staat und Global Warming? Haben nicht auch wir allen Grund, das Schlimmste für die Zukunft zu befürchten? Mag sein, aber ich schließe mich dennoch nicht denen an, die ständig apokalyptische Reiter durchs Land galoppieren sehen. Bei ihnen ist alles dem Verfall, Untergang oder Tod geweiht: Moral und Freiheit, Deutschland und Europa, unsere Sprache. Ich sehe das völlig anders und werde dafür auch von engen Freunden gern mit »Ja-abers« und »Siehst-du-denn-nichts?« eingedeckt.

In den entwickelten Ländern haben wir mehr Freiheit, Frieden und Freizeit; eine bessere medizinische Versorgung, eine bessere Erziehung und mehr soziale Sicherheit; bessere Autos, sicherere Flüge und leistungsfähigere Computer. Ach ja: und mehr Geld zur persönlichen Verfügung als je zuvor.

Sicher, da gibt es noch viele Menschen in den ärmeren Ländern, die unter Malaria, Hunger und Kriegen leiden, unter verseuchtem Trinkwasser, unter Ausbeutung durch uns und ihre eigenen Landsleute, die verfolgt werden wegen ihrer Hautfarbe, ihrer Herkunft oder ihrer Religion.

Aber den meisten Menschen auf dieser Erde geht es, objektiv gesehen, sehr viel besser als in den Achtzigern, den Fünfzigern oder gar in den Kriegsjahren des 20. Jahrhunderts. Es gibt offensichtlich so etwas wie Fortschritt – technologischen, intellektuellen und moralischen. Die Welt ist besser geworden und wird immer besser – wenn auch viel zu langsam.

Nehmen wir nur das Problem »Gewalt«. In seinem glanzvoll und akribisch recherchierten 1200-Seiten-Buch *Gewalt. Eine neue Geschichte der Menschheit* hat der Experimental-, Evolutions- und Kognitionspsychologe Steven Pinker nachgewiesen, mit unendlich vielen Zahlen und Tabellen, dass wir Menschen im Verlauf der Zeit weniger schrecklich geworden sind. Es gebe weniger Gewalt: weniger Folter, weniger Morde und weniger Kriegstote (ja, trotz der Weltkriege). Und mehr Rechte: Die Sklaverei sei weitgehend abgeschafft, die legale Rassentrennung weitgehend eliminiert, die Rechte von Kindern, Frauen und Homosexuellen seien entscheidend verbessert worden.

Ich bin Optimist, aber ein rationaler Optimist.[24] Ich sehe die vielen Probleme, und sie berühren mich zutiefst. Aber ich sehe die Entwicklung zum Besseren, zum Menschenfreundlicheren in so vielen Bereiche, dass ich – bei allen schrecklichen Rückschlägen – äußerst optimistisch in die Zukunft schaue. In meine und die meiner Kinder.

Und nachdem ich mich jetzt über ein Jahr lang intensiv mit der Geschichte des Judentums und des Nationalsozialismus auseinandergesetzt habe, bin ich tief und fest davon überzeugt, dass die Ghettos und KZs meiner Mutter nie wiederkommen werden.

Zumindest nicht in Deutschland.

It is the day after day you survive,
hour after hour.
There is no other philosophy.
You go from moment to moment and say,
»I am still alive.«

Maria Ossowski,
Buchenwald-Überlebende[25]

3

Aus der Pfanne ins Feuer

Im Frühjahr 1943 wendete sich das Kriegsglück der Deutschen: Die 6. Armee, die Stalingrad eingekesselt hatte, ergab sich der sowjetischen Übermacht. Und inzwischen bombardierten auch amerikanische Piloten Deutschland und sangen dabei »Lili Marleen«.

Etwa ein Jahr nach Alek schaffte auch Fela die Flucht. In ihrer eidesstattlichen Erklärung vom 15. Februar 1950 schrieb sie:

Im Frühjahr des Jahres 1943 wurde ich selbst mit vielen anderen
auf Transport nach Auschwitz gesetzt. Es war mir während
des Transportes möglich, mithilfe eines Helfers zu entspringen.

Auschwitz? Vermutlich eine Erfindung für deutsche Wiedergutmachungsbehörden, weil dieses KZ bekannter war als Chełmno. Zu diesem Zeitpunkt wurden die Juden aus Łódź nämlich ausschließlich in Chełmno vergast. Auch in den Statistiken von Auschwitz sind keine Zugänge aus Łódź verzeichnet, wie ich recherchiert habe. Geflohen ist sie allerdings. Wie sie es geschafft hat, weiß ich nicht.

Die Liquidation von Łódź

Das Ende des Łódźer Judenstaates kam ein Jahr später. Himmler befahl, das Ghetto solle ab Mai 1944 endgültig aufgelöst werden. Zu dem Zeitpunkt war die deutsche Wehrmacht schon in ganz Europa auf dem Rückzug. Am 2. August 1944 informierte Rumkowski die Ghetto-Bewohner, das Ghetto solle »verlegt« werden – ein Euphemismus für den Transport der Juden in ein Vernichtungslager. Aber die Menschen wussten, dass sie nun nach Chełmno mussten – wie zuvor rund 150 000 Juden und 4000 Sinti und Roma. Sie lachten den »Judenhitler« höhnisch aus.

Aber sie hatten unrecht: Die Mordstätte wurde nur bis Juli 1944 genutzt. Stattdessen, hatte Reichsführer SS Himmler beschlossen, sollten die Gefangenen des Ghettos woanders vergast werden – im viel effizienter arbeitenden Auschwitz.

Der »König von Łódź«, Mordechai Chaim Rumkowski, meldete sich freiwillig für den letzten Transport nach Auschwitz. Er kam dort am 28. August 1944 an und ging gleich in die Gaskammer. Wie die anderen toten Juden aus Łódź verschwand er wie ein Stein im Meer.

Papa, sind wir Juden?

Als meine Töchter Noelani und Noemi dreizehn und siebzehn waren, wussten sie längst, dass sie aus der Sicht der Juden keine Juden sind, weil ihre Mutter keine ist. Aber eine Frage quälte sie:

»Wir haben einen jüdischen Vater – was hätten sie mit uns im Dritten Reich gemacht?«

Ich musste mir Bedenkzeit ausbitten, so genau wusste ich das nicht. Beim Recherchieren stellte ich fest, dass die Frage es in sich hat: Es gibt keine einfache oder gar kurze Antwort. Auf jeden Fall wären meine Töchter damals als Mischlinge ersten Grades eingestuft worden, weil sie zwei jüdische Großeltern gehabt haben.

»Hätten sie uns verfolgt?«

Ich erklärte ihnen, dass sie als sogenannte »Geltungsjuden« wie Volljuden behandelt worden wären, wenn sie einer jüdischen Gemeinde angehört hätten oder wenn sie mit einem Juden verheiratet gewesen wären.

»Und dann?«

Die Frage ließ sich klar beantworten: In den Dreißigern kein Studium, keine Wahlberechtigung, keine Heiratsgenehmigung, keine Beamtenkarriere. In den Vierzigern Zwangsarbeit und später Deportation in ein Vernichtungslager. »Aber«, sagte ich, »das ist alles noch viel komplizier…«

»Danke, Papa.«

Und weg war die Bande. Schade, ich hätte ihnen gern das Zitat von Ignaz Bubis vorgelesen, früher Vorsitzender des Zentralrates der Juden in Deutschland, ein Zitat, das bei Wikipedia unter dem Lemma »Halbjude« steht:

Der Nationalsozialismus hat aus dem Juden eine Rasse gemacht und die Religion vollkommen außer Acht gelassen. […] Nach 1945 ist der Rassismus, nicht aber der Antisemitismus weitgehend verschwunden. In einigen Köpfen spielt der Rassismus, wenn auch unterschwellig, allerdings noch immer eine Rolle.

Bubis übertreibt nicht. Der Journalist und Moderator Michel Friedman geriet wegen Sex mit Prostituierten und Kokainbesitz Anfang der Nullerjahre auf den Radarschirm der Staatsanwaltschaft. Alle Blätter berichteten. Wenige verzichteten auf den Hinweis, dass er Jude sei. Na und, könnte man sagen, warum sollte das nicht erwähnt werden? Ja, warum nicht? Aber wozu soll es gut sein?

Friedman fühlte sich einige Jahre später wieder als Jude gebrandmarkt. Nicht von einem rechten Schmierblättchen, sondern von einer Qualitätszeitung. In seiner Talkshow auf N24 verglich der damalige niedersächsische Ministerpräsident Christian Wulff die Neid-Diskussion über Manager mit einer »Pogromstimmung«. Die angesehene *Frankfurter Allgemeine Zeitung* berichtete: »In der von Michel Friedman, einem Juden, moderierten Talkshow auf N24 hatte sich Wulff trotz entsprechender Nachfragen nicht von seiner Wortwahl distanziert.« Daraufhin beschwerte sich Friedman in einem Gastbeitrag für die *Bild am Sonntag*: »So also funktioniert der subkutane antisemitische Reflex. Ganz nebenbei gestreut, beim schnellen Lesen leicht überlesen, bewirkt er trotzdem, dass alle Klischees und Vorurteile ausgelöst werden. Diese zwei Worte reichen, um den Journalisten Michel Friedman, den Juden, zu etwas anderem als alle anderen Journalisten zu machen, die nicht jüdisch sind. Ausgegrenzt steht er wieder da, der Jude.«

Friedman hatte recht: Schreiben jüdische deutsche Journalisten andere Artikel als katholische, protestantische oder atheistische? Wählen sie andere Worte? Stellen sie andere Fragen? Ist das eine Form des subkutanen Rassismus, den Bubis meinte? Ich denke, ja.

Sanfte Formen davon habe ich selbst schon erlebt. Bei einem Abendessen im weiteren Freundeskreis sagte mir einmal eine junge Dame, die nichts von meiner jüdischen Herkunft wusste und sicherlich auch keine Antisemitin war: »Jacky, du bist doch befreundet mit diesem Promi … Wie heißt er doch gleich? … Mit diesem … du weißt schon … mit diesem – Juden.«

»Hugo Egon Balder?«

»Ja, genau.«

Das Wiedersehen

Irgendwie erreichte Fela ihre Familie.

In Będzin und der angrenzenden Stadt Sosnowiec hatten die Deutschen inzwischen ein stacheldrahtumzäuntes Ghetto errichtet. Viele Juden wohnten in überfüllten Hütten, die so klein waren, dass sich die Möbel auf den Straßen und Höfen stapelten. Drei jüdische Familien lebten nun in einem winzigen Raum, der vorher von einer armen polnischen Familie bewohnt gewesen war.

Wie meine Familie hatten viele kein Dach über dem Kopf. Judenrat Merin hatte ihnen einfach ein leeres Stück Erde zugewiesen. Nun lebten sie auf dem freien Feld inmitten einiger Möbelstücke, über die ein doppeltes Betttuch gespannt war.

Peluscha sieht ihre Mutter als Erste. »Mami!« Dann liegen sie sich in den Armen und weinen vor Glück. Peluscha ist drei Jahre älter geworden und noch hübscher. Sie trägt die schwarzen Haare jetzt sehr kurz – wegen der Läuse, Mami! Sie ist völlig verdreckt. Ebenso wie Róża und Alek. Das wenige Wasser reicht gerade gegen den Durst.

»Wo ist Lajzer? Wo ist Berel?«, fragt Fela und blickt in traurige Augen.

»Merin und sein Judenrat haben sie mit einem Trick deportiert«, schimpft Alek. »Er hat uns versprochen, wenn junge Leute in einer Familie sich freiwillig melden würden, blieben die anderen von der Zwangsarbeit verschont. Eine Lüge.«

»Sie sind seit zwei Jahren fort«, schluchzt Róża und weint bittere Tränen, »niemand weiß, wohin.«

In den nächsten Tagen müssen Fela und Alek wieder in die Zwangsarbeit. Judenchef Merin vermutet immer noch, die Juden seien wichtig für Deutschlands ökonomische Interessen, und so liefert er weiter seine Schicksalsgenossen an die Gestapo aus. In einer seiner Rechtfertigungsreden dröhnt er:

> *»Ich bin in einem Käfig, konfrontiert von einem wilden, hungrigen Löwen. Ich stopfe Fleisch in seinen Rachen, menschliches Fleisch ... warum? Weil ich den Löwen in seinem Käfig halten will, sodass er nicht rauskommt ... und jeden Einzelnen von uns frisst.«[26]*

Leider hatte sich der Löwe inzwischen anders entschieden.

Aktion Judenrein

Am 22. Juni 1943 wurde Judenchef Merin nach Auschwitz deportiert. Man brauchte ihn nicht mehr. Himmler hatte befohlen, Polen müsse bis Ende Juni »judenrein« sein – rassisch kontaminierter Lebensraum sei deutschen Siedlern nicht mehr zuzumuten: das Signal zur »Endlösung der Judenfrage«.

Was einen in Auschwitz erwartete, war jedem hier schon seit Längerem klar. Am 5. Februar 1943 schrieb die sechzehnjährige Będzinerin Rutka Laskier in ihr Tagebuch:

Wenn es Gott gäbe, würde er bestimmt nicht erlauben, dass man
Menschen bei lebendigem Leib in den Ofen stößt, dass kleinen
Kindern mit dem Karabiner der Kopf zertrümmert wird oder
dass man sie in einen Sack stopft und vergast.[27]

Viele Juden bauten sich ein Versteck, auch Fela und ihre Familie:

Zum Glück hatte ich einen Bunker. Wir hatten ihn unter einem
Gebäude selbst gegraben. Ich, mein Mann, meine Mutter und
mein allerliebstes Kind haben uns nun versteckt. Man muss sich
vorstellen, was wir in dem Bunker erlebt haben, ohne Luft,
ohne Essen, ohne Wasser ... Vierzehn Tage haben wir im Bunker
gesessen. Mit schrecklichen Hunden haben die Deutschen nach
uns gesucht, die Häuser gesprengt oder Gas eingeleitet.

Polizei und Gestapo scheuchten die Juden aus ihren Verstecken
und trieben sie mit Knüppelschlägen auf die Straße: Kranke,
Greise, Kinder. Immer wieder Todesschreie. Manche Mütter er-
stickten sogar ihre schreienden Babys, damit ihre Familien nicht
entdeckt wurden.

Am 1. August 1943 um vier Uhr morgens beginnt die letzte Razzia. Die Gestapo und die deutsche Polizei umstellen das Ghetto
von Będzin und Sosnowiec und durchkämmen das Ghettogelän-
de. Auch meine Familie wird entdeckt. Alle werden auf einem
großen Platz im Stadtteil Kamionka zusammengetrieben. Auf
dem Sammelplatz wüten SS, Gestapo und die Polizei unter der
Führung von Friedrich Kuszynski, Leiter des Judenreferats für
fremdvölkischen Arbeitseinsatz in Oberschlesien. Wer sich aus
der Herde der Todgeweihten entfernt, wird »auf der Flucht« erschossen – insgesamt etwa 2800.

Eine Gruppe Jugendlicher aus der Widerstandsbewegung *Ha-*
noar Hazioni singt trotzig die polnische Nationalhymne: *Jeszcze*

Polska nie zginęła, kiedy my żyjemy … – noch ist Polen nicht verloren. Immer mehr stimmen ein und brüllen sich die ohnmächtige Wut aus dem Leib. Die Gestapo verprügelt Einzelne, aber für jeden, der verstummt, fallen drei andere ein. Eine Garbe aus der Maschinenpistole eines SS-Offiziers schafft augenblicklich Ruhe.

Bis zum 12. August werden über 30 000 Juden aus den verbundenen Ghettos von Będzin und Sosnowiec am Bahnhof in Viehwaggons gepfercht und ins fünfzig Kilometer südlich gelegene Vernichtungslager Auschwitz transportiert[28], darunter Fela, Alek, Róża und Peluscha.

Pro Passagier und Kilometer verdient die Reichsbahn vier Pfennig. Rückfahrkarten gibt es nicht.

Glück nach Unglück

War meine Mutter glücklich?, frage ich mich beim Schreiben oft. Klingt wie eine dumme Frage angesichts ihrer Situation, ich weiß. Also differenzierter: Hatte sie im Ghetto, im KZ zumindest glückliche Momente? Ich wüsste es gern, weiß es aber nicht, und das macht mich traurig. Ich will, dass ihre Zeit in den Höllen auch schöne Augenblicke hatte, einfach, weil es meine Empathie-Schmerzen ein wenig lindern würde. Aber sie hat nie über ihre Gefühle gesprochen, immer nur Geschichten erzählt und gehofft, dass sie auch ohne Kommentare ihre dramatische Wucht in meinem Kopf entfalten würden. Als Mahnung und Warnung.

Aber: Wäre es nicht zumindest ungewöhnlich, würden Tausende junger Frauen nur leiden und ernste Reden führen und nicht klatschen und kichern, necken und frotzeln, summen und singen? Und, wenn ja, würden sich ihre Gesichter nicht zuweilen aufhellen? Die Mundwinkel nach oben gehen, ein Lächeln aufblitzen oder gar ein Lachen?

Weiter half mir ein TED-Video des Harvard-Psychologen Dan Gilbert,[29] Autor des Bestsellers *Ins Glück stolpern.* Im Video stellt er die Zukunft zweier Menschen vor: Einer gewinnt 314 Millionen Dollar in der Lotterie, der andere wird querschnittsgelähmt. Wer ist am Ende des ersten Jahres glücklicher? Klingt nach einer akademisch-hypothetischen Frage. Doch Gilberts empirische Daten zeigen ein seltsames Ergebnis: Beide sind *gleich* glücklich. Der Grund: eine Art psychologisches Immunsystem in unserem Gehirn. Empirische Forschungen rund um den Globus zeigen, dass auch *Loser* nach einem Verlust wieder glücklich werden können. Ob sie ihren Job, ihre Familie oder ihr Vermögen verloren haben – die meisten haben durch dieses faszinierende Immunsystem eine große Chance, wieder glücklich zu sein.

Ich lese Gilberts Buch und muss oft nicken. Ich lächle auch viel und wissend, denn all die Dinge, die darin stehen, habe ich in den letzten Jahrzehnten an mir erfahren, ohne das Buch zu kennen. Und am meisten freue ich mich, dass die Quintessenz des Buches in einer Geschichte verborgen ist, die ich zum ersten Mal von meiner Mutter gehört habe:[30]

Ein alter Kater trifft ein junges Kätzchen, das versucht, den eigenen Schwanz zu fangen: »Warum läufst du hier im Kreis rum?«

»Meine Mami hat gesagt, dass das Glück für uns Katzen in der Schwanzspitze liegt. Deshalb jage ich sie, und wenn ich sie kriege, bin ich glücklich.«

Der alte Kater lacht: »Jaja, das habe ich früher auch gemacht. Aber dann habe ich festgestellt: Wenn ich einfach geradeaus gehe, kommt mir meine Schwanzspitze immer hinterher.«

In einer deutschen Version von Gilberts Buch ist diese Lektion im Untertitel enthalten: *Ins Glück stolpern: Suche dein Glück nicht, dann findet es dich von selbs*t.

Die Judenrampe

Kreischend bremsen fünfzig gedeckte Viehwaggons, jeder zwölf Meter lang, an der »alten Judenrampe« beim Vernichtungslager Auschwitz-Birkenau, einem hölzernen Bahnsteig.

»Raus, ihr Drecksjuden, raus!«, brüllen SS-Uniformen, bewaffnet mit Gummiknüppeln und Maschinenpistolen, über das Geifern und Bellen ihrer Bluthunde hinweg und schieben die Türen auf. »Gepäck im Wagen lassen!« Aus jedem Waggon drängen hundert Verzweifelte über Tote, Sterbende und Zerquetschte hinweg an die Luft.

Drinnen riecht es scharf nach Urin und Durchfall. Der einzige Eimer hatte für die hundert Menschen im Waggon nicht gereicht. Draußen stinkt es nach verbranntem Fett und versengten Haaren. Die Hunde der SS-Männer zerren an den Leinen und schnappen in die Luft.

Fela, Alek, Róża und Peluscha und 2996 andere, viele Kinder darunter, werden von SS-Schergen in Formation geknüppelt: immer fünf in eine Reihe!

Zwanzig Männer in gestreiften Sträflingsanzügen, die aussehen wie Pyjamas, klettern in die Waggons. Sie tragen Leichen und die Eimer mit Exkrementen raus. Filzen die Koffer nach Geld, Gold und Schmuck. Sortieren fürs Reich: Kleider hierhin, Schuhe dorthin.

»Kolonnen bilden! Männer links, Frauen und Kinder rechts!«, bellt ein SS-Rottenführer[31] und geht zackig zu einem glänzend aussehenden Hauptsturmführer mit adrett zurückgekämmten braunen Haaren. Der hatte bisher abseits gestanden und gut gelaunt mit anderen Offizieren gescherzt. Die feldgraue Uniform mit den Breeches in blank gewichsten Stiefeln steht ihm ausgezeichnet. Seine Reitpeitsche tätschelt rhythmisch den Schaft. Ab und zu nestelt er am schwarz-weiß-roten Band des Eisernen Kreuzes 1. Klasse, das er stolz am zweiten Uniformknopf befestigt hat. Der SS-Rottenführer salutiert: »Bitte, Herr Dr. Mengele.«

Mengele wendet sich mit charmantem Lächeln an die Unglücklichen: »Meine Mitarbeiter und ich teilen Sie nun in Gruppen ein. Dann gibt es eine kleine Erfrischung – Sie alle werden zunächst gebraust.«

»Großer Gott! Der Engel des Todes!«, raunen einige und erstarren. In ganz Polen ist der leitende Lagerarzt inzwischen bekannt für seine genetischen und medizinischen Experimente mit Zwillingen und Zwergwüchsigen. Mit sparsamen Zeichen der Reitpeitsche – du links, du rechts – dirigiert Mengele die Aussortierung[32]. Meine Mutter hat mir später erzählt, dass Mengele »a schejner Mann« war, »der wos immer gelächelt« hat.

Schließlich steht Fela in der rechten Gruppe – Róża, Alek und Peluscha stehen in der linken. Und in der Mitte zwei, drei Zwillingspaare.

Sie sieht Peluscha weit vorne, reckt sich, zwingt sich zu einem Lächeln und winkt wie bei einem normalen Abschied. Nie konnte Fela die schreckgeweiteten Augen ihrer kleinen Tochter vergessen. Nie die erbärmlichen Schreie. »Mami, Mami, Mami!«

Warum »durften« die einen ins Lager, mussten die anderen in den Tod? *Survival of the fittest* – der Rampendienst entsorgte Alte und Kinder, Kranke und Schwache sofort. Exakt fünfundzwanzig Prozent durften an jenem Tag überleben, habe ich errechnet – die übliche Quote.[33]

Fela sieht mit brennenden Augen, wie ihre Familie mit den anderen Unglücklichen über ein hölzernes Treppengestell auf fünf Kipplaster geknüppelt wird, je hundert auf einen.

Dann geht es ab in Richtung Auschwitz-Birkenau, eine der zehn polnischen Vernichtungsanlagen für die »Endlösung der Judenfrage«: ein paar Hundert Baracken auf sumpfigem Grund, abgezäunt durch einen doppelten Stacheldrahtverhau unter Hochspannung. Alle zweihundert Meter ein Wachturm mit Maschinengewehren und Scheinwerfern, deren bleiche Finger nachts das Lager abtasten. Meterhohe Stichflammen über den Krematorien. In der Luft der Gestank von verbranntem Fett und verkohlten Haaren.

»Kommen wir hier jemals wieder raus?«, fragt Fela flüsternd einen der sortierenden Sträflinge.

Der Pyjamamann lacht bitter: »Klar, Mejdele. Aber nur durch den Schornstein.«

4

Leben in Auschwitz

Zwei Stunden lang hat die Selektion gedauert. Die dritte für heute. Woher ich das weiß? Die Auschwitz-Historiografin Danuta Czech hat in ihrem *Kalendarium der Ereignisse im Konzentrationslager Auschwitz-Birkenau 1939–1945*[35] alles minutiös aufgelistet. Sie konnte das, weil die Nazis ihrer Tötungsindustrie eine penible deutsche Buchhaltung beigeordnet hatten: Das Reich wünschte keine Massaker, keine Massenmetzgereien, sondern eine kühl kalkulierende *Just-in-time*-Tötungslogistik. Fasziniert und angewidert zugleich arbeitete ich mich durch die Zahlen, Daten und Fakten in Danuta Czechs 1000-Seiten-Wälzer. Sie malten in meinem Hirn ein Bild der Tötungsmaschinerie. Lebendiger als Fotos und Filme. Ich wurde selbst zum Buchhalter des Todes und war gewissermaßen dabei – am Dienstag, dem 3. August 1943.

Ich erfuhr, wie viele Züge an diesem Tag ankamen (sechs), in welchem meine Mutter war (im dritten). Wie viele Menschen an diesem Tag »angeliefert« wurden (8872). Wie viele in die rechte Kolonne – »ab zur Sklavenarbeit« – geschickt wurden (2272) und wie viele unregistriert in die linke, »ab ins Gas« (etwa 6600, rund 75 Prozent), darunter Alek, Róża und Peluscha und viele ihrer Verwandten. Den »Glücklichen 2000« wurde bei ihrer Aufnahme eine fortlaufende Nummer auf den linken Unterarm eintätowiert. Die meiner Mutter fand ich in Czechs Buch auf Seite 564 – die Nummer 53249.

Ich sah die Zahl, wenn sie kochte, wenn sie sich kämmte, wenn sie mich streichelte. Blaugrün hatte sich die Tinte in ihren Arm gefressen, ein subkutanes Depot giftiger Erinnerungen.

Der Kommandant

Nur einen Gedanken hatte Fela während der gesamten Einweisung: Peluscha, Alek, Róża – was ist mit ihnen geschehen? Später traf sie einen Bekannten aus Będzin, der im *Sonderkommando Krematorium* arbeitete. Er hatte kurz vor der Vergasung zwar Alek und Róża gesehen, nicht aber meine damals elfjährige Schwester Peluscha. Das gab meiner Mutter all die Jahre Hoffnung, dass wenigstens ihr Töchterchen noch lebte.

Was in den Gaskammern genau geschah, erfuhr meine Mutter kurz nach ihrer Einweisung. Und ich schon lange vor meiner Einschulung. Diese Bilder hatte meine Mutter ständig vor Augen. Sie haben ihre Träume verdunkelt. Zu meinen frühesten Erinnerungen gehört, dass sie nachts schreiend neben mir aufwachte.

Während Fela ins Lager marschierte, verlosch das Lebenslicht meiner Familie und der anderen angelieferten 6600 Menschen. Wie bringt man so viele Menschen an einem Tag um?

Kein Problem für die SS. Das hatte sie 1941 schon bei Babyn Jar bewiesen, wo sie an der Schlucht bei der ukrainischen Hauptstadt Kiew 33 771 jüdische Männer und Frauen, Kinder und Babys in der Rekordzeit von 36 Stunden[36] erschossen hatte.

Aber Schüsse waren in Auschwitz unökonomisch. Weil keine Schlucht da war, in die der Judenmüll von selbst fiel. Vor allem aber weil die direkte Konfrontation mit den Opfern für die SS-Schützen auf Dauer psychisch doch sehr, sehr belastend schien. So entschloss man sich in Auschwitz zum Gastod durch das blausäurehaltige Insektenvernichtungsmittel Zyklon B mit anschließender Feuerbestattung.

Viele Holocaust-Leugner bezweifeln, dass es überhaupt Vergasungen gab. Damit zeihen sie allerdings einen glaubwürdigen Augenzeugen der Lüge, der alles in seinem Buch *Kommandant in Auschwitz* penibel und sachkundig dokumentiert hat – Rudolf Höß. In seinen Memoiren schwärmt er von Zyklon B als menschenfreundlicher Chemikalie für die industrielle Tötung:

Mir graute immer vor den Erschießungen [...]. Nun war ich doch beruhigt, daß uns allen diese Blutbäder erspart bleiben sollten, daß auch die Opfer bis zum letzten Moment geschont werden konnten.[37]

In Auschwitz erfolgte die »Schonbehandlung« 1943 in einem von vier Krematorien. Hier wurden die zu Behandelnden vom »Sonderkommando Krematorium« empfangen, das meist aus jüdischen Männern bestand, jung und kräftig, die sich um die anfallenden Leichen zu kümmern hatten. Wer sich dem Job verweigerte – Genickschuss. Wer mitmachte und sich nicht vor Verzweiflung und Scham schon vorher in die Verbrennungsöfen stürzte, wurde nach drei Monaten selbst verheizt. Für diese Judenburschen fühlte das schweinslederne Herz des Kommandanten Verachtung und Bewunderung zugleich:

Sie [waren] *mit einem Eifer dabei, der mich immer verwunderte.* [...] *Das fürsorgliche Behilflichsein beim Ausziehen, aber auch das gewaltsame bei sich Sträubenden. Dann das Wegführen der Unruhigen und das Festhalten beim Erschießen.* [...] *Dann das Herausziehen der Leichen aus den Kammern, das Entfernen der Goldzähne, das Abschneiden der Haare, das Hinschleppen zu den Gruben oder an die Öfen.* [...] *All diese Arbeiten machten sie mit einer stumpfen Gleichmütigkeit.*[38]

Fürsorglich und gleichmütig wurden tausend oder mehr nackte Menschen in die 30 mal 7 Meter große Gaskammer geführt, vorgeblich zum Duschen. Vom Dach aus füllten SS-Leute dann das Zyklon B ein. Durch ein »Beobachtungsloch« hat Kommandant Höß alles inspiziert:

Man kann sagen, daß ungefähr ein Drittel sofort tot war. Die anderen fingen an zu taumeln, zu schreien und nach Luft zu ringen. Das Schreien ging aber bald in ein Röcheln über, und in wenigen Minuten lagen alle. Nach spätestens 20 Minuten regte sich keiner mehr.[39]

Höß befiel bei seinen ersten Gasleichen »ein Unbehagen, so ein Erschauern«, obwohl, wie er schreibt, »ich mir den Gastod schlimmer vorgestellt hatte«.[40] Trotz der unvermuteten Milde dieser Todesart muss Kommandant Höß seelisch sehr aufgewühlt gewesen sein: Er wäre am liebsten »vor Mitleid von der Bildfläche verschwunden«.

Am Ende musste das jüdische Sonderkommando die Leichen entsorgen. Auch bei der Feuerbestattung war der feinfühlige Kommandant teilnehmender Beobachter:

Hiernach [wurden sie] *durch den Aufzug nach oben gebracht*
vor die inzwischen angeheizten Öfen. [...] *Die Asche fiel*
während des ohne Unterbrechung fortgesetzten Verbrennens
durch die Roste und wurde laufend entfernt und zerstampft.[41]

Und dann entsorgt in der durch Auschwitz fließenden Soła, den
Fluss des Grauens, oder auf Feldern um das KZ als Mineraldün-
ger ausgebracht – eine immerhin nachhaltige Form der Boden-
regenerierung.

Fela wird eine Nummer

Ich bin ein verdammter Pedant! Im Internet habe ich einen genauen Lageplan von Auschwitz-Birkenau[42] gefunden und berech-
ne mit dieser Abstraktion des Grauens sehr Konkretes: Wo war
meine Mutter untergebracht (Block BI), und wie weit entfernt
war sie vom nächsten Schornstein eines Krematoriums (höchstens 400 Meter)? Oder: Wie lange brauchte meine Mutter vom
Eingangstor des KZs zum Aufnahmegebäude? Und während ich
rechne und schätze, wird der Schrecken zu abstrakten Zahlen
sublimiert, und die tun nicht so weh. Abstrakte Zahlen – nichts
anderes sahen auch die Verwaltungsexperten im fernen Berlin
und auf den Zubringerbahnhöfen.

Gegen Abend marschieren Fela und 331 weitere Frauen durch
das 24 Meter hohe Lagertor im Osten, einer der wenigen Durch-
lässe im 6300 Meter langen Zaun um das KZ Auschwitz-Birkenau.

Aus den Schornsteinen der vier Hochleistungskrematorien
stechen schwefelgelbe Stichflammen fünf Meter hoch in den
blutenden Abendhimmel und füllen ihn mit fettiggrauen Rauch-
wolken.

Nach einer Viertelstunde erreichen sie die im Lagerjargon sogenannte »Zentrale Sauna«. Ein T-förmiger Komplex mit vielen Funktionen: Registration, Desinfektion und Neueinkleidung. Hauptaufgabe des Einweisungsprozesses aber ist, den Neuankömmlingen ihre Würde zu nehmen, ihnen ihre Identität zu rauben und sie zu Nummern zu machen, sie durch Demoralisierung, Demütigung und Einschüchterung auf ihr Leben als duldsame Arbeitssklaven vorzubereiten.

An der Eingangstür werden Fela und die anderen Frauen von SS-Männern mit Stockschlägen in Empfang genommen und in einen großen Raum geprügelt: Alles abgeben! Kleidung, Uhren, Schmuck, Fotos, Ausweispapiere! Und nackt machen!

Ein abwegiger Gedanke stiehlt sich in mein Hirn: Was, wenn meine Mutter und ihre Leidensgenossinnen damals schon ein iPhone gehabt hätten?

Ich hätte heute ein Selfie von ihr in einer Gruppe von Frauen mit geschorenen Köpfen.

Ein Video aus dem Untersuchungsraum, wo die nackten Frauen vor aller Augen nach Geld, Gold und Schmuck durchsucht werden: Maul auf! Arme hoch! Umdrehen! Arschbacken auseinander! Umdrehen! Beine auseinander! – Sieh an, hat noch ein Goldkettchen in der Muffe versteckt!

Ein Foto aus dem Duschraum, wo sie und dreihundert nackte Frauen mehr als eine Stunde lang warten, bis endlich kaltes Wasser auf sie rieselt.

Und ein Video aus dem Registrierraum: Beruf? Krankheiten? Wie viele Goldzähne? Linken Arm fürs Tätowieren frei machen: 5-3-2-4-9. Nächste! Fela ist ab jetzt nur noch eine Nummer und wird auch so angeredet: 53249.

Und jetzt raus, ihr Judenweiber. In Fünferreihen antreten!

Pferdeställe

Spätnachts endlich wird Fela mit den anderen Frauen in die Quarantäne-Baracken getrieben. Wie so viele Wörter im Jargon der KZ-Wärter ist »Quarantäne« ein ambivalenter Euphemismus. Sie sollte wie üblich Läuse-Epidemien eingrenzen, Krätzemilben, Typhussalmonellen oder Fleckfieber-Rickettsien. Die Quarantäne war zugleich eine Vorhölle, die die Häftlinge in einem Crash-Kurs vier Wochen lang auf das System des Lagerlebens einstimmen sollte. Die letzten Widerstandsnester in ihren Hirnen sollten ausgehoben werden. Durch Einpferchen, Aushungern und Disziplinieren.

Die Quarantäne-Baracken lagen im Frauenlager B I a am Südende des KZs. Hier standen 30 Pferdestallbaracken der Wehrmacht vom Typ 260/9 – 41 Meter lang, 10 Meter breit. Kein Strom, kein Licht, keine Fenster, durch die man den Himmel hätte sehen können – nur durch Dachluken fiel etwas Licht, schreibt der Auschwitz-Überlebende Paul Schaffer: »Das kleinste Fensterchen hätte ein Schlupfloch für Träume sein können ... Doch nur die Gattung Mensch träumt, und uns rechnete man nicht mehr dazu.«[43]

Geschlafen wurde in 60 Holzbettgestellen mit je drei Pritschen, jede 1,70 im Quadrat. Auf jeder Pritsche eine Decke, dünn, dreckig und stinkend.

Geplant war jede dieser Baracken für 52 Armeepferde. In Stoßzeiten wohnten nun bis zu 1000 Häftlinge darin. Auf jeder der 180 Holzpritschen sollten eigentlich zwei Häftlinge schlafen; aber in Zeiten maximaler Belegung mussten bis zu sechs Menschen dort Löffelchen liegen. Wollte sich einer umdrehen, mussten es alle tun.

Ich versuche, mich in die Lage meiner Mutter einzufühlen: Das Jammern der Mutlosen. Das Schluchzen der Verzweifelten. Das Stöhnen der Sterbenden.

Nie, nie war Stille um sie.

Ordnung durch Terror

Am nächsten Morgen fliegt die Barackentür um halb vier auf, drei Pfiffe aus einer Trillerpfeife kreischen in Felas Ohren. In der Tür die Konturen einer massiven Frau in einer Kittelschürze – sehr, sehr groß, wie meine Mutter erzählte: »Aufstehen! Los, raus, raus!«

Fela sieht einen grünen Winkel am Kleid der Frau – also eine Kriminelle, wie Fela bei der Einweisung gelernt hat. Ein »T« auf ihrem Ärmel weist das Mannweib als Tschechin aus, eine rote Armbinde als Blockälteste, als *blockowa*. Das System farbiger Winkel und Armbinden enthüllt sofort, ob man ein Homosexueller ist (rosa), ein Asozialer (schwarz) oder Zeuge Jehovas (violett). Fela bekam als polnische Jüdin ein gelbes Dreieck und ein »P«.

»Ich eure Blockälteste«, brüllt sie über das Geplapper der Frauen hinweg, »ich zuständig, dass alles läuft hier, wie Frau SS-Blockführerin anordnet. Wenn ich sage was, gibt für euch nur drei Antworten: Jawohl, *pani blockowa*! Sofort, *pani blockowa*! Entschuldigung, *pani blockowa*!«

Die Blockälteste wählte zwei Stubenälteste aus. Sie mussten morgens Kaffee holen, mittags Suppe, abends Brot. Und aufpassen, dass die Betten ordentlich waren.

Meine Mutter erzählte mir, dass die Stuben- und Blockältesten nach wenigen Tagen umgeben waren von Speichelleckern und Hofschranzen. Sie verteilten das Wichtigste: Essen! Es fällt leicht, über sie den Stab zu brechen. Ich bin sicher, spätestens nach ein paar Tagen hätte auch ich jede Zurückhaltung aufgegeben, um Schmerzen, Hunger und dem Gastod zu entgehen.

Megamörder

Der Terror war Wahnsinn, aber er hatte Methode. Fela hatte noch zwei Jahre KZ vor sich, bis die Welt erfahren sollte, dass Hitler der größte Massenmörder aller Zeiten war. Als ich die Geschichte meiner Mutter recherchierte – ich war ein junger Student –, dachte ich das auch. Es war bequem, die Gräuel der Nazizeit mit einem Superlativ zu verdichten. Aber ich habe mich getäuscht.

Heute gibt es verlässliche Zahlen. Der Psychologe Steven Pinker hat sie zusammengetragen in seinem Buch *Gewalt. Eine neue Geschichte der Menschheit.* Die Experten sprechen von 170 Millionen Opfern von Demoziden – also vorsätzlichen Massentötungen bestimmter Menschengruppen durch eine Regierung, sei es aus rassischen, religiösen oder politischen Gründen. Totalitäre Regime, die jeden Aspekt des Lebens kontrollieren wollen, waren für 138 Millionen Tote verantwortlich, also für 82 Prozent.

Drei Viertel aller Toten von 141 Demozid-Regierungen gehen auf das Konto von drei Staaten – Sowjetunion: 62 Millionen, Volksrepublik China: 35 Millionen, Nazi-Deutschland: 21 Millionen. »Nur so wenig« auf das Konto von Hitler? Ja, der Führer gehört zwar zur Führungsgruppe, hat aber nicht die Führung inne. Die größten Massenmörder der Weltgeschichte sind Mao Zedong und Stalin: Regierungschefs kommunistischer Länder.

Ich habe ein mulmiges Gefühl dabei: Der Altachtundsechziger in mir hat sich immer etwas darauf zugutegehalten, irgendwie »links« zu sein. Während meiner Studentenzeit war ich nie

Kommunist, aber der Zeitgeist brachte auch mich dazu, die Sowjetunion oder China für Staaten zu halten, die Ausbeutung und Ungerechtigkeit nicht in dem Maß unterstützen wie kapitalistische Staaten. Es fühlte sich gut an, links zu sein und damit auf der »richtigen« Seite des politischen Spektrums. Ich hatte unrecht.

Wie viele andere war ich blind auf dem linken Auge. Unser Hauptproblem ist aber nicht »der Kapitalismus« oder »der Kommunismus«, sondern das übergreifende Phänomen: totalitäre Regime, die jeden Aspekt unseres Lebens kontrollieren wollen.

58 sanitäre Anlagen

Bis ich neun war, hatten wir ein Plumpsklo draußen auf der Wiese – es waren die Fünfziger –, und als Toilettenpapier gab es alte Zeitungen. Einmal beschwerte ich mich darüber, weil meine Klassenkameraden oft schon Toiletten hatten mit Wasserspülung und richtigem Klopapier. Meine Mutter hob den Finger: »Jankele, in Auschwitz hatten wir nur eine Steinplatte mit vielen Löchern nebeneinander, für viele Hundert Frauen.«

»Und jeder konnte sehen, wie du Häufchen machst?«

»Ja. Und wir hatten noch nicht mal Klopapier.«

Darüber wollte ich lieber nicht nachdenken und verdrückte mich schnell.

In jedem der beiden Frauenblöcke BIa und BIb mit jeweils dreißig Baracken gab es zwei Waschbaracken mit je neunzig Hähnen – Wasser floss daraus allerdings selten und spärlich.

Die vier Toilettenbaracken hatten mehrere Betonplatten mit vielen Öffnungen. Viele Häftlinge litten ständig unter Durchfall. Trotzdem durften die Latrinen nachts gar nicht und sonst nur zwei Mal am Tag unter Aufsicht der SS benutzt werden. Sie waren ständig schmutzig.

Auch die Kleidung der Menschen und die Betten waren ständig voller Kot, da die Barackentür nachts geschlossen bleiben musste. Seife, Handtücher, Zahnbürsten gab es nicht. Während ich dies schreibe, sehe ich diese geschundenen Menschen vor mir und stelle mir vor, wie sie vergebens versucht haben, inmitten von Armut, Gestank und Todesangst ein bisschen Sauberkeit, Anstand und Würde zu bewahren.

Appelle, Appelle

Als der Morgen graut, treibt die Blockälteste die Frauen mit Schlägen aus der Latrinenbaracke: »Los, los! Raus! Zählappell! Vor Block aufstellen! Fünferreihen!« Sie erscheint mit einer Liste vor der Baracke. Grimmig blickt sie auf die neunhundert Frauen, die ungeordnet herumstehen.

»Das nennt ihr Fünferreihen?«, brüllt sie und schlägt auf die beiden Stubenältesten ein. »Was glaubt ihr, was passiert, wenn gleich SS zum Appell kommt und sieht Hühnerhaufen?«

Nun liest die Blockälteste die KZ-Nummern der Frauen einzeln vor: Jede muss strammstehen und sich mit »Hier, *pani blockowa*« melden. Gute anderthalb Stunden später ist die Frauengruppe durchgezählt.

Zweimal täglich macht Fela diese obsessive Buchhaltung mit. So wird kontrolliert, wer fehlt, wer gestorben ist und wer Industriebetrieben in Rechnung gestellt wird, die Zwangsarbeiter aus dem KZ beschäftigen. Danach geht es normalerweise zu irgendeinem Arbeitskommando innerhalb oder außerhalb des Lagers.

Später kommen die für mehrere Blöcke zuständige SS-Blockführerin und zwei SS-Rottenführer mit angeleinten Schäferhunden zur Blockältesten. Die nimmt stramme Haltung an und ruft: »Block sieben zum Zählappell angetreten.«

Die SS-Blockführerin führt nun den eigentlichen Zählappell durch, auf Deutsch. Wer die Sprache nicht oder nicht schnell genug versteht, bekommt Prügel.

Der Zählappell ist das zweimal täglich zelebrierte Hochamt der KZ-Liturgie. Zuweilen müssen die Häftlinge dabei knien und die Hände gen Himmel heben. Für Fela wird ab jetzt jeder Tag so sein wie heute, 18 Monate lang, 505 Tage lang: Zählappell morgens, Zählappell abends. Meist im Stehen. Bei glühender Sonne, bei Schnee und Eis, Regen und Sturm.

Und jeden Tag schmeckt der Wind nach verbranntem Fleisch.

Die Selektion

Eine Woche später kommt der leitende Lagerarzt Dr. Mengele zum Appell.

Die SS-Blockführerin scheucht die Frauen in die Baracke: »Nackt ausziehen, auch die Schuhe, auf Kommando einzeln rauskommen, aber zügig.«

Wie an der Judenrampe begutachtet Mengele die Frauen bei der »Aussortierung« oder »Ausmusterung«, wie die SS es nennt. Mengele scheint gute Laune zu haben. Mit freundlicher Miene pfeift er leise irgendwelche Opernarien und dirigiert seine Juden mit der Reitgerte – links, rechts, links, links, rechts … Jetzt, wo die Frauen nackt sind, kann er eine sicherere Diagnose stellen, welche Frauen die vier Wochen Quarantäne mit Hungerrationen so überstehen können, dass sie danach als Zwangsarbeiterinnen in den Arbeitsdiensten noch für weitere drei Monate nützlich sein werden.

Die SS-Blockführerin und die beiden SS-Rottenführer schauen sich die Fleischparade feixend an. Juden sind für sie Läuse im Pelz des Ariers.

Schließlich steht ein Drittel der Frauen links, Fela, die beiden Stubenältesten und die anderen stehen rechts. Die Frauen auf der linken Seite müssen in den Block 25 marschieren. Dort verbringen sie die Nacht vor ihrer Vergasung. Er heißt »Todesblock«. Fela hat ihre erste »Selektion« im Lager erlebt. Von nun an werden solche Selektionen in unregelmäßigen Abständen durchgeführt. Und immer gilt: Links bedeutet Tod, rechts Verlängerung der Pein.

Ich, der Mörder

Die Selektionen waren das Tor zur Höllenglut der Verbrennungsöfen. Ohne Gnade, Nachsicht und Mitleid, ohne die geringsten Schuldgefühle quälten, töteten, verbrannten die Nazis Menschen, die nichts verbrochen hatten. Ich versuche, mich in das Gefühlsleben dieser Nazischergen zu versetzen, und frage mich, wer, wenn überhaupt, mehr »komische Gefühle« oder vielleicht sogar Gewissensbisse hatte: derjenige, der die Gaskammer verschloss, der, der das Zyklon B einfüllte, oder der, der das logistische Problem löste, genügend Viehwaggons für die Juden bereitzustellen. Und wie seit Jahrzehnten komme ich nicht los von der Frage: Was hätte ich getan, wäre ich damals ein junger Deutscher gewesen? Wäre ich nach der Hitlerjugend in die NSDAP eingetreten? Gut vorstellbar. Und was hätte ich getan, wenn man mich zu meinem ersten Job ins Konzentrationslager beordert hätte? Ich fürchte, ich hätte die Hacken zusammengeschlagen und mich am Bahnhof mit einem herzlichen »Heil Hitler« von der Freundin verabschiedet, von den Eltern.

Aber was, wenn ich Menschen töten sollte? Was müsste geschehen, damit ich auf dem evolutionären Gradienten die Schwelle überschreite und bereit bin zur Tötung von Lebewesen meiner eigenen Art? Wäre ich Versuchsperson im *Milgram-Experiment* gewesen, das aus gutem Grund auch »KZ-Experiment« genannt wurde, hätten dann die Befehle des Versuchsleiters mein Gewissen ausschalten können? Hätte ich auch tödliche Stromstöße abgegeben?

Was brauchen Menschen, um so weit zu gehen? Um einen Artgenossen zu töten (sehen wir einmal von Notwehr usw. ab)? Es ist erschreckend, aber die meisten brauchen dazu nur eine Definition. Und die müsste nur unterscheiden zwischen »Wir« und »Die«. Beim »Wir« sind die Tötungshemmungen groß, wen auch immer ich einschließe – Familie, Deutsche, Christen. Beim »Die« sind die Hemmungen geringer. Besonders, wenn es gelingt, eine Kategorie von Lebewesen zu definieren, die man einfach töten darf, soll, muss, wenn sie lästig oder gefährlich werden. Genau das machen wir mit Tieren. Niemandem tun Amöben leid, Fliegen und Mücken auch nicht. Geübten Jägern tun weder Hasen noch Sauen noch Rehe leid; und Großwildjägern tun selbst Elefanten nicht leid.

Aber haben die Nazis nicht genau das gemacht? Juden, »Zigeuner«, Homosexuelle und geistig Behinderte *per definitionem* auf *dieselbe* evolutionäre Ebene gebracht wie Läuse, Flöhe oder Ratten? Die Sprache der Nazis ist verräterisch: Sie redeten von »Volksschädlingen«. Und gibt es für Schädlinge nicht adäquate Entsorgungsarten wie Schädlingsvernichtungsmittel – zum Beispiel das Blausäure abgebende Zyklon B?

Es ist dabei gleichgültig, ob die Zuordnung zu dieser Kategorie logisch, sinnvoll oder korrekt ist. Denn ist die Zuordnung einmal geschehen, kann das *Thomas-Theorem* seine zerstörerische Wucht entfalten: »Wenn Menschen Situationen als real definieren, haben sie reale Folgen.«[44] Der US-amerikanische Soziologe

William Thomas hat es 1928 formuliert, zusammen mit seiner Frau Dorothy. Das Thomas-Theorem erklärt viele Phänomene, die uns unerklärlich erscheinen: Mitläufertum, Herdenverhalten oder der Run auf eine solvente Bank, die durch Gerüchte in Misskredit gebracht wird.

Wenn wir Menschen als Schädlinge definieren, als Untermenschen, als lebensunwertes Leben, ist es gleichgültig, ob sie das tatsächlich sind. Sprache wird zum Schicksal. Die Definition bringt schon den Tod.

Das tägliche Brot

Die Stubenältesten mussten in der Küchenbaracke das Mittagessen holen: einen Dreiviertelliter wässriger Suppe, die ähnlich aussah wie der Morgenkaffee, aber ein Gemisch war aus halbverdorbenen Rüben, Roter Bete, Kartoffeln und Kartoffelschalen.

Abends gab es 300 Gramm Mischbrot, höchstens, oft verschimmelt, hier und da ein winziges Stückchen Margarine und zweimal die Woche ein Scheibchen Magerwurst, oft im Stadium beginnender Zersetzung. Dieses Abendbrot musste auch fürs Frühstück reichen. Die SS hatte sich genau ausrechnen lassen, bei wie viel Kalorien ein Häftling drei Monate arbeitend überleben kann – mehr war nicht erwünscht. Danach sollten neue Juden ausgebeutet werden. Gab ja genug.

Der Medizinprofessor Władysław Fejkiel, der selbst in Auschwitz gewesen war, erläuterte im Frankfurter Auschwitz-Prozess der Sechzigerjahre:

Ein Lagerführer hat einmal gesagt, dass ein Häftling unter den obwaltenden Umständen nur drei Monate leben kann, wer länger lebt, sei ein Dieb. Ich kann nach meinen Erfahrungen

nur sagen, dass das stimmt. Ich habe damals ausgerechnet,
dass ein Häftling 1100 cal täglich bekam. Das Mindeste,
was jemand braucht, wenn er nicht arbeitet und im Bett liegt,
sind 1600 cal.[45]

Gelegenheit zum Diebstahl hatten vor allem sogenannte »Funktionshäftlinge«, die für die Anschaffung, Lagerung, Herstellung und Verteilung des Essens zuständig waren: Ladekräfte, Verwalter der Vorratskeller, Köche, Küchenhilfen, Frauen, die die Suppentöpfe in die Baracken schleppten, und Lager-, Block- und Stubenälteste.

Wer nicht genug zu essen bekam, wurde, egal, ob Mann oder Frau, zum »Muselmann«. So wurden im Lagerjargon Menschen im letzten Stadium des Hungertodes genannt, Menschen, die aussahen wie ihr eigenes Röntgenbild: bis auf die Knochen abgemagert, apathisch dem nahen Tod entgegenschlurfend.

Hier galt nicht nur die sozialdarwinistische Regel vom »Überleben des Stärkeren«, sondern auch die vom »Überleben des gesund Aussehenden«.

Ich überlege: Meine Mutter hat vierzehn Monate länger im KZ überlebt als die vorgesehenen drei Monate. War sie also eine Diebin?

Vernichtung durch Arbeit

Nach vier Wochen Quarantäne wurde Fela in das benachbarte Frauenlager BIb in den Block 8 verlegt.

Beschwerden über die Zustände verstummten nun ganz: Nur 350 Meter entfernt – ich habe es anhand des Lagerplans ausgemessen – konnten die Häftlinge Tag und Nacht die drohend aus dem Schornstein schießende Stichflamme des Krematoriums 2 sehen.

Den Geruch verbrannter Menschen wurden sie auch nachts auf der Pritsche nicht los.

Der Hauptunterschied zur Quarantäne: Die Häftlinge wurden schon um vier Uhr geweckt. Anders war ein zwölf- bis vierzehnstündiger Arbeitstag, der mit oft stundenlangen Zählappellen begann und endete, nicht zu schaffen. Die Häftlinge mussten nach dem Morgenappell in Fünferreihen zur Zwangsarbeit durch das Lagertor marschieren. Meist zu den Klängen eines der sechs Häftlingsorchester, die auch bei Nazifesten, bei Hinrichtungen oder bei Ankunft der Deportationszüge aufspielen mussten: Hans Albers' »La Paloma«, Lale Andersens »Lili Marleen« oder Operettenschnulzen.

Irgendwann Ende 1943 musste Fela mit einem sogenannten »Wasserkommando« ausrücken. Omi schrieb in einem der Leidensberichte, die sie für meine Mutter anfertigte, wohl aus dem Jahr 1949, dass Fela damals unter Typhus litt. Eigentlich ein Grund, sich zu schonen, aber der leitende Lagerarzt Dr. Mengele hatte gerade einen ganzen Block mit 600 typhuskranken Frauen vergasen lassen:

Nur Fela hielt sich mit eisernem Willen. Sie ging trotz 40 Fieber zur Außenarbeit und wusste, dass sie nicht umfallen durfte. Alles, was hinfällig wurde, schleppte man ins Krematorium. Bei einem Außenkommando, welches einen Teich auszuschöpfen hatte […], ermunterte Fela dazu, dass man sich etwas hinsetzen und ruhen soll. Dieses wurde der Lagerleitung bekannt und Fela Dreksler wegen Sabotage in Strafe genommen. Sie erhielt 25 Hiebe mit einer Lederpeitsche, wobei man sie fast zu Tode schlug.

Diese fünfundzwanzig Schläge sollten in ihrem Leben nach der Befreiung noch eine tragische Rolle spielen. Meine Mutter erzählte mir, dass alle im Block ihre Bestrafung mit ansehen mussten. Nur zwei oder drei ihrer Mithäftlinge haben sie hinterher getröstet und ihre Wunden versorgt. Die meisten schauten stumpf zu oder weg, froh, dass es nicht sie getroffen hatte.

Die SS-Schergen haben aus Juden menschliche Wanzen gemacht, denke ich, Lebewesen, die kein Mitleid erregen, wenn man sie zerquetscht. Nicht bei den Peinigern, aber auch nicht bei den Gepeinigten.

Schwarze Milch der Frühe
wir trinken sie abends
wir trinken sie mittags und morgens
wir trinken sie nachts
wir trinken und trinken
wir schaufeln ein Grab in den Lüften
da liegt man nicht eng.

Paul Celan,
»Todesfuge«, 1948

5

Überleben in Auschwitz

An einem Frühsommerabend blätterte ich in der Biografie des Auschwitz-Lagerkommandanten Rudolf Höß, während meine Töchter den Tisch deckten.

»Wie läuft's denn mit dem Buch?«, fragte Noelani, während ich meine Zettel wegsortierte.

»Och ja ... es gibt Schöneres, als im Leid zu wühlen.«

»Wie viele Menschen lebten eigentlich in Felas Lager?«

»Im August 1944 rund hunderttausend Häftlinge und bis sechstausend SS-Leute – je nach Judenmenge.«

»Erstaunlich. So wenig Aufpasser«, wunderte sich Noemi.

Wirklich erstaunlich. Aber die Nazis hatten sich ein perfides System ausgedacht: Sie machten die Opfer zu Tätern und etablierten sogenannte »Funktionshäftlinge«, die alle Befehle der SS ausführen mussten, sonst kamen sie ins Krematorium. Lagerälteste waren für größere KZ-Abteilungen verantwortlich. Ihnen unterstanden Blockälteste, die für eine Baracke zuständig waren. Die wiederum bestimmten Stubenälteste. Sie mussten die Baracke sauber halten und Essen austeilen.

Babs warf ein: »Eure Großmutter war auch drei, vier Monate lang Stubenälteste.«

Damit gehörte meine Mutter zur sogenannten »Lagerprominenz«: mehr Essen, bessere Kleidung, keine Zwangsarbeit. Kurz: Ihre Überlebenswahrscheinlichkeit war höher. Da kam natürlich Neid auf. Und Hass, weil manche Funktionshäftlinge ihre Macht missbrauchten und Häftlinge drangsalierten. Reichsführer SS Heinrich Himmler hatte das genau geplant:

> *In dem Moment, wo wir mit ihm unzufrieden sind, ist er nicht mehr Kapo, schläft er wieder bei seinen Männern. Dass er dann von denen in der ersten Nacht totgeschlagen wird, das weiß er.[46]*

In jeder Baracke, erzählte mir meine Mutter, lebte eine zusammengewürfelte Zwangsgemeinschaft verschiedener Nationen, Religionen, Gesellschaftsschichten. Jeder kämpfte ums Überleben und nur für sich selbst. Alle stahlen sich gegenseitig Brot, Schuhe und Essnäpfe. Die Lagerführung spielte diese Gegensätze gegeneinander aus nach dem machiavellistischen Prinzip »Teile und herrsche«. Das System der Funktionshäftlinge war ein unfaires Spiel: Kopf, der Nazi gewinnt, Zahl, der Jude verliert. Lagerkommandant Höß erklärt ihre Notwendigkeit:

> *Keiner noch so starken Lagerführung wäre sonst möglich, Tausende von Häftlingen im Zügel zu halten, zu lenken. […] Divide et impera![47]*

»Und zu welcher Sorte Funktionshäftling gehörte unsere Großmutter?« Noelani stellte die Frage, um deren Antwort sich nach
dem Krieg das gesamte Leben meiner Mutter gedreht hat – und
indirekt auch Omis und meins: Meine Mutter war ein Opfer-
lamm, das vier Monate lang als Hilfshütehund eingesetzt worden war. Hat sie in dieser Zeit zugebissen?

»Ich glaube«, sagte ich leise, »ich glaube, sie gehörte eher zu
den Guten.«

»Glaube? Eher?«, moserte Noelani. »Zwei Einschränkungen
in einem kurzen Satz. Hältst du sie für unschuldig oder nicht?«

Schuld, Schuld – ich weiß bis heute nicht, wo genau meine
Mutter auf der Skala zwischen Schuld und Unschuld stand. Hätte sie es abgelehnt, verlängerter Arm des Terrors zu sein, wäre sie
gleich ins Gas gegangen. Hätte sie ihre Mithäftlinge misshandelt, hätten die später nicht unter Eid ihre Unschuld beschworen.
Der sympathetische Lagerkommandant Höß hatte mit all dem
natürlich wenig zu tun:

Wenn ich jetzt im Laufe der Untersuchung hören muß, welche
ungeheuerlichen Quälereien in Auschwitz […] vorgekommen
sind, so überläuft es mich kalt.[48]

Er sei dagegen angegangen, habe aber nichts ausrichten können.
Man stelle sich die Seelenqualen dieses aufrechten Nationalsozia-
listen vor! Und dann benennt Höß die seiner Meinung nach wahren Schuldigen. Es waren mal wieder die anderen:

Gegen die Bösartigkeit, Schlechtigkeit und Grausamkeit der
einzelnen Bewacher kann man nicht aufkommen.[49]

Kochanek und Kochanka

Bisher hatte es so ausgesehen, als wäre mir gar kein Leben ver-
gönnt gewesen, geschweige denn ein glückliches. Aber Ende 1943
oder Anfang 1944, als meine Mutter Stubenälteste im Block 8 war,
wurde meine Geburt wieder vier Monate lang etwas wahrschein-
licher: Sie musste morgens nicht mit zur Zwangsarbeit ausrücken
und bekam Herrenbesuch. Omi schrieb:

*Fela war nicht hässlich. Auch hielt sie sehr auf Sauberkeit. Dass
solche Menschen auch bei Männern etwas mehr Glück haben,
ist verständlich. Da Fela tagsüber im Block blieb, lernte sie zwei
männliche Häftlinge, die gelegentlich Arbeiten im Frauenlager
zu verrichten hatten, kennen. Diese beiden Männer wetteiferten
nun um Fela, denn sie liebten sie beide, und sie brachten Fela
alle möglichen Dinge, die sie der SS-Lagerleitung gestohlen hatten.
Diese Esswaren, welche man anschleppte, kamen nicht Fela
alleine zugute, sondern sie teilte mit ihren Kameraden.*

Im Lagerjargon hießen solche Männer *kochanek* (Frauen *kochanka*), polnisch für »Geliebter«, »Liebhaber« oder »Bettgenosse«.
Meine Mutter hat über solche Dinge natürlich nie mit mir geredet. Gelesen habe ich diesen Text erst mit Anfang zwanzig. Und
ich habe mich gefragt: War meine Mutter im KZ eine *kochanka*?
Dieses Thema fällt in den meisten Büchern über Auschwitz unter
den Tisch. Das ist auch in Ordnung, es gibt Wichtigeres zu be-
richten.

In seinem Buch *People in Auschwitz* lässt Hermann Langbein
verschiedene Frauen über dieses Thema zu Wort kommen, so die
Wiener Ärztin Dr. Ella Lingens:

Jedes Mädchen, das sich auf Grund seiner Position besser ernähren und pflegen konnte, hatte einen Liebhaber, und eine Menge Kinder wurden in Auschwitz gezeugt. Solche Beziehungen waren eine Art Lebensretter, weil Männer, die Zugang zum Frauenlager erlangen konnten, auch solche waren, die eine Chance hatten, Dinge zu »organisieren«.[50]

Männer waren aus verschiedenen Gründen im Frauenlager: als Zimmerleute, Leichentransporteure und Latrinenreiniger. Und statt Blumen brachten sie vielleicht eine Packung Margarine mit, wie die Dichterin und Komponistin Chrystyna Zywulska berichtet.[51] Und Olga Lengyel schrieb in *Five Chimneys: A Woman Survivor's True Story of Auschwitz*, dass Frauen mit großem, festem Busen im Milieu von Auschwitz verständlicherweise als Schönheitsideal gegolten hätten. Und was Prostitution angehe, habe »oft eine Kartoffel gereicht«.[52]

Ich bemühe mich, die Bilder vom KZ-Sexleben meiner Mutter blass und unscharf zu halten. Welche erotischen Beziehungen meine Mutter auch immer im KZ gehabt haben mag – welcher Sohn will das schon so genau wissen? Und sie führten nicht zu mir, sonst wäre ich im KZ geboren worden. Glück gehabt.

Fela im Krematorium

Im Mai oder Juni 1944 wurde meine Mutter Opfer einer Selektion – obwohl sie Stubenälteste war. Sie hatte sich wohl tatsächlich keinen Speckgürtel auf Kosten ihrer Kameradinnen angefressen, magerte ab und bekam die typische Lagerkrankheit: Fleckfieber. Sie war zu schwach, um ihre Aufgaben als Stubenälteste zu erfüllen, wurde abgesetzt und landete bei einer Selektion in der linken Reihe – Krematorium. Omi schrieb:

Sie [...] wog noch etwa 82 Pfund. Mit vielen anderen Lei-
densgenossinnen schleppte man sie in die Verbrennungsanstalt
[...]. Eine Ärztin riss Fela mit roher Hand ihre acht Goldzäh-
ne aus dem Munde. Die Kleidungsstücke wurden von männ-
lichen Häftlingen in große Körbe gesammelt und fortgeschafft.
Da entdeckte Fela plötzlich den Polen, den Geliebten ihrer
griechischen Freundin. Er gab ihr ein Zeichen, sich unter den
Kleidungsstücken zu verbergen. In einem unbeobachteten Augen-
blick gelang ihr dieses auch mit einer anderen Todgeweihten
zusammen. In dem großen Wirrwarr, der hier herrschte, fiel
es niemand auf, nur der Pole wusste es. Er packte nun beide
Frauen mit der Wäsche in die Körbe und schaffte sie so wieder
ins Lager. So entging Fela dem Tode im Krematorium.

Ich erinnere mich sehr gut, dass meine Mutter mir schilderte, wie sie kurz davor stand, ins Gas zu gehen. Aber ich fürchte, einiges an der schriftlichen Schilderung Omis ist blühende Fantasie, geschrieben, um das Schicksal meiner Mutter in schwärzesten Farben darzustellen.

Erstens ist die präzise Gewichtsangabe unglaubwürdig. Waagen gab es weder im Block noch im Krematorium. Zweitens hatte meine bettelarme Mutter wohl kaum acht Goldzähne. Und wenn, rissen nicht Ärztinnen sie *vor* der Vergasung aus, sondern Männer des Sonderkommandos *danach*. Und drittens wurden die Todeskandidaten nicht bei lebendigem Leib verbrannt, sondern zuerst vergast.

Problematisch erscheint mir auch, dass sich meine Mutter nach der Flucht aus dem Krematorium wieder unbemerkt in einen Block des Frauenlagers eingliedern konnte. Bei den Selektionen für die Gaskammer wurde anhand der KZ-Nummern penibel Buch geführt, ebenso bei den beiden täglichen Appellen. Wäre sie wieder in ihren alten Block zurückgekehrt oder in einen neuen, hätten die Blockältesten oder die SS-Blockführer das bei den täglichen Appellen sofort bemerkt.

Wie also konnte sie weiter überleben?

Die Unfähigkeit zu trauern

Duldungsstarre – so könnte man, metaphorisch gewendet, den Zustand beschreiben, in den ich 1955 nach dem Tod meiner Mutter verfiel. Ich war neun, und er dauerte bis zu meinem Studienbeginn 1968. Die Zeit bestand aus einer Kette unangenehmer Situationen, die ich einfach passiv hinnahm. Ich wusste viel über das Schicksal meiner Mutter, aber ich verdrängte die Erinnerungen, um es psychoanalytisch zu formulieren, verscheuchte sie, verleugnete mein Schicksal und das meiner Mutter, indem ich mir eine roh gezimmerte stoische Philosophie zulegte: Ich wollte gleichmütig sein und unerschütterlich, war aber nur gleichgültig und stumpf. Ich habe in dieser Zeit nie geweint, nicht am Krankenbett, nicht am Grab – außer wenn Omi, mein Vormund, mich verprügelte oder extrem unter Druck setzte.

Wenn in sehr einsamen Momenten die Trauer über den Verlust meiner Mami in mir aufstieg, zusammen mit den Tränen, unterdrückte ich sie und bedeckte alles mit einem Panzer aus zur Schau getragener Frechheit, Fröhlichkeit und Überheblichkeit. *Call me the great pretender.* Natürlich erreichte ich die von den Stoikern angestrebte Glückseligkeit durch emotionale Gelassenheit so nur äußerlich. Ich suchte Stabilität, aber in Wirklichkeit befand ich mich in einem prekären labilen Gleichgewicht.

Meine Geisteshaltung war ziemlich deckungsgleich mit der Nachkriegsdeutschlands: Auch hier wurde geleugnet, die Nazizeit und ihre Folgen; auch hier gab man sich stumpf, gleichgültig und scheinbar gelassen.

Da erschien Ende der Sechzigerjahre ein Buch, das vieles änderte: mich, das Denken meiner Altersgenossen und – im Laufe der Jahre – auch die Geisteshaltung Deutschlands: *Die Unfähigkeit zu trauern*. Die Psychoanalytiker Alexander und Margarete Mitscherlich präsentierten einen einfachen Grundgedanken: Deutschland habe die Nazizeit verdrängt, habe gelebt, als hätte es Hitler und seine Verbrechen nie gegeben, habe Personen und Strukturen des Dritten Reiches in »ungebrochener Kontinuität« übernommen und habe in den Zeiten des Wirtschaftswunders ein kollektives Hoch- und Überlegenheitsgefühl entwickelt. Bei alldem, stellten sie fest, gab es »keine adäquate Trauerarbeit um die Mitmenschen, die durch unsere Taten in Massen getötet worden« waren. Humanes Verhalten könne es aber nur geben, wenn »ein Individuum der Einfühlung in ein anderes Individuum fähig ist«. Und zu diesem humanen Verhalten gehöre auch die Fähigkeit zu trauern, die Fähigkeit, Schuld aufzuarbeiten. All diese Dinge müssten nun kollektiv aufgearbeitet werden. Und natürlich psychoanalytisch.

Eine Theorienbombe mit ungeheurer Sprengwirkung. Die älteren Bildungsbürger duckten sich: Jetzt kommen die mit dem Scheiß, nach so vielen Jahren, muss doch auch mal gut sein, war ja auch nicht alles schlecht bei Adolf, man selbst hat sich ja nichts zuschulden kommen lassen, hat auch gar nichts gewusst, na ja, Gerüchte vielleicht, und schlafende Hunde und so weiter.

Aber Deutschlands Intellektuelle und vor allem die 68er-Protestbewegung, mit der ich mich damals identifizierte, griffen die Ideen begeistert auf. Das natürliche Feuer der jungen Leute, sich von der Elterngeneration abzusetzen, bekam nun neben langen Haaren und Hippie-Klamotten und neben linken politischen Ideen einen dritten Brandbeschleuniger: eine moralische Legitimation.

Ich war bei all dem dabei. Aber ich habe meinen Kommilitonen damals nicht erzählt, dass dieses Buch auch mich aus einer langen Duldungsstarre gelöst hat. Auch ich hatte eine Nazivergangenheit aufzuarbeiten, allerdings eine völlig andere als die anderen Deutschen.

Effektenlager »Kanada«

Das Glück ist manchmal ein Nullsummenspiel. Für meine Mutter wurde das Unglück der ungarischen Juden zum Glücksfall.

Am 19. März 1944 fielen acht Divisionen der deutschen Wehrmacht in Ungarn ein. SS-Obersturmbannführer Adolf Eichmann schickte 440 000 Juden zwischen Mai und Oktober nach Auschwitz, und zwar auf den speziell für diesen Massenansturm gebauten dreigleisigen Bahnanschluss direkt ins Lager – die sogenannte »neue Judenrampe«.

In zwei Schichten arbeiteten bis zu 2000 Häftlinge als Aufräumkommando, um die Bündel mit Lebensmitteln, Haushaltswaren, Kleidung, Arzneien, Möbeln, Teppichen, Uhren und Schmuck zu sammeln. Nach der Befreiung 1945 fanden die russischen Soldaten neben Bergen von Schuhen, Brillen und Zahnprothesen 348 820 Herrenanzüge und 836 255 Damenkleider und Mäntel. Außerdem 7 Tonnen Haar von vermutlich 140 000 Frauen.[53] Das Diebesgut wurde in 30 mit Stacheldraht umgebenen Magazin-Baracken sortiert und dort verwahrt. In der Lagersprache hieß das Magazingelände »Kanada« – nach dem fernen Sehnsuchtsland, das in den Augen der polnischen Häftlinge unermesslich reich war. In »Kanada« zu arbeiten war ein Privileg.

Und hierhin muss meine Mutter mit ihrer Leidensgenossin unter all den Kleidungsstücken gekommen sein, denn sie hat mir mehrfach erzählt, wie sie dort am Sortiertisch gesessen und Nähte aufgeschlitzt habe, um nach Geld, Diamanten und Perlenketten zu suchen.

Auch in »Kanada« gab es Kontrollen, und ich weiß nicht, wie sie es geschafft hat, sie zu umgehen. Ich vermute, dass sie im allgemeinen Chaos unterging: Das Effektenlager wurde mit den Waren der 440 000 ungarischen Juden überschwemmt. Die »Kanada«-Belegschaft musste um tausend Häftlinge aufgestockt werden und in drei Schichten arbeiten.

Fela brauchte nun keine Appelle mehr fürchten und keine Selektionen, denn für »Kanada«-Häftlinge gab es keine.

Sie durfte sich die Haare wachsen lassen, trug Zivilkleidung, schlief in kleineren Baracken und konnte – wie alle anderen – während des Sortierens Nahrungsmittel und andere Dinge verschwinden lassen, mit denen man auf dem florierenden Lagerschwarzmarkt Zigaretten, Schnaps oder Liebesdienste eintauschen konnte.

Das Krankenrevier

Meine Mutter wurde im Dezember 1944 mit einer schweren Grippe ins »Revier« eingewiesen, in eine der Krankenhaus-Baracken. Hier lernte sie die etwa gleichaltrige Orli Wald kennen, die seit dem Frühjahr 1943 Lagerälteste des Krankenreviers war. Orli sollte in der Nachkriegszeit eine wichtige Rolle für meine Mutter spielen.

Die deutsche Nichtjüdin hatte ein tragisches Schicksal. Sie war eine kommunistische Widerstandskämpferin und wurde im Dezember 1936 zu vier Jahren Zuchthaus verurteilt. 1940, nach Verbüßung ihrer Strafe, wurde sie jedoch nicht freigelassen, sondern einfach ins KZ Ravensbrück eingeliefert und im März 1942 nach Auschwitz gebracht.

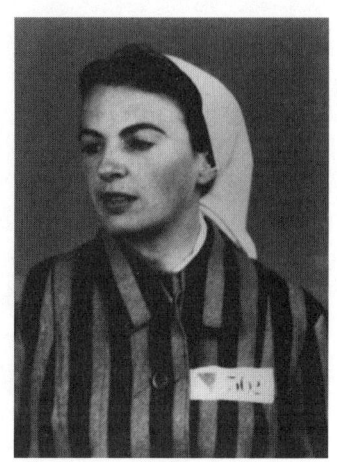

Abb. 5:
Orli Wald im KZ
Auschwitz-Birkenau,
etwa 1943/44

Dort wurde Orli Lagerälteste und hatte die Krankenblöcke unter sich. Wie alle Funktionshäftlinge musste sie die Anweisungen der SS bis aufs Jota ausführen. Musste mit ansehen, wie KZ-Ärzte Säuglinge mit Phenolspritzen töteten, und war bei Selektionen anwesend. Aber wo immer sie konnte, umging sie Anweisungen oder milderte Strafen. Unter Lebensgefahr rettete sie Häftlinge vor dem sicheren Tod und half, wo sie konnte. Ihre Mithäftlinge nannten sie darum den »Engel von Auschwitz«. Heute trägt eine Straße in Hannover ihren Namen: Orli-Wald-Allee.

Meine Mutter wusste natürlich, wer Orli war; und Orli schrieb nach dem Krieg in einer eidesstattlichen Erklärung, Fela Dreksler sei ihr »vom Aussehen nach gut bekannt«; aber sie und Fela hatten damals wohl keinen persönlichen Kontakt. Zumindest weiß ich nichts davon. Vier Jahre nach dem Krieg hat Orli Wald uns besucht, Omi, meine Mutter und mich. Da sie seinerzeit als Schriftstellerin tätig war, hat sie nach diesem Besuch einen Text über meine Mutter und mich geschrieben, den damals vierjährigen »Jackeli« (siehe S. 143 ff.).

Meine Mutter hat nie ein Wort verloren über die Zustände im Revier, über das Leid der mehr als viertausend Kranken. Die französische Jüdin Sima Vaisman, die als Ärztin im Revier arbeitete, beschrieb den Krankenblock in ihrem Buch *In Auschwitz* so:

Finstere Betten, schmutzig und über drei Etagen. Ein widerlicher Strohsack voller Eiter und Blut und mit ein oder zwei Decken, und auf jedem Strohsack mindestens zwei Kranke, manchmal sogar drei oder vier. Von Zeit zu Zeit stürzt ein Bett von oben ein […]. Unweit der Betten, im Mittelgang, ein paar Abortkübel, die die »Krankenschwestern« von Zeit zu Zeit leeren. Ein Geruch nach Leichen, nach Exkrementen […]. Und die Kranken, skelettartige Wesen, so gut wie überall bedeckt mit Krätze, mit Furunkeln, von Läusen zerbissen, alle vollständig nackt, schlotternd vor Kälte unter ihren ekelhaften Decken.[54]

Im Dezember 1944 nähert sich der Krieg dem Lager von allen Seiten. Von Osten marschieren die Sowjets heran, und um Weihnachten hört man die Detonationen amerikanischer Luftangriffe.

Schon im November hatte der Lagerkommandant Befehl gegeben, Auschwitz aufzulösen. Der Reichsführer SS Heinrich Himmler hatte ihm befohlen, lebend dürfe kein einziger Häftling in die Hände des Feindes fallen und alles belastende Material sei zu vernichten.

Am 17. Januar 1945 rücken von Norden und Nordwesten her Einheiten der Roten Armee vor, und der SS-Lagerarzt Fischer befiehlt die Verbrennung des Revier-Archivs. Am Abend findet im Frauenlager der letzte Appell statt – dort sind noch 10 381 Frauen und Mädchen, in ganz Birkenau noch 31 894 Häftlinge.[55]

Während in der Ferne schon die Geschütze donnern, kommt ein Gerücht auf: Die SS werde das ganze Lager in die Luft jagen. Mitsamt Gefangenen.

They say the darkest hour
is right before the dawn.

Bob Dylan,
»Meet Me In The Morning«

6

Todesmarsch und neues Leben

Im KZ Birkenau beginnt der nächste Morgen mit klirrendem Frost. Pulverschnee rieselt aus dem bleigrauen Himmel. Es ist Donnerstag, der 18. Januar 1945.

Die Ostfront ist zusammengebrochen. Für zwölf Millionen Deutsche bedeutet das: Nichts wie weg in den Westen – per Bahn, Auto, Pferdewagen oder zu Fuß aus Ost- und Westpreußen, aus Pommern, Brandenburg und Schlesien. Hinter ihnen die Rote Armee, über ihnen Tiefflieger und unter ihnen eine dichte Schneedecke, die bedeckt, wer zu schwach war: Babys, Greise und geschundene Pferde.

Der »Große Treck« hat begonnen. Wo die verzweifelten Deutschen hinfliehen, ist es auch nicht sonnig: Über allen größeren Städten verdunkeln die Bombenteppiche der Alliierten den Himmel.

Der Führer rechnet noch mit dem Endsieg, hat sich aber vorsorglich schon im November aus dem Führerhauptquartier »Wolfsschanze« in Ostpreußen zurückgezogen und residiert seit dem 16. Januar im Berliner Führerbunker nordöstlich der Reichskanzlei unter vier Meter Stahlbeton und einem Meter Erde.

Auch die Lagerführung von Auschwitz hat es plötzlich eilig. Fluchtartig verlässt Lagerarzt Dr. Mengele das KZ am nächsten Morgen und bringt sein »wissenschaftliches Material« in Sicherheit, das er bei Experimenten mit Kranken und Krüppeln, mit Zwillingen und Zwergwüchsigen gesammelt hat.

Meine Mutter erzählte mir: Überall im Lager brannten Scheiterhaufen, auch vor dem Krankenrevier. Sie und andere, die noch gehen konnten, hätten sich daran gewärmt. Verbrannt wurde Beweismaterial mit Zahlen, Daten und Fakten der Vernichtungsmaschine. Unrechtsregime sind sich ihres Unrechts oft bewusst. Auch in der DDR versuchten Staatsschützer in den letzten Tagen, ihre Untaten zu vertuschen, und schredderten Akten.

Die SS bildete drei Gruppen: Häftlinge, die einen Fußmarsch von 56 Kilometern ins westlich gelegene Loslau (heute Wodzisław Śląski) überstehen würden; Gefangene, die nur drei Kilometer zum Bahnhof Auschwitz gehen konnten, und die 4000 gehunfähigen Kranken, die zurückbleiben mussten.

Orli Wald hatte sich für den langen Marsch gemeldet und auch meine Mutter und ihre französische Freundin Suzanne hatten sich entschlossen, lieber in eine ungewisse Zukunft zu gehen, als in Birkenau auf das sichere Verderben zu warten.

Als die drei Hauptlager von Auschwitz im Januar 1945 aufgelöst wurden, ebenso die 47 Nebenlager, lebten noch etwa 60 000 Häftlinge, rund fünf Prozent der 1,3 Millionen Deportierten. Davon die Hälfte im Lager Birkenau.

Wieso haben gerade diese 60 000 überlebt? War ihr Überlebenswille stärker? Verbrannten sie bei der harten Arbeit weniger Kalorien? Haben sie den Mithäftlingen Essen gestohlen? Hatten sie ein stärkeres Immunsystem? Waren sie besonders geschickt beim »Durchlavieren«? Waren sie Funktionshäftlinge oder haben sie sich mit ihnen gut gestellt? Oder hatten sie einfach nur unverschämtes Glück?

Von Auschwitz nach Ravensbrück

Und so machten sich die Häftlings-Trecks aus Birkenau zu Fuß auf in Richtung Westen. Gruppen von 500 marschierten in kurzen Zeitabständen los, geordnet in Fünferreihen, bewacht von SS-Leuten mit Maschinenpistolen und Schäferhunden. Gegen Abend marschierte auch Felas Gruppe los. Zurück blieben 7500 gehunfähige Menschen und ein paar Hundert herumliegende Erschossene. Sie hatten versucht, im allgemeinen Wirrwarr zu fliehen.

Es wird berichtet, die Temperatur habe bei vier Grad unter null gelegen und für die Nacht seien minus zwanzig Grad erwartet worden. Meine Mutter hat mir öfter genau beschrieben, wie es war: Der Nordwind blies den Marschierenden den Schnee ins Gesicht. Und wer noch schnell eine Decke aus dem Krankenrevier schnappte oder einer blutenden Leiche einen Mantel ausgezogen hatte, konnte von Glück sagen. Viele liefen in Strohschuhen oder auf Pappsohlen durch den tiefen Schnee, und nicht wenige hatten nur Lumpen um die Füße gebunden.

Einige Frauen liefen zu den überall brennenden Scheiterhaufen der Außenlager, um die abgestorbenen Hände und Füße zu wärmen. Die SS-Wachen werteten das als Fluchtversuch und schossen sie nieder.

Meine Mutter hat mir ansonsten kaum etwas über den Todesmarsch erzählt, oder ich habe es vergessen. Die Gruselgeschichten, die in vielen Büchern von Überlebenden stehen, klingen wie erfunden. Aber es gibt auch hier einen vertrauenswürdigen Augenzeugen – den ehemaligen Lagerkommandanten Rudolf Höß:

Die Wege der Leidenszüge waren leicht zu verfolgen, alle paar
hundert Meter lag ein zusammengebrochener Häftling oder
ein Erschossener. [...] Ich sah auch auf offene Kohlenwaggons
verladene Transporte, total erfroren, irgendwo festliegend,
keine Verpflegungsmöglichkeit – irgendwo auf einem Abstellgleis
auf offener Strecke.[56]

Höß war erschüttert: Der gute Mann hatte sich immer »mit Auschwitz verwachsen«[57] gefühlt, wie er feststellte, und so schmerzte es
ihn, dass die Sowjets nur die Trümmer seines Lebenswerks sehen
konnten:

Das ist das Ende der KL und das erschütternde, grauenhafte
Bild, das der einmarschierende Feind sah – geschaffen durch den
wahnwitzigen Räumungsbefehl Himmlers![58]

Himmler also! Idiot! Der ist schuld. Nur ein bisschen mehr Zeit,
und das KZ des menschenfreundlichen Kommandanten hätte wie
ein Ponyhof ausgesehen.

Empathie

Nein, Tränen laufen nicht, während ich über den Todesmarsch
schreibe. Aber ich habe doch brennende Augen. Ich muss mich
immer wieder zusammennehmen, um die Informationen zu diesem Abschnitt aus verschiedenen Akten zusammenzuklauben.

Ich frage mich, was ich da spüre: Mitleid oder Mitgefühl?
Bedaure ich meine Mutter nur, oder kann ich mich einfühlen in
ihr Leid, ihre Schmerzen, ihre Trauer? Erfasse ich nur intellektuell, was sie fühlen musste, oder erregt ihr Leid in mir ähnliche
Schmerzen? Ich versuche, meine Gefühle zu erforschen, aber ich

bin mir nicht sicher, und das gefällt mir überhaupt nicht, denn es ist schließlich meine Mutter, da sollte ich wissen, was ich fühle.

Aber kann ich wirklich mitempfinden? Hier, bei einer Zigarette und einer duftenden Tasse Kaffee, während mein Blick von den Akten in den Garten wandert, der mit prallen Weinbeeren und erstem Herbstlaub protzt?

Ich lenke mich mit Zeitunglesen ab. Aber Selbstzweifel lassen sich nicht so leicht abwürgen: Sechzig Millionen Menschen auf der Welt sind momentan auf der Flucht vor Despoten und Diktatoren, lese ich, vor Krieg und Hunger, vor Bomben und Tod. Müsste ich nicht sechzig Millionen Mal mehr empfinden als für meine Mutter? Absurde Zahlenspielereien.

»Mit dem Mitgefühl verhält es sich offenkundig wie mit den physikalischen Anziehungskräften, es nimmt mit der Entfernung ab«, schrieb Gero von Randow.[59] Er hat recht. Ein Toter in Australien berührt uns weniger als einer im Nachbarhaus.

Aber auch die Zeit spielt eine große Rolle, sie sei »des Menschen Engel«, weil sie alle Wunden heile, sagte Schiller. Das vor Jahren Erlittene und Mitgelittene kommt zu uns in weicheren Konturen, wie durch Nebel. Ich weiß noch, wie ich gelitten habe, als ich die Akten vor über vierzig Jahren zum ersten Mal in den Händen hielt und jede Zeile mich wie ein Wolf ansprang. Das ist jetzt anders. Es schmerzt nicht mehr so. Das ist gut. Aber ich spüre auch, wie das Bild meiner Mutter blasser wird in meinem Herzen. Und das tut weh wie eine frische Wunde.

Das KZ Ravensbrück

Wie Zombies sind die Frauen durch den Schnee gestolpert, gepinkelt wurde im Gehen, denn keine Frau traute sich, angesichts der MGs in die Hocke zu gehen. Wer zu schwach war, wurde nämlich erschossen. Mindestens 15 000 Häftlinge blieben im Schnee.

Drei Tage später, am Sonntag, hat Felas Kolonne die 56 Kilometer bis Loslau (heute Wodzisław Śląski) geschafft. Am Bahnhof des fast vollständig zerstörten Städtchens werden die Überlebenden mit Stockschlägen in offene Güterwaggons getrieben, immer hundert in einen. Die SS wirft ein paar Brote in jeden Waggon. Sofort stürzen sich die Frauen darauf, kratzen, schlagen, würgen, beißen. Einen Eimer für die Notdurft gibt es nicht. Bis zum nächsten Morgen warten die Menschen in der Kälte auf die Abfahrt. Die in der Nacht Gestorbenen werfen die Häftlinge einfach auf die Gleise. Die Ehrfurcht vor Toten haben sie schon lange verloren.

Dann fahren die Züge in verschiedene Richtungen ab. Vier oder fünf Tage, habe ich ausgerechnet, braucht Felas Zug für die 630 Kilometer bis zum Südrand der Mecklenburgischen Seenplatte, in deren Nähe das berüchtigte Konzentrationslager für Frauen liegt, das KZ Ravensbrück. Als sie Ende Januar aussteigt, schneidet scharfes Schneelicht in ihre Augen, und eine trübe Sonne scheint auf eine neue Trostlosigkeit. Das Lager ist überfüllt, und die schlechten Zeiten werden noch schlechter.

Hitlerdeutschland feiert da gerade den zwölften Jahrestag der Machtergreifung 1933. Der Führer wendet sich in einer letzten Rundfunkansprache an sein Volk, beschwört den nahen Endsieg und verheißt eine glanzvolle Zukunft.

Fela hat Glück. Sie bleibt nur etwa drei Wochen in Ravensbrück mit seinen Selektionen und Gaskammern. Irgendwann um den 20. März herum landet sie im Außenlager Malchow, eine gute Autostunde von Ravensbrück entfernt. Während ich dies schreibe, recherchiere ich, was an diesem Tag sonst noch passiert ist: Der Führer hat seinen letzten öffentlichen Filmauftritt. Vor der Kamera kneift der Volksschauspieler zwanzig Hitlerjungen leutselig in die Wangen und zeichnet sie mit dem Eisernen Kreuz aus. Auf YouTube finde ich eine Deutsche Wochenschau vom 22. März 1945, in der das Ereignis verewigt ist. Leichtes Würgen.

Als Fela im Lager Malchow ankommt, ist sie völlig abgemagert. Ihr Leib scheint zu verblassen wie ein Geist im Spukfilm. Aber hier gibt es wenigstens genug zu essen. Orli Wald ist schon vor ihr in dieses Lager gekommen. Warum die Verlegung nach Malchow »ein lebensrettendes Glück« war, beschreiben Bernd Steger und Peter Wald (der Sohn ihres späteren Mannes) in dem Buch *Hinter der grünen Pappe*:

> *Das nördlich von Ravensbrück gelegene Malchow war anscheinend aus dem Blickfeld der Lagerleitung entschwunden. Es ging dort alles seinen gewohnten Gang. Das Stammlager hingegen erlebte den Februar und März über eine Orgie an Mord und Totschlag [...]. In Malchow zimmerte man weiter für Dynamit-Nobel hölzerne Munitionskästen.*[60]

Zum dritten Mal hatte auch ich Glück: Ohne den Job als Stubenälteste, die Arbeit im Effektenlager »Kanada« und den Aufenthalt hier im milden Malchow wäre meine Mutter garantiert gestorben, und ich würde nicht leben.

Einige meiner Freunde haben irgendwann in ihrem Leben Auschwitz besucht oder ein anderes Konzentrationslager. Ich war nie dort, und ich will auch nicht hin. Ich habe immer geknurrt: Was soll ich dort, könnte ich dort etwas lernen, was ich noch nicht weiß? Aber ich glaube jetzt, dass es eine Ausrede war. Vielleicht befürchte ich, dass der Tod so vieler Menschen dort noch wie eine Giftwolke in der Luft hängt, im Boden noch die Zersetzungsprodukte ihrer ausgestreuten Asche, in der ihre Angst und ihre Verzweiflung bewahrt sind.

Die Befreiung

Wie genau meine Mutter befreit wurde, weiß ich nicht, auch nicht, was sie fühlte und dachte. In einem Notizbuch aus dieser Zeit steht nur ein lapidarer Eintrag: »5. Mai 1945, 3 Uhr befreit«.

In den letzten Kriegstagen waren nur noch der Reichssender Hamburg und sein Nebensender Flensburg arbeitsfähig. Von dort aus verlas ein Sprecher am 1. Mai 1945 eine Todesnachricht:

Aus dem Führerhauptquartier wird gemeldet, dass unser Führer, Adolf Hitler, heute Nachmittag in seinem Befehlsstand in der Reichskanzlei, bis zum letzten Atemzug gegen den Bolschewismus kämpfend, für Deutschland gefallen ist [...].[61]

Es war die letzte Propagandalüge, denn der *Gröfaz*, der »größte Feldherr aller Zeiten«, starb erstens am Tag zuvor, und zweitens hatte er sich in seinem Bunker unter dem Garten der Alten Reichskanzlei erschossen. Die bedingungslose Kapitulation unterschrieb Großadmiral Dönitz, der von Hitler bestimmte Nachfolger, am 8. Mai 1945 um 23 Uhr 01: Für Deutschland war der Zweite Weltkrieg beendet.

Die Bilanz der Nazis: Das »Tausendjährige Reich« währte ganze zwölf Jahre, davon herrschte sechs Jahre lang Krieg. Sechzig Länder waren direkt oder indirekt am Krieg beteiligt, sechzig Millionen Tote, die Hälfte Zivilisten. Sechs Millionen Juden fielen dem Holocaust zum Opfer, 500 000 oder mehr Sinti und Roma wurden ermordet, 350 000 Behinderte zwangssterilisiert, 200 000 getötet, mindestens 15 000 Homosexuelle kamen in KZs, davon starb die Hälfte.

Für die Opfer gab es auch nach dem Krieg keine Gerechtigkeit: Rund 8000 SS-Leute hatten in Auschwitz Dienst getan.

800 wurden angeklagt. Nur knapp fünzig davon wurden in der DDR und der Bundesrepublik verurteilt.

Tod, Gefangenschaft und Sklavenarbeit waren am Ende die größte Industrie des Reiches. Elf Millionen deutsche Kriegsgefangene saßen in Lagern der Alliierten; in deutschen Haushalten, Fabriken und Bauernhöfen arbeiteten noch sieben bis elf Millionen nichtjüdische Zwangsarbeiter, davon 1,5 Millionen Kinder, die ins Reich verschleppt worden waren.

Zahlen, Zahlen, Zahlen! Ich blättere im Manuskript und stelle fest: Ich habe in diesem Buch viele Zahlen zusammengetragen – vielleicht zu viele. Es ist ein Versuch, mir gegenwärtig zu machen, was so fern ist: das unfassbare Leid. Aber ist millionenfacher Tod tausendmal größer als tausendfacher? Ist tausendfache Todesangst tausendmal größer als die Agonie eines Einzelnen? Zahlen von Toten, Opfern und Unglücklichen, scheint mir, sind wohl nur im untersten Bereich konkret und fassbar; im oberen werden sie abstrakt und berühren uns kaum noch. Würde Hitler menschlicher, wenn er statt sechs nur drei Millionen Juden umgebracht hätte? Statt 500 000 Sinti und Roma nur 100 000? Man kann alles Mögliche anthropomorphisieren: Wir können Enten sprechen lassen, Autos Namen geben, versagende Computer anschreien. Aber mir fällt es schwer, Hitler zu anthropomorphisieren.

Durch das Reichsgebiet irrten nach Kriegsende wohl zehn Millionen befreite Kriegsgefangene, Zwangsarbeiter, Verschleppte, Vertriebene und KZ-Überlebende – sogenannte »DPs«, also *displaced persons*, Zivilpersonen, die notdürftig in DP-Lagern untergebracht wurden, aus Raummangel auch in ehemaligen KZs.

Eine dieser *displaced persons* war meine Mutter.

Drei Väter

Fela war frei, aber auch *displaced*: eine Heimatvertriebene. Wo sollte sie hin? Ganz Polen war ein jüdischer Friedhof; in Będzin lebte keiner der einst 25 000 Juden mehr; ihre Familie war tot. Fela irrte durch Deutschland und landete in irgendeinem DP-Lager irgendwo in Sachsen.

Auch wenn die Möglichkeit meiner Zeugung in jenem Moment kaum vorstellbar erscheint, nahm das Unwahrscheinliche durch eine Kette von Zufällen Gestalt an. In einer Biografie für meine Mutter schrieb Omi über meinen Vater:

> *Fela Dreksler wurde im April 1945 von den Amerikanern*
> *befreit. Sie ging mit vielen anderen in ein DP-Lager und*
> *lernte hier einen Franzosen, einen Juden, kennen, der*
> *auch aus dem KZ kam. Der Lager-Rabbiner vollzog die*
> *Trauung. Am 15. Mai ging sie mit ihrem Mann nach*
> *Paris, woselbst die amtliche Trauung noch vollzogen werden*
> *sollte.*

Tatsächlich hatten viele DP-Lager-Rabbiner Blitzehen unter den Juden unterstützt;[62] aber das mit der Trauung war geflunkert, um mich bei Ämtern halbwegs ehelich zu machen, zumindest als Absichtserklärung. Egal, es konnte losgehen mit meinem Leben.

Aber wer würde mein Vater werden? Das war etwas kompliziert, wie ich zwanzig Jahre später bei der Durchsicht alter Akten von der Landesrentenbehörde las – es gab mehrere Kandidaten. Der Amtmann schrieb:

> *[...] konnte noch nicht endgültig geklärt werden, wer der Er-*
> *zeuger des Antragstellers ist. Aus dem Inhalt der beigezogenen*
> *Vormundschaftsakte des Amtsgerichts Köln ergibt sich einmal,*

dass der im Konzentrationslager verstorbene erste Ehemann
der Mutter, Herrn [sic] *Alek Dreksler, der Vater gewesen sein*
soll. Mit Rücksicht auf das Geburtsdatum des Antragstellers
(1.3.1946) erscheint das jedoch sehr zweifelhaft [stimmt, Alek
war ja auch schon 1943 im KZ gestorben]. *In ihrem Testa-*
ment vom 23.10.1951 gibt die Mutter des Antragstellers den
französischen Staatsangehörigen Jakob Kornfeld, den sie nach
dem Kriege im DP-Lager nach jüdischem Ritus geheiratet hat,
als Erzeuger an.

Wer denn nun? Omi und meine Mutter haben nie mit mir darüber geredet – sieht man von einigen dunklen Andeutungen ab. Die
Wahrheit zeigte sich erst, während ich dieses Buch schrieb.

Stanislaw oder Roger?

Ich besitze ein grünes Notizbüchlein, das meine Mutter ab April /
Mai 1945 führte – mit sehr sparsamen Tagebucheintragungen. Es
enthält eine bunte Mischung polnischer, deutscher, jiddischer
und französischer Eintragungen. Ich hatte die polnischen Eintragungen vor vierzig Jahren nicht beachtet und bat meine polnischen Freunde Jacek und Czeslaw, sie mir zu übersetzen:

6. Mai: Werensdorf, Stanislaw kennengelernt
13. Mai: Ganzer Tag mit Stanislaw
15. Mai: zu Stanislaw, war schön
16. Mai: zu Stanislaw, war schön
17. Mai: Lajpcik gefahren [Leipzig]
20. Mai: Periode
22. Mai: In einem Hotel, war schön

Am 26. Mai dann kam Fela in Paris an. Mit Stanislaw? Gern. Als Vater wäre er mir recht gewesen.

In dem Notizbüchlein wird aber auch immer wieder ein Roger erwähnt: dass Fela bei seiner Mutter war, dass diese ihr zurückschrieb und dass Roger ihr ins Gefängnis schrieb oder mal wieder nicht. Und dann steht da zum Beispiel am 14. August: »vor 3 Monaten Roger kennengelernt«. Am 14. November heißt es: »6 Monate mit Roger«. Und immer Notizen, in welchem Monat sie war.

Ich rechne nach: Offensichtlich hat sie mit diesem ominösen Roger also wohl am 14. Mai geschlafen. Und alles deutet darauf hin, dass er mein Vater ist. Aber da war sie doch laut Tagebuch mit Stanislaw zusammen. Und was ist mit Jakob Kornfeld, der laut den Akten mein Vater ist?

Ich streiche Kornfeld von der Liste. Ich gehe davon aus, dass Mamis lapidare Eintragungen von 1945 mehr Wahrheitsgehalt haben als aufgehübschte Geschichten, die 1960 für Ämter erfunden wurden, um die Landesrentenanstalt anzuzapfen. Es ging darum, den Vater jüdisch zu machen, und »Jakob Kornfeld« ist halt ein sehr jüdischer Name.

In meinem Kopf erzählen die spärlichen Daten eine romantische Geschichte.

Am 6. Mai ist Fela laut Tagebuch in oder in der Nähe von »Werensdorf«. Gemeint ist Wernsdorf, heute ein Stadtteil von Penig, eine Autostunde von Leipzig entfernt, früher eins der über hundert Außenlager des KZs Buchenwald. Sie lernt Stanislaw kennen. Er wirbt um sie und bringt ihr laut Tagebuch am 9. Mai Kuchen mit. Am 13. Mai verbringt sie einen ganzen Tag mit ihm. Am nächsten Tag aber, am 14., lernt sie Roger kennen.

Ich weiß nur ungefähr, wie er aussah, sie hat es mir ein, zwei Mal erzählt: »Jankele, er war ein großer Mann, ist er eine Hände breit gresser geseijn als ich, hat gehobt scheene braune Haar mit Wellen und braune Aug, und er hat so scheen erzählt, war so

klug und lustig und hat gemacht Witze, und haben wir viel gelacht.«

Eine Handbreit größer? Meine Mutter war nur 1,59 groß – ein
Riese war er also nicht. Ich weiß auch, dass er in Paris wohnte.
Seinen Namen hat sie jedoch nie erwähnt – ich erinnere mich
zumindest nicht daran. Wenn sie von ihm sprach, hieß er immer
nur »dein Vater«. Und immer weinte sie dabei, und anschließend
wurde ihr Gesicht hart und verschlossen.

Wie haben sich die beiden verständigt? Meine Mutter sprach
kein Französisch und Roger möglicherweise kein Polnisch. Ich
vermute, dass sie sich auf Jiddisch unterhielten, die jüdische *Lin-
gua franca*. Die nächsten beiden Tage, den 15. und 16. Mai, verbringt sie wohl noch mit diesem Stanislaw. Ob der Zusatz »war
schön« mehr bedeutet, als dass es schön war?

Aber was ist mit Roger?

Ich stelle mir vor, Stanislaw, Roger und die anderen befreiten
Juden sitzen in Grüppchen zusammen in ihrem DP-Lager, essen,
essen, essen und essen, gehen spazieren, reden, reden und reden,
hocken wieder beieinander, und Fela erzählt die bewährten Witze.
Und während Stanislaw seine Fela sicher zu haben glaubt, schleimt
sich Roger hinterlistig bei ihr ein, macht geistreiche Bemerkungen, produziert Worte wie Schokolade, lässt seinen Humor sprü-
hen und entwindet Stanislaw ihr Herz, ohne dass es der Dussel
merkt.

Wie auch immer, auf jeden Fall steigt Fela schließlich mit Roger in einen Zug – *Au revoir, cher Stanislaw!* – und fährt mit meinem Vater laut Tagebuch am 17. Mai nach »Lajpcik« und irgendwann nach Paris – genau den umgekehrten Weg, auf dem die
französischen Juden bis vor Wochen noch aus Paris deportiert
worden waren.

Was auch immer mit Stanislaw oder vielleicht sogar im gleichen Zeitraum mit Roger geschehen ist, hatte sich mit dem Ein-

trag vom 20. Mai wohl erledigt. Sie fand das Ereignis wichtig genug, es zu erwähnen: »Periode«.

Hat sie damals bedacht, dass damit meine Existenz extrem gefährdet wurde? Bestimmt nicht. Aber zum Glück gab es ja noch Roger, der dem Zeugungsplan des Universums Geltung verschaffen konnte. Und das tat dieser gute Mensch auch. Ich habe ihn nie kennengelernt. Stünde er jetzt vor mir, würde ich ihn umarmen, herzen und küssen. Würde ihm danken für seine Liebe, seinen Zeugungswillen, seine Geilheit. Ohne ihn wäre ich nicht hier. Andererseits: ohne Hitler auch nicht. Und da fällt es mir schon schwerer, Danke zu sagen.

Und es ist wundervoll, eine Weile auf dieser Welt zu sein, bevor ich wieder für Milliarden Jahre tot bin. Goethe sagte, man könne die Erfahrung nicht früh genug machen, wie entbehrlich man in der Welt sei. Auch ich wäre entbehrlich gewesen, die Welt brauchte mich nicht und überließ meine Existenz einer Kette von Zufällen, einer gigantischen genetischen und ethnischen Lotterie, deren letzte Ziehungen zuerst im makroskopischen Bereich stattfanden: als sich Fela und Roger trafen – ein Ereignis, das (noch einer von vielen Zufällen) ohne Hitlers Hybris und ihre Folgen sehr unwahrscheinlich gewesen wäre; dann im mikroskopischen Bereich durch den Zusammenbau meiner DNA aus Sternenstaub.

Meine kurze Wachphase in der ewigen Ruhe des Universums, Zwielicht zwischen Zufall und Notwendigkeit, begann wohl um den 22. Mai 1945 herum, denn da vermeldet Mamis Behelfskalender: »In einem Hotel«. Und ihr lakonischer Zusatz gibt mir ein warmes Gefühl: »War schön«.

Plus ça change,
plus c'est la même chose.

Jean-Baptiste Alphonse Karr

7

Paris und Rastatt

Mein Lebensweg begann wie bei jedem anderen: Ich zwängte mich durch einen dunklen, warmen Gang und japste nach Luft. Ungewöhnlich jedoch: Kaum war ich draußen, war ich schon drinnen – im Gefängnis von Paris.

Paris – das klingt besser als die Wahrheit: Das Gefängnis lag in Fresnes, einer grauen Vorstadt in der Pariser *banlieue*, dreißig Autominuten südlich der Seinebrücken. Das *Maison d'arrêt de Fresnes* war das drittgrößte Gefängnis Frankreichs.

Mami hatte statt Fresnes immer Paris als meinen Geburtsort genannt. Nicht um anzugeben, ich sei in der *Grande Dame* geboren statt in der Vorstadtschlampe, sondern weil in Deutschland jeder »Fressness« sagte statt »Fränn«. Es war ihr peinlich, die Menschen zu korrigieren, denn sie konnte damals nur wenige deutsche Wörter leidlich aussprechen, darunter: Jawohl! Sofort! Entschuldigung!

Ich heiße heute Jacky Dreksler, aber das ist auch nur die halbe Wahrheit, denn geboren bin ich als Jacob Joseph Dreksler, der jüdischen Tradition entsprechend benannt nach Großmutter Różas erstem Mann. Mami nannte mich Jankele, die Koseform von Jacob. Die französischen Wärterinnen riefen mich Jacques, im Pariser

Kinderheim hieß ich dann Jacquíe und später Jacky – für viele Deutsche eine phonetische Herausforderung: In meinem Kinderheim in Schwaben hieß ich Schaggi, im Hessischen Tschäggi, im Rheinischen Jäcki. Nur später in Amerika konnten alle die richtige Aussprache: Dschäcki oder Dschäähki.

Das Horoskop behauptet, ich sei ein Fisch. Selbst wenn ich damals an die Sterne geglaubt hätte, die abends kalt und desinteressiert im Osten von Fresnes aufgingen – sie hätten wohl keine günstige Prognose für mein Lebensglück gestellt. Aber es ist zum Glück ein Faktum, dass Fische nicht an Astrologie glauben.

Das Leben war gut in Fresnes – für mich zumindest. Draußen wehte ein schwacher Wind, wie man historischen Wettertabellen entnehmen kann, die Temperaturen lagen um den Nullpunkt. Aber Mamis Zelle war gemütlich: Da war ein warmer, weicher, gut duftender Körper, süße Milch – und Hände, die mich liebevoll streichelten. Mehr brauchte ich nicht.

Für Mami war es die Hölle, die sechste in Folge: nach zwei Ghettos, zwei KZs, einem Todesmarsch. Damals ahnte sie nicht, dass noch drei auf sie lauerten. Drei Höllen, die ich am Rande ihres Lebens mitbekam. Aber anders als in Dantes *Divina Commedia* gab es in ihrem Leben keine Alternative zu den neun Höllenkreisen, keinen gnadenvollen Läuterungsbereich – und kein Empyreum im Paradies. Am Ende wartete nur das Ende.

Wie war sie hinter Gitter gekommen? Alles begann ausgerechnet mit dem Cole-Porter-Song »*Don't Fence Me In*« – sperr mich nicht ein –, einem Hit von Bing Crosby und den Andrews Sisters aus dem Jahr 1944.

Ankunft in Paris

Paris empfängt Fela kühl, aber mit offenen Armen. Als sie am 26. Mai 1945 sonntagsmorgens mit Roger am Gare du Nord aus dem Zug steigt, zeigt das Thermometer gerade mal zehn Grad, wie ich recherchiert habe, aber für Fela sind es sicher Frühlingstemperaturen. Sie schwärmte mir oft vor: »Bahnhof war so schejn, hob ich gewejnt.«

Sie war wohl ergriffen von der neoklassizistischen Fassade. So etwas hatte sie noch nie gesehen. Die Pilaster mit Kapitellen im ionischen Stil strahlen stille Würde aus. Neunzehn Statuen schauen auf sie herab, und alle scheinen zu lächeln und huldvoll zu nicken. Scheinen zu sagen: *Bienvenue à Paris!* Heute beginnt dein neues Leben. Sie ist bereit, und ihre Lebensgier ist grenzenlos wie der seidigblaue Himmel.

Beschwingt bummeln sie im großen Bogen durch die Stadt und dann zur Rue Amelot 155, nur drei Gehminuten von der Place de la République entfernt – die Adresse weiß ich, weil sie in meiner Geburtsurkunde erwähnt ist.

Roger und Rogers Mutter wohnten in einer ärmlichen Wohnung unter dem Dach eines fünfstöckigen Hauses, hat mir meine Mutter erzählt. Ich vermute, sie lag in der erwähnten Rue Amelot 155. Noch heute kann man mit Google Street View die schöne alte Holzpforte sehen und den Dachgarten über der Wohnung.

Rogers Mutter, ihren Namen kenne ich nicht, weint und schließt überglücklich ihren Sohn in die Arme. Und sie begrüßt auch Fela mit Umarmungen und Küssen.

Für Fela ist es die Erfüllung aller Träume. Sie sieht die Armut nicht. Gegen ihr Häuschen in Będzin ist dies ein Palast mit richtigen Möbeln. Für die meisten Pariser auch, denn die Wohnungsnot nach dem Krieg ist groß. Roger und sie bekommen ein winziges Zimmer.

Abb. 6: Paris, Rue Amelot 155 heute

Nachdem Hitler Paris besetzt hatte, waren viele Juden aus dem Viertel deportiert worden, aber Rogers Mutter hatte aus irgendeinem Grund Glück gehabt – niemand hatte sie verraten.

In ihrem Radio läuft ständig der Soldatensender AFN Paris. Zum ersten Mal hört Fela die aktuellen amerikanischen Schlager und französische Chansons. Ich vermute, Maurice Chevalier sang »*Fleur de Paris*«, die Andrews Sisters »*Rum and Coca Cola*« und Doris Day den Willkommenssong für heimkehrende GIs »*Sentimental Journey*« mit ihrer wundervollen Jazzstimme. Meine Mutter verstand sicher kein Wort, aber sie liebte diese Lieder. Sie hätte es wohl auch herrlich gefunden, wenn AFN Paris tibetanischen Obertongesang gedudelt hätte.

Fela und Roger verbringen zwei Tage in ihrem winzigen Zimmer. Von morgens bis in die Nacht hören sie Radio. Fela verliebt sich in die Stimme von Bing Crosby, neben Frank Sinatra einer der großen Stars der Kriegs- und Nachkriegszeit. Crosbys »*Blue Skies*«, »*Swinging on a Star*« und »*You Are My Sunshine*« laufen vermutlich ständig.

Am Dienstagabend hört Fela dann »*Don't Fence Me In*« von Crosby und den Andrews Sisters. Als Roger ihr kurz erklärt, worum es geht – er sprach also zumindest ein bisschen Englisch –, wird es ihr Lieblingslied. Sie hat es später oft gesungen, mit jiddisch-polnisch-französischem Akzent – ich kenne den Text heute noch auswendig.

Oh, give me land, lots of land
Under starry skies above.
Don't fence me in.

»Einsperren« ist das Stichwort. Fela sagt vielleicht irgendetwas wie: »Wir haben uns jetzt lang genug hier eingesperrt. Lass uns ausgehen. Zeig mir Paris.«

Roger und Fela gehen in ein Café, wo sich jüdische Flüchtlinge treffen, um alten Freunden und Bekannten aus den KZs zu begegnen, um eine Arbeit zu finden, einen Platz zum Schlafen und um neue Menschen kennenzulernen.

Was dann geschah, hat meine Mutter mir nie erzählt, zumindest erinnere ich mich nicht daran. Ich weiß es nur aus den Akten.

Verhaftung

Ich nehme an, dass sich Fela und Roger im Café amüsiert haben, Menschen getroffen haben, gelacht und gescherzt haben. Aber dann lernten sie eine französische Jüdin etwa in Felas Alter kennen. Nach den Akten muss sich am 29. Mai etwa folgender Dialog abgespielt haben:

»Wo warst du?«, fragte die neue Bekannte.

»In Auschwitz.«

»Ich auch. Wie heißt du?«

»Fela Dreksler.«

Laut Omi, die mir die Geschichte später erzählte, ist die Frau wortlos aufgestanden und kam eine halbe Stunde später mit zwei Beamten des Pariser Sicherheitsdienstes zurück.

»Sind Sie Ela Drexler und waren Sie in Auschwitz?« Ich vermute, Roger hat ihr das übersetzt, denn sie sprach ja kein Französisch.

»Ja, Fela Dreksler.«

»Kommen Sie mit. Gegen Sie liegt eine Anzeige vor. Sie sollen in Auschwitz als Blockälteste Ihre Mithäftlinge gequält haben.«

Später, zu spät, stellte sich heraus: *Ela* war der Spitzname einer berüchtigten KZ-Aufseherin und *Drexler* oder *Drechsler* der Name einer anderen.

Meine Mutter kam in Untersuchungshaft. Angesichts des ungeheuren Vorwurfs war das unmittelbar nach dem Krieg sogar milde.

Seit dem Sieg der Alliierten über die deutschen Besatzer Anfang September 1944 nahmen die Franzosen blutige Rache an Kollaborateuren aller Art, auch an denen, die nur im Verdacht standen: Sie wurden durch die Straßen getrieben, bespuckt, mit Hakenkreuzen aus Teer markiert und – in Extremfällen – gelyncht. Man vermutet, dass mehr als 100 000 Menschen solchen Massakern zum Opfer fielen. Auch mit jüdischen Kollaborateuren fackelte man damals nicht lange.

Omi schrieb immer wieder, Felas »Mann« habe sich nach der Verhaftung nicht mehr um sie gekümmert. Er sei ein Schuft gewesen, erzählte sie immer wieder. Mag sein, aber so ganz stimmt das nicht. Zumindest im ersten Jahr hatten Fela und Roger Kontakt. In ihrem Tagebuch schrieb meine Mutter:

30. Mai: Letztes Mal Roger gesehen
1. Juni: Brief an Roger
2. Juni: Brief von Roger
4. Juni: Roger hat drei Briefe geschrieben

Meist schrieb sie das französische »Roger« lautschriftlich auf Polnisch: *Roże*. Mein Vater hat danach mindestens noch zwei Briefe geschrieben, den letzten laut Tagebuch am 7. Oktober. Auch Rogers Mutter schrieb ihr. Das »Tagebuch« meiner Mutter ist sehr unvollständig. Manchmal gibt es vierzehn Tage oder über einen Monat lang keine Einträge. Über ihr Leben im Gefängnis weiß ich wenig. Aber die paar sporadischen Einträge sind sehr beredt:

12. Juni: Verhört worden. Drei Briefe bekommen
2. Juli: Antwort von Konsulat
19. Juli: Anderem Anwalt geschrieben, ob er mich vertritt
27. Juli: War ohne Anwalt bei Richter
11. August: Von Roger geträumt

14. August: Vor drei Monaten Roger kennengelernt
19. September: Drei Monate schwanger von Roger
23. September: Von Peluscha geträumt, wie sie gestorben ist

Am 11. November notierte meine Mutter: »Gute Nachrichten von Anwalt«. So gut können die Nachrichten jedoch nicht gewesen sein, denn am 12. Januar 1946 schrieb sie: »Plötzlich Militärtribunal ohne Anwalt«. Das bedeutete: Sie würde nicht in Frankreich vor Gericht gestellt werden, sondern als sogenannte »Volksdeutsche« in Deutschland (am 4. September 1939 war Będzin von der Wehrmacht besetzt und dann ins Reich eingegliedert worden).

Im nächsten Eintrag geht es um mich: »1. März geboren J. J., 4 Uhr 30«. Ich habe nie erfahren, was für ein Mensch mein Vater war. Später hat man mir erzählt, er habe im Indochina-Krieg gegen die Kommunisten gekämpft, um die französischen Kolonialgebiete Vietnam, Kambodscha und Laos zu verteidigen. Dort sei er nach tapferem Kampf gefallen. Das mag sein; aber ich glaube eher, es war ein hilfreiches Narrativ, um einen kleinen Jungen zu beruhigen und ruhigzustellen, der zu oft nach seinem Papa gefragt hat.

Nach meiner Geburt taucht Roger noch einmal im Notizbuch meiner Mutter auf. Ich vermute, es ist ein Briefentwurf, wenn sie inmitten von französischen Sprachübungen in gar nicht so üblem Französisch schreibt:

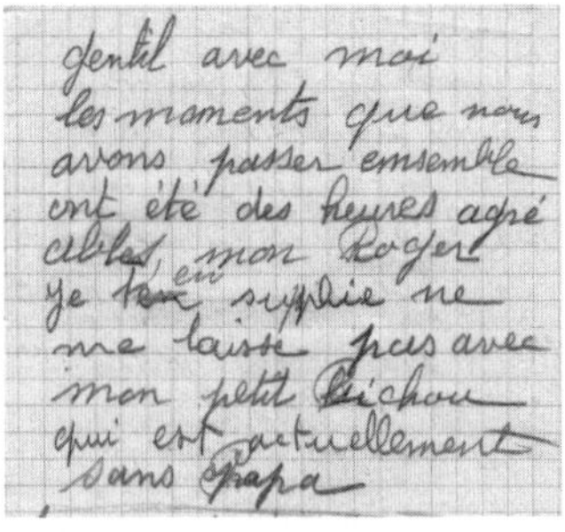
gentil avec moi
les moments que nous
avons passer ensemble
ont été des heures agré
ables, mon Roger
je ~~te~~ en supplie ne
me laisse pas avec
mon petit Bichou
qui est actuellement
sans Papa

Abb. 7:
Gentil avec moi –
Ein Briefentwurf?

Mein Roger, schön waren die Momente, die wir gemeinsam
verbracht haben. Ich bettele dich an: Lass mich nicht allein mit
meinem kleinen Schatz, der im Augenblick ohne Papa ist.

Tribunal Général de Rastatt

Irgendwann im Oktober 1946 wurden meine Mutter und ich von
Frankreich in die französische Besatzungszone deportiert und in
ein Gefängnis der Kleinstadt Rastatt eingeliefert, fünfzehn Autominuten nördlich von Baden-Baden.

Im prachtvollen Ahnensaal des barocken Residenzschlosses fanden vor dem *Tribunal Général* der französischen Militärverwal-
tung die sogenannten »Rastatter Prozesse« statt. Mehr als 2000
»Verantwortliche des Deutschen Reichs« wurden hier angeklagt,
Kriegsverbrechen und »Verbrechen gegen die Menschlichkeit« begangen zu haben; darunter fallen Tötung und Ausrottung, Frei-
heitsentzug und Folter und andere unmenschliche Behandlungen,
die vorsätzlich großes Leid oder schwere körperliche oder geistige
Verletzungen verursachen.

»Verbrechen gegen die Menschlichkeit« ist eine verharmlosen-
de Fehlübersetzung des englischen *crime against humanity,* und
das bedeutet in diesem Kontext eigentlich »Verbrechen gegen die
Menschheit«. Die Philosophin und Publizistin Hannah Ahrendt
meinte, die Verharmlosung klinge so, »als hätten es die Nazis lediglich an ›Menschlichkeit‹ fehlen lassen, als sie Millionen in die
Gaskammern schickten«.[63]

Nachdem Fela siebzehn Monate lang in Untersuchungshaft
gewesen war, hatten sich die französischen Behörden entschlossen, sie als Reichsdeutsche zu behandeln. Mag sein, dass das juris-
tisch korrekt war, denn Hitler hatte die 1922 polnisch gewordenen
früheren deutschen Gebiete Oberschlesiens nach dem Polenfeld-

zug 1939 annektiert und ins Deutsche Reich eingegliedert. So wurde Fela nicht in Frankreich vor Gericht gestellt, sondern in »ihrem« Land – ausgerechnet in Deutschland.

Offensichtlich war meine Mutter damals schon sehr krank, denn sie wurde am 4. November 1946 ins Städtische Krankenhaus Rastatt zur stationären Behandlung eingewiesen und erst am 28. Mai des nächsten Jahres entlassen – fast auf den Tag genau zwei Jahre nach ihrer Verhaftung.

Genau an meinem ersten Geburtstag überreichte man meiner Mutter die Anklageschrift. Darin heißt es:

Dreksler Fanny, 31 Jahre, in Haft, angeklagt wegen: Kriegsverbrechen. Diesem Verhör zufolge [sic] folgende Tatsachen festgestellt: Am 29. Mai 1945 wurde Dreksler Fanny, auch »Fela« genannt, durch den Sicherheitsdienst in Paris verhaftet, und zwar auf Anzeige einer Frau namens XXX [ich möchte ihren Namen verschweigen, J. D.], *ehemaliger Häftling des Lagers Auschwitz. Dreksler ist angeklagt, schwere Misshandlungen auf ihre Mitgefangenen während ihres Aufenthalts im dortigen Lager ausgeübt zu haben. Eine gewisse Anzahl Zeugen wurden durch den Gerichtshof der Seine, das Pariser Militärgericht und das Obergericht in Rastatt vernommen.*

Als ehemalige Mitgefangene der Angeklagten, die bereits seit 1939 inhaftiert war, bestätigen sie, dass es ihr gelang, die Gunst der deutschen Lagerbehörden zu erwerben und als Blockälteste des Blocks 30 A ernannt zu werden.

Ganz besonders mit der Aufgabe der Appelle betraut, benahm sie sich ihren Mitgefangenen gegenüber äußerst brutal. Mit einem Prügel oder Lederriemen bewaffnet, schlug sie ohne Grund, sie verpflichtete ihre Mitgefangenen manchmal nackt und bei strömendem Regen mehrere Stunden lang zum Stillstehen, mit erhobenen Armen.

Sie wird andererseits angeklagt, die Nahrung der Gefangenen
gestohlen zu haben. Sie war auch damit beauftragt, die Listen
der für das Krematorium bestimmten Häftlinge aufzusetzen,
und diesbezüglich benahm sie sich so, dass die Häftlinge ihr ihren
Schmuck abtreten mussten, um ihr Leben zu erhalten und von
den Listen gestrichen zu werden.

Von verschiedenen Zeugen ist sie formell angeklagt, derartige
Misshandlungen auf Gefangene ausgeübt zu haben, dass sie ihren
Verletzungen erlagen.

Die Angeklagte leugnet die ihr zur Last gelegten Anklagepunkte.

Demzufolge ist Dreksler Fanny angeklagt, im Lager Ausch-
witz im Laufe der Jahre 1943, 1944 freiwillig auf Mitgefangene
schwere Misshandlungen ausgeübt zu haben, und diese Taten
als Kriegsverbrechen zu betrachten sind. [sic]

Handlungen [sic]*, vorgelesen und bestraft nach laut Gesetz No. 10*
des Kontrollrats und wird vorgeladen [sic]*, vor dem Oberen*
Gericht zu erscheinen, zu der Verhandlung vom 19. März 1947
um vierzehn Uhr, um von Gesetzes wegen abgeurteilt zu werden.
Abschrift dieses Aktes wurde der Angeklagten überreicht am
1. März 1947.

Meine Mutter konnte damals nicht beweisen, dass sie keine
Blockälteste gewesen war, wie es ihr die Anklageschrift vorwarf,
sondern nur ein paar Monate lang eine der zwei Stubenältesten
ihrer Baracke. Die waren für die Essensausgabe und die Sauberkeit verantwortlich gewesen. Für die gefürchteten Appelle und
Disziplinarmaßnahmen hingegen waren die Blockältesten zuständig gewesen. Und so kurz nach dem Krieg konnte meine Mutter
auch keine Zeugen für ihre Unschuld finden. Die meisten Juden
hatten das Land ihrer Peiniger so schnell wie möglich verlassen,
waren in ihre Heimatländer zurückgegangen oder waren ausgewandert: viele nach Israel oder in die USA.

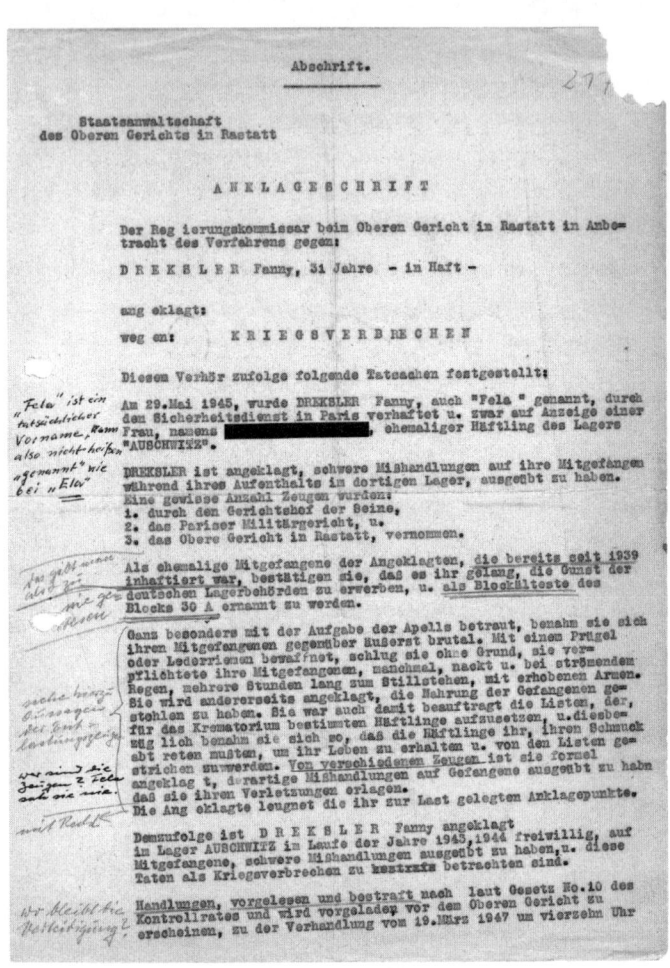

Abb. 8: Anklageschrift, Rastatt, 26. Februar 1947 – mit Omis Kommentaren

Das Urteil vom *Tribunal Général de Rastatt:* »*pour crime de guerre à la peine de dix ans de prison avec travaux forcés*« – zehn Jahre Gefängnis mit Zwangsarbeit.

Am 28. Mai 1947 wurde Fela aus dem Krankenhaus Rastatt entlassen und ins Gefängnis überwiesen. Es lässt sich nicht mehr

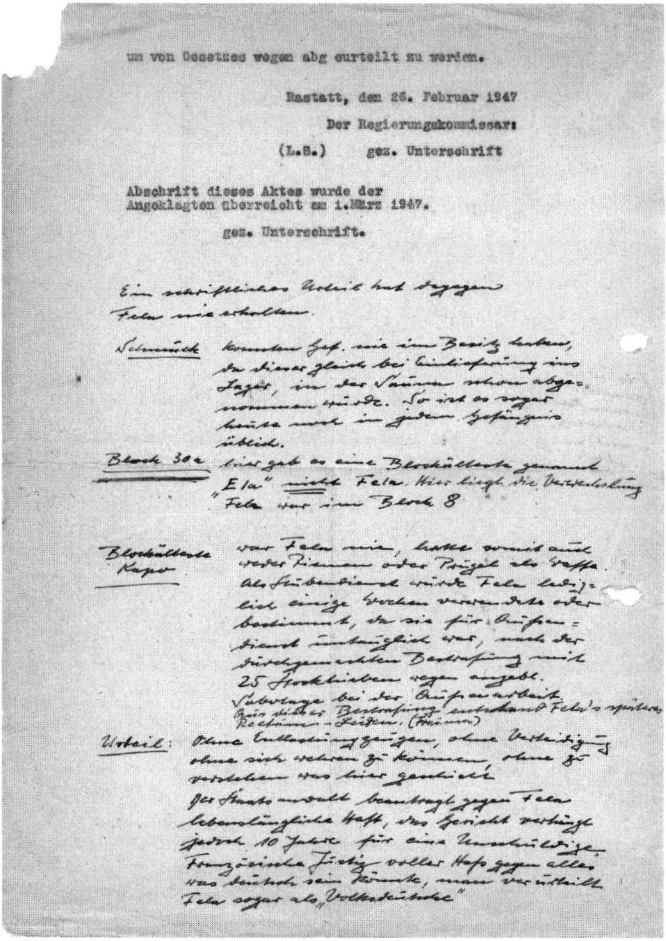

um von Gesetzes wegen abg eurteilt zu werden.

Rastatt, den 26. Februar 1947

Der Regierungskommissar:

(L.S.) gez. Unterschrift

Abschrift dieses Aktes wurde der
Angeklagten überreicht am 1.März 1947.

gez. Unterschrift.

Ein schriftliches Urteil hat dagegen
Fela nie erhalten.

Schmuck konnten Gef. nie im Besitz haben,
da dieser gleich bei Einlieferung ins
Lager, in der Sauna schon abge=
nommen wurde. So ist es sogar
heute noch in jedem Gefängnis
üblich.

Block 30a hier gab es eine Blockälteste genannt
„Ela" nicht Fela. Hier liegt die Verwechslung
„Fela war im Block 8

Blockälteste Kapo war Fela nie, hatte somit auch
weder Riemen oder Prügel als Waffe.
Als Stubendienst wurde Fela ledig=
lich einige Wochen verwendet oder
bestimmt, da sie für Außen=
dienst untauglich war, nach der
durchgemachten Bestrafung mit
25 Stockhieben wegen angebl.
Sabotage bei der Außenarbeit.
Aus dieser Bestrafung entstand Fela's späteres
Rheuma-Leiden. (Nieren)

Urteil: Ohne Entlastungszeugen, ohne Verteidigung
ohne sich wehren zu können, ohne zu
verstehen was hier geschieht
Der Staatsanwalt beantragt gegen Fela
lebenslängliche Haft, das Gericht verhängt
jedoch 10 Jahre für eine Unschuldige.
Französische Justiz voller Haß gegen alles
was deutsch sein könnte, man verurteilt
Fela sogar als „Volksdeutsche"

feststellen, warum sie so lange im Krankenhaus war. Ich war in einem Kinderheim bei Reutlingen auf der Schwäbischen Alb. Im zweiten Notizbuch schrieb meine Mutter unter diesem Datum auf Polnisch:

Mein allerliebster Sohn!!!!!!! Ich schreibe dir dies mit Tränen in den Augen. Dass wir uns trennen mussten, war das Schlimmste, was in der Welt passieren konnte.

Wie verzweifelt muss sie gewesen sein, dass sie diese Zeilen an einen gerade fünfzehn Monate alten Jungen schrieb – auf Polnisch, also eher ein Selbstgespräch als ein Briefentwurf. Ich weiß nicht genau, wie lange ich in dem Kinderheim in Schwaben gelebt habe. Aber meine Mutter und Omi erzählten mir später, statt »Pipi machen« hätte ich geschwäbelt »Rappele mache« – eine Onomatopöie für das Pinkelgeräusch im Emailletöpfchen.

Seit dem Polenüberfall 1939 bestimmten Nazis Felas Leben. Erst mit Schikanen und Zwangsarbeit in ihrer Heimatstadt Będzin, dann in zwei Ghettos, seit August 1943 in zwei KZs. Im Mai 1945 wurde sie befreit. Drei Wochen später war sie wieder eine Gefangene – diesmal Gefangene der Sieger. Sie hatte fünf Jahre Zwangsarbeit hinter sich, war schwer krank und hatte jetzt laut Urteil – nach zwei Jahren Untersuchungshaft – noch viele Jahre Gefängnis mit »schwerer Zwangsarbeit« vor sich. Es sah nicht so aus, als könne daraus noch ein glückliches Leben werden.

Aber vielleicht hatte *ich* ja noch eine Chance.

Lebenslotterie

Während ich die vergilbten Seiten aus den Akten, die Notizzettel, die Erinnerungen in meinem Kopf in Nullen und Einsen umwandele, frage ich mich immer wieder: Wie würde ich an ihrer Stelle leben, weiterleben, überleben? Ringsum nur Kot, Hunger und Krankheit, Folter und Niedertracht, Zwang und Gefangenschaft. Ringsum nur Zufall und Kontingenz – keine Kontrolle über nichts. Nur das Hobbes'sche Prinzip der Selbsterhaltung in einem Krieg aller gegen alle in einem Leben, das einsam, arm, hässlich, brutal und kurz ist, in dem jeder des anderen Wolf ist.

Hilfe von oben war auch nicht in Sicht für Fela vom Auserwählten Volk: Gottvater Jahwe war offensichtlich anderswo beschäftigt, und Gottsohn Jesus war für Juden wohl nicht zuständig.

Ich habe in den letzten Monaten sehr oft darüber nachgedacht, ob ich etwas gelernt habe aus der intensiven Beschäftigung mit der Geschichte meiner Mutter, aus den Erinnerungen an die wenigen Jahre, die wir zusammen verbracht haben. Es ist sehr viel mehr, als mir zuvor bewusst war. Oft sind es kleine Psychotricks, geniale Vereinfachungen, um komplexe Situationen zu meistern. Vor allem eine Geschichte fiel mir wieder ein, die mein Leben stark beeinflusst hat.

Monate vor ihrem Tod besuchte ich meine Mutter im Krankenhaus und erzählte ihr von einem Problem, ich weiß nicht mehr, von welchem. Aber an ihre Antwort erinnere ich mich: »Jankele«, versicherte sie, »kannst du das Problem lösen, hast du kein Problem. Kannst du das Problem nicht lösen, hast du *auch* kein Problem. Also hör schon auf zu jammern!«

Tu was! Oder leide und halt's Maul! Komprimierte Weisheit. Und so gar nicht »jüdisch«: Juden neigen nämlich zum Jammern und Klagen, wie die vielen Witze über »*Jewish mothers*« eindrucksvoll belegen. In Jerusalem haben sie fürs Klagen sogar eine eigene Mauer. Jammern und Klagen ist oft eine Regression in die frühe Kindheit: eine sichere Methode, Aufmerksamkeit und Zuwendung von den Eltern zu erpressen. Aber im Erwachsenenleben bringt beides oft nichts. Ist wie im Schaukelstuhl sitzen: Du verbrauchst Energie, kommst aber nicht vom Fleck.

Mangelnde Tatkraft konnte meine Mutter nicht ausstehen. Auch Wunschträumen nicht. Wenn sie mich dabei erwischte, konnte sie sehr harte Worte finden. Und natürlich mündeten die immer wieder in Gräuelgeschichten aus dem Ghetto oder dem KZ. Wenn sie milde gestimmt war, hüllte sie ihre Ermahnungen in jüdische Witze, zum Beispiel den von Jossele Goldberg, den ich seit frühester Jugend kenne:

> *Am Schabbes sitzt der alte Jossele vor der Menora und jammert und jammert: »Gerechter Gott, mein ganzes Leben lang war ich ein guter Jid. Kann das so schwer sein für dich, mich ein Mal, nur ein Mal, gewinnen zu lassen in der Lotterie?«*
>
> *So geht das Schabbes für Schabbes, jahrelang: »Herr, lass mich doch ein Mal gewinnen in der Lotterie.«*
>
> *Auch am vorigen Schabbes jammert der alte Jossele Gott wieder was vor: »Herr, was habe ich getan? Warum lässt du mich nicht ein Mal gewinnen in der Lotterie?«*
>
> *»Jossele!«, donnert eine Stimme von oben. »Jossele, du willst gewinnen in der Lotterie?«*
>
> *»Ja, Herr.«*
>
> *»Jossele, kauf dir endlich a Los!«*

Das Los meiner Mutter war es, dass es in Ghettos, KZs und Gefängnissen wenige Losbuden gab. Trotzdem hat sie sich eins gekauft, wo immer es möglich war. Ihr nächstes Los nach der Befreiung war die Gefängniswärterin Claire Stahl, die ich später »Omi« nannte. Und dieses Los war auch mein Los, bis ich mit dem Studium begann. Sie war die wichtigste Person in meinem Leben, nachdem meine Mutter gestorben war. Sie bestimmte mein Leben. Leider nicht so, dass ich eine Chance gehabt hätte, den Auftrag meiner Mutter zu erfüllen – glücklich zu sein. Ich widme dieser Frau daher den zweiten Teil dieses Buches: »Omi«.

OMI

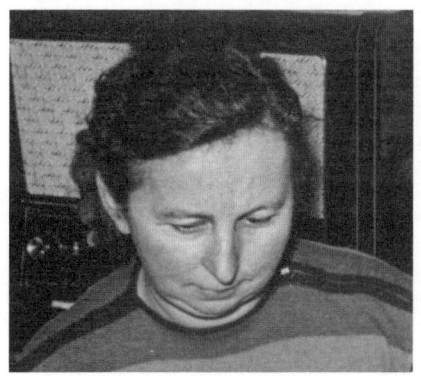

Abb. 9: Omi (49), 1954

8

Diez an der Lahn

Essen, Trinken und Häufchenmachen: Während ich in Schwaben mein Vokabular auf diesen Gebieten mundartlich ausbaute, wurde meine Mutter am 19. September 1947 von ihrer Zelle in Rastatt in das gerade eröffnete Frauengefängnis von Diez an der Lahn verlegt. Provisorisch untergebracht war es im Schloss Diez mit seinen burgtiefen Mauern. Der Bergfried aus dem 11. Jahrhundert blickte von einem Felsen hoch über dem Lahntal auf das friedliche 6000-Seelen-Städtchen bei Limburg an der Grenze zwischen Rheinland-Pfalz und Hessen. Bis ich neun war, habe ich hier gelebt.

Im Herbst 2014, während ich an diesem Buch schrieb, haben meine Frau Babs und ich in Eltville am Rhein Stielrippchen gekauft, eine Spezialität der Gegend, die ich seit meiner Kindheit liebe.

»Schatz, hast du Lust auf einen Abstecher in meine alte Heimat? Wo ich vor fast sechzig Jahren gelebt habe? Ist nur ein Katzensprung.«

Sie hatte. Eine Stunde später kamen wir in Diez an. Unter der Lahnbrücke war seit damals viel Wasser geflossen. Ich war ein bisschen enttäuscht, keine Waschfrauen mehr zu sehen, die an den Uferfelsen ihre Wäsche schrubbten. Einen Moment lang wollte ich wieder flache Kiesel übers Wasser hüpfen lassen, aber dann dachte ich: Vergiss es! Deine Schulterarthrose! Über uns leuchtete das Schloss goldwarm in der Herbstsonne.

Der gepflasterte Weg zum Bergfried war steil und mühevoll. Zwei Jahre lang saß meine Mutter hier irgendwo in einer Zelle, erklärte ich, und hier irgendwo war auch mein Kindergarten. Aus Erzählungen weiß ich, dass ich Mami ein paarmal besucht habe. Ein sepiagetöntes Bild in meinem Hirn zeigt abblätternde Farbe an einer Holztür mit Gitterfenster. An mehr kann ich mich nicht erinnern. Und während Mami durch eiserne Stäbe schaute, waren aus den Kapos, Lagerwachen und schneidigen SS-Rottenführern längst wieder Metzger, Klempner und Oberstudienräte geworden.

Im späten September 1947 tippte der Gendarm Paul Traugott Felas Daten in das *Registre d'écrou*: Fanni Dreksler, 1,59, brauner Rock, grüne Bluse, blaue Schuhe, muss noch 1453 Reichsmark Prozesskosten zahlen. In den Akten fand ich auch eine zwei Monate später ausgestellte Bescheinigung, in der es um mein Schicksal ging:

> *Ich erkläre mich hiermit einverstanden, dass mein Sohn [...]*
> *der jüdischen Organisation OSE in Paris zur Pflege und*
> *Erziehung übergeben wird. [...] Als Bedingung stelle*
> *ich, dass mir mein Kind jederzeit auf mein Verlangen*
> *zurückgegeben wird.*
> *Fela Fanny Dreksler*

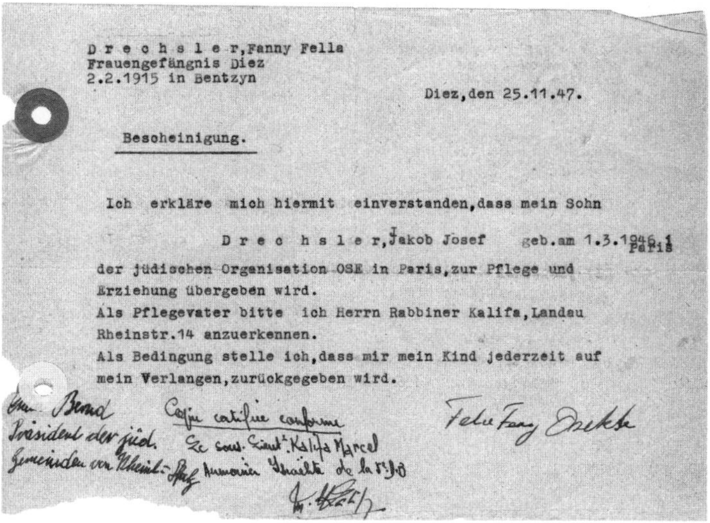

D r e c h s l e r, Fanny Fella
Frauengefängnis Diez
2.2.1915 in Bentzyn

Diez, den 25.11.47.

Bescheinigung.

Ich erkläre mich hiermit einverstanden, dass mein Sohn
D r e c h s l e r, Jakob Josef geb. am 1.3.1946 i[n] Paris
der jüdischen Organisation OSE in Paris, zur Pflege und
Erziehung übergeben wird.
Als Pflegevater bitte ich Herrn Rabbiner Kalifa, Landau
Rheinstr.14 anzuerkennen.
Als Bedingung stelle ich, dass mir mein Kind jederzeit auf
mein Verlangen, zurückgegeben wird.

Copie certifiée conforme
Le sous-Lieut. Kalifa Marcel
Aumonier Israélite de la F.F.O.

Präsident der jüd.
Gemeinden von Rheinl.-Pfalz

Felia Fany Drechsler

Abb. 10: Meine Mutter erklärt sich damit einverstanden, dass ich nach Paris in Pflege gegeben werde

Möglicherweise dachten die Diezer Gefängnisbehörden, dass ich mit einem Jahr und neun Monaten nicht hinter Gitter gehöre, und so bin ich wieder in ein Kinderheim gekommen – diesmal irgendwo in Frankreich.

Als ich dann Anfang 1949 nach Diez kam, fast drei Jahre alt, war mein schwäbisches Vokabular weitgehend vom Französischen verdrängt worden, erzählte man mir. Statt »Rappele mache« krähte ich jetzt »*faire pipi*«. Ich lernte sehr schnell, dass es auf Hochdeutsch korrekt »Pipi machen« heißt, aber trotz meiner sprachlichen Anpassungsfähigkeit wurde ich hier nicht als Deutscher, sondern als »Staatenloser« geführt. Das sah man mir aber nicht an. »Staatenloser« ist zum Glück kein ethnischer Typus.

Omi lernt Mami kennen

Meine Mutter hatte Angstpsychosen, Darmblutungen und erste Lähmungserscheinungen im Bein. Sie kam deshalb gleich ins Lazarett und lernte dort eine Aufseherin kennen, die für ihr und mein weiteres Leben von entscheidender Bedeutung war: die Frau, die ich später »Omi« nannte. Sie war damals zweiundvierzig, zehn Jahre älter als Mami.

Omi hat mir die Geschichte oft erzählt. In den Akten fand ich sie später in einem Brief an die österreichische Nationalrätin Rosa Jochmann, in dem Omi um Hilfe bei der Rehabilitierung meiner Mutter bat. Die Nationalrätin war wegen ihres Kampfes gegen die Nazis im KZ und arbeitete nach dem Krieg für Menschen, denen Unrecht angetan wurde. Omi berichtete ihr, wie sie meine Mutter kennengelernt habe:

Seit Juli 1947 war ich als Hilfsaufseherin und für das Lazarett eingestellt worden. Fela beteuerte immer und immer wieder ihre Unschuld. Immer hörte ich das stundenlange Weinen und Schreien: Ich bin unschuldig, warum sperrt man mich ein?
So kam es, dass Fela Dreksler mein Schützling wurde, was mir aber auch Gehässigkeiten meiner Kolleginnen und meiner Vorgesetzten einbrachte. Ich war erschüttert über das Unglück dieser gequälten Frau und so entschloss ich mich, das Kind zu mir zu nehmen. Als ich Fela meinen Entschluss mitteilte, wusste sie ihrer Dankbarkeit kaum Ausdruck zu geben. Sie nannte mich ab diesem Tage ihre Mutter.

Und weil meine Mami ihre Wohltäterin »Mama« nannte, einigte man sich darauf, dass ich »Omi« sagte.

Onkel Bernies Schicksal

In Mamis Verlies schien 1948, ein Jahr später, ein erster Lichtstrahl der Hoffnung: Omi hatte, wie sie mir immer wieder stolz erzählte, Mamis Bruder Berel im amerikanischen Buffalo aufgespürt. Eigentlich war es ihr Halbbruder, der Sohn von Różas zweitem Mann. Er hatte seinen Vornamen amerikanisiert und nannte sich jetzt Bernard, kurz Bernie.

Onkel Bernie erzählte mir sein Schicksal viele Jahre später: Nachdem er seine Heimatstadt Będzin hatte verlassen müssen, war er in verschiedenen Zwangsarbeitslagern und ab 1943 in verschiedenen KZs gewesen. Er wurde dann aus dem Konzentrationslager Bergen-Belsen bei Hannover an verschiedene Firmen ausgeliehen, schuftete beim Gleisbau und arbeitete zuletzt in einem Stollen, tief in einem Berg, wo elektrische Geräte hergestellt wurden für die »Vergeltungswaffe 2«, die »V2« genannte Wunderwaffe, von der sich Hitler eine Wende im Krieg erhoffte. Im April 1945 wurde Bernie durch die britischen Truppen befreit.

Danach arbeitete er als Fahrer für die Amerikaner und kam so nach Bad Nauheim. Hier traf er Jutta, die Liebe seines Lebens. Sie war die älteste der drei bildhübschen jüdischen Töchter von Marta Rosner. Ich habe ihn einmal gefragt, warum er gerade sie gewählt habe (ich wusste von Tante Jutta, dass *sie* natürlich *ihn* ausgesucht hatte).

Onkel Bernie schmunzelte: »Mein Junge, sie war halt sehr, sehr intelligent.«

»Und woran hast du das gemerkt?«

»Sie wollte mich unbedingt haben.«

Die beiden heirateten und wanderten im Juni 1947 nach Amerika aus, ohne zu ahnen, dass Bernies Schwester Fela in Diez einsaß. In den USA hatte man nicht auf Bernie gewartet. Er begann als Hausierer, arbeitete zwölf, vierzehn Stunden am Tag, sparte jeden Cent und eröffnete Anfang der Fünfzigerjahre seinen ersten kleinen *junk shop* und handelte mit Schrott und Altpapier.

Omi erzählte mir immer, ich hätte einen reichen Onkel in Amerika. Ich habe lange daran geglaubt, denn Onkel Bernie und Tante Jutta schickten uns dauernd Pakete mit Kakao und Kaugummi, Kleidern und Waschmitteln, und immer war irgendwo ein Zehn- oder Zwanzigdollarschein versteckt, denn Bargeld durfte damals nicht nach Deutschland verschickt werden. Erst viel später erfuhr ich, dass sie sich all das vom Munde hatten absparen müssen.

Orli Walds Artikel

Babs und ich gingen den Schlossberg hinunter. Ich war sehr schweigsam. Ich hatte gerade eine Station im traurigen Leben meiner Mutter bewusst gesehen, nach sechzig Jahren, mit den Augen eines Erwachsenen, und ich spürte keine Traurigkeit, keine Träne rann aus meinem Auge. Ich schämte mich vor mir selbst. Wie kann das sein, dass das Schicksal meiner Mutter so weit entfernt ist? Dass es meinen Verstand berührt, aber nicht mein Herz?

Die Nationalrätin Rosa Jochmann sandte Omis Hilferuf weiter an ihre Freundin Orli Wald in Hannover. Der »Engel von Auschwitz«, wie ihre Mitgefangenen sie genannt hatten, besuchte uns in Diez irgendwann nach meinem vierten Geburtstag im Jahr 1950. Orli Wald war bekannt dafür, sich für bestrafte Funktionshäftlinge einzusetzen. Zum Beispiel für die deutsche Lagerälteste Klara Pförtsch, die zur gleichen Zeit in Rastatt saß wie meine Mutter. Das französische Militärgericht in Rastatt hatte das Todesurteil gegen die »*vraie bête humaine*« verhängt, gegen das »wahre menschliche Biest«, wie die französischen Richter sie nannten. 1950 wurde das Urteil in eine lebenslange Haftstrafe umgewandelt, 1957 wurde sie vorzeitig entlassen.

Omi wollte Orli bitten, sich auch für die vollständige Rehabilitierung meiner Mutter zu engagieren. Ich erinnere mich nicht mehr an den Besuch. Aber Orli Wald hatte ihn in einem ihrer Artikel festgehalten. Gefunden habe ich ihn erst bei einer Internetrecherche, während ich dieses Buch schrieb:

»Das sind alles böse Menschen«, sagte Jackeli und schlug mit seiner kleinen Faust auf die illustrierte Zeitung, die ich mit ihm ansah. Jackeli ist vier Jahre alt. Seine Mama kennt er erst seit einem Jahr. Sie hat ihn im Gefängnis geboren und bald darauf

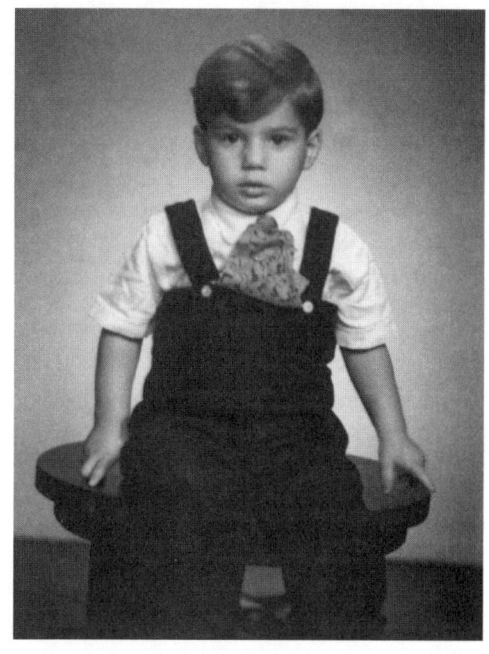

Abb. 11:
»Jackeli«, 1949/50

wurde er ihr fortgenommen. Manchmal, wenn sie ihn zum
Gehorsam ermahnt, schaut er sie mit seinen schönen Kinderaugen
unwillig und zweifelnd an. Diese Mama ist zu spät in sein Leben
getreten, nun kann er sie nicht so ohne Weiteres anerkennen.
Später, wenn er erst älter sein wird, lernt er zu verstehen, welches
harte Schicksal diese Mama hatte. Wir wollen ihr ein wenig
kämpfen helfen, dieser jungen Mutter von Jackeli.[64]

Über Omis Einsatz schrieb Orli Wald:

Eine Aufseherin, die keinerlei Ursache hatte, sich für Fela ein-
zusetzen, nahm sich ihrer und Jackelis an. Fela war im Gefäng-
nis sehr krank. Alle ihre Vorstellungen beim Gefängnisarzt
blieben ohne Erfolg. »Sie simuliert«, sagte er, »wenn wir sie einen
Tag freilassen, wird sie sofort gesund sein.« Die Aufseherin aber
war Zeugin ihrer Schmerzensanfälle. […] Die Aufseherin wurde
aus dem Dienst entlassen. Sie ist arbeitslos. Ihren Mut hat sie
nicht verloren, sie kämpft weiter um Felas Rehabilitierung.[65]

»Da arbeiteten nur ehemalige Nazis«, erzählte mir Omi oft. Man
habe sie täglich gemobbt, weil sie sich für eine Jüdin eingesetzt
habe. Im September 1948 habe sie den Dienst quittieren müssen.

»Wie ist deine Mutter schließlich freigekommen?«, fragte Babs
beim Spaziergang durch das Städtchen.

Viele hatten mitgeholfen. Onkel Bernie schrieb aus Buffalo
sogar an den französischen Staatspräsidenten. Aber das erfuhr
ich alles erst später. Im Brief an die Nationalrätin stellte Omi
ihre Verdienste klar:

Ich suchte Zeugen in aller Welt. Alles, was Fela mir erzählt
hatte, bestätigte sich durch diese Zeugenaussagen, Fela war nie
Blockälteste noch Kapo, alle hatten sie gerne und war sie [sic]

nur einer Verwechslung ihrer Namen wegen zum Opfer
gefallen, und zwar mit der Oberaufseherin Drexler und einer
Blockältesten in Block 30, welche sich Ela nannte. Die
Letztere war eine tschechoslowakische und die Drexler eine
deutsche SS-Frau.

Fela Dreksler, *Ela Drexler* – gut möglich, dass da einfach nur
eine Namensverwechslung vorlag (in Auschwitz gab es auch noch
eine brutale deutsche SS-Aufseherin namens *Margot Drexler*).
Vielleicht war es so: Aus den Frauen – *Ela* und *Drexler* – wurde
im Kopf der französischen Zeugin »Fela Dreksler«. Sie kannte
meine Mutter ja nicht persönlich aus dem KZ, sondern machte
die Anzeige nur aufgrund des gehörten Namens beim Vorstellen
im Café.

Krankheit und Begnadigung

Schon bei ihrer Einlieferung ins Gefängnis war meine Mutter
sehr krank. Omi berichtete:

Im März 1949 musste Fela in ein Krankenhaus eingewiesen
werden und es stellte sich hier erst heraus, wie schwerer Art Felas
Zustand war. Fela war an einer unheilvollen, unheilbaren
Krankheit erkrankt, am Rectum-Ca [Dickdarmkrebs]. *Schwere*
Operationen mussten durchgeführt werden und ich habe sie mit
dem Tode ringen sehen.

Meine Mutter wurde in den Gefangenentrakt des Krankenhauses Kemperhof in Koblenz eingewiesen. Man habe sich dann
entschlossen, eine schnelle Begnadigung zu erreichen, damit Fela
noch eine Weile mit ihrem Sohn zusammen sein könne.

*Ich sandte alle Zeugenaussagen, die ich inzwischen gesammelt
hatte, dem damaligen Pflichtanwalt ein und half dieser* [sic] *
nunmehr mit seiner ganzen Kraft, dass eine sofortige Begnadigung Fela's* [sic] *erreicht wurde.*

Rechtsanwalt Baldeyrou war der Pflichtanwalt bei Felas Prozess
in Rastatt. Omi behauptete, er sei erst »in letzter Minute« hinzugezogen worden und habe keine Ahnung von dem Fall gehabt.
Am 28. September 1949 wurde meine Mutter entlassen. Sie war
endlich frei. Nicht nach zehn Jahren, wie es das Urteil vorgesehen
hatte, sondern schon nach vier. Aber Gnade reichte ihr nicht. Sie
wollte Gerechtigkeit. Fela wandte sich wieder an Maître Baldeyrou und verlangte, dass ihr Verfahren neu aufgerollt werde. Der
Maître schrieb im Dezember 1949 an Omi:

*Als Frau Dreksler damals schuldig gesprochen wurde, versprach
ich ihr, für sie einzutreten, und hatte nur die Wahl zwischen
Gnadengesuch und Rehabilitierungsversuch. Letzteren Ausweg
musste ich zurückweisen, weil: zu kostspielig, zu langwährend,
völlig unsicher. Ich verstehe wohl, dass Ihr Schützling über
ihre Bestrafung verbittert ist. Nichtsdestoweniger ist es aber unbedingt erforderlich, dass Frau Dreksler vernünftig ist. Nicht nur
wird der kleine Jacky wahrscheinlich sein ganzes Leben lang
nichts von der Bestrafung seiner Mutter erfahren, sondern sie
wird auch vor der ganzen Welt in einigen Jahren in Vergessen-
heit geraten.*

Der gute Maître dachte, der kleine Jacky erführe nichts von Mamis
Strafe. Es gab bei uns kein anderes Thema. Außerdem habe ich
meine Mutter ein paarmal im Gefängnis besucht, wie ich auch aus
einem Brief weiß, den sie Onkel Bernie am 19. Dezember 1948 aus
dem Gefängnis schrieb:

Nun will ich Euch von meinem lb. Kind [unleserlich] *er*
ist Gott sein dank gesunt un sehr klug u. er entwickelt sie [sich]
sehr im Jtum [Judentum]. *Wenn er zu mir kommt mir mogen*
Dovid zeichnen [zeichnet er mir einen Mogen Dovid, einen
Davidstern].

Baldeyrou war der Meinung, dass ein französisches Militärgericht
nur höchst ungern und selten Urteile zurücknehme. Man müsse
also damit rechnen, dass bei einem Revisionsverfahren wieder zehn
Jahre Strafe herauskämen. Aber meine Mutter wollte die volle Rehabilitation, und so wurden weiter Zeugen gesucht. Omi versuchte
nun, über die Nationalrätin und andere ehemalige KZ-Insassen an
die Frauen heranzukommen, mit denen meine Mutter verwechselt
worden war. Aber das war schwierig. Die Nationalrätin Jochmann
schrieb am 16. Februar 1950, sie kenne die »Oberaufseherin Drexler,
die eine Bestie war«, und sie könne »sehr gut verstehen, dass hier
eine Verwechslung vorliegt«.

Haus mit Plumpsklo

Babs und ich gingen die Louise-Seher-Straße entlang, eine steile
Straße, die durch eine Villengegend führt, und ich zeigte auf ein
dreistöckiges Haus. Hier hatte ich mit Omi und Mami gelebt.
Erst viel später erfuhr ich, dass eine weitere Frau hier gewohnt
hatte, oder besser: wir bei ihr, und dass sie eine wichtige Rolle für
uns gespielt hatte.

»Do dribbe uff der Wiss stand unsäh Plumpsklo«, hesselte ich.
Ich war damals viersprachig aufgewachsen: Mit vielen Schulkameraden sprach ich Hessisch; wenn ich Eindruck machen sollte,
sprach ich Hochdeutsch (wahrscheinlich sprachen auch mein
Lehrer und manche Schulkameraden Hochdeutsch); wenn ich

mit meiner Mutter sprach, ahmte ich zuweilen ihr polnisch-jiddisches Pidgindeutsch nach; und von Omi lernte ich unverfälschtes Kölsch – sogenanntes »tiefes Kölsch«.

»Im Sommer wurden neben dem Plumpsklo Laken gebleicht«, erinnerte ich mich. Ich zeigte Babs, wo ich Kartoffelkäfer von Pflanzen gepflückt habe, den großen Runderker, wo Erbsen, Rhabarber und Kopfsalat wuchsen, und erzählte von den Regalen mit runzligen Äpfeln darin und von dem Steinguttopf mit selbst angesetztem Sauerkraut, das ich im Winter essen musste.

Wir gingen um das Doppelhaus herum: Hinter diesem Fenster habe mein Gitterbett neben einer Kommode mit Lüftlmalerei gestanden. Darauf eine grün glasierte Schale und ein Tonkrug mit Wasser für die morgendliche Katzenwäsche.

»Warst du hier glücklich?«, unterbrach mich Babs, die sich meine Reminiszenzen geduldig angehört und dabei Fotos gemacht hatte.

Ich überlegte. »Ich glaube, mein Leben war gut. Aber glücklich?«

Ich hatte nur wenige Freunde. Einer von ihnen war Axel. Sein Vater besaß eine Holzhandlung. Sie lag direkt neben dem Spielplatz auf der anderen Seite der Stichstraße. Für uns Jungs war es eine Welt voller Abenteuer. Axel und ich tobten über die riesigen Holzstöße, nagelten uns aus den herumliegenden Latten Schwerter zusammen oder balgten uns in hohen Haufen von Sägespänen. Und wenn wir erschöpft in sein Haus gingen, gab uns seine Mutter, eine freundliche, milde Frau, ein Glas Milch und belegte köstliche Butterbrote mit Aufschnitt, den es bei mir zu Hause nicht gab: Fleischwurst, Mettwurst und gekochter Schinken.

»Glücklich, Schatz – ich weiß nicht.« Ich erklärte, ich hätte mich früher immer wie ein Außenseiter gefühlt. Wie jemand, der draußen im Dunkeln stehe, durch einen Türspalt in ein warm erleuchtetes Zimmer schaue, lachende Menschen sehe, die freundlich miteinander reden, und sich sehnsüchtig wünsche, dabei zu sein. Eine Welt aus Türspalten.

Vielleicht sah ich die Dinge auch nur so, weil ich Jude war. Omi hat mich immer gewarnt, dass ich vorsichtig mit den Menschen sein solle, dass die Christen uns Juden nicht mögen, auch wenn sie freundlich tun. Aber das sei nur halb so schlimm, denn meine Mami und ich hätten ja sie, die Omi, und sie würde versuchen, die Schlechtigkeit der Welt von uns fernzuhalten. Ich solle nur immer brav sein, gehorsam und dankbar. Und die Omi ganz lieb haben. Dann könne mir nichts geschehen.

Lesen, stopfen, bohnern

Inzwischen senkte sich der Abend über Diez. Ich zeigte auf ein Fenster am Rand des Hauses: »Hier war das Wohnschlafzimmer von Omi und meiner Mami. Früher wuchs dort ein Wildrosenstrauch bis zu den morschen Fensterläden. Mami ist da gern in der Sonne auf und ab gegangen – weit kam sie ohne Krücken ja nicht mehr.«

Sie hat dann die Blüten beschnuppert und mir von ihrem Gärtchen in Będzin vorgeschwärmt und wie sie dort Thymian und Petersilie gepflanzt habe mit Alek und Róża, mit Berel und Peluscha. Dabei lächelte ihr Mund, und ihre Augen weinten.

Babs schmiegte sich an mich und gab mir einen Kuss. Wir gingen ein paar Schritte weiter und ich erzählte ihr von den Erziehungsmethoden meiner Mutter. Zum Beispiel Lesenlernen. Die Erinnerung daran ragt wie ein Fels aus dem Meer des Vergessens.

Eines Tages las Mami mir wieder mal Märchen vor. Draußen schneite es, noch ein halbes Jahr bis zu meinem fünften Geburtstag. Plötzlich unterbrach sie sich: »Warum soll *ich* dir lesen vor? Lies selber.«

Abb. 12:
Meine Mutter (39),
1954, ein Jahr vor
ihrem Tod

»Aber ich kann nicht lesen.«

»Dann lern es. Hol Papier und Buntstifte.«

Dann musste ich das Alphabet so lange aufsagen, bis ich es auswendig konnte. Nun ging es an die Feinheiten: »Der Name ist *Em*, aber du liest *Mmm*; der Name ist *Zet*, aber du liest *Ts*; … der Name ist *Ch*, mal liest du ihn wie in ›Kieche‹ und mal, als wenn du kotzt.«

Dann schrieb sie ein paar Wörter auf – lies, Jankele: *Mama* … *mmm-aaa-mmm-aaa* – gut, Jankele! Omi … *ooo-mmm-iii* – sehr gut! Und schließlich legte sie mir Grimms Märchen auf den Boden. Bisher hatte ich mir immer nur die romantischen Biedermeier-Holzschnitte von Ludwig Richter angeschaut – zu große

Menschen vor zu kleinen Hüttchen, knorrige Äste, weinumrankte Fenster. Mami schlug eins auf, ich weiß nicht mehr, welches, und befahl: »Und jetzt lies!«

»Eees wwwaaarrr eee-iin-mmm-aaa-lll …«

»*E-inmal* ist falsch, Jankele, man sagt *ain-mal*.«

Und mit dieser Methode, fernab jeder didaktischen Kunst, habe ich an einem Nachmittag lesen gelernt, Vokale, Konsonanten, Buchstabengruppen. Holprig und schleppend zunächst, die Buchstaben mit Grimassen formend, mit vielem Nachfragen und Korrigieren, aber ich las und war sehr stolz.

In den Tagen danach hat sie mir Schreiben beigebracht. Lateinische Buchstaben und gleichzeitig hebräische: Aleph – A, Beth – B, Gimel – G, Daleth – D … Und dann musste ich deutsche Wörter mit hebräischen Buchstaben schreiben – von rechts nach links natürlich:

$$\text{ﬡﬦﬡﬦ}$$

Mem, Aleph, Mem, Aleph: Mmm-aaa-mmm-aaa. Wenn ich einen Fehler machte, hörte ich kein »Sehr gut, Jankele, fast richtig«, sondern: »Falsch! Es heißt soundso. Noch mal! Falsch! Noch mal! Falsch! Und noch mal … Git!« Aber sie lächelte dabei warm, und ihre Augen schauten liebevoll und stolz auf mich herunter. Und so habe ich in ein oder zwei Wochen lesen und schreiben gelernt. Eine wundervolle neue Welt öffnete die Tore und strahlte: Willkommen, Jankele.

Noch bevor ich in die Schule kam, musste ich weitere Kulturtechniken lernen. Mamis Motivationsimpulse waren nicht auf dem neuesten Stand der Lerntheorie, habe ich später in Psychologie-Seminaren gelernt, aber sie waren einfach und wirkungsvoll:

»Du willst nicht lernen annehen Knepfe? Nu, erfrieren wirste im KZ im Winter, wenn du nicht schließen kannst die Jacke.«

»Du willst nicht lernen stopfe die Strimpf? Wenn du gekommen wärst zum Appell mit kaputte Strimpf, hätt die SS dich verprigelt.«

»Du willst nicht lernen bigeln? Im KZ hat uns keiner gebigelt die Wäsch.«

Das leuchtete mir ein. Das Leben in Nazilagern ist schließlich kein Ponyhof und würde irgendwann auch mein Schicksal als Jude sein. Und so lernte ich waschen und bohnern, sticken und stricken, nähen und Zwiebeln schneiden, Kartoffeln schälen, Zöpfe flechten und einen Schlips binden. Nicht gern. Aber Widerspruch war keine Option. Und ich wollte im KZ auch nicht wie ein Idiot dastehen – mit fehlenden Knöpfen und löchrigen Strümpfen, mit ungebügelten Hemden oder gar ohne Krawatte.

Was hätte die SS von mir gedacht!

Ferkel und Dieb

Babs ging ein paar Meter zu einem prächtigen schmiedeeisernen Tor am Ende der Stichstraße, hinter dem ein Kiesweg zu einer großen alten Villa führte. Sie lag inmitten eines wohlgepflegten Parks, der direkt an unseren Garten grenzte.

»Ihr habt ja feudale Nachbarn gehabt. Kanntest du die?«

»Nein, aber es waren sehr liebenswürdige Menschen. Sie winkten mir immer fröhlich zu.«

Ich liebte es, wenn sie mit ihrer großen Limousine über den Kiesweg fuhren, ich glaube, es war ein BMW 501. Der Kies knirschte so edel unter den Reifen. Ich durfte sogar in den Park. Ich war mit der Tochter befreundet. Ihren Namen habe ich leider vergessen, vielleicht Louise – nennen wir sie Louise! Wir haben Baumhäuser gebaut und im Schwimmbad geplantscht. Sie war meine erste Liebe. Mein Gott, war sie hübsch. Ich glaube, sie trug Zöpfe. Nachts habe ich von ihr geträumt.

Ich habe Babs dann erzählt, dass diese liebenswerten Menschen damals unwissentlich dazu beigetragen hätten, dass ich manchmal unglücklich war: Sie waren so reich, so fröhlich, so großzügig. Bei uns war es meist arm, eng und bedrückt. Ich habe diesen Gegensatz damals sehr bewusst erlebt, wenn ich in ihrem Park spielen durfte. Besonders, nachdem ich aus dem Paradies vertrieben worden war.

Babs grinste: »Von welchen verbotenen Früchten hast du denn gegessen?«

Ja, verbotene Früchte – es ging natürlich um Sex. Ich war in der ersten Klasse. Louise und ich spielten im leer gepumpten Schwimmbad. Dann haben wir uns – Lederhose runter, Kleidchen hoch – gezeigt, wie wir unter den Klamotten aussahen.

»Was?«, spottete Babs. »Du hast dich in dem zarten Alter schon an kleine Mädchen rangemacht? Ferkel.«

Das fand der Gärtner auch, und so scheuchte er mich aus dem Park; ich sei ein Judenbengel, ein Schwein und ich solle mich hier nie wieder blicken lassen.

»Jugendjahre eines Sex-Monsters. Tiefschwarze Abgründe!«

Ich überging die Ironie und zeigte ihr, was einen Schatten über die ersten zwanzig Jahre meines Lebens geworfen hatte. Wir gingen um unser Haus herum zur Eingangstür.

»Jeden Morgen«, erzählte ich, »stand hier eine leere Literflasche Milch. Und neben der Flasche lagen vierzig Pfennig oder so für den Milchmann.«

Babs grinst. »Lass mich raten«, flüsterte sie verschwörerisch, »die hast du geklaut. Grauenhaft. Lass uns gehen, auf der Heimfahrt kannst du mir ja dann von deinen Giftmorden erzählen.«

Ich war damals vielleicht fünf oder sechs. Omi hat mich windelweich geprügelt, sie schrie, ich sei ein Dieb, Dieb, Dieb. Wenn das noch mal vorkomme, würde sie die Polizei holen und die würde mich in ein Kinderheim stecken oder gar ins Gefängnis, dahin, wo meine Mutter herkomme.

Wenn ich danach etwas ausgefressen hatte, zitierte Omi immer ausgewählte Missetaten aus meinem Strafregister. Und die Liste begann stets mit dem Milchgeld-Diebstahl: »Isch han et jo immer jewuss. Du bis dä jeborene Verbrescher.«

Babs und ich fuhren Richtung Bahnhof zu einer Unterführung. Hier zweigte mein Schulweg ab. Er führte mich einen Bach entlang, die Aar, zur Pestalozzi-Schule in Altendiez, die ich ab Ostern 1952 besuchte. Damals schrieben wir noch mit Griffeln auf Schiefertafeln und später mit Federn, die wir in die Tintenfässer im Pult tauchten.

Ich liebte den Bach. Im Winter sprangen wir dort mit halsbrecherischem Mut von Eisscholle zu Eisscholle. Und wenn der Bach auf die tiefer gelegene Wiese geleitet wurde, liefen wir dort Schlittschuh. Im Sommer standen hier zuweilen Kirmeskarussells und Schiffschaukeln oder Zirkusse. Stundenlang sah ich den gefährlich aussehenden Schiffschaukelbremsern zu, die mit ihren tätowierten Armen über eine Hebelstange eine leicht konvexe Metallplatte hoben und selbst die rabiaten Schaukler abbremsten, die es geschafft hatten, sich mit der offenen Schaukel zu überschlagen.

Omi benutzte diese Hilfskräfte gern zur Abschreckung. Wenn ich nicht lernen wollte, grollte sie abfällig: »Wenn du so weitermachst, endest du noch als Schiffschaukelbremser.« Ich fand das eher erstrebenswert.

In der Pestalozzischule unterrichtete Lehrer Prein mehrere Jahrgänge auf einmal. Ein warmherziger Mensch, mit dem ich in der ersten Klasse zuweilen Schach spielte. Prein war beim Schach sehr ungeduldig, provozierte gern ein wildes Gemetzel, zog überhastet – und dann meist den Kürzeren, was mein schwaches Selbstbewusstsein stärkte und mich glücklich machte. Schach lehrte mich früh, Spannungen auf dem Brett zu ertragen, Angst auszuhalten und durch Nachdenken zu siegen, nicht durch wildes Schlagen.

Ich wuchs polytheistisch auf: mit Jesus Christus bei Lehrer Prein, mit Jahwe bei Mami und mit Zeus und den anderen Olympiern in Gustav Schwabs *Sagen des klassischen Altertums* – diese Götter haben mir am besten gefallen, aber das habe ich niemandem gesagt. Und sollte ich im hohen Alter religiös werden, wie viele Greise, würde ich lieber Apollon, Athene und Aphrodite um Heilung meiner Zipperlein bitten als Jesus, seinen Vater, seine Mutter oder gar den polytheistischen Halbgötterhimmel von über 6600 Heiligen und Seligen, über die Christen Kontakt zum Göttlichen suchen.

Wie viel einfacher wäre unsere Welt, wenn Juden, Muslime und Christen sich zur toleranten Vielgötterei der Griechen und Römer bekehren würden. Natürlich, Kriegsherde gäbe es immer noch, aber ohne den Brandbeschleuniger Monotheismus.

Und: Lieber einen vögelnden Göttervater als einen, der Sex mit Strafen belegt.

Warten auf Wiedergutmachung

Ich wusste, dass wir arm waren. Aber ich wusste auch, dass wir eines Tages sehr, sehr reich sein würden.

Die Gespräche zwischen meiner Mutter und Omi drehten sich immer wieder um die Themen Rente, Wiedergutmachung und Haftentschädigung. Jetzt, wo meine Mutter begnadigt worden war, würden wir bald viel Geld haben. Entschädigung für das Leid, die Verfolgung, die Entrechtung und Entwürdigung in den Ghettos und Konzentrationslagern.

Omi kämpfte unermüdlich dafür. Sie füllte Formulare aus, stellte Anträge bei Ämtern, ließ meine Mutter alles unterschreiben, hakte in zig Briefen nach, warum denn nichts geschehe, verfasste ausführliche Biografien über das tragische Schicksal meiner Mutter, begleitet von Schilderungen des armseligen Lebens dieses todkranken Menschenkindes und vorwurfsvollen Fragen, wo denn die Gerechtigkeit bleibe, und sehr ausführlichen Schilderungen, wie sehr sie, eine Christin, sich aufopfere.

Omi und Mami stritten sich häufig. Auch dabei ging es meistens um Geld. Aber ich erinnere mich an nichts Genaues. Nur einmal hörte ich meine Mutter sagen: »Das will ich nicht. Das ist ja wie im KZ hier.« Wo sie denn hinwolle, schrie Omi, sie könne nichts, habe nichts, und das Balg wolle auch kein Schwein. Ich erinnere mich gut, dass ich dabei in einer Ecke saß und überlegte, was ein »Balg« wohl sein könne.

Es gab kaum eine Hilfsorganisation in Deutschland, die Omi nicht angeschrieben hätte. Wenn deren Hilfe nicht Omis Vorstellungen entsprach, schickte sie böse Briefe: ob denn da Antisemiten am Werk seien, wo denn die Gerechtigkeit bleibe, ob denn keiner Mitleid habe mit meiner armen Mutter und ihrem unschuldigen Kind. Und ob sie, eine Christin, denn die Einzige sei, die der Jüdin helfen wolle. Auch mit diversen jüdischen Gemeinden lag Omi im Clinch. Viele Jahre später kam ich in den Besitz eines Briefes, den Omi an den Vorsitzenden einer jüdischen Kultusgemeinde geschrieben hatte:

Ihr Schreiben vom 6. ds. Mts. gelangte leider in den Besitz der Adressatin Frau Fela Dreksler und habe ich es übernommen, Ihnen darauf zu antworten. Ich muss Ihnen leider sagen, so viel unmenschliche Handlungsweise hatte ich nicht von Ihnen erwartet, denn Sie wussten immerhin, dass es sich bei Frau Dreksler um ein sterbenskrankes Menschenkind handelt. Sie scheinen ver-

gessen zu haben, dass ich es war, der hier alle Sorgen und
die größten Opfer bringen musste. Auch das Fahrgeld für Frau
Dreksler habe ich schon erledigen müssen und es geht mir nicht
allein ab als großer Verlust, sondern eine Kranke und auch
das Kind leiden dafür Entbehrungen. Ich schließe mit dem
Wunsche, dass Gott Sie vielleicht einmal im Leben das gleiche
bittere Leid durchgehen lässt.

Unser Leben kann so schlecht nicht gewesen sein. Bilder aus der damaligen Zeit zeigen uns drei wohlgenährt. Und Omi hatte immer ein Auto. Ich erinnere mich an einen Wanderer, einen Hanomag Kurier, einen DKW.

Solange ich zurückdenken kann, bekamen wir immer wieder Care-Pakete aus England und Amerika. Die aus England haben mir nicht so gut gefallen, denn sie enthielten meistens nur Socken, Hemden und braune Cordhosen. Am schlimmsten war für mich ein Paket, das vor meinem ersten Schultag im Frühjahr 1952 kam. Es enthielt einen braunen Tweed-Anzug mit kurzer Hose. Viele Monate lang musste ich ihn für die Schule anziehen. Alle anderen Jungs trugen Lederhosen. Ich war das einzige Kind mit einem Anzug. Meine Kameraden zogen mich damit auf: »Ei, do kimmt der Lord.« Ich habe gebeten, gebettelt, geweint – es half nichts: Ich musste die britische Scheußlichkeit tragen.

Viel besser waren die Pakete, die Tante Jutta und Onkel Bernie regelmäßig schickten. Sie enthielten Milchpulver, löslichen Kaffee, Waschpulver, Kaugummi und Fotos meiner Verwandten. Tante Jutta und Onkel Bernie hatten inzwischen selbst Kinder, meinen Cousin Michael und meine Cousine Rosalie.

Im Sommer 1953 kam ich einmal von der Schule nach Hause, und da stand ein Fernseher neben der Couch, wo sonst das Radio stand – ein Loewe Opta Iris.

»Klasse! Haben wir die Wiedergutmachung endlich gekriegt?«, fragte ich begeistert.

»Nein«, brummte Omi, »ich habe ihn deiner Mami geschenkt, damit sie etwas Freude hat, weil sie andauernd im Bett liegen muss.«

Ich gehörte damit zu einer privilegierten Kaste in der Schule. Nur ein weiterer Schüler in meiner Klasse hatte auch einen Fernseher. Viele wollten plötzlich zu mir kommen, um die *Kinderstunde* mit Ilse Obrig zu sehen oder die *Augsburger Puppenkiste*; aber Omi verbot das, weil meine Mutter so krank war. Eine verpasste Chance, endlich geliebt zu werden. Nicht um meiner selbst willen, aber das war mir egal.

Zum Glück hatte niemand etwas dagegen, dass ich das Abendprogramm guckte. Wahrscheinlich, weil ich dann endlich ruhig war. So erlebte ich den ersten Fernsehkoch Clemens Wilmenrod, Peter Frankenfeld mit seiner Talentprobe für jedermann *Wer will, der kann*, die Live-Übertragung der Krönung von Elisabeth II., das Hamburger Ohnsorg-Theater und vor allem das Endspiel der Fußball-Weltmeisterschaft Deutschland-Ungarn 1954.

Einen Monat später stand ein glänzender, beigefarbener, neuer DKW Meisterklasse vor der Tür, damals ein Mittelklassewagen. So ein Wagen kostete 6000 Mark, damals ein Vermögen.

»Woher haben wir denn das Geld?«, fragte ich Omi.

»Ich hab im Toto gewonnen. Den hab ich für deine Mami gekauft, weil sie ja nicht mehr gehen kann.«

Toto? Sie hatte noch nie Toto gespielt. Egal, es war gut, dass wir jetzt einen solch bequemen Wagen hatten, der nicht so rumpelte wie die alten Kisten aus der Vorkriegszeit, denn meiner Mutter ging es immer schlechter. Ständig war sie bei irgendwelchen Ärzten.

Omi und Jacky

Als ich sieben oder acht war, musste meine Mutter immer öfter wochen- oder gar monatelang in ein Krankenhaus oder Sanatorium. Irgendwann kam sie zurück, und ihr schlimmes Bein war völlig gelähmt. Gegen die zunehmenden Schmerzen bekam sie Morphium.

Immer häufiger war ich für längere Zeit mit Omi alleine. Ohne meine Mutter waren wir kein gutes Paar. Wenn ich vom Brötchenholen zurückkam, wollte sie beim Frühstück ihre Ruhe haben und nicht angesprochen werden.

Ich war wohl ein Problemkind, denn ich war frech, lebhaft und vorlaut. Alles interessierte mich, ständig sprang ich von hier nach da, tollte herum und konnte nur still sitzen, wenn ich las oder Fernsehen schaute. Heute würde man sich fragen, ob ich ADS hätte und Ritalin bräuchte oder eine Verhaltenstherapie. Damals hieß es einfach nur: »Sitz still, du Zappelphilipp.« Oft verbunden mit einer Ohrfeige oder einem Schlag auf den Kopf.

Unter Omis Sprachzentrum im Hirn war eine Sickergrube an kölschen Schimpfworten, Schmähungen und Beleidigungen, die sie miteinander kombinierte. Gern aus dem Verdauungsbereich: Aapefott (Affenarsch), Aaschjeseech (Arschgesicht), Dresskääl (Scheißkerl), Hungksfott (Hundearsch). Aber auch andere Schimpfwörter gehörten zu ihrem Vokabular: Ferkeskopp (Schweinekopf), widderliches Freese (Ekelpaket), Mömmes (Popel), Saukääl (Saukerl), Sackjeseech (Sackgesicht).

Im Radio lief die Morgensendung des Hessischen Rundfunks, der *Frankfurter Wecker* mit Conférencen von Otto Höpfner, Peter Frankenfeld oder Hans-Joachim Kulenkampff; mit Schlagerstars wie Rudi Schuricke, Vico Torriani oder Peter Alexander. Sie sangen live vor Publikum und wurden vom Orchester Willy Berking begleitet. Und wenn ich laut mitsang oder den Takt klopfte, bekam ich ein paar hinter die Löffel: »Halt die Klappe und sitz still!«

Nein, Omi und ich, wir waren kein gutes Paar ohne Mami. Omi hoffte auf Gelder von verschiedenen Behörden. Und je länger es dauerte, desto nervöser und unwirscher wurde sie. Sie neigte dazu, ihren Unmut mit körperlichen Strafen auszuleben. Wenn ich vergaß, das Geschirr zu spülen, was leider öfter vorkam, aber zu meinen täglichen Pflichten gehörte, bekam ich eine oder zwei gelangt und musste ohne Essen ins Bett. Wenn ich beim Spülen eine Tasse zerbrach – Ohrfeigen.

Einmal habe ich Omi eine Supra Leicht geklaut und im Garten geraucht. Natürlich hat sie das gerochen.

»Hast du geraucht?«

»Nein.«

»Lüg nicht!« – Klatsch!

Für schwerere Verfehlungen, Zuspätkommen zum Beispiel, gab es eine Hauptstrafe: Ich musste mich über einen Stuhl oder aufs Bett legen und bekam den Hintern versohlt, meist mit einem längeren Holzlineal. Dabei wurde je nach Schwere des Vergehens differenziert in »mit Hose« und »ohne Hose«.

Omi wusste ganz genau, wann ich schulfrei hatte und wie lange ich für den Schulweg brauchte. Jahre später fand ich einen Brief in den Akten, den sie kurz nach Beginn des ersten Schuljahres an Lehrer Prein schrieb:

Sehr geehrter Herr Lehrer,
Jackys Mutter wäre froh, wenn Sie uns einmal aufschreiben
würden, wann der Schulunterricht an den einzelnen Tagen
endigt. J. findet den Weg schlecht heim u. muss man ihn
kontrollieren können.

Ja, ich habe auf dem Heimweg oft gebummelt: nicht nur, weil mich irgendetwas interessierte, eine Schnecke, ein Holunderstrauch, aus dem man Blasrohre machen konnte, oder ein Laubfrosch am Bach. Sondern auch, weil ich überhaupt ungern nach Hause kam. Meist hatte ich nämlich schon während meiner Abwesenheit etwas ausgefressen – die Spielsachen nicht aufgeräumt, das Wechselgeld vom Brötchenholen nicht zurückgegeben.

Irgendwann, vielleicht ab dem zweiten oder dritten Schuljahr, ertrug ich das mit zusammengebissenen Zähnen und schaute Omi danach bewusst mit offenem, unschuldigem, also frechem Blick an. Ich wusste, dass sie das maßlos ärgerte, und fing mir nicht selten noch eine Ohrfeige zusätzlich ein: »Lur nit esu frech, do Missstück!« Nach jeder Schimpforgie zog sie ab, jammernd und klagend, was sie alles für meine todkranke Mutter und mich tue und opfere, ich aber sei ein undankbarer *Mamser*. Das hebräische Schimpfwort für »Bastard« benutzte sie nur, wenn Mami nicht da war. Aber ich war nicht undankbar. Ich wusste, dass wir tief in Omis Schuld standen, und ärgerte mich oft über mich selbst und nahm mir immer wieder vor, ab jetzt brav zu sein.

Oft waren wir bei Menschen zu Besuch, die ich gar nicht kannte. Sie waren reich, hatten schöne Villen und fuhren einen Opel Kapitän oder ein Mercedes-Cabriolet. Ich wurde dabei vorgeführt wie der Tanzbär in einer Wandermenagerie: Der Junge ist erst sechs und kann schon alle Schlagersänger nachmachen. Mach mal den René Carol ... »Rote Rosen, rote Lippen, roter Wein ...« Und mach mal den Adenauer. Und das Einmaleins kann er auch schon. Jacky, wie viel ist sieben mal neun? Ach, der arme Junge, seine Mami ist todkrank, wenn sie mal stirbt, und damit müssen wir jeden Augenblick rechnen, hat er nur noch mich. Wir kriegen kein Geld, keine Zuschüsse, keine Wiedergutmachung, sie lassen uns einfach am ausgestreckten Arm verhungern, ich muss alles aus meinen mageren Ersparnissen bestreiten.

Zuweilen sah ich, dass man Omi beim Abschied ein paar Scheine zusteckte. Der Lohn für die Mitleids-Akquise. Das alles war mir unendlich peinlich. Ich schämte mich.

Vorher wurde ich immer gut instruiert: Guck die Leute nicht immer so frech an, guck nach unten auf die Knie. Wenn du von Frau Müller etwas gefragt wirst, dann sagst du: Ja, Tante Müller. Wenn du Limo oder Kuchen angeboten bekommst, wartest du, bis du zum Trinken oder Essen aufgefordert wirst. Und vor allem: Sitz still!

Ich war gut dressiert, Omi inszenierte mich wie ein Schmierenstück, und die Leute mochten mich: Was für ein süßer Bub, was für ein gescheites Kerlchen, was für ein wohlerzogenes Kind! Der wird Ihnen einmal alles danken, was Sie für ihn und seine arme Mutter getan haben.

Das Ende

Die Räume meiner Mutter wurden immer kleiner. Erst nur noch der Garten, dann nur noch die Wohnung, schließlich nur noch das Bett. Und am Ende ihres Lebens war meine Mutter mehr Morphium als Mensch.

Auf dem Heimweg nach Köln erzählte ich Babs, wie ich oft interessiert zugeschaut habe, wenn Omi die Haut meiner Mutter am Oberarm oder am Po desinfizierte – ich mochte den Alkoholgeruch –, beobachtet habe, wie sie die Haut mit Daumen und Zeigefinger zu einer Falte presste, gesehen habe, wie die Nadel ins Fleisch glitt, und mich gefreut habe, wenn Mamis schmerzverzerrte Gesichtszüge sich kurz danach entspannten. Was mir nicht gefiel, war, dass sie dann immer so eng guckte.

Babs kratzte sich am Kopf: »Aber woher hatte deine Omi die Droge?«

»Vielleicht hatte der Arzt ihr das Zeugs besorgt«, sagte ich.

»Schwer vorstellbar. Morphium konnte man auch damals nicht so einfach kaufen.«

Darüber hatte ich noch nie nachgedacht. Aber meine süße Ärztin hatte natürlich recht. Und dann: Woher hatte Omi das Geld? Sie arbeitete ja nicht.

Meine Mutter war selten zu Hause. Ich war glücklich, wenn sie da war. Dann spielte sie mit mir, las mir vor, erzählte mir jüdische Witze oder Geschichten aus Będzin, dem Ghetto oder dem Konzentrationslager.

Bevor der Krankenwagen sie abholte, unterschrieb sie immer viele leere Seiten für Omi. Der Kampf um Renten, Haftentschädigung und Wiedergutmachung musste ja weitergehen, während sie fort war. Omi führte sowieso den gesamten Schriftverkehr, der bei uns in vielen Aktenordnern herumstand. Omi formulierte auch den gesamten Schriftverkehr für meine Mutter. Und das war gut so, denn Mamis jiddisches Deutsch mit den vielen Komma- und Orthografiefehlern war bis zuletzt nicht präsentabel.

Meine Mutter las meist noch nicht einmal, was sie unterschrieb. Vielleicht war sie zu müde, vielleicht auch nur gelangweilt. Es ging doch immer wieder um das Gleiche: Bitt- und Drohbriefe an säumige Ämter, Bescheinigungen und Vollmachten für Omi und Briefe an Tante Jutta und Onkel Bernie in Amerika. Auch die schrieb Omi und legte sie Mami nur noch zur Unterschrift vor.

Ab dem Herbst 1954 war abzusehen, dass meine Mutter nicht mehr lange leben würde. Das jedenfalls lese ich in Omis Korrespondenz mit den Ärzten. Manche sprachen von Wochen, andere von Monaten. Ob ich von der trüben Aussicht wusste? Ich weiß es nicht mehr, aber wahrscheinlich ist es: Wenn es um KZs oder Mamis Krankheiten ging, wurde ich schon mit sechs wie ein Erwachsener behandelt. Bei den Behörden machte Omi noch ein-

mal Druck und schrieb sich die Finger wund. Ich habe wohl fünfzig Briefe aus dieser Zeit. Sie glühen vor Pathos. Am 28. Oktober
1954 etwa schrieb sie im Namen meiner Mutter an das Regierungs-
bezirksamt für Wiedergutmachung:

Nunmehr ist es so, dass ich zu Tode erkrankt seit fast sieben
Jahren daniederliege. In größter Armut sieche ich dahin. Nicht
ein Bett darf ich mein Eigen nennen. Ich bitte daher um
schnellste Entscheidung bzw. um eine angemessene Vorschuss-
zahlung, damit ich vor meinem Ende noch einmal eine Freude
an einer wohlwollenden Gerechtigkeit erleben darf. Ich möchte
gerne wieder glauben können an eine solche. Helfen Sie mir
bitte noch vor Weihnachten, damit ich auch die frohen Augen
meines Kindes schauen kann.

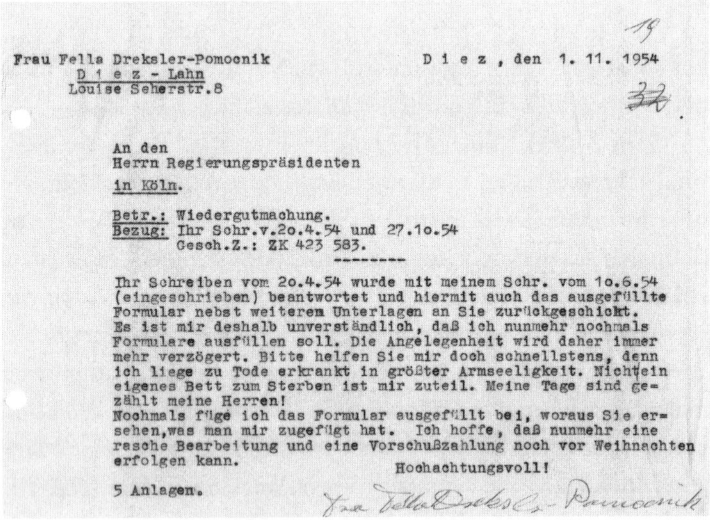

Abb. 13: »Meine Tage sind gezählt, meine Herren!«
Omi schreibt im Namen meiner Mutter zahllose Bittbriefe, etwa
an den Kölner Regierungspräsidenten (1. November 1954)

Am 1. November 1954 schrieb Omi im Namen meiner Mutter an den Regierungspräsidenten in Köln:

Es ist mir [...] unverständlich, dass ich nochmals Formulare ausfüllen soll. Die Angelegenheit wird daher immer mehr verzögert. Bitte helfen Sie mir doch schnellstens, denn ich liege zu Tode erkrankt in größter Armseligkeit. Nicht ein eigenes Bett zum Sterben ist mir zuteil. Meine Tage sind gezählt, meine Herren!

Am 19. März 1955 schrieb Omi an das Hohe Militärgericht, Rastatt:

[...] darum bittet sie im Angesicht des Todes um Gerechtigkeit, um Wiederaufrollung, um Befreiung des Makels von ihrem und des Kindes Namen, um eine Sterbestunde frei von dieser Verurteilung.

Ich war damals erst neun, aber ich wusste, was das Hauptproblem für unsere finanzielle Misere war: die ausbleibende Wiedergutmachung.

Omi und Mami meinten, dass die fünfundzwanzig Stockschläge, die meine Mutter im KZ bekommen hatte, die Ursache ihrer Krebserkrankung und der Arbeitsunfähigkeit gewesen sei. Darauf bauten sie ihre Ansprüche auf. Die Ämter und die behandelnden Ärzte waren anderer Ansicht. So schrieb Prof. Dr. Josef Korth, der meine Mutter 1949 im Krankenhaus operiert hatte, an die Abteilung für Wiedergutmachung in Montabaur:

Frau Fela Dreksler stand hier vom 11. 3. 49 bis 27. 9. 49 in unserer stationären Behandlung wegen eines Rektumkarzinoms, das radikal entfernt wurde. Es besteht jetzt ein Bauchafter links [künstlicher Darmausgang]. *Bei der Entlassung am*

27. 9. 49 war die Patientin geheilt und befand sich in einem
guten Allgemeinzustand. In Blatt 17 der Akte gibt Frau Dreks-
ler als Ursache ihres jetzigen Leidens 25 Stockhiebe an, die sie
während ihrer Inhaftierung von 1943 bis 1945 in KZ-Lagern
erhalten hat. Sie behauptet, deswegen z. Zt. hundertprozentig
arbeitsunfähig zu sein. Da es sich bei Frau Dreksler um ein
Rektumkarzinom gehandelt hat, dessen Entstehung und Ent-
wicklung rein schicksalsmäßig abläuft, ist ein ursächlicher
Zusammenhang früherer Inhaftierung aus rassischen Gründen,
verbunden mit Stockschlägen, und Rektumkarzinom nicht
gegeben.

In der Folgezeit wurde sie von Dr. Petschull in Diez betreut. Er
schrieb in seiner Bescheinigung für die Landesrentenbehörde:

Vor Beginn meiner Behandlung war wegen der Krebserkran-
kung eine Mastdarmamputation vorgenommen worden,
es bestanden jedoch ausgedehnte Drüsenmetastasen, die äußerst
heftige Schmerzen verursachten. Aus diesem Grund wurde dann
noch eine Grenzstrangresektion vorgenommen, leider jedoch
ohne größeren Erfolg. Die Tumore wuchsen schließlich in die
Harnblase durch und verursachten mehrere heftigste Blutungen,
die nur durch Krankenhausbehandlung beherrscht werden
konnten.

Im August, drei Monate vor dem Tod meiner Mutter, zogen Omi
und ich nach Köln. Der einzige Grund sei ich, sagte Omi, weil ja
wegen des geklauten Milchgeldes alle mit Fingern auf sie zeigten,
faules Obst in unseren Garten würfen und sie beschimpften, weil
sie Juden helfe. Sie wisse auch gar nicht, warum sie das alles für
ein so undankbares Kind mache. Sie habe das all die Jahre ausgehalten, zischte Omi, aber in letzter Zeit sei es immer schlimmer

geworden. Ich sah ein, dass es ihr unter diesen Umständen unmöglich war, noch in Diez zu bleiben. Ich bat sie unter Tränen, Mami nichts davon zu erzählen. Omi willigte ein, allerdings unter der Bedingung, dass ich ganz lieb sei und nicht wieder so undankbar. Ich war erleichtert: gerade noch mal gut gegangen.

Meine Mutter erfuhr nicht mehr, ob sie eine Haftentschädigung bekam, eine Rente für mich, eine Wiedergutmachung oder eine Rehabilitation. Sie hatte einen Traum, den sie nie zu Ende träumen konnte. Immer kam ihr die Wirklichkeit dazwischen.

Am 3. November 1955 starb sie, gerade mal vierzig Jahre alt.

So ist also der Tod,
das schrecklichste der Übel,
für uns ein Nichts:
Solange wir da sind, ist er nicht da,
und wenn er da ist, sind wir nicht mehr.

Epikur,
Brief an Menoikeus

9

Das Kaddisch der Waisen

»Sprechet Amein!«

Ich bin neun, als ich das *Kaddisch der Waisen* vorlese, das jüdische Gebet für Kinder ohne Vater und Mutter, gesprochen in Aramäisch: »Der da Frieden stiftet in seinen Himmelshöhen, stifte Frieden unter uns und ganz Israel. Sprechet Amein.«

»Amein«, antwortet mir die Trauergemeinde auf dem Jüdischen Friedhof in Köln.

Ich habe meine Mutter geliebt. Nun ist sie fort, und ich fühle mich einsam, verlassen und verloren.

Ich war noch nie auf einem Friedhof. Die Bäume stehen still und schwarz. Äste, die Halt suchend in den Nebel greifen, Krähen, die raschelnd im Laub stöbern, und Gräber mit jüdischen Namen: Levi und Loew, Cohen und Goldstein, Grünspan und Diamant – verwitterte Lebensspuren, halb verdeckt von schuppigen Flechten und dunklem Moos, das bald auch über den Grabstein meiner Mutter kriechen würde.

Zehn Schritte hinter mir frieren alte Juden. Männer mit ge-

Abb. 14: Das Grab meiner Mutter
auf dem Jüdischen Friedhof in Köln, 2015

waltigen Ohren, buschigen Brauen und fürstlichen Nasen, aus
denen Haare wie Luftwurzeln wachsen. Keiner kannte meine
Mutter. Sie sind einfach nur da, aus Mit-Leid.

Weil auch sie sich in Erdlöchern vor der Gestapo verstecken
mussten, in Ghettos zur Zwangsarbeit geprügelt wurden, in Ver-
nichtungslagern auf den Gastod warteten. Oder bei Todesmär-
schen durch Schnee und Eis hofften, der Kanonendonner der

Alliierten möge sie erlösen. Erlösen von einem kaum Leben zu nennenden Zustand als menschliche Wanze, die jeder jederzeit zerquetschen konnte.

Das einzige Kind hier bin ich. Und ich schäme mich. Weil ich diesen hässlichen Übergangsmantel tragen muss – Raglanschnitt, Pfeffer und Salz –, weil ich von allen bedauert werde und weil ich jetzt ein Waisenjunge bin. Der einzige, den ich kenne.

Rechts neben mir steht Omi. Sie ist jetzt fünfzig, trägt einen Kamelhaarmantel und eine Baskenmütze und hat die Hände in den Taschen vergraben. Ab und zu holt sie eine heraus, um sich eine Träne aus den fast wimpernlosen Augen zu wischen.

Links weint Tante Else, Omis jüngere Schwester, in deren Haus wir wohnen. Sie ist eine warmherzige Frau, die mich in ihr Herz geschlossen hat und oft mit mir knuddelt.

Die Grabrede

Rabbiner Dr. Zvi Asaria steht neben dem offenen Grab. Ein Mann in den frühen Vierzigern mit warm leuchtenden Augen, tiefschwarzen Haaren und einem fein geschnittenen Gesicht. Er sieht »jüdisch« aus. Ich mag ihn sehr.

»Schalom. Wir verabschieden uns von unserer Schwester Fela. Sie wurde nur vierzig Jahre alt.«

Der Rabbiner umreißt den Leidensweg meiner Mutter.

Ich weine nicht.

Ich empfand schon damals wenig bei den Geschichten von Gestapofolter und Hungertod, Stacheldraht und Todeszaun, Gaskammern und Verbrennungsöfen. Diese Vokabeln gehörten zu meinem passiven Wortschatz, seit ich vier oder fünf war. Ich kannte sie aus Erzählungen meiner Mutter und anderer ehemaliger KZ-Häftlinge, die uns besuchten. Aus Gesprächen und Diskussionen, die ich halb bewusst mitbekam, während ich in einer Ecke las, wie Winnetou in den Armen Old Shatterhands starb. Dabei brach ich in Tränen aus. Jedes Mal.

»Eine Christin war es«, sagt Asaria und weist auf Omi, »die sich in diesen schweren Jahren aufopfernd um Jacky und seine Mutter gekümmert hat. Sie hat dafür gesorgt, dass Fela nach fünf Jahren Haft begnadigt wurde und aus dem Gefängnis kam, in dem sie unschuldig saß.

Sie hat Jacky aus dem Kinderheim geholt. Hat ihn und Fela bei sich aufgenommen. Hat sie während ihrer schweren Krankheit gepflegt. Wie eine Mutter. Heute steht sie mit dem kleinen Jacky allein da, ohne Fela.«

Der Rabbiner geht ein paar Schritte auf Omi zu, gibt ihr die Hand, die Gemeinde müsse ihr sehr dankbar sein, und er verneige sich vor so viel Menschlichkeit.

»Der Tod«, sagt Asaria, »war für Fela keine Erlösung. Sie starb mit der furchtbaren Last, ein neunjähriges Waisenkind zurückzulassen.«

Dann wendet er sich an mich: »Lieber Jacky, du bist vor drei Monaten zu uns nach Köln gekommen. Da lebte deine Mami noch. Du hast jetzt einen schweren Verlust erlitten. Aber wir sind für dich da. Ich habe deine Mami kurz vor ihrem Tod oft im Krankenhaus besucht. Sie hat mich gebeten: Kümmere dich um meinen Jungen, damit er im jüdischen Glauben erzogen wird. Das tue ich gerne. Jacky, du bist nicht nur in unserer Gemeinde willkommen; du bist auch bei mir zu Hause willkommen.«

Omi hat die ganze Zeit meine Hand gehalten. Bei Asarias letzten Worten zuckt sie hart zusammen und drückt fest zu.

Ich ziehe die Hand zurück. Meine Finger tun immer noch weh.

Das Fegefeuer

Omi hatte mich heute schon vor dem Frühstück verprügelt. Mit einem Handfeger, wie so oft, seitdem wir in Köln wohnten: Ich hatte den Rest des Brötchengeldes verloren. Vielleicht hatte sie das Gefühl, so ein Handbesen fege die Schlechtigkeit aus mir heraus.

Bei leichten Verfehlungen taten es wie üblich auch die flachen Hände. Für Kapitalvergehen war neuerdings ein schmaler Gürtel aus Lackleder zuständig. Er hatte nach dem Umzug noch keinen Platz im Kleiderschrank gefunden und lag handlich im Wohnzimmer.

Ich versuchte, die Schläge abzuwehren, mit Händen und Armen.

»Du hast dir wieder Lakritz gekauft.«

»Nein, Omi, wirklich nicht.«

»Lüg nicht! So lohnst du mir also, wat isch für deine arme Mutter und disch jetan habe, du Missstück. Isch han misch für euch aufjeopfert.«

Handfeger.

»Minge Beamtenstellung han isch verlore. Wegen euch.«

Handfeger.

»Und wejen dinger Klauerei. Mit Fingern han die Lück in Diez op uns jezeigt.«

Handfeger.

Sie hatte ja recht: Ich war ein Dieb. Ich hatte in Diez das Milchgeld der Nachbarn gestohlen. Und jetzt war es auch in Köln in der Schule passiert: Wegen einer frechen Antwort hatte ich mich vor die Tür stellen müssen und dann in die Taschen einiger Mäntel gegriffen, die auf dem Flur an Haken hingen – aus Langeweile und Neugier, wie ich glaubte. Aus verbrecherischen Absichten, wie der Rektor und Omi wussten. Zwanzig Pfennig waren an meinen Fingern kleben geblieben. Der Rektor hatte mir vor der ganzen Klasse eine Standpauke gehalten und mir anschließend in seinem Büro die damals durchaus übliche Strafe mit einem Bambusstock auf den Hintern verpasst. Zum Glück hatte ich die Hose anbehalten dürfen. Zu Hause war die Strafe lediglich hinsichtlich der modischen Accessoires variiert worden: mit Omis Lackgürtel, aber ohne Hose.

»Noch einmal, und du kommst in ein Erziehungsheim.«

Das war die drittschlimmste aller Strafen, die ich mir vorstellen konnte; die zweitschlimmste das oft angedrohte Waisenhaus, die schrecklichste das Gefängnis.

»Omi, ich hab's wirklich verloren.«

»Wer einmal lügt, dem jlaubt man nit. Und du bist aus Lüjen zusammengesetzt«, bellte sie und schlug und schlug, bis ich gestand. Auf Knien musste ich um Verzeihung bitten.

»Omi, Omi, ich will es auch nie wieder tun.«

Ich hatte mir tatsächlich hier und da mal Himbeerbonbons oder Waldmeisterbrause gekauft, für ein paar Pfennig Restgeld. Aber diesmal hatte ich die Münzen wirklich auf dem Heimweg verloren.

Omi glaubte daran, dass Kinder durch intensive Züchtigung zu guten Menschen erzogen würden. Sie war nicht religiös, aber sie zitierte gern biblische Volksweisheiten: Wer seine Kinder liebt, der züchtigt sie. Meist gefolgt von: Wir haben früher auch mal was draufgekriegt – hat uns nicht geschadet.

Ich glaube, ich bin ein ganz guter Mensch, zumindest seit ich erwachsen bin. Ich habe seit fast sechzig Jahren nicht mehr gestohlen – sieht man einmal davon ab, dass ich als Student Biergläser in Kneipen mitgehen ließ und später als Fernsehautor den einen oder anderen Gag für Mike Krüger oder Dieter Thomas Heck geklaut habe. Anhänger der Züchtigungspädagogik könnten also mein späteres deliktfreies Leben als Beweis sehen für die positive Wirkung von Omis unbewusst praktizierter »Schwarzer Pädagogik«, wie die Soziologin Katharina Rutschky das zwanzig Jahre später nannte: Bei der Gehorsamsdressur muss der Wille des Kindes gebrochen werden, mit Prügel, Erpressung und Manipulation.

Vierzig Jahre später, in den Neunzigern, produzierte ich für SAT.1 eine Unterhaltungsshow rund um lustige und makabre Anzeigen. Eine der Todesanzeigen war eine Stilblüte aus einem Provinzblättchen. Sie beweinte einen Lehrer alter Schule:

»Ein gutes Herz und zwei nimmermüde Hände haben aufgehört zu schlagen.«

Da musste ich zum ersten Mal seit langer Zeit wieder an Omi denken.

Das Begräbnis

Als Asaria fertig ist, wird der Fichtenholzsarg ins Grab gelassen. Der Rabbiner wirft ein Säckchen Erde aus dem Heiligen Land hinterher, damit die Tote symbolisch in Israel ruhe. Der Totengräber reicht mir eine Blumenkelle, und ich werfe drei Schäufelchen Erde auf den Sarg; nach mir sind die Weißhaarigen an der Reihe. Diese Bilder haben sich bis heute in meinen Synapsen festgekrallt. Sie verschwinden nie. Du kannst sie nicht löschen und nicht zurückspulen.

Omi weint ihr Taschentuch voll. Sie sieht fürchterlich aus.

Mein Religionslehrer Ernst Simons kommt zu uns und nimmt mich in den Arm. Der kleine Mann mit beginnender Halbglatze kümmert sich liebevoll um die wenigen jüdischen Kinder der Gemeinde, die Mitte der Fünfziger nur siebenhundertfünfzig Mitglieder hat. Er schaut mich mit seinen klugen Eulenaugen durch eine runde Intellektuellenbrille an: »Jacky, wir freuen uns, dass du in unserer Gemeinde bist.«

Omi schaut ihn mit roten Augen kritisch an. Ich spüre, dass sie sich innerlich verkrampft. Was hat sie gegen den Mann? Tante

Elses lange schmalrückige Nase ist vom Schnäuzen ganz rot. Sie nimmt mich in den Arm und drückt mich fest.

Neues Zuhause?

Während die Totengräber die feuchtbraune Erde ins Grab schaufeln, gehen wir zum Friedhofsausgang, Rabbi Asaria, Omi, Tante Else und ich. Omi habe doch hoffentlich nichts dagegen, sagt Asaria, wenn ich gleich mit zu ihm nach Hause käme. Er wolle mir schon einmal seine Wohnung zeigen.

Nein, sagt Omi, aber sie komme mit. Sie könne das Kind doch jetzt nicht allein lassen.

Asaria hat eine geräumige Altbauwohnung in Köln-Ehrenfeld. Eine dunkelhaarige Schönheit begrüßt uns herzlich – seine Frau Malka. Asaria führt mich durch die Wohnung. »Hier, mein Junge, wirst du schlafen.«

Klasse, ein richtiges Bett mit blauer Bettwäsche. Schöner als die Matratze, auf der ich gerade schlafe.

»Und hier sind Spielzeug und ein paar Bücher. Du magst doch Karl May?« Und ob ich den mochte. Damals hatte ich noch kein Gespür dafür, dass Old Shatterhand / Kara Ben Nemsi ein selbstgerechtes und großmäuliges Deutschheldentum vor sich her trug wie eine Monstranz. Ich hocke mich aufs Bett und fange sofort an zu lesen. Asaria und Omi gehen aus dem Raum.

Nach einer Weile höre ich erhobene Stimmen. Omis wird immer erregter. Ich verstehe nichts, will auch nichts verstehen. Aber schließlich schreit Omi: »Der Junge gehört mir. Das habe ich schriftlich von seiner Mutter.«

»Aber verehrte gnädige Frau«, erwidert Asaria, nun auch lauter, »Fela hat mich vor Gott doch persönlich gebeten, Jacky unter meine Fittiche zu nehmen. Persönlich!«

Was dann geschah, habe ich vergessen. Aber ich erinnere mich, dass sich damals mein Selbstbewusstsein aufrichtete: Drei Leute wollten mich – Omi, der Rabbiner und Onkel Bernie in Amerika. Und alle hatten Mami versprochen, sich um mich zu kümmern. Wieso war ich plötzlich so begehrt? Das erfuhr ich erst vierzehn Jahre später.

Kanonenfutter

Abends saßen wir bei Tante Else: Ich mochte ihren Mann Günther, der seine Haare so wundervoll mit Wasser und Brisk-Haarcreme zurückkämmen konnte. Meine machten das nie lange mit und fielen immer wieder in die Stirn. Es gab Schnittchen mit leuchtend rotem Lachsersatz, Gürkchen und Bier. Ich durfte den Schaum von den Gläsern schlurfen. Danach öffnete Tante Else die Musiktruhe, schaltete das Radio ein – das magische Auge leuchtete grün auf – und legte eine klobige Tefifon-Schallband-Kassette in das Abspielgerät. Friedel Hensch und die Cyprys, eine Erfolgsgruppe der ersten Wirtschaftswunderjahre, sangen »Heideröslein« und »Das alte Försterhaus«: ... *dort, wo die Tannen stehn; das hat jahrein, jahraus viel Freud und Leid gesehn.*

Parallel zum Aufschwung der Wirtschaft fielen 1955 auch immer mehr Drachenschuppen der Nazizeit ab. In Deutschland endete die Besatzungszeit, die alliierten Dienststellen wurden aufgelöst, die Bundeswehr wurde gegründet, Deutschland trat der NATO bei, die Sowjetunion erklärte die DDR zum souveränen Staat, und Bundeskanzler Adenauer bewirkte in Moskau, dass die letzten 10 000 Kriegsgefangenen freigelassen wurden. Die Blätter prunkten: »Wir sind wieder wer.«

Tante Elses Mann legte eine Prinzenrolle, gerade erst auf den Markt gekommen, auf den Nierentisch und stellte drei Liköre dazu: Bärenfang, Escorial Grün und Danziger Goldwasser. Darin schwamm – faszinierend! – echtes Blattgold. Ich durfte die bunten Gläschen auslecken.

Tante Else war eine wundervolle Frau. Sie schmuste gern mit mir und steckte mir oft ein paar Groschen zu. »Aber nicht der Omi sagen«, flüsterte sie dann und lächelte spitzbübisch: »Verrat mich nicht, sonst haut sie mir auch den Hintern voll.«

Später stiegen Omi und ich über die knarrende Holztreppe unters Dach, wo wir zwei Zimmerchen bewohnten. Omi setzte sich neben mich auf die Couch und schaute mich streng an: »Du wirst nischt zu dem Rabbi jehn. Er will disch nach Israel schicken. Die brauchen da Kanonenfutter für ihren Kampf jejen Äjypten.« Ich fand ihr Argument damals überzeugend. Ich war doch erst neun, viel zu jung, um Menschen zu erschießen! »Außerdem«, sagte Omi, »haben Tante Jutta und Onkel Bernie jeschrieben. Sie warten darauf, dat du zu ihnen nach Amerika kommst. Und sie wollen, dass isch mitkomme und dort bei dir bleibe.«

Ich war sehr enttäuscht damals, das weiß ich noch, denn ich hatte mich so sehr gefreut, allein ins Land von Winnetou und Old Shatterhand zu reisen, allein, wie ein großer Junge.

»Jacky, eins musst du mir versprechen: Erzähl Rabbiner Asaria nit, dat mir zu Onkel Bernie auswandern wollen. Dat darf keiner wisse.«

»Warum?«

»Darum!«

Kölsch

In Köln fühlte ich mich wie ein exotisches Tier, wie ein Alien. Ich war nicht nur ein Jude, ich war jetzt auch eine Waise. Das alles spielte sich natürlich nur in meinem Kopf ab, denn die Menschen behandelten mich wohl nicht anders, nur weil ich Jude war. Aber das Gefühl, nicht dazuzugehören, von draußen zuzuschauen, war immer da. Zum Glück merkten das die Kinder auf der Straße nicht. Ich knüpfte schnell lose Freundschaften und wurde in Spielbanden aufgenommen, in denen Vierzehnjährige das Sagen hatten.

Nun zeigte sich, wie vorteilhaft es war, polyglott aufgewachsen zu sein. Mit meinen neuen Kameraden sprach ich tiefes Kölsch oder »Hochdeutsch mit Knubbele«, ein fast hochdeutscher Singsang im rheinischen Tonfall mit eingestreuten kölschen Vokabeln, den heute selbst viele Kölner für echtes Kölsch halten. Omi verfiel in emotional bewegenden Momenten, etwa wenn sie mit mir schimpfte, sofort in »tiefes Kölsch«, in den unverfälschten Dialekt, der in ihrer Jugend sogar in der Volksschule gelehrt wurde. An ihrer Wahl des sprachlichen Registers konnte ich meist abschätzen, wie hoch die Strafe ausfallen würde. Wenn ich empfangen wurde mit dem Satz »Wat hass du Scheißkerl denn schon wieder jemacht?«, gab's mit etwas Glück nur eine Ohrfeige. Aber bei der tiefkölschen Variante »Wat hes do Dresskääl at widder jemaat?« drohte Unbill für den nackten Hintern.

Bei meinen Kameraden in der Schule und den Jugendbanden war es in den Fünfzigern von unschätzbarem Vorteil, »echt« zu klingen. Jedes Jahr kamen mehr als 100 000 Flüchtlinge in den Westen, und die waren nicht besonders beliebt. Echt klingendes Kölsch ist schwer zu lernen und somit ein Schibboleth, ein untrügliches Erkennungszeichen, kein Imi zu sein, kein »Zugezogener« oder, viel schlimmer, Flüchtling. Immersion in frühester Jugend ist eigentlich das einzige Mittel. Selbst wer die Vokabeln kann, die *Endunge wegläss* und den Singsang und die Sprachmelodie hinkriegt, scheitert oft an Winzigkeiten, für die er oder sie kein Ohr hat. Ein gutes Schibboleth ist der Satz »Köln, du meine Stadt am Rhein«, die erste Zeile eines Songs der Kölner Gruppe Die Höhner. Wer jetzt sagt: »Kölle, do ming Stadt am Rhing«, hat sich als Nicht-Muttersprachler entlarvt. Es fehlen die Bindung zwischen »Stadt« und »am« und – wichtiger noch – das *Sandhi*: die typische Lautveränderung des »t«. Im richtigen Kölsch heißt es »Kölle, do ming *Staddam* Rhing«, nicht »Stadt am Rhing«.

Über all das musste ich zum Glück nicht nachdenken. Meine Verfehlungen und die strafeinleitenden Sätze auf Kölsch waren ausgezeichnetes Unterrichtsmaterial für »tiefes Kölsch«.

Der Dialekt erwies mir gute Dienste: wenn ich mit den Nachbarjungs auf den zahlreichen Trümmergrundstücken spielte, wenn ich mich mit meinen Schulkameraden auf dem Hof zankte oder wenn ich nach Schulschluss in den Kinderhort am Rande des Stadtgartens ging, wo kaum ein Kind Hochdeutsch sprach. Zumindest sprachlich gehörte ich »dazu«. Und das war ein gutes Gefühl.

Das Petseleh

»*Chanukkah sameach*«, sagte Rebecca, und ihre tiefblauen Augen weiteten sich.

Meine Stirn wurde heiß, meine Wangen glühten. »*Chanukkah sameach*, Rebecca. Schön, dich wiederzusehen«, erwiderte ich ihren Wunsch für ein fröhliches Chanukkah-Fest, das in diesem Jahr Ende November begonnen hatte. Wir hatten uns am Tag zuvor vor der Synagoge kennengelernt. Ich hatte mich gleich in ihr herzförmiges Gesicht verliebt, in ihre langen schwarzen Haare mit den Korkenzieherlocken und ihr offenes Lachen – so hatte ich mir Nscho-tschi vorgestellt, Winnetous Schwester, die ich so liebte.

Gefeiert hatten wir heute den dritten Tag des achttägigen jüdischen Lichterfestes mit den anderen Kindern und Jugendlichen im Gemeindesaal. Am Ende hatten Rebecca und ich so viel Gefallen aneinander gefunden, dass sie ihren Vater fragte, ob sie mit zu mir gehen dürfe, zum Spielen. Er hatte nichts dagegen, Omi hatte nichts dagegen, und so spielten wir den ganzen Abend, nachdem wir das dritte Licht der Menora bei uns am Fenster angezündet hatten. Rebecca zeigte auf den Adventskranz auf dem Wohnzimmertisch, dessen Kerzen darauf warteten, morgen, am ersten Advent, angezündet zu werden.

»Seid ihr Christen?«

»Omi ja, ich nicht.«

Dann zogen wir uns nacheinander im Bad um, putzten die Zähne und legten uns in mein Bett. Omi nahm an, dass Kinder noch kein sexuelles Interesse aneinander haben. Es fühlte sich gut an, neben Rebecca zu liegen, ihren Körper an meiner Seite zu spüren. Am liebsten hätte ich ihr jetzt einen Kuss gegeben, aber ich wagte nicht, mich zu bewegen. Plötzlich setzte Rebecca sich auf.

»Bist du wirklich ein richtiger Jude? Meine Brüder sagen, du bist in Wirklichkeit ein Christ.«

»Quatsch. Ich bin jüdisch.«

»Keine Lüge?«

»Natürlich nicht.«

»Dann zeig mir dein Petseleh!«

Das Wort hatte ich noch nie gehört, aber ihr Zeigefinger machte unmissverständlich klar, wo mein Petseleh steckte. Ich überlegte. Was würde Winnetou tun, wenn eine Squaw verlangte, sein Petseleh zu sehen? Als Beweis, dass er wirklich Apache sei. Er würde wohl wie ein Mann handeln, die Silberbüchse beiseitelegen und die Elklederhose auf die Mokassins gleiten lassen. Das würde er. Nun, gut, das konnte ich auch. Ich kniete mich hin und entblößte mein Petseleh. Viel sehen konnte man eh nicht. Die Gaslaterne unten auf der Straße erhellte das Dunkel kaum.

Rebecca knipste die Nachttischlampe an. Ich hielt schnell die Hände vor mein Petseleh.

»Sei nicht blöd«, sagte sie, »ich hab drei Brüder.«

Sie betrachtete mich ohne Scheu. »Ja, du bist einer«, murmelte sie zufrieden, lächelte mich an und küsste mich schmatzend auf die Backe.

Da stieß Omi die Tür auf: »Wieso habt ihr hier noch Li...?«

Sie stutzte und besah sich die Szene. »Ihr Ferkel! Jacky, sofort kommst du her!«

Ich musste die Nacht mit Omi verbringen. Als ich am nächsten Morgen aufwachte, war Rebecca schon weg.

Der Brieföffner

Omi hatte Rebecca nach Hause gebracht. Als sie wiederkam, merkte ich, dass unser Judenerkennungsspiel eine größere Verfehlung war, denn ich wurde gehörig mit dem Lackgürtel verprügelt: »Du Dreckschwein, du bis'n dursch und dursch verkommenes Subjekt. In der Gemeinde brauchste disch nit mehr blicken zu lassen. Die wollen mit solchen Ferkeln nix ze dun han. Kannst froh sin, dat se nit die Polizei holle.«

Ich habe danach sehr geweint. Nicht wegen der Schmerzen, sondern weil ich Rebecca nun nie wiedersehen würde. Warum mache ich solche Dinge?, fragte ich mich. Warum muss ich Omi immer wieder enttäuschen? Ich erinnere mich nicht, zu irgendeinem Schluss gekommen zu sein, aber ich nahm mir wieder einmal vor, mich zu bessern und ab jetzt immer brav zu sein. Es dauerte zum Glück nicht lange, bis ein Mädchen wieder mein Petseleh sehen wollte.

Kurz vor Silvester fand ich einen aufgerissenen Brief auf dem Küchentisch. Mit einem Aufdruck »Amtsgericht Diez«. Mein Magen krampfte sich zusammen: Jetzt holen sie dich, weil du gestohlen hast! Ich sah schon die grauen Mauern der Erziehungsanstalt vor mir. Oder des Gefängnisses. Ich zog vorsichtig den Brief heraus, las ihn und verstand nichts, nur, dass zur Eröffnung des Testaments der »Modellschneiderin Fela Dreksler« niemand erschienen sei – Modellschneiderin! Omi hatte Mami zur Modellschneiderin gemacht.

»Omi, hat Mami uns was vererbt?«

Sie blickte auf den Brief, den ich dummerweise auf dem Tisch liegen gelassen hatte: »Du hast in meinen Briefen nit rumzuschnüffeln!«, schrie sie und schlug nach mir. Ich konnte gerade noch ausweichen.

»Ding Mutter hät disch mir vererbt. Und dat du immer gehorsam und dankbar sein sollst.«

Das war jetzt nichts Neues. Von nun an legte Omi Briefe immer in den Wohnzimmerschrank, schloss ab und versteckte den Schlüssel. Das weckte meine Neugier und meine Fantasie: Verbirgt sich dahinter ein spannendes Geheimnis? Ist sie vielleicht ein Spion?

Am 16. Februar 1956 schrieb Omi von Hand einen Brief an die Sekretärin der jüdischen Gemeinde, Frau Stratmann, eine warmherzige, liebenswerte Frau. Ich weiß das Datum so genau, weil der Brief später in meinen Besitz kam. Omi verschloss und frankierte ihn und befahl mir, ihn einzuwerfen. Vorher solle ich ihr noch beim Bepacken des Wagens helfen, sie müsse für zwei Wochen verreisen, um neue Zeugen für den Wiedergutmachungsantrag zu finden. Tante Else würde sich um mich kümmern, und wenn ich ihr Kummer machte, könne ich was erleben.

Als sie weg war, machte ich mich auf den Weg zum Postkasten, aber unterwegs spielten meine Gedanken verrückt: Was schreibt sie der Gemeinde? Geht es um die Ferkelei mit Rebecca? Ich beschloss, den Brief nicht abzuschicken und ihn zu öffnen. Die Methode hatte ich ein paarmal in Spionagefilmen gesehen. Über dem Dampf aus einem Teekessel weicht man die Gummierung auf, liest den Brief und verschließt ihn mit etwas Kleber wieder. Schließlich konnte ich den Brief an die Gemeindesekretärin lesen:

Meine Gedanken sind öfters bei Ihnen, sind Sie doch der einzigste Mensch [in der Gemeinde]*, dem ich zu danken habe, für selbstlose Hilfe und Liebesdienste. Darum dürfen Sie versichert sein, dass ich solches nie vergessen werde, wenn wir uns auch nicht sehen werden.*

Tatsächlich! Ich würde die Menschen in der Gemeinde nicht mehr sehen. Sie wollten mich nicht mehr. Es war wie in Diez. Ich überlegte, ob ich weglaufen sollte. Aber ich wusste nicht, wohin, und sicher würde die Polizei mich finden und einlochen! Ein paar Tage später kam ein Brief von Rabbiner Asaria. Ich schlich lange um ihn herum und öffnete ihn dann doch mit der bewährten Methode. Asaria lud mich herzlich zum Purimfest ein.

Was? Wusste der denn nicht, was ich angestellt hatte? War das eine List? Wollte er mich vielleicht hinlocken und dann vor der ganzen Gemeinde bloßstellen? Nach ein paar Tagen lag ein Brief von Religionslehrer Simons im Kasten. Was kann *der* jetzt wollen? Aber es war nichts Besonderes: Simons schrieb nur, er habe mich beim Purimfest vermisst.

Als Omi am nächsten Tag wiederkam, erzählte sie mir, es sei alles gut gelaufen, möglicherweise könnten wir noch in diesem Jahr die Wiedergutmachung bekommen. Ich hatte ihr alle Briefe auf den Tisch gelegt. Das Zukleben hatte leider nicht so gut geklappt wie das Öffnen. Man sah, dass irgendetwas mit den Briefen passiert war. Auf meine Ausrede bin ich heute noch ein bisschen stolz: »Tut mir leid, Omi, ich hatte die Briefe auf die Couch gelegt und mich aus Versehen draufgesetzt.«

»Schon gut«, sagte sie ungewohnt milde, man könne sie ja noch lesen.

Der Vormund

Einen Tag vor meinem zehnten Geburtstag am 1. März 1956 kam Omi von einem Termin beim Vormundschaftsgericht zurück, wedelte ein Blatt Papier und triumphierte: »Jetz künnen Se uns nix mehr wolle! Jetz bestimm nur noch isch!«

»Was ist das?«

»Meine Bestallungsurkunde zum Vormund.«

»Und wer kann uns jetzt nichts mehr wollen?«

»Der Rabbiner.« Onkel Bernie wolle ja, dass wir nach Amerika auswandern. Aber Rabbiner Asaria sei dagegen. Er wolle, dass ich nach Israel gehe: »Der will, dat du deine Knochen für ihren Krieg hinhältst.«

Dazu hatte ich nun gar keine Lust. Sollten die Briefe von Asaria und Simons nur ein Trick gewesen sein? Wollten die mich in die Gemeinde locken, um mich heimlich nach Israel zu schaffen? Ich war sehr verwirrt. Omi fasste mich an beiden Schultern und sagte sehr eindringlich: »Die dürfen dat mit Amerika aber nit wissen. Sonst machen sie uns doch noch einen Strich durch die Rechnung. Isch werde ihnen auch nicht sagen, dass isch jetzt dein Vormund bin. Dat sin Jüdde wie du. Die sin raffiniert und verlogen. Da müssen mer oppasse. Verstehst de dat?«

Natürlich verstand ich das. Ich wünschte mir nichts sehnlicher, als nach Amerika zu fahren, und jeder, der das verhindern wollte, wäre mein Feind. »Aber was ist mit dem Hebräischunterricht? Muss ich da noch hin?«

»Nein. Wir müssen noch ein paarmal zur Synagoge jehn. Aber mehr ham mer mit denne nit mehr zu schaffe.«

Ich wusste damals nicht, warum wir noch ein paarmal zur Synagoge gehen mussten, aber ich war es gewohnt, Dinge einfach hinzunehmen. In den kommenden Monaten kamen häufiger Briefe von der Gemeinde, von Rabbi Asaria oder Herrn Simons.

Omi knurrte bei der Lektüre wie ein zorniges Tier und stieß zuweilen kölsche Flüche aus.

Ich fand es schade, keinen Kontakt mehr zu haben, denn ich mochte die Menschen in der Gemeinde, meine Freunde dort, Religionslehrer Simons und vor allem den Rabbi und seine Frau. Aber ich wollte auf keinen Fall die Reise nach Amerika gefährden. Andererseits wollte ich Rebecca wiedersehen. Beides würde mich glücklich machen. Aber offensichtlich muss man manchmal zwischen zwei Glücken wählen. Und in den nächsten Tagen sah ich nachts vor dem Einschlafen immer häufiger zottelige Büffel über die Savanne donnern, während Rebeccas tiefblaue Augen schnell verblassten.

Das Visum

Im Frühjahr 1956 stellte Omi den Antrag auf ein Auswanderungsvisum beim amerikanischen Konsulat in Frankfurt. Zehn Monate später war ich noch immer nicht in Amerika. Die USA wolle uns kein Visum geben, maulte Omi: »Vielleicht haben die jehört, dat du immer klaust. Diebe wollen die da nit.«

Am 2. Januar 1957 war es dann so weit: Um acht Uhr früh saßen wir im Frankfurter Konsulat der USA. In der großen Halle saßen viele Menschen. Ich musste die ganze Zeit still sitzen.

»Hör op zu zappele. Setz disch hin. Die wollen keine unruhijen Kinder in Amerika. Wenn se uns deswaje dat Visum nit jeben, kannst du wat erleben.« Omis Argument war überzeugend – Hauptsache, die wissen von meinen Diebstählen nichts! Und so saß ich die ganze Zeit brav auf meinem Hintern und las zum dritten oder vierten Mal Karl Mays *Old Shurehand 1*. Quasi als Vorbereitung auf Amerika, *it's clear, Mesch'schurs*.

Ab und zu wurden Menschen aufgerufen, verschwanden in

einem Gang und kamen zehn Minuten später zurück. Manche mit glücklichen Gesichtern, viele auch mit Tränen in den Augen. Die große Uhr in der Halle klickte sich unaufhaltsam auf achtzehn Uhr zu. Ich wusste, dann war Schluss. Um Viertel vor sechs wurden wir aufgerufen. Hinter einem riesigen Schreibtisch saß ein massiger Mann mit einer – wie man das damals nannte – Mecki-Frisur. Eine dicke schwarze Frau schloss die Tür hinter uns. Ich konnte den Blick nicht von ihr wenden.

»Omi, eine Negerin.« Omi drückte meinen Arm brutal zusammen und blickte mich scharf an. Ich wusste, ich hatte wieder einen Fehler gemacht. Nicht, weil ich »Neger« gesagt hatte, denn das war damals die korrekte Bezeichnung für Schwarze. Ich hatte so einen dunklen Menschen noch nie gesehen. Nur im Fernsehen. Aber da waren sie dunkelgrau.

Der Mann bot uns einen Stuhl an. Er sprach Deutsch mit amerikanischem Akzent: »Zu wem fährst du in den Vereinigten Staaten, mein Junge?«

»Zu meinem Onkel in Buffalo. Da laufen riesige Büffel mitten in der Stadt rum. Deshalb heißt sie so.«

»Und was willst du in Buffalo machen?«

»Ich lerne Englisch, und danach will ich amerikanischer Soldat werden.« Omi hatte mir vorher eingetrichtert, ich solle auf jeden Fall erwähnen, dass ich bereit sei, die Sprache zu lernen, und Soldat werden wolle. Ich fand das komisch, denn in Israel sollte ich ja gerade *kein* Soldat werden.

»Gut, mein Junge«, sagte er und griff nach den bereitliegenden Visa, »ich wünsch dir viel Spaß in meinem Land. Und Ihnen auch, *Ma'am*.«

Also Amerika.

O say does that star-spangled banner yet wave
O'er the land of the free and the home of the brave?

Francis Scott Key,
»The Star-Spangled Banner«, 1814

10

Buffalo

»Muss i denn zum Städtele hinaus« – die Kapelle am Kai von Bremerhaven trötete viele falsche Töne. Ich hatte das Lied oft genug auf dem Akkordeon gespielt – spielen müssen: »Jacky, nem dä Quetschebüggel met!«

Ich hatte diese Besuche mit Omi gehasst. Ständig war ich als musikalisches Wunderkind vorgeführt worden: »Heideröslein«, »Pack die Badehose ein«, »Freude, schöner Götterfunken«.

»Frau Stahl, der Junge ist ja sagenhaft musikalisch! Der muss eine gediegene Ausbildung kriegen.«

Peinlich! Nur weil ich bei den meisten Tönen nicht danebengriff.

»Dat mach isch. Bin isch singer verstorbenen Mutter doch schuldig. Isch förder dat Talent vun dem Kind, wo isch kann. Auch wenn isch misch dofür krummlejen muss.«

Und wenn die netten Onkel und Tanten Omi dann manchmal zehn Mark zugesteckt hatten – »Möge Jott Ihnen lohnen, wat Sie für dat Kind tun« –, hätte ich mich am liebsten verkrochen. Zum Glück musste das blöde Instrument nicht mit aufs Schiff. Kein Platz mehr in den Kisten: Kristallrömer, Geschirr,

Hummel-Figuren für Tante Jutta und eine elektrische Eisenbahn für Cousin Michael. Es war *meine* Märklin-Eisenbahn, aber das durfte ich den Verwandten nicht sagen.

Omi und ich standen an einer Reling der *Seven Seas* und winkten. Aus den beiden Schornsteinen über mir fauchte schwarzfette Wolken in den Eishimmel. Es war Ende Januar 1957. In einem Monat wurde ich elf. Zum Glück in Amerika.

Aber zunächst LeHavre. Neue Passagiere aufnehmen. Dann auf den Atlantik hinaus. Ein Sturm zog auf irgendwo hinter Irland. Acht Tage lang kämpfte er gegen uns. Mit orkanartigen Windstärken zwischen zehn und elf, als wolle er uns nicht ins Gelobte Land lassen. Omi und ich gehörten zu den wenigen Passagieren, die sich aus dem untersten Deck noch in den Speisesaal trauten. Unterwegs musste man sehr aufpassen, weil überall Schleimpfützen mit weiß-gelben Bröckchen lagen. Den Geruch von Kotze und altem Eisen in stehender Luft habe ich noch heute in der Nase.

Im Bordkino zeigten sie Bogart-Filme: *Casablanca*, *Der Malteser Falke*, *Haben und Nichthaben*. Ja, so wollte ich auch sein – so *würde* ich sein. Natürlich: stark und gut wie Old Shatterhand, edel und treu wie Winnetou. Aber das hier war eine neue Dimension, für die mir damals die Worte gefehlt haben: ein verletzlicher Held, stoisch und zynisch, mutig und selbstlos, charmant und selbstironisch, in der Niederlage gelassen, im Triumph bescheiden, ein Held, der auch in aussichtslosen Situationen Haltung bewahrt und weiterkämpft – »*grace under pressure*« nannte Hemingway das, wie ich viel später erfuhr. Im Bordkino erzählte irgendwer, Bogart sei ja leider tot. – Was? Der ist schon tot? Ja, vor drei Wochen gestorben. Schade, aber jetzt war *ich* ja da.

Dann endlich: an Backbord die Freiheitsstatue. Es war der 10. Februar 1957. Ich hatte in der Bordbibliothek gelesen, was die Statue für Auswanderer bedeutet: die Aussicht auf ein neues Leben, auf Freiheit und Glück. Ich hatte einen Kloß im Hals und

Abb. 15:
Tante Jutta und
Onkel Bernie bei
ihrer Hochzeit, 1948

wusste nicht, warum. Das ist eine natürliche Reaktion, habe ich später gelernt, wenn man dem Erhabenen begegnet.

Schließlich legten wir in Hoboken an einer Pier im Hudson River an. Gegenüber Manhatten. Ich war erdrückt von der majestätischen Skyline, aus der wie ein lockender Finger das Empire State Building herausragte – damals das höchste Gebäude der Welt. Geschafft. *Das* hätten wir also schon mal. Fehlten nur noch die Büffel.

Und dann sah ich Onkel Bernie zum ersten Mal. Mit seinem dichten schwarzen Haar und den hohen Wangenknochen sah er Mami sehr ähnlich. Aber es gab einen Unterschied. Seine Augen lächelten.

Er packte mich unter den Armen und hob mich über sein Gesicht. Dabei lachte er laut, tief und vertrauenerweckend. Dann presste er mich an sich und überschüttete mein Gesicht mit Küssen. Ich sah Tränen in seinen Augen, und auch ich musste weinen.

Tante Jutta, damals 38, küsste mich ausgiebig, drückte mich an sich und hüpfte mit mir auf und ab, als stünden wir beide auf einem Pogo-Stick.

Welcome in America, Jacky.

The Buffalo mishpocha

Onkel Bernie und Tante Jutta wohnten in einem Haus mit Backstein-Imitation, erbaut im Jahr 1900, als das entstehende 10 000-Seelen-Städtchen Kenmore zu einer Art südlichem Vorort von Buffalo geworden war. Es waren einfache bürgerliche Häuser, zwei- oder dreistöckig mit einer *porch* – einer überdachten Veranda auf einer Art Beletage –, von der aus es durch die Haustür direkt ins Wohnzimmer ging, wie in den USA üblich. Das Wohnzimmer wurde dominiert von einer Couch und zwei Sesseln, alles in einer Plastikschutzfolie, und einer Fernsehtruhe. In der geräumigen Einbauküche standen ein Tisch mit Platz für uns alle und ein amerikanischer Westinghouse Refridgerator, höher als Tante Jutta und zweimal so breit. Klasse – in Deutschland hatten wir gar keinen Kühlschrank. Im Keller gab es eine Art Partyraum mit Bar und eine Unmenge Spielzeug meiner Cousins.

Am ersten Abend gab's eine Welcome-Party. Alle Verwandten kamen, um Omi und mich kennenzulernen. Auch viele Freunde von Jutta und Bernie. Die Verständigung war kein Problem. Die meisten sprachen Deutsch oder ein Gemisch aus Deutsch, Jiddisch und Englisch mit polnischer Färbung. Sie alle waren hierhergekommen, ohne Geld, ohne Verbindungen, nur mit Hoffnungen, um sich auf der Asche eines verlorenen Lebens ein neues zu errichten.

Während ich dies schreibe, denke ich an die sechzig Millionen Flüchtlinge auf der Welt. Sie wollen nichts anderes als meine jüdische *mishpocha*, als sie in die USA emigrierte: Frieden und Freiheit, ein würdiges Leben und genug zu essen. Die Angst vor Flüchtlingen ist irrational. Wir könnten diese meist jungen und immer lebensgierigen Menschen gut gebrauchen in unserem satten Land mit seinen Jungen, die kaum mehr Kinder bekommen, und den Alten, die so lange leben, dass wir als Gesellschaft vergreisen: Bis 2060 wird die Einwohnerzahl um mindestens zehn Millionen zurückgehen, selbst bei starker Zuwanderung. Und jeder Dritte wird über fünfundsechzig sein und seine Rente fordern – von wem? Aber das sind nur ökonomische Gründe. Viel wichtiger wäre der Schub an Geist und Kreativität, den diese Menschen uns brächten. Kulturen entfalten sich zur schönsten Blüte, wo sie sich friedlich mischen, wo sich Ideen auf Augenhöhe begegnen, sich gegenseitig befruchten und neue Früchte tragen – wo eine Kultur »Goldener Menschen« entsteht, wie James A. Michener sie genannt hat.[66] Statt Angst vor Zuwanderern zu haben, sollten wir eine deutsche Freiheitsstatue bauen, die den Gestrandeten und Verzweifelten das Gefühl gibt, bei uns dem Erhabenen zu begegnen, der Allegorie eines lebenswerten Lebens, so wie ich es erlebte, als ich an der *Statue of Liberty* vorbeifuhr, ein Symbol, das ihnen zuruft: Willkommen, Mehmet, willkommen, Djamila, willkommen, Simba! Lernt unsere Sprache und unsere Kultur und schenkt uns von eurer, so viel ihr mögt; praktiziert eure Religion, aber respektiert alle anderen. Und vor allem: Akzeptiert unsere demokratische Kultur. Es ist eine Freude und Ehre, euch hier zu haben. Wie können wir euch helfen, ein Teil dieses schönen freien Landes zu werden?

Bei der Party war ich der Mittelpunkt des Abends. Die Damen herzten mich und zerwuschelten mein Haar: What for a hibsches Bubele! – *Wow, he's so polite!* – Wie old biste gewejn, als deine Mama is gesturben? Die Männer klopften mir auf die Schulter: Spielste Fußball? Du host gehobt a problem, a Jid zu sejn in Germany? Juttas Mutter Marta, ihr Mann Leo und ihre beiden Töchter Ruth und Renée, Juttas Schwestern, kamen ein bisschen später, ihre Männer im Schlepptau. Omi hatte sich am Anfang des Abends noch unterhalten, hatte erzählt, was sie alles für Mami und mich getan habe, saß aber später hauptsächlich auf einem Sessel, rauchte und trank Whiskey *on the rocks*.

Marta war außer sich vor Freude: »Weißte noch, wie ich dich auf der Schulter getragen hab, damals in Bad Nauheim?«

Jutta mischte sich ein: »Mama, wie soll er das wissen? Er war noch so klein.«

Marta blickte mich mit ihren wissenden-wachen Augen an und flüsterte: »Geh mal zu Omi. Sie sitzt so alleine rum.« Dann kniff sie mich in den Po, küsste mich, kniff mich wieder in den Po: »Oh, hast immer noch so einen schönen Tuches wie früher! Was für ein schöner Tuches.«

Ich brachte meinen Tuches schnell in Sicherheit. Später sah ich, dass alle Enkel und Urenkel Martas sich der Tuches-Prüfung unterziehen mussten. Ruth und Renée waren zwei hübsche junge Frauen, die bei Martas Tuches-Prüfung problemlos Anerkennung bekommen hätten. Beide flatterten fröhlich im Raum umher, lachten laut und hatten offensichtlich viel Spaß.

Hier würde ich mich wohlfühlen. Hier würde ich glücklich sein.

Am nächsten Tag schleppte Tante Jutta Omi und mich zum Friseur auf der Kenmore Avenue. Vor dem Barber-Shop war eine Glassäule, in der sich eine Spirale in den amerikanischen Farben *red, white and blue* drehte. Ich bekam einen *crew cut*, einen damals modischen Kurzhaarschnitt, der nach den *boat racing crews* der Ivy League Universitäten Harvard, Yale und Princeton benannt war, oben mittelkurz und an den Seiten sehr kurz, damit den Ruderern bei den Bootsrennen nicht die Haare ins Gesicht flogen.

In einem Kleiderladen durfte ich mir T-Shirts aussuchen. Mein Cousin Michael beriet mich: ein Superman-T-Shirt, eins mit Buffalo Bill und eins mit Davy Crockett, dem amerikanischen Politiker und Kriegshelden, der in der Schlacht um Alamo heldenhaft gestorben war, ebenso wie Jim Bowie.

Im Imbissbereich des Drugstores setzten wir uns auf die Barhocker. Ich aß meinen ersten Hot Dog *with the works* – mit allem: Ketchup, Senf, Zwiebeln, Mayo und Gurken-Relish. Tante Jutta wollte keinen – nicht koscher. Sie war tolerant, hielt aber selbst die Gebote ein. Dann kaufte mir Tante Jutta noch eine Handvoll Bazooka Bubble Gum, das Stück für einen Cent. Jedes war eingewickelt in einen Comic Strip auf Wachspapier mit dem Helden Bazooka Joe. Schließlich bekam ich noch ein Jo-Jo und ein Buch mit allen Tricks wie *walk the dog, loop the loop* oder *rock the baby*. In Michaels Zimmer gab's Slinkys und einen Hula-Hoop-Reifen.

American lifestyle. Great. Amerika zu lieben war damals leicht. Nicht nur für mich. Es eroberte die Welt mit Rock 'n' Roll und Coca-Cola. *Ah, those halcyon days of youth.* Heute macht Amerika es selbst mir schwer, es zu lieben.

Als Onkel Bernie abends nach Hause kam, musterte er mich

kritisch: »Jacky, du siehst ja immer noch aus wie ein Deutscher. Du brauchst Jeans, eine Levy's.« Er sagte nicht *Lewiss*, wie wir in Deutschland, sondern *Liehweis*.

Wir setzten uns in seinen Chrysler New Yorker Deluxe, ein fünfeinhalb Meter langes Chromschiff, und fuhren zu einem Kleiderladen. Der Besitzer hieß Moische und war ein Freund von Onkel Bernie, ein Jude aus Polen mit einer riesigen »jüdischen« Hakennase. Die beiden unterhielten sich in einem für mich kaum verständlichen Gemenge aus Polnisch, Englisch und Jiddisch. Dann geschah etwas, was ich nie vergessen habe.

Ein ebenfalls sehr »jüdisch« aussehender Mann kam in den Laden und trat an die Verkaufstheke. Man sah ihm an, dass er arm war: zerbeulter Hut, abgewetzter Mantel, ausgelatschte Schuhe. Moische begrüßte den Alten herzlich – offensichtlich waren sie Freunde. Unvermittelt säuselte der Mann: »Moische, kannste mer leihen finf Dollar?«

»*No problem*«, sagte Moische, »hier, take finfzig.«

Der Alte bedankte sich überschwänglich.

»*No problem, my friend, do widzenia*, jaja, hab auch ein gitten Tag, und grieß die Judith, *do zobaczenia*!«

Ich staunte: »Fünfzig Dollar? Er wollte doch nur fünf.«

»Bubele«, lächelte er mich an und strich mir übers Haar, »Bubele, er is an alter Freind aus'm Lager. No, wann ich ihm geb finf Dollar, werd ich sehn das Geld nie wieder. An Freind kann mer nicht frugen zurickzugeben finf Dollar. Aber mit finfzig ist das a ganz andere Sach.«

Zum Geburtstag kaufte Onkel Bernie mir ein rotes Fahrrad mit Weißwandreifen. Ein Boy's Hornet von der Firma Schwinn. Wo bei unseren deutschen Rädern zwischen Lenker und Sattel das Oberrohr sitzt, hatte das Rad einen stromlinienförmigen »Tank« mit eingebauter Hupe. Stolz düste ich damit durch Kenmore.

Machte die ganze Gegend zwischen Delaware Avenue und Colvin Boulevard unsicher. Anfangs im wahrsten Sinne des Wortes – denn ich hatte zuvor noch nie ein Fahrrad gehabt und war sehr unsicher im Sattel.

Eines Abends kam ich verwirrt nach Hause: »Tante Jutta, ich habe Jungs auf Rädern gesehen. Die hatten Hakenkreuz-Fähnchen am Lenker. Darf man das denn hier?«

»Ja, *freedom of speech.*«

Ich wusste, was das war: ein wichtiger Teil der amerikanischen Verfassung, der *Bill of Rights.* »Gibt's denn hier Nazis?«

»Jacky, die gibt's überall. Das wird sich auch nicht mehr ändern.«

Nazis hin, Nazis her. Es gefiel mir hier, und *ich* gefiel mir hier: die Rübe in Brylcreem, die Füße in Sneakers, den Hintern in Levy's. *Awesome!*

Pledging allegiance

I pledge allegiance to the flag of the United States of America, and to the republic for which it stands, one nation under God, indivisible, with liberty and justice for all.

Mit diesem Treuegelöbnis, im Chor gesprochen, begann jeden Morgen der Unterricht in der Kenmore Public School. Stehend, mit der rechten Hand auf dem Herzen. Tante Jutta übersetzte mir, was die Worte bedeuten. Ich war stolz darauf, sie sprechen zu dürfen. Und eins der ersten Lieder, die ich lernte, war Woody Guthries:

*This land is your land, this land is my land
From California to the New York Island*

From the Redwood Forest to the Gulf Stream waters
This land was made for you and me.

Da war es wieder, dieses seltsame Gefühl: die Gegenwart des Erhabenen. Der Song war eine Einladung. *The US of A*, dieses großartige Land war jetzt auch mein Land. Von Kalifornien über New York bis zum Golf von Mexiko, mein Land, in dem ich Jeans und Sneakers tragen durfte; in dem die Menschen nicht mürrisch waren, sondern freundlich.

Die meinen das nicht so, widersprach Omi, alles aufgesetzt, oberflächlich, verlogen. Aber das war mir egal. In diesem Land wurde ich jeden Tag für meine Leistungen gelobt, die Lehrer hauten mir nicht mit einem Lineal auf die Finger und nicht mit Bambusstöcken auf den Hintern. Für dieses »unteilbare Land unter Gott« würde ich einmal in den Krieg ziehen und als Soldat für Freiheit und Gerechtigkeit kämpfen, wie ich es dem Mann von der Einwanderungsbehörde versprochen hatte. Ich fühlte mich schon als Amerikaner. Was für ein Gefühl: tief, warm und gut.

Ich war glücklich.

Tante Jutta behandelte mich wie ihr eigenes Kind, gab mir Fürsorge und Wärme. Onkel Bernie arbeitete viel. Aber wenn er abends zu Hause war, spielte er mit mir, nahm mich oft in den Arm und tat alles, was ich mir von einem Vater wünschen konnte. Bernie war – wie Mami in ihren guten Tagen – ein Geschichtenerzähler. Auch er erzählte von den schrecklichen Dingen beim Einmarsch der Nazis, von ihrer Armut. Aber meistens erzählte er lustige Geschichten, kleine Anekdoten über das Zusammenleben in seiner polnischen Familie in Będzin am Ufer der Przemsza. Und dann gluckste er, und seine listigen Augen und die lustigen Lachfältchen zogen sich zusammen.

Zwei oder drei Mal hörte ich ihn nachts in seinem Schlafzimmer schreien. Laut und verzweifelt. Tante Jutta klärte mich auf: Ein paarmal im Monat holte ihn die Vergangenheit ein. Dann träumte er von ausgemergelten Muselmännern, SS-Wachen mit geifernden Hunden und Toten, die er mit anderen Unglücklichen auf große Leichenberge werfen musste, schrie verzweifelt und wachte schweißgebadet auf.

Jeder Morgen begann gleich. Erst wurde geduscht. Das war viel besser, als einmal in der Woche in ein Bad zu steigen, eingelassen mithilfe eines Boilers, den man erst mit Briketts heizen musste. Zum Frühstück gab es wundervoll weiches Toastbrot – es war *»fluffy«*: Man konnte zwanzig Scheiben auf die Dicke von drei oder vier zusammenpressen. Obendrauf Peter Pan Peanut Butter (*creamy* oder *crunchy*) und *jelly*. Oder es gab Kellogg's Sugar Frosted Flakes mit Tony the Tiger auf dem Karton: *G-R-R-R-E-A-T!* Oder Wassermelone. Dazu Milch, so viel ich wollte. *Almost paradise.*

Wenn noch Zeit war, durfte ich in die TV-Frühserien abtauchen: *Zorro, Lassie, Rin Tin Tin.* Samstagsmorgens musste ich später in die Schule und ließ mich vom *Country Music Jubilee* berieseln. Bis heute bin ich ein Country-Fan.

Es war Winter, draußen lagen *three feet of snow* – fast ein Meter Schnee. Also zog ich *boots* an: Gummiüberschuhe, mit denen man durch einen Meter Weiß stapfen konnte, ohne die Sneakers nass zu machen. Die Schulbücher trug man einfach unter dem Arm oder zusammengebunden mit einem Gürtel – wie Tick, Trick und Track in den *Micky-Maus*-Heften –, nicht in miefigen Schulranzen aus Kunstleder.

Nach der Schule durfte ich bis zum Abendessen spielen und fernsehen. Comedy-, Quiz- und Varietyshows von Jacky Benny, Steve Allan oder Jackie Gleason. Ich liebte die Ed-Sullivan-Show. Hier traten die Stars live auf. Bis heute erinnere ich mich an Songs von den Everly Brothers, Ella Fitzgerald und Fred Astaire, von Louis Armstrong, der Glenn Miller Band, Gene Kelly und Bill Haley & His Comets. Und von Stars wie Robert Mitchum, Cary Grant, Buster Keaton, Gary Cooper und Jayne Mansfield.

Schule, Fernsehen, meine Verwandten; Bubblegum, Hot Dogs mit Ketchup und – eine neue Erfahrung – Coca-Cola; Colts, Crayons und Jo-Jos. Das Leben war gut. Ich sah aus wie ein amerikanischer Zehnjähriger, fühlte mich wie ein amerikanischer Zehnjähriger, und von Woche zu Woche sprach ich mehr und mehr wie ein amerikanischer Zehnjähriger. Jedes Wort, das ich nicht kannte, schlug ich in Tante Juttas *English-German-Dictionary* nach. Das größte Kompliment machte mir die Tante irgendwann nach drei, vier Monaten: »Jacky, man hört keinen Akzent mehr.«

Zum ersten Mal war ich in der Schule nicht mehr der kleine Judenbengel, sondern *that cool guy from Germany*, der gern zu einem *play date* eingeladen wurde. Um mich herum waren viele Juden. Zum ersten Mal stach ich nicht mehr hervor wie ein Furunkel auf Pfirsichhaut: Zum ersten Mal war ich Teil einer großen Familie.

Zum ersten Mal in meinem Leben war ich rundherum glücklich.

Fuck and ass

In Köln hatte ich gelernt, wie wichtig es ist, sprachlich dazuzugehören. Ich war wie ein Schwamm und sog mich voll mit englischen Vokabeln und Redewendungen. Gleich am ersten Tag brachte mir Mr. Cassirer, ein Jude im ersten Stock über uns, wichtige Höflichkeitsfloskeln bei: *How are you, Jacky? I'm fine! And how are you, Sir?*

Von Cousin Michael lernte ich Vokabeln für alles, was im Leben eines Jungen wichtig ist: *popsicle, lollipop, bubble gum, toy, gun, cowboy hat*. Meine dreijährige Cousine Rosalie unterrichtete die Abteilung *tummy* (für Bauch), *tooshi* (für Po), *wee-wee* (für Pipi), *number one* (klein), *number two* (groß) und wesentliche Formulierungen fürs Rülpsen und Pupsen: *Mommy, Jacky just burped; mommy, Jacky just farted*.

Meine Klassenkameraden zeigten mir, wie vielseitig ein einziges englisches Wort sein kann: *Fuck you, Jacky! You fucked it up, Jacky! Don't fuck with me, Jacky*. Sie zeigten mir gleich in den ersten Tagen, dass vor jedem Wort eine riesige Lücke klafft, in die die Verlaufsform von *fuck* eingefügt werden muss – *Where's my fuckin' milk? I forgot my fuckin' homework!* –, und dass jede Frage mit *What the fuck* einzuleiten ist: *What the fuck is this shit?* Ich lernte aber auch ebenso schnell, dass es keine gute Idee ist zu sagen: *What the fuck is our fuckin' homework, Sir? Where the fuck are my fuckin' socks, Aunt Jutta?* Das freistehende *What the fuck*, lernte ich schnell, kann – je nach Kontext und Betonung – vieles heißen: scheißegal (*oh, what the fuck!*), Hast du sie noch alle? (*Hey, Jim, what the fuck?*), oder: Was zum Teufel ist *das*? (*Gosh, what the fuck is* this?). Das waren nützliche Vokabeln fürs Leben. Und zur gleichen Zeit lernte ich noch das zweitwichtigste Wort: *ass*, das Wort für »Arsch«. So hatte ich schon nach der ersten Woche die Kenntnisse, um problemlos dreißig Prozent eines Steven-Seagal-Movies im Original verstehen zu können: *Hey, fucker, wanna fuck with me? I'm gonna fuckin' fuck your fuckin' ass, you fuckin' asshole!*

Mitte Juni oder so begannen die Sommerferien. Mein Zeugnis war eine Party glanzvoller Noten. Alles A's, aber ein B – *damn! Fuck! Shit!* Mr. Christener hatte daruntergeschrieben: *Jacky is a pleasure to teach. He is a brilliant student and will go places.*

Er lud mich um sechs zum Abendessen in sein Haus ein. Nach der Schule erzählte ich begeistert von der Einladung. Omi knurrte: »Du jehst da nit allein hin. Nur mit mir.«

Das wollte ich auf keinen Fall. Um kurz vor sechs stahl ich mich aus dem Haus und besuchte meinen Lehrer. Als ich ihn eine Stunde später verließ, stand Omi auf der Straße, gab mir ein paar Ohrfeigen und zerrte mich nach Hause.

»Nochma, und du kommst sofort in en Erziehungsheim.« Am Abend gab's dann die richtige Prügel und dazu die ausführliche Strafpredigt: Ich sei ein undankbares Subjekt, so sehe also mein Versprechen aus, später für sie zu sorgen, ich würde sie ja jetzt schon allein lassen. Und wenn meine arme Mutter das wüsste. Ich spürte, dass Omi sich einsam fühlte, noch nicht in Buffalo angekommen war. Nach fünf Monaten konnte sie nur ein paar Brocken radebrechen. Sie wollte sich nicht anpassen, verachtete die Sprache und erwartete, dass man Deutsch mit ihr sprach. Ich spürte, dass sie mich brauchte. Aber ich war herzlos. Es war mir egal.

4. Juli, *Independence Day*: Überall amerikanische Flaggen – an den Häusern, an den Garagen, in den Vorgärten. Tante Jutta und Onkel Bernie wollten den Tag mit einem Picknick feiern, wie viele Amerikaner. Omi verbot mir mitzufahren. Ich fügte mich. Wie immer.

Es kam immer öfter vor, dass ich zu Hause bleiben musste, wenn der Rest der Familie etwas unternahm. Mir war das peinlich. Ich befürchtete, Tante Jutta und Onkel Bernie könnten annehmen, es sei *mein* Wunsch, nicht an den Ausflügen teilzunehmen. Aber ich traute mich nicht, etwas zu sagen. Omi fand immer neue Gründe, mich zu Hause zu halten: Ich müsse für die Schule lernen, sie müsse etwas mit mir besprechen oder ich hätte das Vergnügen wegen irgendeiner Missetat nicht verdient.

Irgendetwas war los, und ich konnte mir nicht erklären, was. Omi verhaute mich in letzter Zeit häufiger als sonst. Und zwischen Tante Jutta und Omi gab es öfter erregte Debatten, meist ging es um mich oder um Omis Weigerung, irgendetwas im Haushalt zu tun. Einmal hatte Tante Jutta Omi gebeten, das Abendessen vorzubereiten, weil sie länger im Geschäft zu tun hatte. Omi war wütend geworden: Sie sei hier nicht der Haussklave, sie habe ihr Leben lang für meine Mutter und mich gearbeitet, alles aufgeopfert und könne jetzt ein bisschen Dankbarkeit erwarten, sie sei schließlich nicht hergekommen, um sich ausnutzen zu lassen.

Dann wurde ich unfreiwillig Zeuge einer Auseinandersetzung zwischen Omi und Onkel Bernie. Er hatte mich gebeten, den Chrysler zu waschen, und mir dafür einen Dollar versprochen. Ich hatte mich darüber gefreut, denn ein bisschen Geld konnte ich immer brauchen. Als Omi sah, wie ich mit Eimer und Schwamm zum *driveway* ging, stellte sie mich zur Rede und verbot mir, auch nur einen Handschlag zu tun. Am Abend kam Onkel Bernie aus dem Shop: »Warum hast du den Wagen nicht gewaschen?«

Da ging Omi dazwischen: »Du hast dem Jungen gar nichts zu befehlen. Du bist nicht sein Vater. Ich bin sein Vormund, und nur ich bestimme.«

Ich verzog mich schnell in den *backyard* und hörte noch lange erregte Stimmen.

Das Abendessen mit Mr. Christener zog zwei Wochen Hausarrest nach sich. An dem Tag, an dem ich zum ersten Mal wieder rausdurfte, passierte es wieder.

Tante Jutta und Onkel Bernie hatten angebrochene Rollen mit Geld in einer Schublade – *nickels*, *dimes* und *quarters*, die sie als

Wechselgeld für die Laufkunden in ihrem inzwischen größeren *junk shop* brauchten. Ich nahm mir ein paar Zehncentstücke und kaufte mir zwei *Superboy*-Comics zu zehn Cent und ein paar Täfelchen Bazooka Bubble Gum. Als ich damit in die Küche kam, saßen Onkel Bernie und Tante Jutta da. Wo ich das alles herhätte. Ich gestand sofort, dass ich das Geld aus der Schublade gestohlen hatte. Onkel Bernie fasste mich an beiden Handgelenken, ging in die Hocke, sah mir streng in die Augen und hielt mir daraufhin eine laute Strafpredigt. Er würde noch einmal davon absehen, mich zu bestrafen. Wenn ich Geld bräuchte, solle ich zu ihm kommen und fragen.

In dem Moment kam Omi dazu, riss mich Onkel Bernie weg und schrie, er solle sich unterstehen, mich zu erziehen, das sei allein ihre Sache. Dann zog sie mich in ihr Zimmer und verprügelte mich.

Omi hatte Tante Jutta und Onkel Bernie verboten, mir Taschengeld zu geben. Aber das ist natürlich keine Entschuldigung.

Last night in paradise

An meinem letzten Tag in Buffalo trug ich mein Cowboy-Outfit: ein verwaschenes Davy-Crockett-T-Shirt und ein Holster aus Kuhleder-Imitat. Der amerikanische Nationalheld war mein Idol – neben Jim Bowie und Wyatt Earp. Von ihren Fernsehserien ließ ich mir keine Folge entgehen. Natürlich war ich dabei möglichst passend gekleidet oder bewaffnet: bei *The Adventures of Jim Bowie* mit einem *Bowie knife* aus Gummi, bei *The Life and Legend of Wyatt Earp* mit einem langläufigen Colt. Und damit war ich meist schneller als Earp: Ich hatte das Schießeisen immer griffbereit in der Hand.

Ich habe bei diesen Serien mindestens so viel Englisch gelernt wie in der Schule. Zum Beispiel, auf Besonderheiten der Aussprache zu achten: dass Jim Bowie nicht wie der Popsänger ausgesprochen wird, sondern *Bu-ieh*; das *tomb* in Tombstone *tuhm* ausgesprochen wird, hingegen *bomb* (im Amerikanischen) wie *bahm*. Und wenn Earp den Halunken »*Reach!*« befiehlt und sie sofort die Hände heben, lernt ein Zehnjähriger schnell, dass es eine Kurzform von »*reach for the sky*« ist – Hände hoch!

Mein Cousin Michael und ich spielten nach dem *supper* Cowboy und Indianer. Omi machte Fotos. Uncle Bernie war schon ins Bett gegangen, und Tante Jutta schnarchte auf der plastikbezogenen Couch vor sich hin.

Omi radebrechte: »Jacky, ab ins Bett. Michael, it is spät, you must go to Bett.« Wir gehorchten und gingen in unser Zimmer.

Abb. 16:
Mein Cousin
Mike (6) und
ich (11), 1957
in Buffalo

Irgendwann in der Nacht wurde ich geschüttelt. Als ich die Augen aufmachte, sah ich Omis Schatten gegen das Fenster. Draußen dämmerte es. Ich wollte fragen, was los sei, aber Omi legte mir die Hand auf den Mund: Psst, leise! Ich solle meine Anziehsachen nehmen und meine Sneakers. Sie führte mich am Arm durch das Wohnzimmer auf die *porch*. Auf der Straße wartete ein Taxi mit ausgeschaltetem Motor, brennenden Scheinwerfern und geöffnetem Kofferraumdeckel.

»Isch jeh zurück nach Köln«, flüsterte sie und sah aus, als hätte sie in einen faulen Apfel gebissen. »Die ha'misch jetzt'n halbes Jahr behandelt wie'n Stück Dreck. Und isch hab jedacht, die würden mir danken, wat isch an dir und deiner Mutter alles jetan hab, wat isch jeopfert hab. Isch han et satt.«

Dann packte sie mich an den Schultern. Im trüben Morgenlicht sah ich, wie ihre Augen sich mit Tränen füllten. »Pass op«, flüsterte sie, »du kannst natürlich hierbleiben. Aber isch tät et dir nit raten.« Ob ich denn nicht gemerkt hätte, dass die mich nicht wollten, die hätten ja selbst zwei Kinder, bei denen wäre ich doch nur das fünfte Rad am Wagen. Michael und Rosalie würden sie auf die *High School* schicken, aber ich solle nach der *Public School* in Onkel Bernies *junk shop* schuften, das habe sie zufällig gehört. Jetzt, wo ich wieder gestohlen hätte, könne ich mich glücklich schätzen, wenn die mich nicht in ein Erziehungsheim steckten. »Kommste mit oder nit?«

Mein Gehirn brannte. Es war doch alles so schön hier: mein Colt, mein Fahrrad, die *peanut-butter-and-jelly*-Sandwiches, die Schulfreunde, Basketballspielen auf dem Schulhof, Miss Brown, meine Englischlehrerin, die so stolz war auf meine Fortschritte – »*Jacky will go places*« stand doch auf meiner *report card* –, Onkel Bernie und Tante Jutta, von denen ich immer gedacht hatte, dass sie mich mochten, Michael und Rosalie, die ich so liebte …

»Also, wat es?« Sie wandte sich zum Gehen.

Ich wäre so gerne dageblieben. So gerne. Aber ich wollte auch nicht wieder abseits stehen. Wollte nicht zuschauen, wie andere zur Highschool gingen, während ich Schrott sortierte. Und in ein Erziehungsheim wollte ich schon gar nicht.

»Ich komme mit.«

Homeward bound

Im Kofferraum standen schon zwei Koffer und eine Tasche mit Spielsachen. Offensichtlich hatte Omi gewusst, wie ich mich entscheiden würde. Das gelbe Taxi brachte uns zum Busbahnhof, ein silberner Greyhound nach New York, eine weiß-blaue Super Constellation nach Frankfurt und ein grüner D-Zug nach Köln.

Was habe ich während der Reise gedacht oder gefühlt? Ich weiß es nicht mehr. Was mir bis heute geblieben ist, sind Erinnerungen an eine Sonnenzeit, in der ich geliebt und gelobt und gefördert wurde, in der ich den Amerikanischen Traum ein paar kurze Monate lang mitgeträumt habe: dass ich alles schaffen kann, wenn ich es nur will, wenn ich nur hart genug dafür arbeite und wenn ich bereit bin, jederzeit auf die Überholspur zu wechseln. Es war eine Zeit, in der die Welt noch einfach schien: die Bösen im Osten, die Guten im Westen. Romantische Erinnerungen. Ähnlich denen an meine Karl-May-Welt, in der ich abends unter der Decke beim Schein der Taschenlampe mit Winnetou über die Prärie galoppierte; in der Old Shatterhand mit seinem Jagdhieb für Recht und Gerechtigkeit sorgte.

Wie gerne würde ich mich noch an den Lagerfeuern meiner Jugend wärmen, aber die Wirklichkeit hat sie längst ausgepisst – so wie wir Jungs damals im Kreis die Glut unserer Feuerchen auf den Trümmergrundstücken löschten: Karl May ist nur noch ein deutschtümelnder Kitschautor, der auf dem Gipfel seines Ruhmes peinliche Shows mit Bärentöter und Henrystutzen darbot und prahlte, 1200 Sprachen zu sprechen.

Und mein Amerika? Vietnam, Kambodscha, Laos, Kuba, Iran, Irak, Afghanistan, Libyen, Syrien oder der Jemen – gibt es auch nur einen der vielen dreckigen Kriege, die die USA für eine saubere Welt geführt haben, der nicht im Chaos für das andere Land endete? In einer Spirale von Gewalt und Diktatur, von Stammeskrieg und Kleptokratie, in der Herrschaft von Milizen, Militärs und Warlords und im Erstarken fundamentalistischer Ideologien?[67]

Wenn die USA heute irgendwo unser neoliberales westliches Wirtschafts- und Lebensmodell einführen wollen, ist das eigentlich eine Drohung: *Shut up, or we'll bring you democracy!* Mein Amerika ist außerdem zu einer Oligarchie verkommen, in der das obere Zehntel fast so viel besitzt wie die unteren neun Zehntel, in der ein Dutzend Multimilliardäre sich ihren Präsidentschaftskandidaten über Spenden an *Super Pacs* kaufen.

Ich liebe die *US of A* noch immer, ihre Menschen, ihre Kultur und vor allem ihre Sprache. Zu Hause sprechen wir häufig Englisch, weil unsere Töchter in Köln auf eine englische Schule gegangen sind und irgendwann Englisch als ihre Muttersprache angesehen haben. Ich spüre, dass ich mit dem Wechsel der Sprache auch ein bisschen die Persönlichkeit verändere: Meine Stimme wird tiefer, und ich werde offener, heiterer und – seltsamerweise – höflicher.

Mit Wehmut denke ich zurück an mein Buffalo-Amerika, mein Disney-Amerika, mein Karl-May-Amerika. Verheißungsvolle Illusionen. Aber die warm sprudelnden Träume sind kalt und schal geworden und ruhen in den Ewigen Jagdgründen.

American Dream, my ass!

Nun war ich wieder in Köln. Am Bahnhof ging Omi in eine Telefonzelle, um Tante Else anzurufen, und hieß mich, auf die Koffer aufzupassen. Das Gespräch schien anfangs nicht gut zu laufen. Omi blickte wütend, gestikulierte und wurde immer lauter. Verstehen konnte ich nichts wegen des Bahnhoflärms. Nach einer Weile schien sich die Sache zu beruhigen. Schließlich kam Omi aus der Zelle: »Wir fahren zu Tante Else.«

Das waren gute Nachrichten. Ich hatte unterwegs immer mal wieder gefragt, wo wir denn wohnen würden, aber Omi hatte stets abgewunken, das würde sich alles finden, ich solle mir mal keine Gedanken machen. Ich freute mich auf Tante Else und Onkel Günther.

»Muss ich jetzt hier wieder in die Volksschule?«

»Dat sehn mer dann. Erst mal sin Sommerferie.«

Als das Taxi vor Tante Elses Haus hielt, kamen sie und Onkel Günther auf die Straße gelaufen. Tante Else drückte mich, knuddelte mich immer wieder und küsste und küsste mich. Onkel Günther nahm mich in den Arm – »Jung, schön, dat de widder do bes!« – und balgte mit mir herum, während wir ins Haus gingen. Dort empfing uns Omama, Tante Elses und Omis Mutter. Eine fromme Frau, die mich immer angehalten hatte, die Heilige Schrift zu lesen. Sie legte die Bibel beiseite, nahm mich in den Arm und krähte fröhlich: »Allet weed jot, Jung. Der Herrjott määt dat schon.«

Irgendetwas stimmte nicht zwischen Tante Else und Omi. Sie nahmen sich bei der Begrüßung nicht in den Arm, gaben sich nur die Hand. Aber ich habe mir keine weiteren Gedanken darüber gemacht.

Zum Abendessen gab es Frikadellen mit Kartoffelsalat, und zum Nachtisch Vanillepudding mit Himbeersirup. Bis heute ziehe ich das süße Gelb-Rot jedem Drei-Sterne-Dessert vor. Nach dem Essen setzten wir uns alle ins Wohnzimmer. Nichts hatte sich verändert. Mitten im Raum stand immer noch der Tisch mit der schwarzen Kunststoffplatte und dem gelblichen Parabelmuster, an den Wänden immer noch die goldenen Wandlampen mit den konischen gelben Schirmen, und aus der Tefifon-Musiktruhe dudelte »*Cindy, oh Cindy*« von Margot Eskens.

Nur die Stimmung war anders. Wäre sie noch kühler gewesen, hätte man Eisblumen an den Fenstern wachsen sehen. Ich hatte das Gefühl, mehr als sonst plappern zu müssen, um die kalte Atmosphäre zu überspielen.

Ich habe keine Erinnerung mehr an die nächsten Tage. Aber ein strahlender Samstagmorgen im August hat sich tief in mein Gedächtnis gebrannt. Während ich in der Küche meinen Karo-Kaffee trank und mein Marmeladenbrötchen vertilgte, saßen die Erwachsenen im Wohnzimmer. Sie unterhielten sich leise. Irgendwann wurden die Stimmen lauter, als würde ein Wespenschwarm wütend, und ich hörte Omi sagen: »Jetz es Schluss! Isch bestimme, wat mit dem Kind passiert!«

Dann kam Onkel Günther, drückte mich und sagte: »Liebe Jung, kumm bald widder. Du bist he immer willkumme.«

Tante Else nahm mich in den Arm, drückte und küsste mich und wollte etwas sagen. Aber ein Schwall von Tränen hinderte sie daran. Sie lief aus dem Zimmer. Dann kam Omi. Sie packte mich an beiden Schultern und versuchte, milde dreinzuschauen: »Jacky, der Rabbiner ist wieder hinter dir her. Der will dich immer noch nach Israel schicken. Willst du dat?«

Ich schüttelte den Kopf. Natürlich nicht. Omi strich mir über den Kopf: »Du musst eine Zeit lang weg, damit er dich nicht findet. Keine Angst, isch mach dat schon.«

In dunklen Zeiten wurden die Völker
am besten durch die Religion geleitet,
wie in stockfinstrer Nacht ein Blinder
unser bester Wegweiser ist;
er kennt dann Wege und Stege besser als ein Sehender.
Es ist aber töricht, sobald es Tag ist,
noch immer die alten Blinden als Wegweiser zu gebrauchen.

Heinrich Heine

11

Kinderheim in Bad Honnef

An einem Samstagmorgen Ende August 1957 holte Omi mich
in einem Waisenhaus irgendwo bei Köln ab. Sie hatte mich dort
für ein paar Tage zwischengeparkt, bis ein endgültiges Heim für
mich gefunden war. In der Zwischenzeit hatte sie sich einen neu-
en DKW mit Weißwandreifen gekauft, und damit fuhren wir
durch die Rheindörfer nach Süden. Durch Königswinter, vorbei
an Weinbergen und der Drachenfelsruine und dann nach Bad
Honnef, ein romantisches Städtchen mit vielleicht fünfzehntau-
send Einwohnern, fünfzig Kilometer südlich von Köln, dort, wo
die Rheininseln Grafenwerth und Nonnenwerth in der August-
sonne dösten.

Das rheinisch-bürgerliche Städtchen war in ganz Deutschland
bekannt. Im Stadtteil Rhöndorf lebte seit 1935 der damalige Bundeskanzler Konrad Adenauer. Es heißt, Bonn sei 1949 nur Bun-
deshauptstadt geworden, weil Adenauer für eine Mark fünfzig in
nur zehn Minuten mit der Fähre von seinem Rosengarten zum

Bundeshaus gelangte. Bad Honnef war gut für den Bundeskanzler. Und was für ihn gut war, war auch für mich gut genug. Außerdem würde es ja nur für ein paar Wochen sein. Hatte Omi gesagt.

Messe im Heim

Vormittags hat Omi mich dann bei Tante Hilde, so will ich sie hier nennen, abgeliefert. In ihrem Privathaus betrieb sie ein kleines Kinderheim hoch über dem Stadtkern von Bad Honnef in einer Gegend mit gediegenen Zwei- und Dreifamilienhäusern. Die vier oder fünf anderen Kinder, das älteste vierzehn, schliefen im Wohnzimmer und in einem Dachzimmer. Hildes Freundin Berta war das einzige Personal. Ich musste beide »Tante« nennen. Sie sahen aus wie Schwestern. Ihr silber meliertes Haar strebte straff nach hinten und endete in einem Dutt. Ihre massigen Brüste gingen in einen massigen Bauch über, und über den hohen Hüften spannten geblümte Kittelschürzen.

Mittags gab es Bratkartoffeln mit Spiegelei und Spinat. Tante Berta spülte schweißüberströmt das Geschirr, wir Kinder trockneten ab. Dann zog sie sich in das Schlafzimmer der beiden Damen zurück. Auf dem Weg zur Toilette lugte ich durch den offenen Türspalt. Tante Berta lag in einem spitzenbesetzten weißen Nachthemd im frisch bezogenen Doppelbett, legte die Hornbrille ab und zog vier Haarnadeln aus dem Haarknoten. Ihr zurückgebürstetes Haar fiel auf die gestickte Bordüre des Kissens. Aus dem Handgelenk warf Tante Hilde ein Gebetbuch auf Tante Bertas Nachttisch – Fump! Beide Nachttische dekorierte sie mit einer armlangen Kerze. Auf jeder ein rotes Wachskreuz mit goldenem Strahlenkranz. Sie zündete die Kerzen an. Tante Berta schlug das Kreuz, schloss die Augen und legte die Handflächen zum Gebet zusammen. Sie konnten mich nicht sehen, denn ihr Schlafzimmer ging von einem fensterlosen Flur ab, der Tag und Nacht von einem violett flackernden Ewigen Licht erhellt wurde.

Es klingelte. Tante Hilde rauschte mit einer Geschwindigkeit auf den Türspalt zu, die ich ihrem Körper nicht zugetraut hätte. Ich verzog mich schnell in die Küche.

»Guten Tag, Herr Kaplan«, hörte ich sie sagen. Tante Hilde führte einen jungen Mann an mir vorbei ins Schlafzimmer; er trug einen schwarzen Anzug mit einem weißen Stehkragen. Dann schloss sie die Tür. Ich presste mein Ohr daran und hörte lateinische und deutsche Gebete und ein Lied oder zwei, wobei die Frauen mit nervigen Kopfstimmen den Bariton des Kaplans flankierten. Nach zwei Kaffee und drei Stücken Apfelkuchen am Küchentisch ging er – »Danke, und bis nächste Woche« –, und Tante Hilde zog mich ins Vertrauen: »Tante Berta ist schwer krank. Das Herz. Beten wir, dass Gott sie uns noch ein wenig erhält.«

Ich nickte. Da würde ich gerne mithelfen. Schließlich sind wir Juden ja nahe Verwandte des Allmächtigen.

»Tante Berta kann nicht mehr in die Kirche gehen, deshalb kommt der Kaplan, nimmt ihr die Beichte ab und hält einen kleinen Gottesdienst für sie ab. Ihr Juden habt doch auch Gottesdienste?«

Ich nickte beflissen. Ja, und wie!

Wenig später kam Tante Berta in die Küche. Sie hatte das Nachthemd wieder gegen ihre Kittelschürze ausgetauscht und ging – »Komm ruhig mit, Jacky!« – in den Garten hinterm Haus: »Du kannst Äpfel pflücken und hier in die Kiste legen.«

Während ich das Spalierobst abdrehte, das sich vor dem Natursteinsockel des Hauses entlangrankte, schleppte sie ein Dutzend bereits gefüllter Apfelkisten in die Küche und schwitzte dicke Tropfen in ihren Kittel.

Es lag wohl an der tiefen Frömmigkeit der todgeweihten Frau, dass der Allgütige sie in den drei Jahren, die ich in Bad Honnef lebte, nicht zu sich nahm, obwohl sie jeden Tag vierzehn Stunden kochte, putzte und wusch, Kohlen schleppte, Kinder beaufsichtigte und den Garten in Ordnung hielt. Vielleicht lag's aber auch am samstäglichen Privatgottesdienst. Der Christengott kümmerte sich offensichtlich persönlich um seine Schäfchen.

Onkel Jörn

Ich kam in die vierte Klasse der Volksschule, obwohl ich schon elf war und eigentlich in die zweite Gymnasialklasse hätte gehen müssen. Der Rektor war der Meinung, die Schulerziehung in Amerika sei nicht mit der in Deutschland zu vergleichen, ich müsse das Verlorene erst aufholen, bevor man entscheiden könne, ob ich für das Gymnasium geeignet sei.

In den Fünfzigern war es nicht selbstverständlich, dass ein Kind aus der Unterschicht das Gymnasium besuchte. Das lag nicht nur daran, dass Schuldgeld und Bücher bezahlt werden mussten. Das damalige Schulsystem war ein soziales Sieb. Konstruiert nach Platons idealem Staat: Die für Führungsaufgaben auserkorene Oberschicht durfte aufs Gymnasium gehen, die für praktische Aufgaben vorgesehene Mittelschicht besuchte die Realschule, und Plebs wie ich gehörte auf die Volksschule. Siebzig Prozent der Unterschichtkinder gingen acht Jahre lang dorthin und begannen mit vierzehn eine Lehre. Obwohl damals fünfzig Prozent der Schüler Unterschichtkinder waren, machten nur sieben Prozent das Abitur.

Jede zweite Woche holte Omi mich ab, und wir besuchten Bekannte von ihr, die ich gar nicht kannte. Immer gab es Kaffee und Kuchen, und immer bewegte sich das Gespräch rund um die Geschichte meiner Mutter, um ihr Leid, um das arme Waisenkind und Omis immer aufopfernder werdenden Kampf um Gerechtigkeit und Wiedergutmachung, die sie übrigens jeden Moment erwarte.

Ich wurde, wie üblich, als Tanzbär vorgeführt. Manchmal musste ich »Rosamunde« auf dem Akkordeon geben oder Freddys Hit »Heimweh«. Mit Gesang, denn »dat Kind kann spille und jleichzeitig singe«: »Schön war die Zeit, so schön war die Zeit …« Schwer zu sagen, welche der Nummern mir am wenigsten Spaß gemacht haben.

Alle paar Wochen war »Onkel Jörn« dran. Das erste Mal sah ich ihn kurz vor Weihnachten 1957. Onkel Jörn wohnte in Wiesbaden in einer weißen Patriziervilla im eklektizistischen Gründerzeitstil. Ich war beeindruckt und sehe sie noch deutlich vor mir: Neoklassizistische Pilaster an der Fassade, Erker mit barocken Verzierungen, tief gestaffelte Simse und schmiedeeiserne Brüstungen an Balkonen, die von Karyatiden und Säulen gestützt wurden.

Ich liebte das Haus. Für mich ein Palast. Immer saßen wir in der Bibliothek. Einbauregale mit kannelierten Säulchen, Kirsche, vermute ich heute, Bücher bis unter die Decke. Die meisten mit goldgeprägtem Lederrücken. Ich versank in einem cognacfarbenen Art-Déco-Sessel von Couchgröße.

Onkel Jörn hatte eine silbergraue Stefan-George-Mähne, eisgraue Augen und ein Gesicht, das von Wind und Wasser rot gegerbt schien. Er sprach wie Henry Vahl vom Ohnsorg-Theater und sah aus wie Hans Albers, wenn er »La Paloma« sang. »Apfelkuchen? Plätzchen? Trinksu schon Kaffee? Nee, nimm ma'n Kakauchen, Jungchen.«

Minuten später brachte eine dürre Frau mit weißer Schürze das Gewünschte. Für Omi Kaffee und Plätzchen.

»Min Jung, wennu mehr Kakau willst, mussu einfach hiermit klingeln.« – Rinng.

So also leben die Reichen.

»Hassu Lust auf'ne Partie?«, fragte Onkel Jörn, meist und dann spielten wir Schach mit Ritterfiguren aus Elfenbein, mit Bauern, so groß wie mein Zeigefinger. Meist gewann er. Er komme aus dem Alten Land, eröffnete er einmal das Spiel. Das sei bei Hamborch. Da ha'm wir nur Pladdütsch ges-prochen, nech. Was ich so läse? Was? Karl May?, lachte er dröhnend. Schach!

Ich solle jetz' ma' anfang', richtige Bücher zu les'n. Nochma' Schach! Erstma' was für'n Benimm. Is' Water und Brroot für'n jungen Kerl. Wie du komms' gegang'n und so, nich... und Matt! Er ging an den Bücherschrank, suchte die Regale ab – Hier! – und klatschte mir ein Buch in hellgrauem Leinen in die Hand: »*Einmaleins des guden Tons*, und hier! ... ouh, ganz wichtich: Dale Carnegie, auch schon tot: *Wie ma' Frreunde gewinnt*! Schenk ich dir. Übernächste Woche mussu wiederkomm'. Da has' du jedeee Seiteee gelesn. Kloar?«

»Öhm ... Jooah.«

»Das heißt nicht Jooah. Das heißt: All's kloar, Herr Kabbitäin!«

»All's kloar, Herr Kabbitäin!«

»Kerlchen, willsu mich verarschen?«

»Nein, 'tschuldigung ... Alles klar, Herr Kapitän!«

Omi war schon zur Verabschiedung aufgestanden.

»So! All's kloar«, grinste Onkel Jörn, griff nach einem Buch, das quer über anderen lag, und drückte es Omi in die Hand, sie lese doch auch gern, reichte ihr die Pranke – »Bis übernächsteee Wocheee!« –, strich mir übers Haar und schob uns zur Tür raus.

Auf der Heimfahrt nach Bad Honnef am Sonntagabend mussten wir tanken. Als Omi bezahlen ging, guckte ich in das Buch auf dem Rücksitz. Wow: Das waren mindestens zehn braunblaue Hunderter.

Während ich dies schreibe, erinnere ich mich an eine Wunde an der Innenseite von Onkel Jörns linkem Oberarm, die ich sah, als wir im Sommer in seinem Garten Schach spielten, er ohne Hemd. Als ich ihn darauf ansprach, winkte er ab und murmelte etwas wie: »Ach, nur'n Kratzer, Junge, kann'n Seemann nich erschüttern.«

Viel später las ich in einem Buch über die Waffen-SS, dass die Soldaten ein Tattoo mit ihrer Blutgruppe an dieser Stelle trugen. Nach dem Krieg identifizierten die Alliierten untergetauchte Angehörige der Waffen-SS an diesem sicheren Merkmal. Um es zu entfernen, schossen sich manche in den Oberarm. War Onkel Jörn bei der Waffen-SS?, frage ich mich heute. Und noch ein anderer Verdacht keimt auf: Wusste Omi das und erpresste ihn? Warum sonst gab er ihr ständig Geld? – Spekulationen.

In Bad Honnef setzte ich mich gleich hin und begann mit Dale Carnegies *Wie man Freunde gewinnt*. Ich erwartete eine Sammlung von Tricks und war am Ende etwas enttäuscht, weil es nur ein paar gab. Stattdessen mahnt er eigentlich »nur«: Hör auf, Menschen zu kritisieren und zu verdammen. Interessiere dich für ihr Leben, hör ihnen zu, lächle und behalte ihre Namen. Behandle Menschen aufmerksam und höflich, erkenne ihre Leistungen an, gib ihnen eine Chance, das Gesicht zu wahren, und sei bei allem aufrichtig und ehrlich. Meine Enttäuschung dauerte nicht lange: Das gefiel mir sofort. Denn so wollte ich auch behandelt werden. So jung ich auch war: Ich spürte, dass all dies in einem Sprichwort zusammengefasst war: Was du nicht willst, dass man dir tu, das füg auch keinem andern zu.

Einmaleins des guten Tons – die Lektüre des Benimmbuches fand ich damals nicht sehr hilfreich; wer redet so? Niemand in meinen Karl-May-Büchern tönte: Einen schönen guten Tag, Herr Surehand, ich habe schon sehr viel von Ihnen gehört und freue mich, Sie nun endlich einmal persönlich kennenlernen zu dürfen. Darf ich Ihnen meinen Blutsbruder Winnetou vorstellen? Angenehm, Herr Winnetou, ich bewundere Ihre herrliche Silberbüchse. Danke, geschätzter Herr Surehand, sehr freundlich, ich bedaure außerordentlich, nicht länger mit Ihnen plaudern zu können, aber die Jagdgründe rufen.

Später merkte ich, dass zwischen den Zeilen der vielen Benimmregeln eine ähnliche Botschaft vermittelt wurde wie bei Carnegie: *Be nice!*

Ich habe gehorsam alles gelesen und versucht, möglichst viel zu behalten. Hätte ja sein können, dass Onkel Jörn mich abhört. Und vielleicht kann man ja irgendwann mal Freunde brauchen und geschliffene Manieren.

Die erste Gitarre

Zu Ostern war ich zwölf und kam endlich in die Sexta des Siebengebirgs-Gymnasiums an der Bergstraße, fünf Minuten vom Kinderheim entfernt. Durch Amerika hatte ich zwei Jahre verloren. Im Sommer wurde ich dann deutscher Staatsbürger. Ich wäre lieber Amerikaner geworden, aber Deutscher … gut, besser als staatenlos.

Immer noch besuchten wir jedes zweite Wochenende alle möglichen Leute, mit denen Omi über meine Mutter und Wiedergutmachung redete. Ich musste brav sein, Volkstümliches zum Besten geben und wurde ausgiebig gelobt: Wie höflich und zuvorkommend der Junge ist! Das haben Sie gut gemacht! Da werden Sie im Alter mal eine große Stütze dran haben! Hoffentlich dankt er es Ihnen! Alles, während ich dabeisaß. Omi und die Leute unterhielten sich über mich, als wäre ich ein Möbelstück.

Das erste Herbstzeugnis war miserabel. Fünfen und Sechsen und mittleres Gekröse. Selbst in Englisch hatte ich nur eine drei. Beteiligung am Unterricht: zuweilen abgelenkt; Führung: muss sich mehr beherrschen. Nach der üblichen Abreibung hatte ich das schnell vergessen. Ich war zu beschäftigt, vor mich hin zu pubertieren. Mir fiel plötzlich auf, dass Frauen Brüste und Hintern haben. Und dass der Anblick seltsame Gedanken erzeugte. Und peinliche Beulen.

Alle paar Monate fuhren wir übers Wochenende zu »Tante Betty«. Ein schwarzer Bechsteinflügel dominierte ihr Plüschwohnzimmer. Darauf ein Silberleuchter auf einem Spitzendeckchen und ein Stapel Notenbücher – Beethoven, Debussy, Tschaikowski.

Ich musste ihr immer etwas auf dem Akkordeon vorspielen. Und wenn sie genug »*La Golondrina*« oder »Ännchen von Tharau« gehört hatte, zum Glück ziemlich bald, setzte sie sich an den Flügel und spielte wunderschöne Musik: Beethovens Klavierkonzert Nr. 4 in G-Dur und Mozarts »Kleine Nachtmusik« waren meine Favoriten. Sie wollte wohl geschmacksbildend wirken und hat das auch tatsächlich geschafft. Ich pfeife diese Stücke noch heute mit.

Als Omi einmal auf der Toilette war, winkte sie mich zum Flügel, rückte auf dem Schemel zur Seite und fragte verschwörerisch leise: »Spielst du eigentlich gern Akkordeon? Du siehst dabei immer so aus, als würdest du in eine Zitrone beißen.«

Ich hatte das Gefühl, ehrlich sein zu können: »Ich hasse Akkordeon. Den Blasebalg, die blöden Bässe, den Klang – alles.«

»Dachte ich mir. Hast du Lust auf ein anderes Instrument?«

»Ja, welches?«

In diesem Moment kam Omi zurück, und Tante Betty flötete: »Jacky, du bist so musikalisch, ich denke, du solltest ein zweites Instrument lernen.« Sie ging in den Nachbarraum und kam mit einer Schlaggitarre aus bernsteinfarbenem Holz zurück, das zu den Rändern hin dunkler wurde – eine Sunburst-Lackierung, wie ich später lernte. In die gewölbte Decke waren zwei weißumrandete F-förmige Löcher eingelassen, auch die Korpuskanten waren weiß eingefasst, und vom Griffbrett-Ende bis zum Steg reichte ein perlmuttfarbenes Schlagbrett. Wie wundervoll! Eine Gitarre. Elvis spielte Gitarre, Buddy Holly und auch Freddy.

»Eine Höfner Jazzgitarre. Sie gehörte meinem Mann. Seit seinem Tod hat niemand mehr darauf gespielt. Ich glaube, sie würde sich freuen, wieder ein paar liebevolle Hände auf ihrem Holz zu spüren. Sie gehört dir.«

Tante Betty zeigte mir, wie man das Instrument stimmt und meinen ersten Akkord: E-Dur. Die Fingerkuppen der Linken taten ein bisschen weh, ich schlug an, und sechs grausam schnarrende Töne erklangen. Egal, *good enough for Rock 'n' Roll*! Meine Linke würde durch Übung stärker werden. Ich bekam noch ein paar Sätze Saiten, eine Stimmpfeife, ein paar Plektren und ein Büchlein mit Griffen. Zum Schluss gab sie Omi noch einen Briefumschlag: »Für ein Jahr Gitarrenunterricht … und noch ein bisschen was extra.« Ich glaube, mein Akkordeon war wütend auf Tante Betty: Ich habe es danach nie wieder angefasst.

Die Gitarre war meine erste wirklich große Liebe – *played it 'til my fingers bled*, wie Bryan Adams in »*Summer of 69*« gesungen hat. Ihre Formen waren sehr weiblich, und wir hatten ein erotisches Verhältnis zueinander: Ich nahm sie liebevoll in den Arm, streichelte ihre Saiten, und sie revanchierte sich schon nach wenigen Tagen mit geilen Tönen.

In Bad Honnef hatte ich den miesesten Gitarrenunterricht, den man sich denken kann – Autodidakten haben halt die schlechtesten Lehrer. Das Geld von Tante Betty brauchte Omi wohl für wichtigere Dinge, und dafür hatte ich Verständnis.

Religionslehrer Simons

Zwei, drei Wochen vor meinem dreizehnten Geburtstag stand Religionslehrer Simons von der Jüdischen Gemeinde in Köln plötzlich vor mir, als ich aus der Schule kam. Er nahm mich in den Arm, es habe etwas gedauert, bis man erfahren habe, dass ich zurück sei, von nun an würde er einmal wöchentlich kommen, um mir Hebräisch- und Religionsunterricht zu geben, er habe bereits mit meinem Direktor wegen eines Raumes gesprochen. Ich freute mich darauf, denn Hebräisch hatte mir immer Spaß gemacht.

Am Wochenende holte mich Omi ab. Als sie von Simons hörte, bekam sie einen Tobsuchtsanfall. Tante Hilde und Tante Berta konnten sie nur mit Mühe beruhigen. Es tue ihnen leid, unendlich leid, wimmerten sie, aber Simons habe ihnen einen Brief vom Vormundschaftsgericht gezeigt, ich hätte das Recht, im jüdischen Glauben erzogen zu werden, da hätten sie ihm gezeigt, wo ich in die Schule ginge. Simons kam dann noch ein paarmal. Aber irgendwann blieb er weg.

Ich fragte Omi, warum. Simons, knurrte sie, habe sich sehr schlecht über mich geäußert, das könne sie nicht zulassen, und da habe sie ihm einfach verboten, noch mal anzutanzen. Ich müsse ihr sofort Bescheid geben, wenn irgendwer von der Gemeinde komme: »Wir müssen fürsischtisch sin, du weißt ja, dat sie disch noh Israel verfrachte wolle.«

Es hat mich sehr verletzt, dass Simons sich so abfällig über mich geäußert hatte. Ich fühlte mich zu ihm hingezogen. Ich spürte, dass er etwas Besonderes war. Andere haben das auch so gesehen. Heute ist die Ernst-Simons-Realschule in Köln-Müngersdorf nach ihm benannt.

Kurz darauf begann der Honnefer Kaplan, sich länger mit mir zu unterhalten, wenn er samstags kam. Er war ein liebenswerter Mensch, und ich freute mich immer darauf. Er sprach mit mir über Gott, Jesus und den Heiligen Geist, über die Engel und die Heiligen, über Sünden und Gebote. Ich war sehr skeptisch, aber er hatte gute Argumente für den Glauben, wie ich fand. Außerdem interessierte mich das Thema.

Auf deutschen Schulen hatte ich immer an der Schulmesse und am Religionsunterricht teilgenommen und wusste über das Christentum fast mehr als über das Judentum. Mir war sehr bewusst, warum ich nicht lieber eine Freistunde genommen habe: Ich wollte nicht schon wieder ausgegrenzt sein. Und ich hatte Angst vor Gesprächen wie: Warum bist du nie im Reli-Unterricht? Ich bin Jude! Ach, dann hast du ja einen beschnittenen Pimmel.

Beim Schwimmunterricht musste ich beim Umkleiden immer aufpassen, dass keiner das fremdartige Schniedelchen sah, und zog die Klamotten über die nasse Badehose, wenn gerade niemand aufpasste.

Diebstahl

Am 28. Februar 1959 holte Omi mich mittags ab, um mit mir zu Staufenbergs nach Limburg zu fahren. Dort würden wir am darauffolgenden Tag meinen dreizehnten Geburtstag feiern. Onkel Karl, wie ich ihn nannte, war Justizoberinspektor in der Strafanstalt Limburg, ein paar Autominuten von Diez entfernt. Er hatte Omi Anfang der Fünfziger geholfen, das Gnadengesuch für meine Mutter durchzusetzen, und fühlte sich seither für mich mitverantwortlich. Wir besuchten ihn oft. Ihn, seine Frau und seine dreizehnjährige Tochter Marion. Mir waren die Besuche immer peinlich. Ich hatte das Gefühl, dass wir bei ihnen einfielen. Und genau das taten wir auch.

Bevor wir mein Heim verließen, sah ich unterm Küchenschrank

einen Geldschein hervorlugen … mein Gott, ein Fünfziger! Er lachte mich an: Nimm mich doch.

Tante Hilde, hier liegt … Moment! Ich könnte das Geld ja gut gebrauchen: eine Luftpistole! Starfotos! Kaugummis! Comichefte! Eine Packung Peter Stuyvesant, die ich mit meinen Kameraden teilen konnte! Und für Marion »*Sugar Baby*«, ihre Lieblingsnummer von Peter Kraus. Marion, das Mädchen meiner Wachträume, hatte mir letztes Mal einen Kuss auf den Mund gegeben, flüchtig gehaucht, aber es war ein richtiger Kuss gewesen, fand ich – mein erster.

Aber wieder Geld stehlen? Und so viel? Und was, wenn ich erwischt würde? Also gut: Wenn der Fünfziger morgen Abend immer noch da läge, dann, ja dann wäre das ein Gottesurteil. Und Gott urteilte in meinem Sinne: Am nächsten Abend lieferte Omi mich wieder im Heim ab. Und der Schein lag immer noch da und lachte doppelt so dreist wie gestern. Gott hatte gesprochen. Außerdem hatte ich das Recht, das Geld zu nehmen. All meine Kameraden bekamen Taschengeld, nur ich nicht. Ich würde mir jetzt einfach nehmen, was mir zustünde … Und schon war der Schein in meiner Tasche.

Nach der Schule ging ich in die Stadt und kaufte ein, was ich seit Monaten begehrte. Aber statt Peter Kraus kaufte ich »*I Love You, Baby*« von Conny. Warum Marion nicht direkt sagen, was ich für sie empfand? Ich packte alles in meinen Schulranzen und ging nach Hause, zugleich beschwert und beschwingt. Ein seltsam widersprüchliches Gefühl, dass ein Glücksgefühl sich in die Ritzen und Poren einer schlechten Tat ergießt und sie langsam zudeckt, bis das schlechte Gewissen vom süßen Sirup des Glücks erstickt wird.

»Wo kommst du her? Die Schule ist lange aus.« Tante Hilde und Tante Berta fingen mich an der Tür ab. Sie guckten sehr streng und misstrauisch. Mein Magen krampfte sich zusammen. Der Glückssirup floss schnell ab.

»Ich hab noch etwas eingekauft.« Verdammt! Etwas Dümmeres hätte ich nicht sagen können. Die beiden wussten, dass ich kein Geld hatte.

»Mach deinen Ranzen auf.« Scheiße, die beiden hatten Röntgenaugen. Sie fanden alles, und nach kurzem Leugnen gestand ich: Ich war ein Dieb. Wieder mal. Dann passierte etwas Seltsames: Tante Berta nahm mich in den Arm und weinte: »Jung, warum machst du so was? Du bist doch kein Verbrecher.«

Tante Hilde kniff mich in die Backe. Zog mich hin – Junge, Junge, Junge! – und her und meinte, wäre ich katholisch, könne ich wenigstens beichten. Zehn Vaterunser, drei Ave Maria als Buße. Jesus würde verzeihen und – alles gut. Aber als Jude … »Egal, wir beten für dich.« Natürlich müsse ich das Geld zurückzahlen, wie viel ich denn noch hätte.

Ich leerte die Tasche: »Fast zwanzig Mark.«

Der Knast

Am Samstag kam Omi. Nach der Tracht Prügel schubste sie mich in den Wagen und fuhr mit mir schweigend nach Siegburg. Vor einem riesigen roten Backsteingebäude hielt sie an. Auf dem Dach ein Stufengiebelaufbau mit Glocke und darunter eine große Uhr. Sie zeigte darauf: »Damit du mal siehst, wat die Stunde jeschlagen hat!« Wir gingen ein paar Schritte: »Siehst du die Jitter an den Fenstern?«

»Ja, Omi.« Ich wusste genau, wie ein Gefängnis aussieht. Vor einem Jahr hatte ich Alexandre Dumas' Roman *Der Graf von Monte Christo* gelesen, in dem Edmond Dantès im Château d'If vierzehn Jahre lang unschuldig eingekerkert war, auf einer Felseninsel vor Marseille. Ja, ich sah die Gitter und hörte auch schon das Klirren der Eisenschlösser, das Ächzen verrosteter Angeln, roch den Schweiß des zahnlosen Kerkerknechtes und sah die Schildwachen im Hof mit ihren blutrünstigen Bajonetten. Mit den bloßen Nägeln würde ich Mörtel aus pilzschwarzen Fugen kratzen, um einen Fluchttunnel zu graben.

»Dat es der Knast.« Omi riss mich aus meinen Gedanken. »Da kommste jetz' hin. Isch hab disch oft jenug jewarnt, evver do hörst jo nit. Jot, dat ding ärme Motter dat nit mieh miterlevve moot. Die dät sich im Jrav ömdriehe. Esu dankst do mir, wat isch für disch jedonn han, wat isch jeopfert han. Isch künnt kriesche.«

Sie weinte aber nicht, sondern verfiel nach und nach in tiefes Kölsch, ein Zeichen, dass sie sehr erregt war. Ich auch. Ich weinte, ich flehte, ich kniete vor ihr nieder: Nie wieder, nie wieder würde ich das tun, Omi, nie wieder! Und ob sie mich noch … und ob sie mir noch mal … und ob ich irgendwas tun könne, irgendwas?

»Nichts«, krächzte Omi und senkte den Kopf. Tante Hilde und Tante Berta würden mich nicht mehr wollen, klar, wer wolle schon mit einem Dieb unter einem Dach wohnen, mit so einem gottlosen Kerl, wie ich es sei, und in Köln habe sie momentan keinen Platz für mich. Ich glaube, sie weinte dann doch ein bisschen. »Die sind halt, dat weißt du ja«, sagte sie, »sehr, sehr fromm.« Omi überlegte. – Hoffnung! – Sie wiegte den Kopf, hatte eine Idee: »Wat es, wenn du katholisch wirst?«

»Katholisch?«

Ja, die Tanten hätten dann vielleicht ein Einsehen, würden am Montag nicht zur Polizei gehen, würden Gnade vor Recht ergehen lassen. Und der Herrgott, der ja Christ sei, schaue dann vielleicht auch wohlwollend auf mich herab.

»Ja, Omi, ja, das mach ich … Aber …«

»Aber wat?«

»Mami wollte doch, dass ich als Jude erzogen werde.«

Nein, nein, ganz im Gegenteil, protestierte sie: Meine Mami habe ihr auf dem Sterbebett anvertraut, sie glaube an Jesus Christus. Und wäre ihr nur eine Stunde mehr, nur ein paar Minuten mehr geblieben – der Pfarrer hätte sie noch getauft.

Das war mir neu. Ich hatte in ihrer Todesstunde doch mit ihr gesprochen. Und die Christengeschichte kam mir doch sehr bekannt vor – es war das Ende von *Winnetou III*: Mit dem letzten Atem hauchte der edle Apachenhäuptling in Old Shatterhands Armen: »Schar-lih, ich glaube an den Heiland. Winnetou ist ein Christ. Lebe wohl!« Ich musste immer weinen, wenn ich die Stelle las.

Ich wusste, dass Omi log. Natürlich nur, dachte ich, weil sie mein Bestes wollte. Damit ich nicht ins Gefängnis oder nach Israel musste. Ich schaute zu ihr hoch, auf das rote Backsteingebäude – alles, nur nicht Israel. Und vor allem nicht in den Knast.

»Katholisch! Ja, Omi, das mach ich, das will ich, das kann ich.«

»Jut, isch red morjen mit den Tanten. Vielleicht kann isch die ja umstimmen.« Sie half mir auf die Füße und drückte mich lange. So lange wie nie zuvor. Es tat gut. »Braver Junge! Dann fahrn wir jetz' zu Onkel Karl nach Limburg.«

»Aber bitte sag Marion nicht, dass ich Geld geklaut hab.«

Marion

Nach dem Mittagessen bei Staufenbergs zog Onkel Karl mich beiseite. »Jacky, bist du sicher, dass du katholisch werden willst?« Und ob ich denn genügend über das Christentum wisse, immerhin sei das eine gewichtige Entscheidung. Und ob ich bedacht hätte, dass meine Mutter damit vielleicht nicht einverstanden wäre? Und überhaupt!

»Ja, Onkel Karl, ich habe mir das gut und lange überlegt«, sagte ich und bemühte mich, ihm fest in die Augen zu schauen. »Ich glaube wirklich an Gott und an Jesus Christus, seinen eingeborenen Sohn.« Besonders interessant fände ich, dass er durch den Heiligen Geist empfangen und von einer Jungfrau geboren worden sei. Und wenn er, der zur Rechten Gottes säße, des allmächtigen Vaters, wenn er kommen werde zu richten die Lebendigen und die Toten, dann wolle ich auf der richtigen Seite sein, um nach der Vergebung der Sünden das ewige Leben genießen zu können.

Ich konnte mir gerade noch verkneifen, »Amen« zu sagen, denn damit endet das Apostolische Glaubensbekenntnis, das ich gerade in Kurzform paraphrasiert hatte. Das Risiko war gering, denn Onkel Karl glaubte zwar an ein höheres Wesen, ging aber seit seiner Jugend nicht in die Kirche.

Sekunden später kamen Marion, ihre Mutter und Omi in den Raum – sie hatten garantiert gelauscht. Das Ehepaar beglückwünschte mich und vor allem Omi: was sie doch für ein intelligentes Kind habe, wie reif ich schon sei, wie verantwortungsbewusst – ich war kurz davor, das alles selbst zu glauben –, und, sagte Onkel Karl strahlend, er habe eine tolle Idee: Er kenne den Limburger Weihbischof, den werde er fragen, ob der mich nicht im Dom persönlich taufen wolle.

Am Abend spielten wir lange »Monopoly«, dann war Schlafenszeit. Omi schlief in Marions Zimmer und wir Kinder auf den beiden Couchen im Wohnzimmer – wie immer. Ich hatte mich schon den ganzen Tag darauf gefreut, mit Marion alleine zu sein. Als wir dann – »So, Licht aus, Kinder, schlaft schön« – auf unseren Couchen lagen, fasste ich Mut.

»Marion?«

»Ja?«

Jetzt würde ich ihr sagen, wie hübsch ich sie fände und wie schön und wie toll – nein, das war alles langweilig, einfallslos, grauenhaft. Aber mir fiel nichts anderes ein, und so hielt ich den Mund.

Nach einigen Minuten wisperte sie: »Jacky?«

»Ja?«

»Was wolltest du eben sagen?«

»Das kann ich nur ganz leise sagen.«

In der Dunkelheit raschelte es, dann lag sie neben mir. »Dann sag's mir leise.« Ich flüsterte, wie hübsch ich sie fände und wie schön und wie toll – mehr war mir immer noch nicht eingefallen. Aber ich hatte wohl die richtigen Worte gefunden. Plötzlich spürte ich ihre Arme um meinen Hals, ihren Mund auf meinen Lippen und – für einen kurzen Moment – ihre Zunge darin. Und schon hopste sie – »Schlaf schön« – von der Couch.

Ich war glücklich. Auch, weil sie so schnell weg war. Es wäre mir peinlich gewesen, wenn sie gespürt hätte, was »untenrum« (so nannten das die katholischen Tanten in Bad Honnef) bei mir geschehen war.

Am Sonntag fuhren wir am späten Nachmittag nach Bad Honnef zurück. Marion weinte, ich weinte, die Erwachsenen grinsten. Ich setzte mich nach hinten, um mit meinen Gefühlen und Gedanken alleine zu sein. Um fünf Uhr schaltete ich unser Kofferradio ein, einen batteriebetriebenen grünen Schaub-Lorenz Touring T400, zog beide Antennen heraus, drückte die Mittelwellen-Taste und stellte 208 Meter, 1439 Kilohertz ein: Zeit für Camillo Felgens *Hitparade* von Radio Luxemburg, eine der wenigen vernünftigen Sendungen für junge Leute, die es damals gab: Paul Anka sang »*I'm just a lonely boy, lonely and blue, I'm all alone, with nothin' to do*« – ja genau, das war ich, *alone, lonely and blue*. Peter Kraus gluckste: »*Sugar-Sugar-Baby*, sei doch lieb zu mir«. Ivo Robić schluchzte seinen Hit »Morgen«: »Sind wir heut auch arm und klein, sind wir heut auch ohne Sonnenschein, sind wir heut auch noch allein: aber morgen, morgen, morgen, morgen, morgen, morgen«. Ja, arm, klein und allein, all das war ich, aber morgen, morgen, morgen würde mein Leben bestimmt besser werden. Und bis dahin würde ich mit meiner Höfner Freddys »Die Gitarre und das Meer« spielen: »Jimmy wollt kein andres Mädchen, doch sein Leben war nie leer, denn es blieben ihm zwei Freunde: die Gitarre und das Meer.« Okay, das einzige Meer war mein Tränenmeer, aber die Gitarre hatte ich, und die war tatsächlich mein bester Freund. Und wenn ich endlich aus dem Stimmbruch käme, könnte ich den Song auch mit Freddys Seemannsstimme singen.

Beichte

Erst drei Wochen später holte mich Omi wieder ab.

Tante Hilde und Tante Berta berichteten Omi, dass ich jeden Sonntag in die Kirche ginge und schon jetzt ein guter Christ sei. Das Vaterunser und das Ave-Maria könne ich schon. Omi war beglückt und streichelte meinen Kopf. Braver Junge.

Ja, und Jacky bezahle auch seine Schulden ab. Zweimal die Woche fahre er nach der Schule Lebensmittel für ein Geschäft aus. Zwei Mark die Stunde. Und er habe auch schon Adenauer gesehen.

Tatsächlich gehörte Adenauers weiße Villa mit dem berühmten Rosengarten im Honnefer Stadtteil Rhöndorf zu meiner Tour mit dem Lastenfahrrad. Eines Nachmittags wuchtete ich den Korb mit Flaschen, Brot und Gemüse die lange, steile Natursteintreppe hoch, da kamen mir eine Handvoll Männer in Frack und Zylinder entgegen. Ich hielt an, um sie vorbeizulassen. Adenauer hielt auch an, strich mir über den Kopf und brummte drei Worte: »Na, mein Junge.«

Der Atem der Geschichte hatte mich gestreift. Ich war so beeindruckt, dass ich mir in der Stadtbibliothek sofort eine Adenauer-Biografie auslieh und alle Seiten des dicken Schinkens las.

Das Einzige, was ich wirklich verstanden habe, waren die Seitenzahlen.

Und Jacky habe auch schon zwei Mal gebeichtet, berichtete Tante Hilde.

»Was beichtest du denn so?«, wollte Omi wissen.

»Na, wenn ich die Hausaufgaben vergessen habe und so.«

Das war natürlich eine Lüge, die ich eigentlich hätte beichten müssen. Das Gespräch mit dem Beichtvater lief meist in vorhersehbaren Bahnen.

Kreuzzeichen. Im Namen des Vaters und des Sohnes und des Heiligen Geistes. Amen. Auch der Beichtvater sprach seine Formel. Nun, mein Junge? Ich habe gesündigt. Sprich! Ich habe gelogen. Wen hast du belogen? Meinen Lateinlehrer, meinen Englischlehrer, Tante Berta und Tante Hilde. Wie oft? Insgesamt so zehn oder zwölf Mal. Und sonst? Ich habe unkeusche Gedanken gehabt. An wen? Marion, meine Freundin. Was hast du gedacht? Dass ich sie küsse. Sonst nichts? Und ihren Körper streichele. Auch an der Scham? Nein, nur so – das war natürlich gelogen. Und sonst? Ich habe Unkeuschheit getrieben. Mit wem? Mit mir selbst. Wie oft? Zwei oder drei Mal. In der ganzen Woche? Nein, am Tag. Bereust du deine Sünden? Ja. Die Buße bestand immer aus einer Reihe von Vaterunsern und Ave-Marias. Dann ein Reuegebet und die Lossprechung *Ego te absolvo*. Und mit einem letzten Amen und dem dankbaren Gefühl, dass es im Beichtstuhl zu schummrig war, um meine Schamröte zu sehen, war ich wieder draußen in der Welt, die so viele Sünden für mich bereithielt. Wundervolle Sünden darunter.

Und trotz Beichte ließ die nächste Sünde, mit vielen schönen Gedanken an Marion, auch nicht lange auf sich warten.

Bertrand Russell

Wir fuhren zu Onkel Jörn nach Wiesbaden. Bei Kaffee, Kakao und Kuchen erzählte Omi ihm stolz, dass ich zum Katholizismus übertreten wolle. Er kniff die Augen zusammen. Irgendetwas schien ihm daran nicht zu gefallen. Aber er sagte nichts.

Als wir uns ans Schachbrett setzten, ging Omi in den Garten. Kaum war sie draußen, haute er mir auf den Kopf.

»Aua.«

»Bissu übergeschnappt? Warum wissu Kaddolik wer'n? Jude is' doch schlimm genug, nech.«

»Ich glaube halt an Gott und an Jesus Christus, seinen eingeborenen Sohn ...«

»Ach, dumm' Tüüch.«

»Aber ...«

»Halt den Sabbel, sonst gibt's noch was auf'n Achtersteven. Wie kann man zu Leuten wollen, die ein Kreuz anbeten? Ein Folterinstrument!«

Den gleichen Gedanken habe ich Jahrzehnte später bei atheistischen Schriftstellern wie Michael Shermer, Christopher Hitchens und Richard Dawkins gelesen, der dazu einen Gag des jüdischen Stand-up-Comedians Lenny Bruce zitiert: »Wäre Jesus vor zwanzig Jahren getötet worden, würden katholische Schulkinder statt Kreuzen kleine elektrische Stühle um ihren Hals tragen.«[68]

Onkel Jörn stand auf, ging ans Bücherregal, zog ein Buch raus – »Hier, Junge!« – und machte den Umschlag ab: »Damit's keiner sieht, Jungchen!« Ich solle es im Mantel verstecken. Und lesen. Würde ich schon versteh'n. Ruhig zwei Mal lesen. Ich schaute auf den Umschlag: Bertrand Russell, *Warum ich kein Christ bin.* »Wird *Rassel* gelesen«, flüsterte er, »is'n Tommy, trotzdem'n guder Philosoph, sogar'n Lord.«

Als wir uns verabschiedeten, drückte er Omi einen Umschlag in die Hand. Mir kniepte er zu und haute mir beim Rausgehen mit der flachen Hand fest auf den Rücken: »Mach nur ja kein dumm' Tüüch!«

Der Meineid

Ende Mai holte Omi mich direkt vom Siebengebirgs-Gymnasium ab. Rabbiner Asaria mache wieder »Sperenzchen«. Er wolle ihr mal wieder die Vormundschaft abnehmen. Ich wisse ja, was drohe: Israel! Asaria habe das Vormundschaftsgericht rebellisch gemacht. »Isch hab denen jesagt, dat du aus freien Stücken katholisch werden willst. Und dat sie sisch Israel sönswohin stecke künne.« Sie erklärte mir dann, dass ich meinen Wunsch, getauft zu werden, vor dem Vormundschaftsrichter in Bad Honnef erklären müsse. Der würde mir Fragen stellen. Und hier auf dem Zettel stehe, was ich sagen müsse. Dabei solle ich Israel nicht vergessen, und das Gefängnis auch nicht.

Und so, nach vielen eindringlichen Fragen und gelernten Antworten und Rückfragen, setzte der Richter eine Erklärung auf. Ich unterschrieb sie am 26. Mai 1959 mit gerade dreizehn:

So wie ich meine Mutter noch gut in Erinnerung habe, ist es mir nicht erklärlich, dass es ihr letzter Wunsch gewesen sein soll, mich im jüdischen Glauben zu erziehen. Wenn meine Mutter am Leben geblieben wäre, dann würde sie bestimmt auch Christin geworden sein. Ich selbst habe den festen Vorsatz, und ich möchte mich davon keinesfalls mehr abbringen lassen, katholisch zu werden. Seit September 1957 nehme ich freiwillig am katholischen Schulunterricht teil und will, sobald ich die notwendigen Voraussetzungen erfüllt habe, mich auch taufen

lassen. Ich möchte noch besonders bemerken, dass ich von keiner
Seite, also weder von meiner Vormünderin noch in meiner
jetzigen Pflegestelle, bezüglich meines Entschlusses, katholisch
zu werden, beeinflusst worden bin.

Das Einzige, was daran stimmte, war, dass ich den Religionsunterricht besucht habe. Aber nur, um nicht ausgegrenzt zu werden. Es macht keinen Spaß, sich als Einziger auf dem Schulhof herumzudrücken, während die anderen Reli haben.

Mit »notwendigen Voraussetzungen« war die Religionsmündigkeit gemeint: Schon mit zwölf darf ein Kind nicht mehr gegen seinen Willen in einer Religion erzogen werden. Vor allem nicht in einer anderen als bisher. Das war Omis Dilemma: Blieb ich Jude, hatte der Rabbiner eine gewisse Macht über mich. Über das Vormundschaftsgericht konnte er Druck auf Omi ausüben. Der Übertritt zum Katholizismus würde dieses Problem lösen. Aber erst mit vierzehn durfte ich selbst bestimmen, ob ich Muslim, Buddhist oder Katholik sein wollte. Meine Erziehung im katholischen Glauben musste freiwillig geschehen. Das Gericht hatte nicht die geringste Lust, sich die Diskriminierung der jüdischen Religion vorwerfen zu lassen.

Wäre ich erwachsen gewesen, wäre die Erklärung ein Meineid gewesen. Denn inzwischen hatte ich Bertrand Russells Essay *Warum ich kein Christ bin* gelesen. Dreimal sogar, denn nach der ersten Lektüre hatte ich vieles nicht verstanden. Ich habe dann mit meinem Religionslehrer nach der Schule auf dem Schulhof geredet. Er war geduldig, hat meine Fragen beantwortet und das Schwierige erklärt. Bei der zweiten Lektüre habe ich alle Wörter, die ich nicht kannte, im Duden nachgeblättert und auf den Seitenrand geschrieben. Während der dritten Lektüre wurde ich, was ich seither geblieben bin – ein Atheist. Ein sehr naiver damals, aber der Teufel hatte mich in den Klauen und ließ seinen Fang nicht mehr los. Für den Katholizismus war ich verloren. Und für das Judentum auch. Ich wusste, warum ich kein Christ war, dennoch ein Christ werden musste und trotzdem kein Christ sein würde.

Ich bin weiter brav zum Katechismusunterricht gegangen, den mir der Kaplan persönlich gegeben hat. Ich glaube, es machte ihm Spaß, mit mir zu diskutieren, und auch ich genoss die Gespräche. Ich hatte Probleme, christlich zu denken: Wieso wurde Jesus für *meine* Sünden ans Kreuz geschlagen? Wieso ist er für *mich* gestorben? War das nicht eine zu grausame Strafe dafür, dass ich Geld geklaut hatte und häufig onanierte? Wäre es nicht angemessener gewesen, ihn für all das Leid ans Kreuz zu nageln, das er zuließ? Und außerdem war er ja gar nicht gestorben, sondern saß schon wenig später neben seinem Vater, der das alles auch zugelassen hatte. Und diese Sache mit Maria und dem Heiligen Geist: Nicht nur, dass sie bei der Empfängnis Jungfrau blieb, nein, nach der Geburt war sie's immer noch. Und Josef – was für eine Memme! Und der Teufel? Ist bei Juden nicht das personifizierte »Böse«, sondern ein von Gott angestellter Engel, der seine Aufträge ausführt. Das macht Sinn. Aber ein christlicher Teufel, der dem Allmächtigen einfach so in die Quere kommt, nein, das macht keinen.

Die Fragen, die ich stellte, beruhigte mich der Kaplan, habe auch er in meinem Alter gehabt, selbst noch im Priesterseminar. Besonders zu schaffen gemacht habe ihm das Problem der Theodizee, das Problem, warum ein allmächtiger, allweiser und allgütiger Gott so viel Leid geschehen lasse.

Da erzählte ich ihm, dass meine Mutter immer Ausrufe wie »Gott der Gerechte« auf den Lippen hatte oder »Grundgütiger« und »Allmächtiger«. Ich hätte aber nicht das Gefühl, dass Gott gerecht sei oder gütig, auch nicht allmächtig. Sonst hätte er meiner Familie nicht Ghettos und KZs angetan.

»Mein Junge«, sagte er, »mach das, was ich im Priesterseminar auch getan habe. Bitte um Jesu Führung. Gottes Wege sind wunderbar.«

Ich nickte, als sähe ich das ein. Aber ich war sicher, dass meine Mutter und ihre Mithäftlinge des Herren Wege weniger wunderbar gefunden hatten.

Ich hätte gern mit Onkel Jörn über all das gesprochen, aber ich habe ihn nie wiedergesehen. Omi sagte, er sei ein paar Tage nach unserem letzten Besuch an einer Lungenentzündung gestorben. Ich denke heute noch gerne an ihn. Er war mein erster wirklicher Mentor. Und selbst *wenn* er in der SS war, denke ich heute, mein Herz wird wärmer, wenn ich ihn vor mir sehe und wenn ich bedenke, dass er mir den Weg in ein freies, selbstbestimmtes Leben gewiesen hat, ein Leben ohne göttliche Totalüberwachung und vor allem ohne Angst vor dem Höllenfeuer, eine Art Auschwitz für Christen. Und er lehrte mich – vielleicht noch wichtiger –, Bücher zu lieben, weil sie nicht nur unterhaltsam sind, sondern auch intellektuelle Probleme lösen können.

Meine süße Freundin Marion sah ich alle paar Wochen. Und im Laufe der Monate öffnete sich die Knospe unserer körperlichen Beziehung. Wenn wir im Wohnzimmer schliefen, kam Marion auf meine Couch, hörte sich meine immer eloquenter werdenden Liebesschwüre an, kuschelte sich dabei an mich, streichelte mich, wehrte sanft meine zudringlichen Hände ab, aber immer erst nach einer Weile, und gab mir abschließend einen Kuss, der zwar immer etwas länger wurde, der immer mehr Zunge involvierte, aber nie die ganze, und huschte dann auf ihre Couch. Ein paar Minuten Seligkeit. Ein paar Minuten Glück. Irgendwann machte es mir auch nichts mehr aus, dass sie beim Anschmiegen mein steifes Glied spürte, und ihr offensichtlich auch nicht. Nach unserer kurzen Kuschelorgie musste sie nie aufs Klo.

Ich schon.

Chrischtoff und Aschtrid

Die ganzen Sommerferien 1959 verbrachten Omi und ich auf einem Campingplatz am Strand des Bodensees. Ich habe Camping gehasst: die Mücken, das winzige Hauszelt, das Anstehen an der Dusche. Abends waren wir manchmal in der kleinen Kneipe neben den Duschen. Ich durfte Bier trinken, und wir lauschten Christoph, einem Dauercamper, der drei- oder viermal die Woche sein Akkordeon in der kleinen Kneipe neben der Anmeldung betätigte und dazu sang: »Hohe Tannen«, »Jenseits des Tales«, »*Ave Maria no morro*« oder Lolitas »Seemann«. Das Grauen. Ich stand auf Blues, Country und Rock 'n' Roll.

Christoph sah mich ab und zu vor dem Zelt Gitarre spielen, leise, damit mich keiner hörte. Irgendwann stand er vor mir: »Grißgoddle, i bin där Chrischtoff. Gell, du bisch der Tschäggi.«

»Ja.«

»Heidenei, du spielscht ja wie die Sau. Haschd du Luschd, mi heud Abend zu bgleida?«

»Ich weiß nicht, ob ich das kann …«

»Des isch doch ein Scheißdregg für di. Kommsch eifach vorbei. Bisch nachher. Adele.«

»Ja, öhm, Adele.«

Die Songs habe ich erst gehasst: Deutsche Schlager und Volkslieder waren unter meiner Würde, dachte ich. Christophs Akkordeon habe ich auch gehasst: zu große Ähnlichkeit mit meinem. Aber ich hatte selten so viel Spaß wie bei meinem ersten Abstecher ins »Showbiz«. Und ich habe selten so viel in so kurzer Zeit gelernt. Vor allem, dass es Freude macht, Dinge zu tun, die man kann, auch wenn die Dinge selbst einem nicht so wertvoll sind. Nach zwei Tagen war die Scheu überwunden, und ich begann, die zweite Stimme zu Christophs Liedern zu singen. Keine Ahnung, wieso ich das konnte, aber es klappte auf Anhieb.

Fünfundzwanzig Jahre später war ich zehn Jahre lang Fernseh-autor. Da kam mir diese Erfahrung zugute. Ich habe mit Begeisterung Zirkusshows für Freddy Quinn geschrieben oder Artistenshows wie *Arena der Sensationen*, obwohl ich nie freiwillig in einen Zirkus gehen würde; ich habe für Heino zig Shows geschrieben, obwohl ich mir solche Shows nie im Fernsehen angeschaut hätte. Und ich, ein Saupreiß, war Carolin Reibers »Hausautor« und habe der bayerischen *Grande Dame* der Volksmusik Moderationen geschrieben für zig Sendungen der *Volkstümlichen Hitparade* oder des *Grandprix der Volksmusik*. All das hat mir unendlich viel Freude gebracht, und dass ich damit Geld verdienen konnte, war ebenfalls wundervoll. Nach den ersten Shows ertappte ich mich während der Proben im Studio immer öfter dabei, dass mein Fuß im Takt der ungeliebten Volksmusik wippte.

Ein paar Jahre nach meinen Bodensee-Erlebnissen las ich Saint-Exupérys *Kleinen Prinzen* und verstand sofort, was er meinte, als er schrieb: »Die Zeit, die du für deine Rose verloren hast, sie macht deine Rose so wichtig.«

Auch tagsüber verbrachte ich viel Zeit mit Christoph. Er war Oberstudienrat an einem Ravensburger Gymnasium. Englisch und Philosophie. Wir übten neue Lieder ein und unterhielten uns auch über philosophische und theologische Themen. Ich erzählte ihm von meinen religiösen Problemen. Er beruhigte mich: »Tschäggi, der Herrgott isch wie ein Diktador: Erscht einmol die eigene Macht sichere.«

»Wie meinst du das?«

»Wie heischt des erschde Gebot?«

»Ich bin der Herr, dein Gott. Du sollst keine anderen Götter haben neben mir.«

»Siescht du. Hat zehn Gebode Platz und verschwendet zehn Prozent an Selbschtbeweihräucherung«, räsonierte er und redete plötzlich Hochdeutsch weiter: »Jammert dauernd 'rum, dass die

Juden ihm nicht genug huldigen, zertrümmert, was ihm nicht passt, Menschen, Städte, alles. Befiehlt Abraham, seinen eigenen Sohn Isaak zu schlachten und zu verbrennen, nur um zu prüfen, ob Abraham gehorsam ist. Und er ist eitel. Seitenlang quasselt er 'rum, wie sein Heiligtum auszusehen hat, wie die Bundeslade, wie die Farben, Stoffe, Hölzer, welche Verzierungen – wie 'n schwuler Innendekorateur.«

Wäre da noch ein Flämmchen Religiosität gewesen, Christoph hätte es mit solchem Löschschaum erstickt. Ich kannte all die Geschichten und hatte mir schon ähnliche Gedanken gemacht.

Ich habe in diesem Sommer auch Autofahren gelernt. Bis zur Kneipe war ein weiter Weg, und so fuhren wir meist mit Omis Renault 4 CV hin. Omi zeigte mir Gangschaltung, Kuppeln und Zwischengas und ließ mich oft bis dahin fahren. Zurück musste ich zu Fuß gehen, denn sie wollte meist viel früher zum Zelt zurück, nahm noch ein paar Schlucke Racke und schlief. Sie war auch sonst sehr entspannt. Unser Verhältnis war noch nie so gut gewesen wie in diesen Ferien.

Nach jedem Song klatschten die Camper, als wären wir die Everly Brothers. Das tat gut. Am lautesten, so schien es mir, applaudierte eine Schönheit, die immer ganz vorne saß. Sie war nicht zu übersehen. Ihr fuchsrotes Haar wollte in alle Richtungen. Der Körper mollig, aber nicht dick. Freche Augen, ein rundliches Gesicht. Ein Sternenhimmel voller Sommersprossen. Das alles bemerkte ich allerdings erst, nachdem ich mich an den faszinierenden Anblick ihrer üppigen Brüste gewöhnt hatte, die sich beim Klatschen in eindrucksvollen Transversalwellen bewegten wie, um es mit einem Ausdruck von Isaak Babel zu beschreiben, »Ferkel im Sack«.[69] Und erst danach bemerkte ich, dass ihre Augen weiter wurden, wenn sie mich anlächelte. Interessant.

Astrid nannte sich »Aschtrid« und war eine Zahnartschthelferin aus Schtuagard. Ich schätzte sie auf fünfzehn. Am zweiten oder dritten Abend stolperten wir von der kleinen Kneipe über den schlafenden Campingplatz zum See. Vor meinem Zelt flüsterte sie: »I setz mi noch a bissle an'n See. S'isch so schee warm. Haschd du au Luschd?«

Ich hatte Luschd. Ich war dreizehn, hatte nur eine Gehirnwindung, und die war ständig erigiert.

Sie holte eine Decke aus ihrem Zelt, und wir setzten uns an eine stille Stelle zwischen Strand und Ufergebüsch. Ich weiß nicht mehr, worüber wir uns unterhielten. Plötzlich küsste sie mich; sie zog erst sich aus, dann mich. Ich genierte mich, aber das legte sich schnell. Als wir uns auf Knien gegenübersaßen, sah ich, wie sanft und schön ihr Körper war. Der halbe Mond schien durch die Blätter einer jungen Rotbuche und sprenkelte tanzende Lichter auf ihr Haar, ihren Busen und ihren Schoß. Weibliche Wesen waren für mich bis dahin ein unerforschter Kontinent gewesen. Ich kannte diesen geheimnisvollen Erdteil nur als Flachland, das von Marions Hemdchen bedeckt war. Astrid half mir, die vielen weißen Flecken von der Landkarte zu tilgen.

Langsam durfte ich mich vom Äquator nach Norden vortasten, Breitenkreis für Breitenkreis bis zum Hochgebirge, dann auf die Alpenrückseite, von dort südwärts bis zu einem sanften Hügelland, auf der anderen Seite zur Waldgrenze und dann vorsichtig den angrenzenden Steilhang hinab. Ich durfte alle Hochflächen begehen und Hügel besteigen, Berge erobern und Höhlen erforschen.

Und das Schönste: Dieser faszinierende Kontinent war zu Erdbeben fähig. Sie wiederum ging bei mir meist umgehend zur Vulkanzone und wurde prompt mit einer Eruption überrascht.

Nur vereinen wollte Astrid die tektonisch aktiven Bereiche nicht. Auch nicht in den nächsten Nächten in ihrem Zelt. Na gut, war nur ein Vorschlag. Und ich war ja gerade mal dreizehn. Da war Petting perfekter Sex. Zum Glück schlief Omi schon, wenn ich spätnachts in unser Zelt schlich. Astrid holte mich aus meiner pubertären Hormonotonie.[70] Astrid war wundervoll. Warm, weich und wollüstig.

Als sie nach drei Wochen abreiste, fragte ich sie nach ihrem Alter. Achtzehn. – Schock! Aber als der nach ein paar Sekunden nachließ, blieb nur Stolz zurück, während ich ihrem Auto nachwinkte. Omi winkte mit: »Nett' Mädche.«

»Ja«, stimmte ich zu, »sehr, sehr nett.«

Ich war selten so glücklich wie in diesen sechs Wochen: eine entspannte Omi, Autofahren, Baden, Sonnen, Gitarrespielen, Singen, Bier, Petting mit meiner hebephilen Aschtrid, deren Mondlichtkörper ich noch Jahre später vor mir sah, und philosophische Diskussionen mit Studienrat Chrischtoff. Ich fühlte mich wie ein Mann – *Summer of '59*.

Wasserverschwendung

Mitte Februar 1960 holte Omi mich ab, um mit mir nach Limburg zu fahren. Ich freute mich schon sehr auf Marion. Vor der Abfahrt setzten wir uns mit Tante Hilde und Tante Berta an den Küchentisch. Omi holte einen Aktenordner aus der Reisetasche, holte ein dreizehnseitiges Dokument vom Amtsgericht Köln heraus und schwenkte es triumphierend: »Der Rabbiner wollte mir die Vormundschaft jerichtlich wegnehmen lassen. Du weißt ja, Israel und so. Isch han lang öm disch jekämpft, Jacky, öm disch und für disch. Jetzt han isch endjültig jewonne. Du jehörst mir. Jetz is et amtlich. Du willst doch noch katholisch werden, oder?« Sie sah mich streng an. Tante Hilde und Tante Berta lächelten erwartungsvoll. Ich zögerte. Aber ich war zu feige, um ihnen von Onkel Jörn, von Chrischtoff und Bertrand Russell zu erzählen.

»Ja, ich … glaube schon.«

Die beiden Tanten sprangen auf und umarmten mich: Das sei wundervoll, und man habe auch eine Überraschung für mich: »Wenn du willst, wirst du an deinem vierzehnten Geburtstag ein Mitglied der heiligen Kirche.«

Als ich anfing, die Seiten des Beschlusses durchzublättern, riss Omi mir die Papiere aus der Hand und bellte: »Dat braucht disch alles nit zu interessieren. Hier steht dat Wichtige.« Dann las sie die letzten Zeilen vor:

Die Vormünderin betreut das Mündel seit den ersten Mona-
ten seiner Geburt in einer aufopfernden Weise. Sie hat das
Mündel selbstlos und auf eigene Kosten unterhalten und erzo-
gen und bisher das Mündelvermögen unangetastet gelassen.
Aus all diesen Gründen ist eine Entlassung der Vormünderin
nicht gerechtfertigt.

»Merk dir dat jut, Jacky«, sagte Omi, »isch hab dat Jefühl, dat du dat allzu oft verjessen tust.«

»Ja«, ergänzte Tante Hilde, »du musst deiner Omi ewig dankbar sein. Aber jetzt wirst du ja ein Christ, und der Herr wird dich auf den rechten Weg führen. Gelobt sei Jesus Christus.« Sie bekreuzigte sich.

»Gelobt sei Jesus Christus«, murmelten auch Tante Berta und Omi und bekreuzigten sich. Zum ersten Mal sah ich, dass Omi ein Kreuzzeichen machte.

»Gelobt sei Jesus Christus«, log auch ich und setzte gekonnt hinzu: »In Ewigkeit, Amen.«

Und alle antworteten im Chor: »In Ewigkeit, Amen.«

Auf der anschließenden Fahrt nach Limburg fragte ich Omi, welches Mündelvermögen die meinten. »Du hast kein Vermöjen«, krächzte Omi, »dat is mein Geld. Dat hab isch dir vorjestreckt, bis mal die Wiedergutmachung kommt.« Dann beschwor Omi mich, ich dürfe nichts von dem verraten, was sie mir jetzt sage. Sie habe Onkel Karl versprochen, dass ich in Limburg getauft werde und nicht in Bad Honnef. Aber ich dürfe mir nichts anmerken lassen.

In Limburg zeigte Omi Onkel Karl das Urteil des Vormundschaftsgerichts, das gehörig bestaunt wurde, man habe auch nichts anderes erwartet, bei all dem, was Omi für mich getan habe. »Ich habe auch eine gute Nachricht«, sang Onkel Karl und legte den Arm um meine Schultern. Seine Frau setzte sich neben mich und herzte mich: »Ja, eine wirklich gute. Wir haben uns für dich eingesetzt. Der Weihbischof will dich persönlich taufen.«

»Oh, vielen Dank«, strahlte ich, »gelobt sei Jesus Christus.«

Zwei Wochen später, am 1. März 1960, wurde ich vierzehn. Am gleichen Tag stand ich am uralten Taufstein der Bad Honnefer Pfarrkirche St. Johann Baptist, einem gotischen Bau aus dem frühen 16. Jahrhundert. Vielleicht zwanzig Menschen standen um mich herum und schauten interessiert zu, wie der kleine Judenjunge mit geweihtem Wasser getauft wurde.

Und wiederum ein paar Wochen später stand ich am prächtig verzierten spätromanischen Taufstein des Limburger Doms und wurde vom Weihbischof persönlich getauft. Wieder standen viele Menschen herum und schauten zu, wie der kleine Judenjunge in den Schoß der Kirche aufgenommen wurde.

Nach der Zeremonie gab Marion mir einen Kuss auf die Wange: »Jetzt bist du ein Christ, Jacky. Bist du glücklich?«

»Ja, sehr«, log ich.

Ich war jetzt doppelt katholisch getaufter Jude. Aus der Sicht eines Atheisten, der ich damals schon war: reine Wasserverschwendung.[71]

By early the next morning,
I rose up to tight,
My eyes were as red as the light.
My pockets were empty,
And so was my heart,
And I promised to put things right.
So I went to the preacher,
I fell on my knees,
I asked the preacher,
To right all my wrongs,
But he just shook his head,
And looked sorry when he said,
»You've been on the streets far too long«.

Frankie Miller,
»Drunken Nights in the City«, 1975

12

Jugend in Köln

Während der Osterferien 1960 zog ich nach Köln in Omis Zwei-zimmerwohnung. Sie wohnte nun im dritten Stock eines Rei-henhauses gleich an der Auffahrt zur Mülheimer Brücke, die ich von meinem Zimmer aus gut sehen und hören konnte. Omi hatte jetzt eine feste Tätigkeit, die erste, an die ich mich erinnern kann, und arbeitete als kleine Verwaltungsangestellte bei der Oberfinanz-direktion.

»Warum wohnen wir nicht wieder bei Tante Else?«, fragte ich.

»Sie ist nischt deine Tant. Isch hab keine Schwester mehr«, antwortete Omi hart.

»Ist sie tot?«

»Nein.«

Ich habe vorsichtshalber nicht weitergefragt.

Omi liebte Sinnsprüche und Sinngedichte. Geistesgaben bedeutender Dichter, die durch übermäßigen Gebrauch im Fluss der Zeit zu unscheinbaren Bachkieseln abgeschliffen worden waren. Im Wohnzimmer, zugleich Omis Schlafzimmer, waren die erbaulichen Texte eng gehängt, um allein durch die Fülle zu beeindrucken, ebenso auf dem Flur und auf der Toilette. Manche repräsentierten ihr Selbstbild als *Mater Dolorosa*, als Schmerzensmutter, die sich ein Leben lang für Mami und mich aufgeopfert hat. Neben dem Seemann mit Pfeife und Südwester in Öl predigte Dostojewski in Fraktur auf Pergamentersatz:

Held sein, eine Minute, eine Stunde lang, das ist leichter als in stillem Heroismus den Alltag tragen. Nehmt es nur auf euch, das Leben in diesem grauen, eintönigen Alltag, dieses Wirken, für das euch niemand lobt, dessen Heldentum niemand bemerkt, das in niemandem Interesse für euch erweckt; wer diesen grauen Alltag erträgt und dennoch dabei Mensch bleibt, der ist wahrhaft ein Held.

Sie hat oft darauf gezeigt, wenn sie nach ein paar Gläschen Racke Rauchzart jammerte, wie schlecht die Welt sei und wie tapfer sie ihr Leben ertrage, in dem ich die größte Belastung sei. Sie war eine arme Sau, die nicht mal im Suff Glück finden konnte. Andere Sprüche dienten einem wichtigeren Zweck: Sie deklarierten, wie Omi von *mir* gesehen werden wollte. Über einem geschnitzten Hirsch, an dessen Beinen drei Jagdhunde nagen, hing ein großer Porzellanteller mit durchbrochenem Goldrand. Darauf der Auszug eines Rosegger-Gedichts auf Veilchenmotiven:

Ein bißchen mehr Friede und weniger Streit,
Ein bißchen mehr Güte und weniger Neid,
Ein bißchen mehr Liebe und weniger Haß,
Ein bißchen mehr Wahrheit, das wär doch schon was.
Und viel mehr Blumen während des Lebens,
Denn auf den Gräbern blüh'n sie vergebens!

Vor allem Roseggers Schlusszeilen dienten Omi als Erziehungs-mittel, wenn ich wieder einmal undankbar war, also mein Zim-mer nicht aufgeräumt hatte, zu spät nach Hause gekommen war oder sonst was angestellt hatte. Omi hat nie ein Hehl daraus ge-macht, dass sie von mir Dankbarkeit für ihre Leistungen erwar-tete, eine Art Altersversorgung – materiell und emotional. Da-mit ich das nur ja nicht vergesse, hatte sie die erste Strophe eines Gedichts von Friedrich Wilhelm Kaulisch in einen goldenen Rahmen gefasst und in Augenhöhe über der Toilette aufgehängt. Geschickt: Damals pinkelten Männer noch im Stehen, und so war ich gezwungen, mehrmals täglich die Zeilen des sächsischen Dichters auf mich wirken zu lassen:

Wenn du noch eine Mutter hast,
so sollst du sie in Liebe pflegen,
daß sie dereinst ihr müdes Haupt
in Frieden kann zur Ruhe legen.

Damals, 1960, wäre mir sicher die viel später von Frauen initiierte Methode »sitzen statt spritzen« willkommen gewesen. Aber dann hätte Omi den Rahmen bestimmt umgehängt.

Thixpressrämbouh

Nach den Osterferien besuchte ich das Gymnasium Köln-Buchheim, eine reine Jungenschule, die zu jener Zeit im Arbeiterviertel Kalk untergebracht war. Ich war jetzt Quartaner, also nach heutiger Zählung in der siebten Klasse.

Erste Stunde Englisch. Kein Problem, dachte ich, darin bin ich ja fit. Zur Tür herein kam Lehrer Mürgel, so soll er hier heißen, mit Tweed-Jackett, kurzen, struppigen Haaren und einer Goldbrille, hinter der wache Augen glitzerten.

»Dreksler, juhr se nu pjubil«, stellte er mit hartem deutschen Akzent fest, als er das Klassenbuch studierte.

»*Yes, Sir*«, antwortete ich mit schönem, aber übertriebenem amerikanischem »R«. Er sprach etwas seltsam, ich glaubte einen sächsischen Akzent zu hören, aber ich kann mich täuschen.

»Dreksler, oupen juhr buk ent beginn de riet ›Thixpressrämbouh‹.«

»*I'm sorry?*«

»Begin de riet ›Thixpressrämbouh‹.«

»*Come again, please.*« Die Klasse giggelte. Ich hatte den Titel der Lektion wirklich nicht verstanden.

Er war aufgestanden, kam langsam auf mich zu und wiederholte langsam und mit drohendem Unterton: »Dreksler, begin-de riet ›Thix-press-räm-bouh‹.«

Ich verstand ihn immer noch nicht, aber ein Blick auf das offene Buch meines Banknachbarn offenbarte das Geheimnis. Die Klasse feixte. Das gefiel mir, und ich zog die Nummer durch: »*I'm sorry, Sir, I didn't quite catch the title.*«

Er grinste böse, packte mit Daumen und Zeigefinger die kurzen Haare überm Ohr und zog mich daran aus dem Stuhl hoch, höher, immer höher, bis ich auf den Zehenspitzen stand. Dann ließ er los und gab mir eine gnadenlose Ohrfeige. Im Weggehen wetterte er: »For se last teim, Dreksler, riet ›Thix-press-räm-bouh‹.«

Heute weiß ich, nachdem ich jahrelang Gymnasialklassen von der Unter- bis zur Oberstufe unterrichtet habe, dass er mich kleines Arschloch längst durchschaut hatte und mich dann für meine Frechheit bestrafte. Mein Banknachbar schob mir mitleidig sein Buch rüber, so konnte ich zumindest mein Gesicht wahren, und ich las die Überschrift, die ich nun schon drei Mal in extrem überstrapaziertem Oxford-English mit deutschem Akzent gehört hatte: »*The Express Rowing Boat*«.

Später war ich selbst Lehrer an einem Kölner Gymnasium, und im Rückblick erkannte ich, dass Mürgel ein guter Lehrer war. Aus heutiger Sicht ist die Ohrfeige untragbar. Damals aber gab der Bundesgerichtshof schlagenden Lehrern recht: Frechheit, Ungehorsam und mutwillige Störung des Unterrichts – und ich stand in allen drei Disziplinen *sehr gut* – rechtfertigten den Einsatz der Hand auf die Wange oder »maßvolle Schläge mit dem Rohrstock auf die Hand oder das Gesäß« als Gewohnheitsrecht. Und das bis in die Siebziger.

Unser Lateinlehrer, ein liebenswerter weißhaariger Pfarrer, warf mit Kreide, wenn jemand zu laut schwätzte, oder in Ausnahmefällen mit dem Klassenbuch, um den pubertierenden Pöbel zur Räson zu bringen. Unser Erdkundelehrer schmiss in höchster Erregung sein Schlüsselbund zielgenau auf Missetäter. Er war wohl auch eines der letzten Exemplare, die ihre Schüler »erzten« wie beim Alten Fritz: »Was will Er? Was hat Er? Gehe Er mir aus den Augen! – Was? – Schweig Er! Raus!«

In der großen Pause musste ich zu Direktor Phillipek. Ich hatte keine Angst vor ihm. Er war ein fülliger Mann mit zurückgekämmten blondwelligen Haaren, qualmte unentwegt und war die Güte in Person.

Phillipek blickte mich durch seine Hornbrille freundlich an

und sog an seinem Zigarrenstummel. »Setz dich, Jacky. Ich hab gehört, also, dass du Jude bist. Am Religionsunterricht musst du dann natürlich nicht teilnehmen.«

»Ich bin katholisch. Seit ein paar Wochen.«

»So-so, schön-schön. Das mit dem Judentum hat wohl dein Vormund bei der Anmeldung ... Also, wenn du da irgendwie Probleme kriegst, also bei deinen Kameraden, also du verstehst, ja? Also dann kommst du sofort zu mir, klar?«

»Ja, Herr Direktor.«

Es klingelte. In der Klasse fragte mich mein Banknachbar: »Ich hab gehört, du bist Jude?«

»Nö, katholisch.«

»Hätt mich auch gewundert. Siehst gar nicht so aus.«

Verdammt. Jetzt würde ich auch hier bald mit dem großen »J« auf der Stirn rumlaufen. Warum musste Omi jedem die Judennummer auf die Nase binden? Erzählen, was für eine arme Sau meine Mutter gewesen sei? Und was Omi alles für uns getan habe?

Ich hasste sie.

Der Veteran

Am Sonntagvormittag, zwei Tage später, streunte ich durch den Park der Riehler Heimstätten, ein Altenheim am Ende unserer Straße an der Auffahrt zur Mülheimer Brücke. Ich hoffte, das Mädchen mit dem braunen Bubikopf und dem geblümten Petticoat-Kleid zu sehen, das immer an meiner Haltestelle ausstieg und mich mit Honigaugen anlächelte – kein Glück. Ich hatte drei Mark in der Tasche, die ich Omi geklaut hatte, und beschloss, das Geld in einer nahe gelegenen Pinte auf den Kopf zu hauen – *let's live it up!*

Der Monheimer Hof war eine kölsche Arbeiterkneipe, ge-
beizt vom Rauch und Alkoholdunst vieler Jahrzehnte. Greise mit
Halbglatze, *comb-overs* oder Fifis, Kerle in verbeulten Sonntags-
anzügen – bevorzugt in Rentnerkackbeige –, angejahrte Halb-
starke mit Elvis-Tollen und speckigen Lederjacken; Dauerwel-
len-Weiber, mit deren Stimme man Töpfe scheuern konnte, und
hochtoupierte Blondinen, die aussahen, als kämen sie von der
Schießbude.

Im Fernseher über der Tür lief Werner Höfers *Internationaler
Frühschoppen*. Sechs Journalisten aus fünf Ländern diskutierten,
rauchten und tranken, nein soffen Rheinwein – »Erheben wir
die Gläser, meine Herren« (obwohl eine Frau in der Runde saß).
Es gab viel zu besprechen: Die DDR hatte die Grenzkontrollen
wegen der vielen Flüchtlinge verstärkt, der UNO-Sicherheitsrat
hatte Südafrika aufgefordert, die Rassentrennung zu beenden,
aber vergessen anzumahnen, dass in den USA viele Busse, Schulen und Restaurants immer noch nur für Weiße reserviert waren.
Und die Jukebox verbreitete das Grauen von gestern und heute:
Bill Ramseys »*Souvenirs, Souvenirs*«, Ivo Robićs »Morgen« und
Jan & Kjelds »*Banjo Boy*«.

Ich zog mir eine Zwölferpackung Roth-Händle – die cools-
ten unter den Filterlosen (auch Reval, Overstolz und Eckstein
waren akzeptabel). Noch eins fünfzig übrig – dafür würde ich
zwei Kölsch bekommen, wenn der bullige Wirt mich nicht aus
der Tür prügelte –, und später am Kiosk ein *Micky-Maus*-Heft
für fünfundsiebzig Pfennig, ein paar Stumpen Weiße Eule zu
zehn und ein Päckchen Vivil für frischen Atem, damit Omi mich
nicht erwischte.

Ich stellte mich an die Theke, tat, als wäre ich hier seit zehn
Jahren Stammgast, bestellte ein Kölsch, bekam es auch ohne Mur-
ren – waren halt andere Zeiten –, guckte frech in der Gegend
herum und erschrak: Dem knorrigen Alten links neben mir, er

war vierzig oder fünfzig, fehlte ein Auge, und aus seinem Jackett-ärmel baumelte eine Gummihand. Er hatte meinen Blick gesehen und erklärte: »Tjaja, Jung, fünnefunvierzisch, der Russe.« Er hustete trocken und echote: »… der Russe!« Er sog an seinem Stumpen, inhalierte tief und erklärte im Ausatmen verschwörerisch leise: »Un' all dat wäjen dä Jüdde … dä Jüdde.«

»Dä Jüdde? Wiesu dat dann?«, fragte ich und bemühte mein tiefstes Kölsch und meine tiefste Stimme.

»Wiesu?«, fragte er und glättete mit der guten Hand die nass zurückgekämmten Haarsträhnen. »Eets brocken se uns dä Eetste Weltkreesch in, dann die Inflation, dann dä Zweite – hät denn vielleich einer vun denne mitjekämpf, als mir uns dä Aasch opjerisse han an d'r Front … d'r Front?«

Ich überlegte. Um Zeit zu gewinnen, schnippte ich eine Roth-Händle aus der Packung, klopfte das Tabakende ein paarmal auf dem Daumennagel zurecht und leckte sie ostentativ an. Machten richtige Männer wie ich damals, schmeckte kräftiger, war nichts für Weichlinge und, glaubte ich, sah vor allem cool aus. Dann entflammte ich mein Zippo mit einem Trick, den ich stundenlang geübt hatte, bis es wie eine einzige blitzschnelle Schlagbewegung aussah: Schutzklappe mit einem Hieb an die Handkante öffnen und mit einer sofortigen Gegenbewegung das Reibrad drehen. »Eja«, singsangte ich, »ävver die Jüdde woren da doch em KZ, oder nit?«

Er stutzte. Der Fakt passte nicht so recht in seinen Argumentationsstrang, aber er fing sich schnell: »Dat woren die doch selver schuld, Jung.« Er kippte sein Bier in einem Zug herunter, schaute zum Wirt – »Noch e Kölsch … un e Körnsche« – und packte mich am Oberarm: »Nit, dat do jetz' denkst, isch hätt jet jejen die Jüdde … wirklisch nit.« Er schüttelte den Kopf und wechselte vom tiefen Kölsch in den rheinischen Singsang, den Rheinländer für Hochdeutsch halten und gern einsetzen, wenn sie etwas Bedeutsames sagen wollen: »Pass op, Jung. Wat der Hitler mit den Juden jemacht hat – das war nischt nett … nischt nett. Isch kannte mal einen Juden. Der wohnte bei uns an der Ecke. War'n netter Kerl …« Er hob den Zeigefinger: »Jibt et *auch*!«

Ich stimmte hastig zu, dass es auch *nette* Juden gebe, murmelte: »Mal pissen geh'n«, und verdrückte mich schnell. Während ich noch an der Zinkrinne stand, öffnete sich die Toilettentür. Ich hörte sein trockenes Husten. Erschrocken klemmte ich den Strahl ab und versteckte hastig mein nachpieselndes Gemächt im Hosenschlitz – nur Juden waren damals beschnitten!

Ich hatte ein würgendes Gefühl im Hals, produzierte aber ein Lächeln – »Maach et jot!« –, lief zu meinem Bier, zahlte und ging.

Du feige Ratte, schalt ich mich auf dem Nachhauseweg, zischelte eine Kaskade scharfkantiger Argumente, mit denen ich ihn hätte zerstören sollen, und konnte dennoch nicht das Gefühl beklemmender Angst loswerden. In Deutschland herrschte eine Kultur des Vergessens und Verdrängens. Über dem Urgrund der deutschen Tektonik hatten sich fünfzehn Jahre nach Kriegsende die ersten Sinkstoffe gebildet, aber darunter blubberte noch der braune Schlamm.

Der Austritt

Ich war jetzt ein Christ, aber ich spürte, dass ich für »die Deutschen« immer ein Jude bleiben würde. Ich könnte Allah, Buddha oder Zeus anbeten. Ich bliebe doch »der ewige Jüd«. Ich beschloss, zumindest in dieser Hinsicht nicht mehr zu lügen. Bertrand Russells süßes Gedankengift und die Gespräche mit Christoph hatten gewirkt: wenn schon Jude, dann wenigstens ein atheistischer.

In der folgenden Woche erkundigte ich mich bei meinem Religionslehrer, wie man aus der Kirche austrat. Warum ich austreten wolle, fragte er. Nein, nein, ich wolle es nur wissen.

Ich brauchte meinen Ausweis, die Taufurkunde und ein paar Mark Gebühren. Das Geld war kein Problem: Ich klaute es Omi aus der Handtasche. Ich hatte keine Skrupel: Ich war schließlich ein Dieb, wie sie mir oft genug klargemacht hatte. Ausweis und Urkunde waren schon schwieriger. Omi verwahrte beides in einem Schränkchen im Wohnzimmer. Den Schlüssel hatte sie irgendwo versteckt. Ich suchte ihn – vergebens. Da zeigte sich, was kriminelle Energie vermochte: Ich schraubte kurzerhand die Rückwand des Schrankes ab, nahm, was ich brauchte, und ging zum Amt. Und so wurde ich Atheist. Meinen neuen Religionsstatus behielt ich für mich.

Atheist sein – was bedeutet das für mich? Zunächst einmal: Ich glaube nicht an Zeus, Baal oder den Waldgott Tanemahuta der Maori und die vielen anderen tausend Götter und Göttinnen, die es gibt oder gab – da unterscheide ich mich nicht von Christen, Muslimen und Juden. Ich glaube halt nur an *einen* Gott weniger als sie.[72] Und ich glaube auch nicht an den polytheistischen katholischen Halbgötterhimmel: die 6650 Heiligen und Seligen, die 7500 Märtyrer, glaube nicht an Maria und den Heiligen Geist – ebenfalls Wesen, zu denen manche beten. Als bräuchten wir Menschenkinder Anwälte, die unsere Wünsche beim Allwissenden vortragen: Herr, ich gebe zu bedenken, dass der Sünder völlig besoffen war, als er seine Frau betrog, wie du ja weißt. – Na gut, Maria, dann dir zuliebe nur drei Jahre Fegefeuer, aber ohne Bewährung.

Ein guter Mensch sein – das kann ich auch ohne die Angst, dass mir ein allwissendes Wesen zuschaut. Charakter ist das, was ich tue und denke, wenn keiner zuschaut und wenn ich nicht

befürchten muss, dass andere Menschen meine Missetaten entdecken.

Ich mag Jahwe nicht, den rächenden Gott des Alten Testaments. Zum Beispiel weil er blutrünstig ist:

>*Ich will … durch Ägyptenland gehen und alle Erstgeburt
schlagen.*< – >*Sie sollen durchs Schwert fallen und ihre kleinen
Kinder zerschmettert und ihre Schwangeren aufgeschlitzt
werden.*<[73]

Ich weiß, ich weiß: In der Bibel sind viele Dinge symbolisch gemeint, metaphorisch, allegorisch und müssen »aus der Zeit heraus« verstanden werden. Ich frage mich allerdings, wofür dann
»Symbole« wie Mord, Krieg und Vergewaltigung stehen.

Jesus, Gottes Sohn aus dem Neuen Testament, ist demgegen-
über ein Gott der Liebe und Barmherzigkeit, heißt es. Aber vor
Gericht (insbesondere vor dem Jüngsten Gericht) sollte man immer vom *worst case scenario* ausgehen. Und alle Auslegekunst
kann diverse Paragrafen im Neuen Testament nicht aus der Welt
schaffen. So heißt es im Matthäus-Evangelium: Der Menschen-
sohn, der Weltenrichter

*wird sie voneinander scheiden, gleich als ein Hirte die
Schafe von den Böcken scheidet, und wird die Schafe zu
seiner Rechten stellen und die Böcke zu seiner Linken.
[…] Dann wird er […] sagen zu denen zur Linken: Gehet
hin von mir, ihr Verfluchten, in das ewige Feuer, das bereitet ist dem Teufel und seinen Engeln! […] Und sie werden
in die ewige Pein gehen, aber die Gerechten in das ewige
Leben.*[74]

Genau das ist mein Problem mit allen abrahamitischen Religionen: Sie scheiden die Welt in links und rechts, Böcke und Schafe, Ungläubige und Gläubige. Links ist böse und bedeutet ewige Verdammnis, rechts ist gut und bedeutet ewiges Leben. Und so halten es alle dogmatischen Systeme. Es gibt nur Schwarz und Weiß.

Das Problem mit links und rechts hatte auch meine Mutter, als sie mit ihrer Familie in Auschwitz aus dem Zug stieg: Links war der Tod, rechts das Leben (wenn auch ein unwürdiges).

Geheimakten

Eines Abends kam Omi nach Hause und legte mir ein maschinenbeschriebenes Blatt vor. Oben stand: Eidesstattliche Versicherung.

»Unterschreib dat.«

»Worum geht's denn?«

»Um Rente für dich. Wiedergutmachung. Ich muss dat bei der Landesrentenbehörde vorlejen. Du kriss evver nix. Du lebst ja seit Jahren op meine Koste.«

Ich überflog die Erklärung kurz: Ich hätte meinen Vater nie gekannt, er sei schon vor meiner Geburt gestorben, darum würde ich mich als Vollwaise betrachten. Ich unterschrieb und fragte nicht weiter. Sie öffnete den Wohnzimmerschrank und legte die Erklärung auf die zahlreichen Aktenordner. Bisher hatten mich diese Akten nicht interessiert. Solange ich zurückdenken kann, schrieb Omi Briefe an Ämter und Zeugen, Gerichte, Botschaften und Rechtsanwälte.

Am nächsten Tag kam ich aus der Schule, zog zwei der Leitz-Ordner heraus, es waren wohl sieben oder acht, schlug hier eine Seite auf, blätterte da flüchtig durch – nichts Interessantes, nur staubiger Behördenkram: Die Landesrentenbehörde teilt mit, es sei beabsichtigt, den Antrag auf Entschädigung abzulehnen; die Rechtsanwälte widersprechen; Omi entzieht ihnen das Mandat; das Sozialministerium Rheinland-Pfalz teilt mit, Omi wendet sich an den Ministerpräsidenten des Landes Rheinland-Pfalz; die Wiedergutmachungsbehörde will nicht zahlen, weil ein Gutachter die Kausalität ihres Leidens mit der KZ-Haft bestreitet; Omi beschwert sich beim Regierungspräsidenten von Nordrhein-Westfalen wegen diesem; die Rechtsanwälte schreiben an die Botschaft in Paris wegen jenem – ordnerweise Anträge, Ablehnungen, Widersprüche, Bescheinigungen, Zeugenaussagen, eidesstattliche Erklärungen.

Aber da! Das klingt interessant: Omi hatte einen Antrag auf Waisenrente gestellt, weil mein Vater, angeblich Alek Dreksler, Felas Mann in Będzin, für mich gesorgt hätte, würde er noch leben. Dann ein daumendicker Schriftwechsel, der könne wegen seines Todesdatums und meines Geburtsdatums gar nicht mein Vater sein. Dann ein Antrag auf Waisenrente wegen des nächsten erfundenen Vaters: Jakob Kornfeld. Ablehnung. Und hier, ein Antrag auf Rente wegen meiner Großmutter Róża ... Da steht Omi in der Tür. Sie hatte sich früher freigenommen.

»Wat häss do in minge Saache erömzeschnüffele, do undankbares Subjekt?«

»Ich wollte doch nur mal ...«

»Do häss jar nix ze wulle.« Damit nahm sie einen Aktenordner und drosch auf mich ein. Später, nach ein paar Gläschen Racke und einem frechen Widerwort von mir, hatte sie noch einen Wutanfall und drosch mit dem Handfeger auf mich ein. Ich war zum Glück inzwischen stark genug, den Handfeger einfach festzuhalten.

Als ich am nächsten Tag von der Schule nach Hause kam, war ich natürlich neugierig. Wer weiß, ob sich in dem Schrank nicht noch irgendwelche Geheimnisse verbargen. Aber jetzt war die Tür abgeschlossen und mit einem Steckschloss gesichert. Kurzerhand schraubte ich wieder die Rückwand ab und stöberte in den vielen Aktenordnern herum. Nach einer Stunde wurde es langweilig. Ich fand ein Schreiben, in dem die Rechtsanwälte mitteilten, meine Ansprüche erforderten eine eidesstattliche Versicherung, dass meine Mutter als deutsche Volkszugehörige im Sinne des Paragrafen soundso des Bundesvertriebenengesetzes anzusehen sei. Deutscher Volkszugehöriger sei jemand, der sich in seiner Heimat zum deutschen Volkstum bekannt habe.

Das habe meine Mutter getan, schrieb Omi, und dafür hatte sie sogar einen Zeugen aufgetrieben. Auch habe man in Mamis Familie ausschließlich Deutsch gesprochen. Eine fette Lüge. Was soll's, dachte ich – wenn's dafür Geld gibt …

Ich blätterte einen anderen Ordner durch und fand einen Bescheid: Der Innenminister des Landes Nordrhein-Westfalen gewährt eine einmalige Beihilfe zum Lebensunterhalt in Höhe von 4000 DM. Sehr merkwürdig. Omi hatte doch immer vorgegeben, sie habe noch nie etwas bekommen. Von keiner Stelle. Aber ich war nicht enttäuscht. Vielleicht hatte sie es einfach vergessen. Immerhin zahlte sie alles für mich: Essen, Kleidung, Schulsachen. Da war es nur gerecht, dass der Staat sie unterstützte.

Jetzt musste ich aber schnell alles zurückstellen, denn wenn sie wieder früher nach Hause käme … Da fiel mein Blick auf das dreizehnseitige Urteil vom Vormundschaftsgericht, das Omi mit nach Bad Honnef gebracht hatte. Ich blätterte es hastig durch: Die Synagogengemeinde wolle Omi die Vormundschaft aberkennen und schlage den Rabbiner als neuen Vormund vor, Omi habe von der Gemeinde viele Jahre lang Unterstützung für mich erhalten, aber auch Wiedergutmachungsgelder bekommen, sie habe behauptet, meine Mutter habe auf dem Sterbebett verkündet, sie wolle Christin werden, das bestreite die Gemeinde, auch mein Onkel Bernie habe sich geäußert und so weiter, das Vormundschaftsgericht weise den Antrag der jüdischen Synagogengemeinde zurück.

Das wollte ich alles gern genauer wissen, besonders, was Onkel Bernie geschrieben hatte. Aber es war schon spät, und so räumte ich alles zurück, schraubte die Rückwand wieder an und rückte den Schrank zurecht. Da hörte ich draußen den Wohnungstürschlüssel. Schnell steckte ich den Schraubenzieher in meine Tasche, griff mir irgendein Buch, schaute erstaunt davon hoch, als sie ins Zimmer trat, und strahlte sie dann an: »Hallo Omi.«

Am nächsten Nachmittag schraubte ich die Rückwand wieder ab und wollte weiterlesen. Aber alle Akten waren verschwunden. Als Omi nach Hause kam, fragte ich sie nicht nach dem erhaltenen Geld. Auch nicht nach dem Gerichtsstreit mit Rabbiner Asaria. Ich wollte keinen Wutausbruch riskieren.

Sex, Drugs & Rock 'n' Roll

Benn, Borchert, Bachmann waren die Heroen und Heroinen meiner Nächte, als ich vierzehn war.

Ich goss meine Gefühle in ihren Stil, ihre Worte, ihre Syntax. Ich zerfloss vor Selbstmitleid und schüttete es mit hinein. Dazu ein paar Tropfen Camus und Sartre. Ich begriff wenig, aber ich fühlte mich ihnen nah in ihrer Einsamkeit, ihrer Verlorenheit. Besonders Borchert. Wie sein Protagonist Beckmann war ich verletzt, betrachtete meine Welt durch eine Brille – bei mir die Brille des jüdischen Waisenkindes – und stand ständig *draußen vor der Tür*. Gewiss, vor einer anderen als Beckmann. Aber draußen ist draußen: eine Welt, kalt, gefühllos und desinteressiert. Und drinnen? War ich auch draußen – ich war eine lästige Pflicht, ein lästiger Esser, ein lästiger Mensch.

Meine poetischen Missgeburten, die pubertären, sind lange tot. Glücklicherweise fand Omi sie meist kurz nach ihrer Geburt und zerriss sie im Suff wie eine Mänade: »So ene Driss kannste schreiben, aber 'n aanständije Mathearbeit nit.«

Sie hatte ja recht: Zum Winter hin wurden meine Noten immer schlechter. Selbst in meinem Glanzfach Englisch stand ich vier. Eines Morgens schlurfte ich zur Haltestelle. Der Schnee fiel aus einem bleiernen Himmel und verwandelte sich auf den Straßen gleich in Morast. Ich war deprimiert. Ich hatte mal wieder Hausarrest und durfte nachmittags nicht raus. Ich hatte nur Klassenkameraden, keine Freunde – woher auch, ich hatte ja keine Zeit für sie. Selbst die Roth-Händle half nicht. An der Straßenbahnhaltestelle traf ich Manni mit dem Waschbärgesicht, eine Klasse über mir, aber er stand auf der falschen Seite, Richtung Stadt.

»Wohin willst du denn?«

»In die Stadt. Mathearbeit, nix gelernt, keine Chance.«

»Böööp«, dröhnte neben uns der Böööp, ein hinkender Invalider, nicht ganz richtig im Kopf, den ich bei meinen Sonntagsspaziergängen zum Monheimer Hof ab und zu in den Riehler Heimstätten traf. Ich hatte ihn so genannt, weil er mindestens einmal in der Minute ein durchdringendes »Böööp« von sich gab. Als die Bahn kam, stieg ich einfach mit Manni ein. Wie viele Pubertierende konnte ich bei Blitzeingebungen alle rationalen Hirnbereiche gleichzeitig stummschalten.

»Kackwetter«, murrte ich, »wo soll'n wir jetzt hin?«

»Böööp!«

»Nur eine Kneipe hat jetzt schon auf – wir geh'n zum ›Franz‹.«

»Böööp!«

Manni wusste offensichtlich Bescheid. Wir fuhren in die Altstadt und gingen vom Alter Markt in die Hühnergasse, ein schmales, gepflastertes Gässchen, vielleicht fünfzig Meter lang. Das

»Franz« hieß eigentlich En d'r Höhnergass. Damals eine winzige, etwas schmuddelige kölsche Kneipe für Arbeiter und allerlei Gelichter, das von der Nacht übrig geblieben war oder den Tag hier begann. Es war kurz vor acht.

In einer Ecke saßen zwei »Gammler«. Zottelhaare bis auf die Schulter – damals, 1960, noch *undenkbar!* –, bunte Ponchos, braun gebrannt, knapp über zwanzig. Eine Brise Freiheit, Abenteuer und Lebenslust wehte mich an. Ich hatte schon von ihnen gehört: Sie reisten viel, trugen allen Besitz in einem Säckchen bei sich, kotzten auf das Bürgerleben und verdienten sich ihr Geld mit »Kreiden«: Sie malten in der Innenstadt die Mona Lisa oder Jesus aufs Pflaster.

An einem anderen Tisch ein zusammengesunkener Greis mit violetter Knollennase, der tonlos irgendeinen Marsch blies – Tuff-Tuff Ramtamtada Tuff-Tuff. Wir gingen an die Theke. Dort hockten zwei verwelkte Nutten mit wergblonden Perücken und tranken Eckes Edelkirsch und Kölsch.

»Na, Feierabend?«, fragte Manni sie anzüglich und stupste mich in die Seite.

»Oder braucht ihr noch was Warmes im Bauch?«, ergänzte ich feixend.

»Krieg erstma' Haare am Sack« … Klatsch! … »du Rotzlöffel« … Klatsch! Noch mehr Ohrfeigen wollte ich mir nicht einfangen. Wir bestellten schnell zwei Kölsch, verzogen uns zu den Gammlern und knallten die Schultaschen unter die Bank.

»Wo kommt ihr her?«, fragte Manni.

»Marokko«, nuschelte einer, »Sizilien«, der andere. »Wird jetzt zu kalt da. Wir überwintern bei 'ner Freundin.«

Sie rochen nach Sommer, nach Sonne, Sand und Meer, hatten Bärte und Drecksnägel, rauchten Selbstgedrehte und erzählten von der Kasbah, von der Côte d'Azur, von palmenbeschatteten Piazze, wo sie den Touristen geklaute Silbergabeln andrehten, die sie zu Schmuckstücken gebogen hatten. Ab und zu rollten sie sich tütenförmige Zigaretten aus drei Blättchen und grünbraunen Blattresten und verschwanden vor die Tür.

»Gras«, flüsterte Manni, »so was wie Hasch.«

Ich kannte beides nicht, ahnte aber, dass es irgendwas mit Rauschgift zu tun hatte. Nach einer Stunde gingen wir durch die verschneiten Gassen am Dom vorbei auf die Hohe Straße ins Campi. Die Eisdiele von Gigi Campi bot mehr als Eis und Eiskaffee.

»Macht erst um acht auf«, sagte Manni, »deshalb geh ich immer erst ins ›Franz‹.«

Das Campi war Künstlerkneipe, Jazzschuppen und Szenetreff für alle, die »anders« waren: Musiker, Schriftsteller, Schauspieler, gepflegt Halbseidene, Spätexistenzialisten von der Uni und – schwänzende Schüler: ein Bohème-Paradies. Hier wurde nicht gesoffen, sondern gequatscht. In diese Atmosphäre trauten sich auch brave Bürgermädchen, die blaumachten. Ich sah knutschende Schülerpärchen, auch in meinem Alter – rosige Aussichten!

»Du bist eingeladen«, erklärte Manni, »ich hab meinem Alten einen Fuffi geklaut.« Mittags meinte Manni: »So, genug gequatscht. Jetzt geh'n wir tanzen. Ich zeig dir die Moni-Bar. Macht schon mittags auf.« – Moni? Tanzen? Mittags?

Die Milchbar Moni am Kaiser-Wilhelm-Ring war zweigeschossig. Oben normale Milchbar, unten ein großer Raum mit Tanzfläche. Mannis Clique saß unten links an der Juke Box. In den frühen Sechzigern konnten hier Schüler bei einer abgestandenen Cola einen Nachmittag lang tanzen. Rockend zu Chris Montez' »*Let's Dance*« oder Buddy Hollys »*Brown Eyed Handsome Man*«, oder twistend zu Chubby Checkers »*Let's Twist Again*« oder freestylend zu »*She Loves You*« von den Beatles.

Ich blieb den ganzen Nachmittag und kam zu spät nach Hause.

»Wo warst du?«, schrie Omi, die Arme in die Hüfte gestemmt.

»Bei Manni. Musste ihm bei Englisch helfen.«

»Han isch dir dat erlaub'? Do häs' immer noch Hausarrest. Und jetz' häste noch ene Monat mehr. Verzieh disch!«

Ich verzog mich, griff meine Höfner und spielte den Song, den ich eben in der Moni-Bar mit Eva getanzt hatte. Mehrfach. Eng aneinandergeschmiegt mit gelegentlichen Küssen. Eva war eine vierzehnjährige Schönheit. Ihre braunschwarzen Augen strahlten mich an, und sie lachte laut über meine schwachen Scherze. Bob Seger hat ihren Körper viele Jahre später genau in seinem Song »*Night Moves*« beschrieben:

She was a black-haired beauty with big dark eyes
And points all her own sitting way up high
Way up firm and high.

Wann immer ich das Lied höre, gehe ich ein paar Augenblicke lang wieder auf die fünfzehn zu, halte Eva in meinen Armen und höre ihr Lachen, das mir damals das Gefühl gab, endlich einmal großartig zu sein und geliebt zu werden. Eva hatte dramatische *points* und sie waren wirklich *firm and high*. Aber viel wichtiger schien mir: Sie hatte ein blitzblankes Hirn. Ich spürte zum ersten Mal, dass ich Intelligenz erotisch finde.

Im Campi lernte ich wenig später Richie kennen (so nenne ich ihn mal). Richie sah aus wie der Bruder von Jean-Paul Belmondo. Er war braun gebrannt, witzig und spielte, stets gut gelaunt, mit der schweren Goldkette an seinem Handgelenk. Eines Vormittags nahm er mich mit zu seiner Freundin Petra, einer 22-jährigen blonden Vorstadtschönheit mit verlebten Zügen. Richie verabschiedete sich nach ein paar Minuten. Petra und ich unterhielten uns lange. Und, wie ich fand, gut. Über Kunst und Musik. Sie war eine gebildete Frau und zeigte das gern. Sie erzählte mir von ihren schrecklichen Jahren in einer Klosterschule, dass sie erst mit Richie zu sich selbst gefunden habe. Ich erzählte, dass ich nicht rausdurfte, darum keine Freunde hatte, keine Freundin, nichts. Sie merkte, dass ich deprimiert war. Sie schaute mich lange an. In ihren hellblauen Augen sah ich plötzlich etwas Neues und Faszinierendes. Wären Petras Augen ein Wort gewesen, hätte es »Jetzt!« gelautet. Wären sie ein Satz gewesen, dann: »Zieh mich aus!« Ich fasste Mut und konnte zum ersten Mal anwenden, was ich im Vorjahr beim Petting mit Astrid gelernt hatte. Nachdem sie gekommen war, zog sie mich auf sich. »Hast du so was schon mal gemacht?«, flüsterte sie, als sie mich einführte.

»Ja, natürlich«, log ich.

»Ja, mein kleiner Tiger, ja«, kommentierte sie meine hektischen Bemühungen. Der kleine Tiger tigerte allerdings nicht lange. Kaum hatte sie zum dritten Mal hintereinander »mein kleiner Tiger« gesagt, musste der Tiger die Krallen auch schon einziehen. Aber nach ein paar Drinks setzte sie sich auf mich und steuerte nun meine Erregung durch Steigerung oder Verringerung der Geschwindigkeit. Petra war die zweite »Frau« in meinem Leben. Und wie Astrid hat sie nicht nur meinen Penis aufgerichtet, sondern auch mein Selbstbewusstsein.

Ich bin ihr heute noch dankbar.

Neben der Milchbar Moni lag der Jazzkeller Storyville, in dem sich in den Fünfzigerjahren die Existenzialisten von ihren existenzbewegenden Fragen erholt hatten. Jetzt, am Anfang der Sechziger, waren wohl alle Fragen geklärt, und das Storyville stellte sich auf Twist und Beat aus England um. Schon ab dem Sommer 1960, zwei Jahre vor dem ersten Beatles-Erfolg »*Love Me Do*«, strömten Beatgruppen aus England in die Tanzschuppen

Deutschlands. Wer älter als zwanzig war, hörte weiter Peter Alexander, Freddy oder Elvis Presley. Der Rest kötzelte sich dabei leicht in den eigenen Mund und wandte sich der neuen Musik zu.

Ich hatte keine Chance, abends ins Storyville zu gehen. Aber Samstagnachmittag gab es eine Matinee. An der Kasse riss ein ehemaliger Boxer die Karten ab. Unten gab es eine Bühne mit einer großen Tanzfläche davor, die von Tischen und Stühlen umgeben war. Links von der Bühne, etwas erhöht, waren Sitznischen in einer Art Eisenbahn eingebaut. Dorthin ging ich mit Eva. Wir knutschten, wir tanzten, wir knutschten, wir tanzten, in der Pause quatschten wir mit der englischen Band. Ich musste pinkeln. Auf der Herrentoilette roch es nach Pisse und Gras. Der Leadsänger vögelte ein Pummelchen in meinem Alter, das sich, auf ein Waschbecken gestützt, entzückt quiekend im Spiegel betrachtete.

Dann ging der Gig weiter. Eva und ich reihten uns beim *line dance* Madison ein. Sie erzählte mir, dass sie jetzt auch abends ins Storyville gehen könne, heute zum ersten Mal. Ihre Eltern hatten sich scheiden lassen. Ihre Mutter arbeitete notgedrungen in irgendeiner Nachtbar – Eva war frei. Das machte mich nicht glücklich. Eva war eine Schönheit. *Ne Schuss*, wie man in Köln sagt. Die Jungs von der Band konnten sich die Mädchen aussuchen – »Du und du, nein, lieber du! « –, sie waren die Stars. Ich sah Eva schon quiekend auf ein Waschbecken gestützt in der Herrentoilette – ich musste etwas tun!

Abends saß ich mit Omi vor dem Fernseher. Irgendeine Spielshow mit Peter Frankenfeld in seinem karierten Jackett. Omi hatte ein paar Gläschen Racke Rauchzart getrunken und schaltete die Kiste aus: »Jeh ins Bett, isch bin mööd.«

»Gute Nacht, Omi.« Ich hörte, wie sie ihr Schrankbett herunterklappte, und wenig später schnarchte sie laut. Es war noch nicht einmal zehn Uhr, Omi war besoffen und würde durchschlafen, bis der Wecker klingelte.

Srrrosch … Rumms! Das Burgtor zum denkenden Teil meines Gehirns fiel rasselnd herunter. Ich schlich mich in Omis Zimmer und klaute zehn Mark aus ihrem Portemonnaie. Ich hatte noch keinen Führerschein, aber ich nahm den Schlüssel für ihren Renault Dauphine, fuhr ein paar Proberunden durch den frisch gefallenen Schnee in den leeren Straßen am Rhein, und eine Dreiviertelstunde später war ich bei Eva im Storyville: knutschen und tanzen – das Leben war gut.

Nach dem Gig saßen wir noch mit der englischen Band zusammen. Jeder von denen hatte ein Mädchen neben sich, keine Schönheiten, die Musiker waren zu dieser späten Stunde nicht wählerisch. *Any love is good love.* Eva und ich verdrückten uns, ehe bei den Jungs das übliche Resteficken beginnen würde. Wir gingen zu Eva und genossen unsere Körper, bis wir erschöpft einschliefen.

Zum Glück hatten wir zwei Wecker gestellt, den ersten verschliefen wir glatt. Auf dem Heimweg passierte es dann. Ich wurde übermütig und versuchte in den Kurven Powerslides. Der letzte missglückte, und ich knallte mit dem Wagen gegen eine Verkehrsinsel – ich hatte einen Platten. Mir wurde heiß vor Aufregung, aber dann fasste ich mich, rumpelte mit dem Platten bis zu Omis Abstellplatz an der Tankstelle, zerschmiss eine leere Bierflasche, verteilte die Scherben hinter dem Vorderrad und ging die dreihundert Meter durch das Schneetreiben nach Hause. Gegen sieben schloss ich die Tür auf.

»Jacky?« Omi war früher wach als sonst.

»Ja … ich geh unten nur schnell die Zeitung holen.« Ich lief runter, versteckte den nassen Mantel und die Mütze im Kohlenkeller.

»Wieso bist du schon auf?«, fragte Omi misstrauisch.

»Ich wollte noch Mathe lernen.«

Am Abend kam Omi nach Hause und berichtete, sie habe auf der Fahrt zur Arbeit einen Platten bemerkt. Heute Abend habe sie die Ursache gefunden. Irgendein Idiot habe eine kaputte Bierflasche auf ihren Abstellplatz geworfen.

Glück gehabt. Aber ich ahnte nicht, dass ich längst in der Subduktionszone des Glücks war.

Der Fälscher

Am Morgen nach meinem ersten Ausflug mit Manni wollte mein Klassenlehrer eine Entschuldigung für den Fehltag. Omi konnte ich nicht fragen. Dafür hätte ich »lebenslänglich« bekommen.

Auf dem Küchentisch lag ein Brief an unseren Rechtsanwalt. Ich nahm die Schreibmaschine, tippte ein formvollendetes Entschuldigungsschreiben und orientierte mich an Omis Behördendeutsch aus dem Brief. Dann setzte ich mit Schwung ihre Unterschrift darunter. – Mist: Jeder Idiot würde die Signatur als gefälscht erkennen. Ich übte den ganzen Nachmittag, wurde immer besser und war am Ende fast perfekt. Also neues Schreiben. Unterschrift – wieder Mist. So ging das nicht. Falsche Strategie. Aber ich hatte eine Idee: Ich übte Unterschriften auf leerem Schreibmaschinenpapier. Schließlich nahm ich die beste und schrieb den Brief darüber. Perfekt. Geht doch nichts über Intelligenz und kriminelle Energie. Ich war sehr stolz auf mich. Wenn ich damit durchkäme, hätte ich eine glanzvolle Zukunft vor mir im Franz und im Campi, im Storyville und in der Milchbar Moni.

In den nächsten zweieinhalb Jahren wurde ich zum professionellen Dokumentenfälscher und Schulschwänzer. Erst einen Tag hier und da, dann zwei oder drei und am Ende auch mal drei Wochen am Stück.

Irgendwann lag ein Brief von der Schule im Postkasten. Ich konnte kein Risiko eingehen, also öffnete ich ihn über Dampf. Verdammt: Mein Klassenlehrer teilte mit, meine Schulleistungen würden seit Monaten immer schlechter, und er wollte wissen, ob man sich wegen meiner vielen Krankheiten Gedanken machen müsse, besonders meine Magengeschwüre würden ihm Sorgen bereiten. Ich schrieb zurück, es gebe keinen Grund zur Sorge, man würde jetzt den Arzt wechseln, einen Nachhilfelehrer suchen, alles würde gut.

Nichts wurde gut.

Eins meiner Hauptprobleme war Geld, denn ich bekam immer noch kein Taschengeld. Anfangs waren die Lösungsversuche noch vergleichsweise harmlos. Mit vierzehn gingen wir nach der Schule ab und zu in den Kaufhof auf der Kalker Hauptstraße und »spielten« Sportklauen (wer die meisten Gegenstände hat, hat gewonnen). Wir machten eine Liste, was wir brauchten oder wollten, teilten uns auf und verteilten anschließend die Diebesbeute: Radiergummis, Kulis, Billiguhren. Die verkloppten wir dann an unsere Klassenkameraden. Einmal wurden wir erwischt, und Omi musste zum Kaufhof. Zum Glück sah das Kaufhaus von einer Anzeige ab. Ich bekam drei Monate Hausarrest, die übliche Prügel und die üblichen Drohungen: Waisenhaus, Erziehungsheim, Gefängnis.

In höchster Geldnot ging ich zu Tante Else, mit der ich heimlich Kontakt aufgenommen hatte, und jedes Mal steckte sie mir ein paar Mark zu.

Und hier und da klaute ich das Geld einfach aus Omis Portemonnaie. Dabei bin ich nie erwischt worden, weil ich, wie ein guter Dauerdieb, nie übertrieben habe. Ich nahm nur Geldstücke, die mehrfach vorhanden waren.

Das Geldproblem verschärfte sich, als ich ab fünfzehn regelmäßig ausging. Wer sich mit fünfzehn frühmorgens in Kneipen herumtreibt, in denen sich die Reste der Nacht ihr dumpfes Leben schönsaufen, tagsüber mit anderen Schwänzern durch die Stadt streunt und nachts in Beatkellern oder Nachtlokalen herumgammelt, lernt eine Menge seltsamer Typen aus der Bohème-, Halb- und Unterwelt kennen – faszinierende Typen aus meiner damaligen Sicht. Die meisten waren lustig und großzügig. Ich weiß nicht mehr, wie oft wir Schulschwänzer von einem Zuhälter in eine Runde einbezogen wurden: »Drink, Jung, es doch jenooch do.«

Und so gab es auch ein paar Gelegenheiten, ein paar Mark zu verdienen. Zwei- oder dreimal habe ich Schmiere gestanden bei einem nächtlichen Einbruch (»Pfeif, wenn die Bullen kommen«) und zweimal habe ich ein Päckchen, in dem ich Drogen vermutete, in den Drachenburgkeller gebracht. Heute glaube ich, das wäre so weitergegangen, bis die schiefe Bahn steiler und steiler und rutschiger geworden wäre. Aber dann passierte etwas, mit dem ich nicht gerechnet hatte, dumm und überheblich, wie ich damals war.

Und tschüss

Ostern 1962 kam ich in die Obertertia, die neunte Klasse. Ich war sechzehn, die meisten meiner Klassenkameraden vierzehn. Blaugemacht hatte ich am Anfang meiner Kölner Schullaufbahn nur sporadisch. Im Laufe der Zeit erhöhte sich die Frequenz und Dauer meiner Fehltage. Die Konsequenz: Im Jahr darauf blieb ich in der Obertertia hängen.

Der Rest war Physik: Die Schule stieß mich ab, das Bohèmeleben zog mich an. Die Tage verbrachte ich im Franz, im Campi, in der Moni-Bar oder bei Freunden, die sturmfreie Bude hatten. Die Nächte im Storyville, im Black Horse, im Drachenburgkeller oder im Whiskey Bill. Und zum Glück gab es Halb- und Unterwelttypen wie Pit, Johnny oder Tünn, die uns herumlungernde Schüler und Studenten in ihre großzügigen Lokalrunden einbezogen – leider auch in ihre Lokalschlägereien.

Omi bekam von all dem nichts mit. Sie versank im Racke-Rausch. Wenn sie von der Arbeit kam, stellte sie den Wagen auf ihrem Unterstellplatz bei der Tankstelle ab. In Gesellschaft dumpfer Gestalten kippte sie dort zwei oder drei Miniaturfläschchen, bevor sie nach Hause ging und weitertrank.

Sie hatte ein schweres Leben. Ihr Kampf mit den Behörden brachte wohl keine Ergebnisse. Sie redete nicht viel darüber. Aber sie war ständig mürrisch, schlug beim geringsten Anlass auf mich ein und hielt mir fast täglich vor, wie undankbar ich sei. Und dass alle sie warnten, an mir werde sie im Alter keine Stütze haben. Mich interessierte das alles kaum. Ich war längst stark genug, ihre Fäuste festzuhalten, den Handfeger oder die Kehrschaufel, und flink genug, ihren Tritten auszuweichen.

In der Kölner Szene bewegte ich mich bald wie eine Fledermaus in der Nacht. Aber das Leben zwischen Bohème und Halbwelt war meine Charybdis: Sie sog mich immer tiefer in ihren Strudel und spuckte mich Mitte Juli 1963 brüllend aus.

Omi kam vormittags nach Hause, als ich noch schlief. Sie weckte mich. Instinktiv hielt ich die Hände vors Gesicht. Aber ihr Gesicht verzog sich zu einem verzerrten Lächeln. Es sah aus wie eine offene Wunde. Dann sagte sie tonlos, fast erleichtert: »Se han disch rusjeschmisse.« Meine Lehrer waren misstrauisch geworden und hatten Omi im Büro angerufen.

Mein Zeugnis war ein Katastrophengebiet: Die einzigen Stellen ohne Fünfen und Sechsen waren die beiden Führungsnoten: »D. ist völlig undiszipliniert« und »D. ist undiszipliniert und vorlaut«.

Der Laborhelfer

»Such dir 'n Arbeit«, knurrte Omi, »sonst fliechst de hier eraus!
Un wat de verdiens', wird abjejeben. Isch han disch lang jenooch
durchjefödert.«

Was sollte ich tun? Ich war siebzehn, ich hatte keinen Schulabschluss, und volljährig wurde man damals erst mit einundzwan-
zig. Wie hatten meine Lehrer immer deklamiert: Wenn ihr nicht
lernt, müsst ihr Steine kloppen gehen. Ganz so schlimm wurde
es nicht, aber schlimm genug. Die Chemiefirma Bayer[75] in Lever-
kusen war bereit, mich als »Laborhelfer« einzustellen. Das klang
gut.

Und so fuhr ich Anfang September 1963 mit dem 52er-Bus zum
Bayer-Werk, Pförtner 1, gleich am monumentalen Bayer-Kreuz.
Die Pforte war ein architektonisches Schmuckstück aus dem Jahr
1912, in dem auch die Werksfeuerwehr untergebracht war. Die Uhr
an einem Türmchen zwischen zwei Giebeln, die in das rote Zie-
geldach ragten, habe ich gehasst: Sie beschimpfte mich zu oft,
dass ich mal wieder zu spät war. Ich ging durch einen der drei
natursteinverblendeten Rundbögen, zeigte einem grimmig drein-
blickenden Werkschutzmann meinen Ausweis (abends, auf dem
Weg nach draußen, kontrollierte er auch meine Aktentasche) und
fragte, wie ich zum A-Labor käme.

Vorbei an qualmenden Backsteinschloten, die wohl den mörtel-
grauen Himmel produzierten, aus dem grauer Regen auf graue
Gebäude und graue Röhren nieselte. Das A-Labor, kurz für Ani-
lin-Labor, war ein Backsteinbau, in Jahrzehnten verwittert von
Chemiedämpfen, ausgefüllt mit Laborwaben, so groß, dass man
gerade noch eine tote Katze am Schwanz kreisen lassen konnte,
ohne Benzol-, Azeton- und Salzsäureflaschen vom Regal zu fe-
gen. Personelle Mindestausstattung jeder Wabe: ein promovierter Chemiker im weißen Kittel, ein Chemielaborant im grauen

Kittel, der Angestelltenstatus hatte, und ein Spülmädchen, das nichts gelernt hatte und »Arbeiterin« war.

Ich bekam einen zerknitterten grauen Arbeitsanzug, musste Reagenzgläser, Rührkolben und Bechergläser spülen und Chemikalien im Vorratskeller holen. Ich hieß jetzt »Herr Dreksler«: »Herr Dreksler, putzen Sie mal die Abzüge.« Rangmäßig stand ich sogar noch unter Hilde, dem Spülmädchen. Es hieß: »Hildchen, legen Sie den Kolben bitte mal ins Chromschwefelsäurebad.« Aber: »Herr Dreksler, holen Sie mal zack-zack zwei neue Bunsenbrenner aus dem Vorratskeller.«

Die Arbeit war nicht abwechslungsreich. Dafür aber die Gerüche zwischen Ausweiszeigen und Stempeln: Mal legten sich Essignoten pelzig-sauer auf die Zunge, mal roch es nach rauchendheißem Öl, mal nach Kakodyloxid, das seinen Namen zu Recht trägt.

Ich hatte geträumt, ich könne mich vom »Laborhelfer« zum Laborleiter hocharbeiten. Aber nach dem ersten Tag merkte ich, dass mein Titel nur ein Euphemismus war für »unterbezahlter jugendlicher Hilfsarbeiter für die Drecksarbeit ohne jede verdammte Aufstiegschance« . Zwischen Angestellten und Arbeitern war eine Kluft. Der unterste Rang der Angestellten waren die Chemielaboranten. Sie hatten eine dreieinhalbjährige Lehre hinter sich. Der oberste der Arbeiter war der Chemiefachwerker mit einer zweijährigen Anlernzeit.

Das alles würde ich nicht lange durchhalten. Ich war Leuchten gewöhnt: leuchtende Neonfassaden, leuchtende Gespräche über Pop, Philosophie, Sex, leuchtende Mädchenaugen. Hier leuchtete nichts außer den siebzehnhundert Glühbirnen am grauen Bayer-Kreuz im grauen Morgennebel, im grauen Novemberregen.

Auch zu Hause leuchtete nichts. Sobald Omi nach Hause kam, meist angetrunken, verbreitete sich die Dunkelheit mit Lichtgeschwindigkeit.[76] In meinen Tagträumen suchte ich mir eine eigene

Bude. Aber tatsächlich fehlte mir dafür das Geld. Im Traum riss ich aus, ging zur Fremdenlegion oder heuerte auf einem Schiff an. Aber tatsächlich war ich dazu zu feige.

Ich bekam schwere Depressionen: Ich war nichts, ich hatte nichts, ich konnte nichts. Und in der Zukunft sah ich auch nichts.

Was hatte Mami mir auf dem Sterbebett gesagt? Ich solle ein guter Jude werden – geschissen! Ich war Atheist. Ich solle viel lernen und Arzt oder Rechtsanwalt werden – geschissen! Ich war Hilfsarbeiter ohne Schulabschluss. Ich solle glücklich werden – geschissen!

Angst und Feigheit, Mittellosigkeit und ein dumpfes Gefühl der Pflicht zur Dankbarkeit ketteten mich an Omi. »So mancher akzeptiert die Kette«, sagte der polnische Satiriker Wiesław Brudziński, »in dem Glauben, an ihrem Ende befinde sich der Rettungsanker.«[77]

JACKY

Abb. 17: Jacky (22), 1969

Wie viele Kreaturen, die auf dieser Erde wandeln,
Haben ihr erstes Sein in einer anderen Form?

Ovid,
Metamorphosen

13

Chrysalis

1963. Eines Tages wartete ich an der Haltestelle Wiener Platz auf
den 52er. Es war kalt, und der Himmel konnte sich nicht entscheiden, ob er regnen oder schneien wollte. Der nächste Bus kam
erst in zwanzig Minuten. Zum Aufwärmen ging ich in das kleine
Buchgeschäft direkt an der Haltestelle.

Ich trödelte desinteressiert an den Regalen vorbei. Da! Ta-
schenbücher in allen Farben des Regenbogens. Edition Suhrkamp.
Hübsch. Mmm ... Beckett – kenn ich nicht, Adorno – auch nicht,
ah, Brecht, *Leben des Galilei*: Fernrohr, Kopernikus, Inquisition –
klingt vielversprechend. Ich behielt es in der Hand. Und hier:
Wittgenstein, keine Ahnung, *Tractatus logico-philosophicus*, großer Gott, mein Schullatein war schon an Cäsars *De Bello Gallico*
gescheitert, och: ist ja auf Deutsch, und: ein Titel wie ein Louis-
Vuitton-Koffer – nehm ich auch. Nur sechs Mark für beide Bücher. Super. Jahrzehnte später erfuhr ich, dass Wittgenstein und
Hitler, beide 1889 geboren, eine Zeit lang dieselbe Realschule im
österreichischen Linz besuchten – ein Zufall, der den Autor
Kimberley Cornish zu der spekulativen These verleitete, Hitlers Antisemitismus habe sich an der Begegnung mit dem jü-

dischen Großindustriellensöhnchen Ludwig Wittgenstein entzündet.[78]

Ich schäme mich noch heute, dass ich die Bücher nur wegen ihres Farbdesigns gekauft habe und wegen ihrer anspruchsvoll klingenden Titel: Ich wollte sie im Bus lesen, und jeder würde denken, ich wäre etwas Besseres, ein Gymnasiast vielleicht. Oder ein Student womöglich. Ich sah mit schmerzender Klarheit, dass ich zu einem aufgeblasenen Wichtigtuer mutierte; aber lieber ein prätentiöses Arschloch als ein Versager.

Die grauen Nebel meiner Depression wurden dunkler. Ich verkroch mich, ging abends nur noch selten ins Storyville oder in die anderen Kneipen. Fast alle meine Freunde und Bekannten waren Schüler oder Studenten: Na, Jacky, wie läuft's in der Penne? Du, sie haben mich rausgeschmissen. Und was machste jetzt? Du, ich bin Hilfsarbeiter bei Bayer – nein! Dann bring ich mich lieber um.

Ich las zuerst Wittgensteins *Tractatus*. Das würde den besten Eindruck machen. Erster Satz: »Die Welt ist alles, was der Fall ist.« Na klar, hätte ich auch sagen können. Aber meine Arroganz verflog schnell: Logik, Elementarsätze, Russell – oh, Russell! Den kenn ich doch von seinem Atheistenbuch *Warum ich kein Christ bin*! Ansonsten verstand ich nichts. Nichts! Ich las trotzdem weiter. Ich hatte die Hoffnung, dass der Geist dieser Bücher auch in hoher Verdünnung heilt. Und tatsächlich – von manchen Sätzen Wittgensteins war ich fasziniert: »Die Welt des Glücklichen ist eine andere als die des Unglücklichen.« Das kann man wohl sagen! Die letzten drei Seiten begriff ich, fühlte ich, und las sie immer wieder: »Die Lösung des Problems des Lebens merkt man am Verschwinden dieses Problems. [...] Wovon man nicht sprechen kann, darüber muss man schweigen.«

Trotz des enormen Verständnisdefizits tat es gut, die Bücher zu lesen. Ich fühlte mich als Teil einer Familie, einer intellektuellen

Familie. Auch wenn ich ein verdammter Schulabbrecher war, ein Hilfsarbeiter – irgendwie gehörte ich jetzt dazu. Das war zwar nur dumme Einbildung, aber in jenem Moment half es. Und trug bei uns zu Hause nicht Goethe im Goldrähmchen vor: »Wer immer strebend sich bemüht, den können wir erlösen«? Kann der Dichterfürst irren?

Mitte Dezember strebte ich zur Personalabteilung. Gleich vorne saß Marilyn Monroe. Ich wolle mit dem Personalchef sprechen. Worüber? Über meine Zukunft. Ein süßes Lächeln: »Ach, gleich mit dem Personalchef? Der ist aber gerade mit den anderen zwanzigtausend Bayer-Mitarbeitern beschäftigt, Herr Dreksler. Geh'n Sie mal zu Frau Dr. Dreesen.« (So soll sie hier heißen.) Die Psychologin muss mich für verrückt gehalten haben. Sie trug einen weißen Kittel und sah aus wie Marilyns Mutter. Sie bedeutete mir, Platz zu nehmen. Ich blätterte in Gedanken das *Einmaleins des guten Tons* durch und blieb stehen, bis sie saß. Vielleicht sollte ich ihr den Stuhl zurechtrü... – nicht übertreiben, Jacky!

»Nun?«

»Ich möchte Chemielaborant werden.«

»Fein. Anmeldeunterlagen gibt's vorne. Voraussetzung ist Mittlere Reife.«

»Hab ich nicht.«

»Tja ...«

»Aber ich will es. Ich bin gut. Besser als die anderen. Schneller. Intelligenter. Ich weiß alles über den Chemiestoff des ersten Lehrja...«

»Neon – welche Hauptgrup...?«

»Achte: Helium, Neon, Argon, Krypton, Xenon, Radon.«

»Avogadro-Konstante?«

»Sechs mal zehn hoch dreiundzwanzig. Drückt aus, wie viele Atome oder Moleküle in einem Mol eines Stoffes sind.«

»Formel für Kupfersulfat?«

»$CuSO_4$.«

Sie lächelte, schürzte die Lippen und nickte anerkennend mit dem Kopf. Der Hauch einer Chance? Jetzt alles auf eine Karte: Namen merken und Namen nennen!, empfahl das Dale-Carnegie-Buch *Wie man Freunde gewinnt*, das Onkel Jörn mir geschenkt hatte: Der eigene Name sei das Lieblingswort eines Menschen, Titel nicht vergessen, na los, Jacky: »Und Kupfersulfat, Frau Dr. Dreesen, ist so tiefblau wie Ihre Augen.«

Sie lächelte, schaute mich lange an und gluckste schließlich: »Mit schmierigen Schmeicheleien kriegen Sie hier keine Lehrstelle … Aber gut, kommen Sie morgen früh her. Ich mache ein paar Tests.«

Die »paar Tests« bestanden aus dem Hamburg-Wechsler-Intelligenztest, praktischen Tests, bei denen es um Geschicklichkeit und Geschwindigkeit ging, und einem langen Verhör: Was wollen Sie in zehn Jahren erreicht haben? Was sind Ihre drei größten Fehler? Wie oft am Tag lügen Sie? – Dann füllte ich den Antrag aus. Nach ein paar Tagen musste ich den Intelligenztest wiederholen. Das Ergebnis war ihnen zu positiv vorgekommen, wahrscheinlich ein Fehler, meinten sie.

Nach sechs Wochen hatte ich immer noch nichts von Marilyns Mutter gehört. War ja klar: Der zweite Intelligenztest hatte bestimmt gezeigt, dass ich ein Vollidiot bin. Und außerdem: Ohne Mittlere Reife kann man halt kein Chemielaborant werden. *Simple as that!*

Ich fühlte mich wie eine Chrysalis, ein Insekt in der Metamorphose, dessen Umgestaltung schon im Larvenstadium gestoppt wurde. Ich fühlte mich *nicht zu Ende geboren*.[79] Ich dachte eine Weile über Selbstmord nach. Und seltsam: Es war ein gutes Gefühl, überhaupt aus dieser versteinerten Traurigkeit fliehen zu *können*, zurückkehren zu können in ein Universum, das nichts genießt und nichts leidet, taub ist für die Schmerzen von Wesen wie mir, gefangen irgendwo auf einem Planeten, der rund um eine Sonne kreist in einer Galaxis von hundert Milliarden Sonnen in einer Welt mit hundert Milliarden Galaxien.

Während ich dies schreibe, denke ich an meine Mutter. Sie hat mir nie davon erzählt, aber ich bin mir sicher, dass sie sich im KZ oft mit Selbstmordgedanken beschäftigt hat – wie so viele: einen SS-Mann angreifen und eine gnädige Salve; ein Lauf in den Hochspannungsdraht und ein paar schmerzhafte Zuckungen. Der Tod: Sie hat ihn tagtäglich vermieden und womöglich tagtäglich davon geträumt.

Ich blätterte damals in meinem zerlesenen Bändchen mit Rilke-Gedichten. »Alle, die in Schönheit gehn, werden in Schönheit auferstehn«, las ich.[80] Aber ich würde ja nicht *in Schönheit* gehn. Ich würde mich feige aus meiner miesen Existenz stehlen und somit, im Umkehrschluss, auch nicht in Schönheit auferstehn. Mal ganz abgesehen davon, dass ich nicht an Auferstehung und Reinkarnation glaubte.

Nein, kein Selbstmord. Vielleicht ein andermal.

Leere und Lehre

In der Mittagspause las ich damals Hemingways *Der alte Mann und das Meer*. Der greise Fischer Santiago beeindruckte mich tief: Er weiß, dass er im Kampf gegen den Marlin nicht siegen kann, kämpft aber stoisch weiter. Die Würde zu bewahren. Und seinen Stolz. Ich spürte, dass ich dabei war, beides zu verlieren, sie und meine Selbstachtung. Statt mutig zu kämpfen, versank ich in Resignation; statt mutig zu sterben, in Lethargie. Ich hatte mir eine weinerliche Ich-will-doch-nur-Philosophie zurechtgebastelt.

Hat mich Hemingways Geschichte zu meinem nächsten Schritt getrieben? Vermutlich, aber ich weiß es nicht mehr genau. Jedenfalls schickte ich ein paar Tage später ein handgeschriebenes Kündigungsschreiben mit der Werkspost zur Personalabteilung. Lieber arbeitslos als ein Hilfsarbeiter!

Nach Feierabend fuhr ich direkt zum Monheimer Hof, trank ein paar Kölsch und trottete durch den Regen nach Hause. Ich weinte. Seit vielen Jahren zum ersten Mal und ich schämte mich für diese Schwäche vor mir selbst. Ich hatte keine Vorstellung, wie mein Leben weitergehen sollte. Hinter mir das graue Bayer-Werk, vor mir eine schwarze Zukunft. Dass aus mir etwas würde, war so wahrscheinlich, wie von einem Hai verspeist und gleichzeitig vom Blitz erschlagen zu werden. Aber wenn ich untergehe, dann mit der Würde einer Hemingway-Figur – *showing grace under pressure.*

»Omi, ich hab gekündigt.«

»Du verlogenes Subjekt! Se han *dir* jekündigt! – hier!« Und warf mir einen dicken Brief vor die Füße. Von Bayer. Seltsam, dachte ich, heut Mittag gekündigt und schon die Papiere? Ich öffnete den Umschlag – es war der Lehrvertrag: Am 1. April könne ich anfangen.

»Eine Lehre! Na, da jratulier isch aber«, spottete Omi mit schon schwerer Zunge. »Willste mir wieder auf der Tasche liejen? Als Lehrling verdienste ja nix.«

»Omi, du kannst das Lehrgeld haben. Ganz.«

»Lass et einfach sein. Die Lehre hälts' du Nixnutz sowiesu nit durch.«

»Ich schaff das schon.« Ich ließ sie stehen, denn ich wusste, das Gezeter würde nicht aufhören, bis der Alkohol sie müde machte. Endlich war ich wer! Zuständig wäre bald die Personalabteilung für Angestellte, nicht mehr die für Arbeiter. Nach der Ausbildung wäre ich Angestellter. Ich war der Einzige in meinem Lehrjahr, der keine Mittlere Reife hatte. Aber das habe ich niemand auf die Nase gebunden. Auch nicht, dass ich Jude war.

Das Glücksgefühl ging schnell vorbei. Auch wenn ich bald einen Kittel tragen würde statt des verhassten grauen Arbeiteranzugs: Ich war immer noch ein Niemand, ein ungebildeter Schulabbrecher. Ich litt immer noch darunter, nicht mehr dazuzugehören. Der Rausschmiss aus der Schule war ein Kulturschock.

Als ob

Mit achtzehn begann ich die Chemielaboranten-Lehre. Sie machte mir Spaß. Bayer hatte das modernste Ausbildungssystem Deutschlands. Nach ein paar Monaten im Lehrlabor arbeitete ich in der Anwendungstechnischen Abteilung – im grauen Kittel, Mist! Dann in einem Physiklabor und im Wissenschaftlichen Hauptlabor – im weißen Kittel, endlich! Zwischendurch ging's immer wieder ins Lehrlabor. Einmal die Woche in die Bayer-eigene Berufsschule.

In der Anwendungstechnik lernte ich am meisten. Da wurden Farben, Lacke, Klebstoffe, Polyesterschäume auf ihre Verwendbarkeit getestet. Alles interessant. Ich hätte mich großartig fühlen müssen. Aber ich war orientierungslos und unglücklich. Und eine Freundin hatte ich auch nicht. Mein Gefühlsleben bestand aus Depression und Selbstverliebtheit, mein Sexualleben aus Mädchengucken und Selbstbefriedigung. Und dann brach die Sonne durch die kleine Gewitterwolke, die ständig über meinem Scheitel schwebte.

Eines Morgens, als der Bus nicht kam, ging ich wieder in die Bücherstube am Wiener Platz. In einer Kiste mit der Aufschrift »Antiquariat« entdeckte ich einen braunen 800-Seiten-Wälzer:

Hans Vaihinger, *Philosophie des Als Ob*.[81] Klang wie eine Anleitung zur Hochstapelei – das Richtige für einen prätentiösen *show-off* wie mich. Aber es ging um Erkenntnistheorie, was immer das sein mochte. Ich ahnte nicht, wie sehr das Buch mein Leben verändern würde.

Ich blätterte: Wie kommt es, fragt Vaihinger, dass wir mit falschen Ideen Richtiges und Gutes erreichen, obwohl wir ahnen oder wissen, dass sie falsch sind? Zum Beispiel stellen wir uns Atome vor wie ein Sonnensystem: als ob Elektronenplaneten um eine Sonne aus Protonen und Neutronen kreisen. Ein falsches Modell, denn im Grunde sind die Atome keine Materiemurmelchen, sondern Energiewolken in Energiewolken in Energiewolken. In diesem Jahr (1964) hatte Murray Gell-Mann gerade festgestellt, dass die Elementarteilchen aus noch kleineren Energiebündeln bestehen – Quarks. Aber: In der Chemie können wir mit dem alten, falschen Modell dennoch präzise berechnen, wie Atome reagieren, wie man Salz, Nylon oder Aspirin herstellt.

Diese Grundidee untersuchte Vaihinger detailliert in vielen Bereichen von der Erkenntnistheorie über die Biologie bis zur Moralphilosophie. Zum Beispiel in der Jurisprudenz: Wir Menschen sind nicht alle gleich. Aber wir können so tun, als wären wir es, und können darum Menschen gleich *behandeln*: Riesen, Zwerge, Adelige, Arbeiter, Neger, Juden, Idioten, Behinderte. Gleichheit ist eine heuristische Fiktion, aber eine nützliche und menschenfreundliche.

Doch achthundert Seiten? Und Fremdwörter, Fremdwörter, Fremdwörter. Egal: Die paar gelesenen Zeilen formten in meinem Hirn eine faszinierende Verheißung: Ich würde mir ein Modell von mir selbst basteln und damit arbeiten, wohl wissend, dass es falsch war – eine nützliche Fiktion wie beim Atommodell. Stell dir vor, Jacky, du wärst ein großartiger und wertvoller Mensch: ehrlich, gebildet, erfolgreich. Wie würdest du handeln? Gut, bin ich alles nicht. Nichts davon. Im Gegenteil. Aber ich könnte so tun, als ob, so handeln, als ob, und ich hätte vielleicht eine Chance, so zu werden.

Ich hatte ein Ziel gefunden und vor allem: eine Methode, es zu erreichen. Ich wollte so lange ein richtiges Leben im falschen führen, bis das falsche richtig würde. *Fake it 'til you make it.*

Ich war verlogen, aber ich würde ab jetzt handeln wie ein ehrlicher Mensch; ich sprach wie ein Banause, aber ich würde ab jetzt reden wie ein Gebildeter; ich sah aus wie ein Prolet, aber ich würde mich ab jetzt kleiden wie ein Chef. Die Maske würde im Lauf der Zeit, so hoffte ich, zu meiner eigenen Haut werden.

Als ich an der Kasse stand, kamen mir Zweifel. Fünf Mark für ein Buch, das ich nie lesen würde, für eine schöne Fiktion, die ich nie verwirklichen könnte – zu viel. Dafür könnte ich acht Kölsch trinken. Ich legte es zurück in die Kiste, nahm mir stattdessen ein gebrauchtes Reclam-Heftchen mit Schiller-Gedichten, die mochte ich in der Schule schon, und – nein! Ich riss mir Vaihingers Buch unter den Arm und kaufte auch noch einen Fremdwörterduden. Feierabendbierchen und Zigaretten konnte ich die nächsten zwei Wochen bis zum Monatsende vergessen. Ich hatte alles ausgegeben.

An der Haltestelle sah ich auf die Uhr: Ich würde eine ganze Stunde zu spät kommen. Egal, eine Ausrede würde mir schon einfal… nein! Keine Ausrede! Ich würde einfach die Wahrheit sagen. Ja, das würde die neue ehrliche Fiktion von mir tun: mit erhobenem Kopf und festem Blick. Ich habe das dann doch nicht geschafft. Aber ich war sehr stolz, dass ich wenigstens den Ansatz gezeigt hatte.

Ich fühlte mich damals wie in einem Hochhaus, in dem Feuer wütet. Es gibt nur zwei Optionen: springen oder verbrennen. In dieser Stunde im Buchladen habe ich mich fürs Springen entschieden: Bevor ich auf dem Asphalt aufschlüge, dachte ich, könne ich wenigstens noch den Flug und die schöne Aussicht genießen und mich bis zum ersten Stock damit trösten, dass bis jetzt ja alles gut gegangen sei.

Die Stunde im Buchladen war eine der wichtigsten Stunden meines Lebens. Noch war kein Sieg in Sicht, aber es war ein gutes Gefühl, bisher »unbesiegt« zu sein, wie es William Ernest Henley in seinem Gedicht »*Invictus*« (1875) beschreibt, ein Gedicht, das Nelson Mandela geholfen hat, siebenundzwanzig Jahre Kerker auf Robben Island zu überstehen:

Beyond this place of wrath and tears
Looms but the horror of the shade,
And yet the menace of the years
Finds, and shall find, me unafraid.

It matters not how strait the gate,
How charged with punishments the scroll,
I am the master of my fate:
I am the captain of my soul.

Ja, das wollte ich: Herr meines Schicksals sein, Kapitän meiner Seele. Oder wie Papa in *Smurfs 2* zu Smurfette sagt: »*It doesn't matter where you came from. What matters is who you choose to be.*« Ich hatte damals Angst. Aber, tröstete ich mich, Angst haben ist nicht schlimm, solange ich immer ein bisschen mehr Mut habe als Angst.

Dachtheater

Ich empfand meinen Kulturschock als persönliche Schande. Wenn ich die Klassiker schon nicht mehr in der Schule lesen konnte, so wollte ich doch wenigstens mitreden können. Zum Glück gab es Reclam-Heftchen: gebraucht sehr billig. Ich kaufte Gedichte von

Schiller und Goethe, Sonette von Shakespeare und Theaterstücke der Dichterfürsten. Und ich bastelte selbst Lyrisches. Anfangs holperte das Metrum, troff tief empfundener Kitsch aus falschen Reimen. Mit Metrum und Versmaß kam ich schnell zurecht. Die Inhalte blieben Attrappen, banal oder kitschig oder beides – oder, schlimmer noch, verlogene Stilimitationen von Benn, Rilke oder Hölderlin. Irgendwann erkannte ich, wo das Problem lag: Ich wollte etwas sagen, aber ich hatte nichts zu sagen. Und da gilt das abgewandelte Wittgenstein-Diktum: Wenn man nichts zu sagen hat, sollte man das Maul halten.

Ein Schiller-Gedicht hat mich besonders beeindruckt: »Die Teilung der Erde«. Zeus verschenkt die Welt, und alle nehmen sich, was sie brauchen: der Bauer die Feldfrüchte, der Kaufmann, was die Speicher fassen, der König die Steuerhoheit. Zum Schluss kommt der Poet und jammert, für ihn sei nichts mehr da, ausgerechnet für ihn, Zeus' treuesten Sohn. Der Olympier ist ungehalten:

»Wenn du im Land der Träume dich verweilet«,
Versetzt der Gott, »so hadre nicht mit mir.
Wo warst du denn, als man die Welt geteilet?«
»Ich war«, sprach der Poet, »bei dir.

Mein Auge hing an deinem Angesichte,
An deines Himmels Harmonie mein Ohr –
Verzeih dem Geiste, der, von deinem Lichte
Berauscht, das Irdische verlor!«

»Was tun?« spricht Zeus, »die Welt ist weggegeben,
Der Herbst, die Jagd, der Markt ist nicht mehr mein.
Willst du in meinem Himmel mit mir leben –
So oft du kommst, er soll dir offen sein.«

Kitschig, aber schön. Ich wollte zumindest hineinschauen in Zeus' Dichterhimmel, die edlen Klassiker verstehen, um vielleicht selbst edler zu werden, um zumindest im Eingangsbereich zum Elysion des Geistes weilen zu können. Ich hatte nur ein Problem: Zwar las ich alles, brav von vorn bis hinten, aber ich verstand nur wenig. Ich fragte mich: Wo war ich, als Zeus die Intelligenz verteilte?

In einer Mittagspause lernte ich Jürgen kennen – so soll er hier heißen. Er war Hilfsarbeiter in der Klebstoffabteilung, mochte an die vierzig sein und hatte das Gesicht eines oft geprügelten Bloodhounds. Jürgen war jahrelang Mime im Kölner Schauspielhaus »und anderen ersten Häusern« gewesen, wie er betonte, hatte aber dann seine Stimme verloren. Er deutete auf das Reclam-Heft in meiner Kitteltasche: »Du liest *Romeo und Julia*? Den Romeo habe ich selbst oft gespielt. Großartiges Stück, nicht?«

»Ja, großartig«, log ich und entschied mich dann für die Wahrheit, »aber ich verstehe das meiste nicht. So viel – Geschwätz, weißt du?«

»Geschwätz?« Sein Körper straffte sich, und sein Gesicht bekam den Ausdruck eines Leitwolfs. »Was du Krreatur als Geschwätz rrüffelst«, rügte er mit einem »r«, das grollte wie ein kalter Dieseltraktor, augenzwinkernd in der Pose eines Schmierendarstellers, und lugte über seine erhobene Nase auf mich herab, »dieses ›Geschwätz‹ ist ein grrandioses Meisterrwerrk. Folge mirr, Burrsche!«

Mit einer arroganten Kopfdrehung wandte er sich um und bedeutete mir mit einer herrischen Geste, ihm zu folgen. Jürgen führte mich auf das flache Dach des dreistöckigen Gebäudes. Aus der Teerpappe ragten Luftauslässe aus Aluminium und dampfende Schlote aus verzinktem Eisen. Es stank nach Benzol. Darüber lag die teerige Mottenpulvernote von Naphthalin. Unten auf den Werksstraßen rollten rumpelnde Laster, und aus den Produktionsgebäuden zischte, zoschte und fauchte es.

»Zeig mir eine Stelle, mit der du Probleme hast.«

Ich blätterte zur ersten Szene des ersten Akts: Romeo schwärmt von der schönen Rosalinde.

»Spiel es mir vor«, befahl er und setzte sich auf eine rostige Röhre.

Sie meidet Amors Pfeil, sie hat Dianens Witz.
Umsonst hat ihren Panzer keuscher Sitten
Der Liebe kindisches Geschoß bestritten.
Sie wehrt den Sturm der Liebesbitten ab,
Steht nicht dem Angriff kecker Augen, öffnet
Nicht ihren Schoß dem Gold', das Heil'ge lockt.
O, sie ist reich an Schönheit; arm allein,
Weil, wenn sie stirbt, ihr Reichtum hin wird sein.[82]

Jürgen erhob sich langsam und schüttelte den Kopf: »Das nennst du spielen? Shakespeare hat nicht für leiernde Schuljungs geschrieben, sondern für Profidarsteller. Und deren Job ist es nicht, tote Texte zu präsentieren, sondern lebende, atmende Menschen, ihre Wünsche, ihre Hoffnungen, ihre Leidenschaften. Wenn du leierst, leierst du auch den Sinn aus. Sitz, Bursche!«

Jürgen ging ein paar Schritte zur Seite, konzentrierte sich einen Moment lang mit gesenktem Kopf, hob und senkte tief atmend die Schultern, dann nahm er irgendwo hinter meiner linken Schulter ein imaginäres Publikum in den Blick und spielte den Text. Mal sprühten seine Augen, mal waren sie melancholisch verhangen. Hier ein Crescendo, da ein Decrescendo, ein Glissando vom Jammern zum Ärgern, ein Rallentando vom Unverständnis zum Nachdenken. Ich spürte, er übertrieb, um meine Banausenschwarte zu durchdringen.

»Du darfst dramatische Texte nicht lesen. Du musst sie leben, in deinem Kopf Theater spielen lassen, du musst sie lieben, ach, was sage ich, du musst sie liebkosen wie eine Jungfrau, ficken wie eine Hure. Sie sind fürs Publikum geschrieben, nicht für Romanleser in ihren Muffbuden.«

Ich war fasziniert. Und diesmal hatte ich verstanden, was Romeo meint. Aber ich war noch nicht ganz überzeugt: »Romeo will Rosalinde also vögeln, aber sie versteckt sich hinter einem Panzer der Keuschheit. Warum lässt Shakespeare ihn das so oft sagen, so geschwollen ausdrücken?«

»Geschwollen? Das ist Musik. Die Worte umspielen das Motiv der Keuschheit aus der Sicht eines geilen, enttäuschten Schwärmers. Er schlägt auf der Laute nicht nur einen Ton an, sondern einen reichen, vielstimmigen Akkord mit harten Dissonanzen. Du musst lernen, diese komplexen Harmonien zu hören und zu genießen.«

»Und was hat das alles mit meiner Welt zu tun?«

»Wen kümmert deine miese kleine Kackwelt? Selbst dich sollte sie nicht interessieren. Du musst lernen, neue Welten zu entdecken. Das dauert.«

Ja, es dauerte. Länger, als ich dachte. Und es war mühsamer, als ich dachte. Aber ich habe es gelernt. Vielleicht auch, weil ich mich, angeregt durch Jürgen, gleichzeitig mit Jazz-Akkorden auf der Gitarre beschäftigte und irgendwann Dreiklänge dann faszinierender fand, wenn die platte Süße von Grundton, Terz und Quinte sich vermischte mit minzigen Quarten, dem Angosturabitter verminderter Quinten, dem sahnigen Schmelz großer Septimen oder dem Bitter Lemon kleiner Nonen; wenn Wohlklang sich mit Dissonanz mischt oder Dissonanzen zu Wohlklängen verschmelzen wie bei meinem Lieblings-Akkord Fm7b5 – wie ich später lernte, das Tonmaterial von Wagners berühmtem Tristan-Akkord. Es war, als käme ich von einem sonnenüberfluteten Ponyhof in einen mystisch-dunklen Nebelwald. *Mind-blowing*.

Jürgen und ich verbrachten viele Mittagspausen auf dem Dach der Anwendungstechnischen Abteilung 2. Er zeigte mir, was Klassiker sind: schön, komplex, erhaben. Er deklamierte Auszüge aus Lessings *Nathan*, Kleists *Käthchen*, Schillers *Wallenstein*. Dieser großartige *Loser* zauberte für mich Film-Melodramen aus Shakespeare-Szenen, Comedyfilme aus Molière-Texten und Actionfilme aus Schiller-Balladen. Jürgen machte aus dem, was ich früher als Wortscheiße empfunden hatte, schimmerndes Edelmetall. Selbst die gediegene Langeweile von Goethes *Iphigenie* polierte er zu einem goldenen Kelch, auf dem gleißend gelbe Lichter auf umbrafarbenen Schatten tanzen.

Jürgen hat Zeus' Dichterhimmel für mich geöffnet. Ich konnte die Meister sehen, die darin wandelten, und verstehen. Er hat ihre Werke aus meinem Grabbeltisch geklaubt und auf kannelierten Marmorstelen präsentiert. Länger als zwanzig Minuten konnte Jürgen nicht spielen. Dann wurde seine Stimme erst krächzig, dann pelzig, schließlich heiser und kaum hörbar. So gern hätte ich ihm noch gesagt, wie kostbar sein Geschenk war, wie dankbar der Banausenjunge ihm war. Aber eines Tages wurde er versetzt, und wir verloren uns aus den Augen.

Ich bin nie wieder hinaufgestiegen zu seinem Teerpappen-Theater mitten in den Bühnennebeln der Großchemie.

Vollbeschäftigung

Am Tag nach Jürgens Versetzung machte ich blau. Ausnahmsweise ging ich nicht in die üblichen Lokale. Wenn ich mein Ziel verwirklichen wollte, brauchte ich Geld: Bevor ich erfolgreich würde, müsste ich mich *kleiden* wie ein Erfolgreicher. Bevor ich ein Intellektueller würde, müsste ich *lesen*, was ein Intellektueller liest. Das kostet Geld. Bevor ich ehrlich würde, müsste ich aufhören, mich selbst zu belügen. Das kostete Überwindung – schwierig, muss warten, erst das Geld!

Also Nebenjobs. Das war 1964 kein großes Problem. Wer arbeiten wollte, fand Arbeit. Es gab Vollbeschäftigung und Arbeitskräftemangel: Dreizehn Millionen Deutsche waren nach dem Krieg in den Westen geflohen, aber es war immer noch genug Arbeit da. Am Kölner Hauptbahnhof kamen daher mehrmals in der Woche Menschentransporte mit Gastarbeitern aus Jugoslawien und Italien, Spanien und Portugal an.

Ich kaufte mir einen *Stadt-Anzeiger* und las die Arbeitsangebote. Ich brauchte etwas für abends und samstags. Sonntags würde ich für die Berufsschule lernen oder Arbeitsberichte fürs Lehrlabor schreiben. Viele Jobs gab's nicht für mein Zeitraster, aber ich war nicht wählerisch und hatte Glück. Ich würde ab morgen dreimal die Woche in einem kölschen Fresslokal Töpfe, Pfannen und Teller reinigen. Kein Problem: Wenn ich bei Bayer eins gelernt hatte, war es Spülen. Außerdem hörten die Kollegen dabei die aktuellen Hits. Cliff Richard sang »*Lucky Lips*«, Roy Orbison »*Oh, Pretty Woman*« und die Beatles »*I Want to Hold Your Hand*«.

Am Samstag stand ich fortan in einer Sinalco-Abfüllerei an der dampfend heißen Flaschen-Spülmaschine. Ein Fließband, das ich mit klebrigen Limoflaschen befüllte. Wenn es still stand, musste ich Getränkekästen ausfahren oder auf dem Hof stapeln. Nach meiner ersten Stapelaktion guckte sich der Vorarbeiter mein Werk kritisch an: »Jung, da müssen noch zwei Reihen drauf.«

»Aber ich hab doch die letzte schon nur auf Zehenspitzen … Soll ich eine Leiter nehmen?«

»Leiter? Du hast sie wohl nicht mehr alle. Du nimmst den Kasten so – und wirfst ihn einfach obendrauf. Zack, siehste? Und wenn die Reihe voll ist, wirfst du einfach die nächste Reihe noch dadrauf.«

Unmöglich! Aber nach einer Weile ging es. Kein schöner Job, aber er hat meinem Portemonnaie gutgetan. Und meiner Figur auch. Ich hatte jetzt genug Geld, um mir neben der obligatorischen *Bild* Qualitätszeitungen leisten zu können: in der Woche abwechselnd *Frankfurter Allgemeine*, *Welt* und *Süddeutsche*, donnerstags *Die Zeit*, montags den *Spiegel*. Das sind Zeitungen für Leute, die »was Besseres« sind, dachte ich, also auch Blätter für Leute wie mich, die »was Besseres« werden wollen. Die Sprache, spürte ich, ist das wichtigste Tor zum Paradies des Aufstiegs. – Aber verdammt: Warum schreiben die so endlose Sätze mit so vielen Fremdwörtern? Egal, da musste ich durch.

Und im Bus würde die *F.A.Z.* auch mehr hermachen als die *Bild*.

Renate

Im zweiten Lehrjahr war ich neunzehn. Beim sonntäglichen Frühschoppen im Monheimer Hof erzählte ich einem Freund von meiner Absicht, erfolgreich zu werden. Ich bewunderte ihn. Er war ein Sohn aus gutem Hause, sprach gewählt und kannte sogar die Markennamen seiner Anzüge.

»Als Erstes musst du tanzen lernen«, meinte er weltmännisch. »Wenn du zu einer Abendgesellschaft eingeladen wirst, darfst du dich nicht mit stupidem Rumgehopse blamieren.«

Das sah ich ein. Ich war noch nie auf einer Abendgesellschaft gewesen, aber wenn die erste käme, würde ich höhere Töchter mit Twist und Rock'n'Roll kaum beeindrucken können. Das war zwar wieder eine falsche Vorstellung. Aber sie half: »In welcher Tanzschule warst du?«

»Schulerecki. Nähe Neumarkt. Bin ich noch. Turnierkreis. Weiter Weg bis dahin: Anfängerkurs, Fortgeschrittenenkurs, Aufbaukurs.«

»Das mach ich.«

»Aber in diesem Aufzug«, sein Blick glitt abschätzig an mir herab und wieder hoch, »in dieser Klamotte – keine Chance.«

Auch das sah ich ein. Ich kaufte mir bei Müller-Wipperfürth am Anfang der Goldenen Einkaufsmeile Kölns einen dreiteiligen Anzug, dunkelblau mit Nadelstreifen, einen wadenlangen schwarzen Mantel mit verdeckter Knopfleiste, zwei weiße Hemden; im Kaufhof Lederschuhe, einen Stockschirm, den ich beim Gehen in der Rechten rotieren ließ, hellgraue Schweinslederhandschuhe und einen dunkelgrauen Fedora-Hut. Ich bildete mir ein, wie ein englischer Gentleman zu wirken, sah aber eher aus wie der *arrogante Dandy* im Bauerntheater: Vom Dschungel in den Zoo war es nur ein kleiner Schritt.[83]

Tanzen machte mir Spaß. Es war eine gute Gelegenheit, mal für ein paar Stunden aus meinem Leben zu verschwinden. Die Schritte fielen mir leicht, und die Mädchen freuten sich, wenn ich mich vor sie stellte und mit einer leichten Verbeugung um den nächsten Tanz bat. Am Ende des ersten Kurses fragte mich die Tanzlehrerin, ob ich Lust hätte, beim nächsten Anfängerkurs als Hospitant mitzuhelfen. In den meisten Kursen gebe es zu wenig Herren. Ja, ich hatte Lust. Große Lust.

Irgendwann stand ich vor Renate. Sie war mir schon auf der Fläche aufgefallen. Ihr halblanger brauner Lockenschopf hopste um ein hübsches Gesicht herum, mittendrin eine süße Nase mit ein paar versprenkelten Sommersprossen. Über einem leichten Petticoat trug sie ein weißes Kleid mit dunkelblauen Polka-Dots. Ich verbeugte mich formvollendet: »Darf ich um diesen Walzer bitten?«

Sie lächelte schüchtern und nickte. Ich war bezaubert, reichte ihr meinen Arm und führte sie mitten auf die Tanzfläche. Dazu gehörte ein bisschen Mut. Die Feiglinge tanzten immer am Rand herum. Und am Rand wollte ich nicht mehr sein. Ich hatte schon mit vielen Mädchen getanzt. Manche lagen dir beim Walzer wie ein Sack Bohnen in der rechten Hand. Oder sie standen aufrecht wie ein Besenstiel und berührten fast deine Nase mit ihrer. Aber Renate bog den Körper ab der Taille grazil nach hinten, sodass unsere Schenkel und Becken Kontakt hatten, was auch aus nicht-tänzerischen Gründen angenehm war, und es schien mir, als tanze ich mit einer Feder.

Nach dem Kurs gingen ein paar von uns in die »Rolltreppe« am Rudolfplatz. Mit dabei war Myriam, so nenne ich sie hier mal, die ich noch aus der jüdischen Gemeinde kannte. Sie ging mit Renate aufs Gymnasium und verkuppelte uns auf die bewährte Weise des Schadchens – des jüdischen Heiratsvermittlers: Sag jedem, der andere finde dich attraktiv, unwiderstehlich – irgend-was! – und habe sich in dich verliebt.

Bis dahin fanden Renate und ich uns nett. Aber nach Myriams Trickserei dauerte es nicht lange, und wir fanden uns tatsächlich attraktiv und unwiderstehlich, und als wir nach den ersten Gesprächen feststellten, dass bei jedem im Kopf ein Licht brannte, waren wir bald ein verliebtes Paar. Renate war sechzehn, ich neunzehn. Sie wohnte ganz in der Nähe der jüdischen Gemeinde. Ich brachte sie immer zu Fuß nach Hause, denn unterwegs war ein Park, der uns sehr willkommen war. Der intensive Kontakt unserer Schenkel- und Beckenpartien hier wirkte sich wiederum sehr positiv auf unseren Tanzstil aus.

Bei Bildungsbürgern

Beim Abschlussball lernte ich Renates Eltern kennen. Renate saß mit ihnen am Tisch, und als der erste Tanz angekündigt wurde, ein Foxtrott, ging ich hinüber, verbeugte mich vor beiden und sagte: »Guten Abend, Frau Köhler, Herr Dr. Köhler, mein Name ist Jacky Dreksler. Gestatten Sie, dass ich mit Ihrer Tochter tanze?«

Sie nickten freundlich. Dann verbeugte ich mich vor Renate: »Würdest du mir diesen Foxtrott schenken?«

Ich spürte dabei, dass ich nicht mehr den formvollendeten Gentleman *spielen* musste, ich war es plötzlich, auch dank des *Einmaleins des guten Tons*, das mir Onkel Jörn geschenkt hatte. Das »Als ob« war hier plötzlich zum »Ich bin« geworden, zum ersten Mal.

Wir machten zusammen dann noch den Fortgeschrittenen- und den Aufbaukurs. Beim Mittel- und Abschlussball schafften wir immer den ersten oder zweiten Platz und gewannen als Preis den nächsten Kurs.

Irgendwann wurde ich zum ersten Mal von Köhlers zum Abendessen eingeladen. Ich las vorher noch einmal die entsprechenden Passagen in meinem *Einmaleins* und machte wohl einen guten Eindruck. Ich hatte wirklich polierte Manieren. Während ich sie ausprobierte, übertrieb ich anfangs, tupfte mir mit der Serviette ein wenig zu dezent die Mundwinkel, bevor ich einen Schluck Wein trank, sagte: »Vielen Dank, die Erbsensuppe war ausgezeichnet«, statt einfach: »Danke, das war lecker«, sagte: »Ich hab schon viel von Ihnen gehört und freue mich, nun endlich persönlich Ihre Bekanntschaft zu machen«, statt: »Schön, Sie kennenzulernen«, stand beim Abendessen auf, wenn Renates Mutter die Fleischbrühe brachte, wenn sie mit der Bratenplatte kam, wenn sie den Vanillepudding servierte – bis sie milde lächelnd meinte, ich möge doch bitte Platz behalten, öffnete, wenn es ans Spülen ging, die Küchentür, ließ die Damen vorgehen und half ihnen in den Mantel, wenn wir noch einen Spaziergang machten, tanzte beim Familienfest zuerst mit meiner Tischdame, dann mit der Dame des Hauses und erst dann mit den anderen. Durch Übung wurde mein Benimm schnell von einem steifleinernen Zeremoniell zur seidig fließenden Selbstverständlichkeit.

Ich war bei gebildeten Menschen: Herr Köhler war promovierter Geograf, seine Frau Ursel spielte prachtvoll Klavier. Beide waren warmherzige und großzügige Menschen mit Sinn für Kunst und Musik, Literatur und Wissenschaft und mit einer großen Bibliothek, in der jedes Buch einmal im Jahr gelüftet und entstaubt wurde. Ich durfte immer häufiger zum Essen kommen, und bald hatten sie mich aufgenommen wie einen Sohn. Es war wundervoll: Ich hatte auf einmal eine Familie, in der Anstand und Höflichkeit, Geist und Kultur, Wärme und Zuwendung selbstverständlich waren.

Ich fraß wahllos alles in mich hinein, was nach Literatur roch: Kleist, Kafka, Kästner; ich goss mir alles in die Ohren, was nach Klassik klang: Bach, Brahms, Beethoven. Und die gebildeten Köhlers waren eine wohlmeinende Claque, wenn ich das alles mit leicht aufgesetzter *sophistication* wiederkäute. Und all das hat aus mir gemacht, was ich damals war: ein riesengroßes pseudointellektuelles Arschloch. Aber egal, es war ein Anfang. Ich war ein Apfelbäumchen, das wuchs. Die Veredelung würde noch etwas dauern. Bisher hatte ich gelebt, wie Keith Richards seine Tele spielt. Nun lernte ich plötzlich mein Leben zu spielen wie Leon Fleisher seinen Steinway. Ein wenig zumindest.

Ursel war eine aufgeschlossene und kluge Frau. Sie wusste oder ahnte, dass Renate und ich über das Kuschelstadium hinaus waren, und sorgte dafür, dass Renate die Antibabypille bekam. Das war damals nicht selbstverständlich. Viele Ärzte hatten moralische Bedenken und verschrieben sie nur verheirateten Frauen. Es war wundervoll, Renate zu lieben und von ihr geliebt zu werden.

Omi war von meinem neuen Leben nicht begeistert. Wenn ich spätabends nach Hause kam, hatte der rauchzarte Racke schon Besitz von ihrem Gehirn ergriffen. Sie brüllte, jammerte und schlug. Nun waren Renate und deren Eltern das Ziel ihres Hasses – Omi war eifersüchtig. Ich besitze aus den ersten Jahren mit Renate nur zwei Fotos. Die anderen hat Omi zerrissen oder mit Verwünschungen, Obszönitäten oder ironischen Kommentaren versehen.

Manchmal wachte ich nachts auf und sah unter halb geschlossenen Lidern, dass Omi mein Bett auf Knien umkreiste wie ein übel gelaunter Hai; dann mutierte sie zu irgendeinem Raubviech und fauchte, krächzte und knurrte. Schließlich zischte sie kölsche Verwünschungen. Ich wusste nicht: War sie übergeschnappt, oder wollte sie mir schlechte Träume induzieren? Ich tat, als schliefe ich, und nach einer Weile trollte sie sich mit flüsternd hervorgepressten Beschimpfungen.

Aber Omi sorgte weiter für mich, wusch sogar meine Wäsche (wenn sie nicht zu schlecht gelaunt war) und schrieb für mich einen Brief an das Kreiswehrersatzamt, wobei sie aus allen Rohren schoss: Was ihnen denn einfiele, mich zum Militär einziehen zu wollen, mich, einen Juden, dessen Mutter so gelitten habe, dessen Mutter nur durch ihren aufopferungsvollen Einsatz ... Ein paar Wochen später kam der Befreiungsbescheid. Ich musste nicht zur Bundeswehr.

You don't have to be Jewish, but it helps. Wie bei der Comedy.

Der E-Raum

Irgendwann machte Renate das Abitur und studierte Biologie und Geografie. Wir waren verliebt, aber mein Bauch verriet mir: Bald würde zu der uns trennenden sozialen Kluft eine intellektuelle kommen, mich verschlucken, durchkauen und in weitem Bogen ausspucken.

Dieses Gefühl erreichte seine höchste Intensität, als ich mir eines Tages freinahm, um zum Zahnarzt zu gehen. Renate und ich hatten uns im E-Raum der Uni auf einen Kaffee verabredet. Ich ging durch die Tischreihen und suchte sie. Da spürte ich deutlich: Hundert Augenpaare waren auf mich gerichtet. Schaut mal, was für 'n Prolet ist *das* denn? Der hat ja noch nicht mal Mittlere

Reife! Und einen Lehrabschluss garantiert auch nicht. Was für eine Unverschämtheit, sich hier in die heiligen Hallen des Wissens einzuschleichen! Ich fühlte: Jeder hier sieht mir an, dass ich kein Student bin. Renate war süß und liebenswert wie immer, küsste mich lange und stellte mich ihren Kommilitonen vor. – Scheinheiliges Pack! Taten alle so, als wüssten sie nichts von meiner unwürdigen Existenz. Unterhielten sich ganz normal mit mir. Aufgesetzte Höflichkeit! Ich ahnte, dass diese Schlangenbrut sich verstellte.

Das Rumoren in meinem Magen legte sich erst, als ich zur Bahn ging und an der Universitätsbuchhandlung Witsch vorbeikam. Ich ging zögernd hinein. Gleich würde der Typ an der Kasse auf mich zukommen: Darf ich mal Ihren Studentenausweis sehen? Was, Sie haben keinen? Na, dann raus hier, aber hopp!

Natürlich kümmerte sich kein Mensch um mich. Ich blätterte in vielen Büchern: Philosophie, Soziologie, Psychologie, Germanistik, Anglistik, Numismatik, Archäologie, Orientalistik, Chemie, Physik, Mathematik – was für eine Welt! Mein Haus! Darin wollte ich wohnen. Darin *werde* ich wohnen. Ich bewies mir diese steile These, indem ich mir gleich ein Buch kaufte: *Linder Biologie*. Ich kannte es. Renate hatte vor dem Abitur immer damit gelernt. Jetzt studierte sie das Fach, da würde es nicht schaden, wenn ich wenigstens auf diesem Gebiet ein bisschen mithalten könnte. Ein guter Kauf. Das Buch war verständlich geschrieben und großzügig illustriert.

Inmitten der Fachbücher wurde mir klar, dass Mamis Wunsch, ich solle Arzt oder Rechtsanwalt werden, nicht mit Lesen allein Wirklichkeit werden würde. Kein Chefarzt würde sagen: Herr Dreksler, operieren Sie mal die heiße Galle von Zimmer 127, Sie haben ja viel über die Bauchorgane gelesen.

Auf dem Weg nach draußen fasste ich einen Entschluss. In einer nahe gelegenen Telefonzelle blätterte ich die *Gelben Seiten* durch. Da! *Private Höhere Abendschule Hövel.* Ich ging gleich hin und meldete mich an: zwei Jahre bis zur Mittleren Reife, ich würde sie zeitgleich mit dem Lehrabschluss bekommen, dann noch mal zwei Jahre bis zum Abi.

Und wenn ich das erst hätte, würde ich wieder in den Erfrischungsraum gehen und mich an den arroganten Studentchen rächen: Nimm das, weil du mich so erniedrigend angeschaut hast! Nimm das, weil du mir so ein Scheißgefühl gegeben hast! Aus dem Weg, Arschloch!

Eine schwere Zeit begann: Tagsüber bei Bayer, abends in der Abendschule; eine Stunde lesen in der Frühstücks- und Mittagspause, zwei Stunden in Bus und Bahn und – nach dem allabendlichen Empfangsgezeter zu Hause – bis ein Uhr oder länger. Die Abendschule kostete viel Geld, und so suchte ich mir einen besser bezahlten Job beim Bekleidungshaus Müller-Wipperfürth und verkaufte dort samstags Mäntel, Anzüge und Hemden, Pullis, Krawatten und Unterwäsche. Zwei-, dreimal die Woche arbeitete ich nach der Schule noch im Lager eines nahe gelegenen Kaufhauses und lud BHs, Bananen oder Reisekoffer von Lastwagen in Regale. Wenn ich dann spätnachts nach Hause kam, schlief Omi zum Glück schon. Um halb sieben begann der neue Tag. Zum Glück konnte ich ohne viel Schlaf wochenlang funktionieren. Auch heute noch. Aber heutzutage nennt meine Süße das »präsenile Bettflucht«.

Den Samstagabend und den Sonntag verbrachte ich mit Renate und ihren Eltern. Wir gingen oft wandern. Dr. Köhler hatte Freude daran, uns die Geografie und Geologie der Eifel oder des Bergischen Landes zu erklären. Hier eine Quarzit-Ader, da Tonschieferplatten, dort ein Ausbiss, an dem Gesteinsschichten aus Millionen von Jahren offen zutage lagen. Ab und zu blieben Renate und ich etwas zurück. Nicht nur der Geist, auch der Körper sollte während einer Wanderung erquickt werden.

Goldener Herbst

1967 verbrachte ich den Sommer in Südtirol. Renates Eltern hatten mich eingeladen. Renate und ich hatten uns davor verlobt. Gern und freiwillig, wenn auch nicht ohne sanfte Stupser von Ursel und einer eigens dazu angereisten Tante. Wenn man im Hotel unter *einem* Dach schliefe, meinten sie mit Augenzwinkern, solle doch zumindest die Absicht zur Ehe erkennbar sein. Und, Kinder, ihr seid doch perfekt füreinander … und überhaupt! – Da hatten sie recht, das waren wir. Ab jetzt sagte ich »Mutti« und »Vati« zu den Köhlers.

Als dann die Blätter durch Köln trieben, kam die goldene Zeit der Ernte: Ich beendete die Lehre und bekam eine Festanstellung als Chemielaborant im Wissenschaftlichen Hauptlabor von Bayer. Weißer Kittel, statt 289 Mark nun 845 brutto. Fünfhundert gab ich Omi. Zwei Wochen später hatte ich auch die Mittlere Reife und meldete mich für den Abikurs an der Abendschule an. Noch zwei Jahre, dann könnte ich endlich studieren. Bis dahin würde ich mich noch schlecht fühlen, wenn ich mit Renate und ihren Kommilitonen zusammen war. Egal, das schaffe ich. Bis es so weit ist, tue ich einfach so, als ob.

Aber dann passierte etwas, bei dem mir zwei von Mamis Witzen sehr geholfen haben: Da ist das am Anfang des Buches erzählte Talmud-Witzrätsel vom Hirsch, der über einen Fluss zu seiner Hirschin will und drei Dinge nicht darf: springen, ein Boot nehmen oder schwimmen. Wie kommt der Hirsch zu seiner Hirschin? Nun, er schwimmt. Aber er darf doch nicht schwimmen! Er schwimmt aber doch!

Der Witz hat mir oft Mut gemacht, Verbotenes zu tun, aber auch die Angst vor Neuem und Unbekanntem zu überwinden. Nicht immer zu meinem Besten. Ich habe viele Dinge getan, die ich besser gelassen hätte. Wichtiger als der direkte Anstoß aber war die dahinter verborgene Botschaft: Überwinde Hindernisse, die unüberwindlich erscheinen. Aber am fruchtbarsten von Mamis Witzen war der auch bereits erzählte Witz vom alten Jossele, der jeden Schabbes zu Gott betet, er möge ihn in der Lotterie gewinnen lassen. Bis es dem Herrn irgendwann zu viel wird und er mit Donnerstimme grollt: »*Jossele, kauf dir endlich a Los!*«

Ich erinnerte mich an die Story, als ich diese Anzeige las: »Das Land Nordrhein-Westfalen bietet Menschen mit Mittlerer Reife die Chance, ohne Abitur an der Pädagogischen Hochschule zu studieren – über eine ›Begabtensonderprüfung‹.« Ich kaufte mir ein Los und meldete mich an, ohne Renate etwas zu sagen, machte eine schwere schriftliche und eine gnadenlose mündliche Prüfung und bestand. Als der erste Schnee durch Köln trieb und sich wie üblich augenblicklich in Matsch verwandelte, hatte ich die Erlaubnis, ab dem Sommersemester 1968 zu studieren.

Ich danke dir, Mami. Dein Witz hat mir zur rechten Zeit einen Tritt in den Hintern versetzt. Und auch ein Arschtritt bringt einen nach vorn. Bis heute hat mir diese kleine Geschichte Mut gegeben, wenn ich unsicher und verzagt war: *Komm, Jankele, kauf dir a Los!*

Und ich danke dir, Hans Vaihinger. Deine achthundert Seiten haben mir Mut und Zuversicht gegeben, haben meine besten Seiten ans Licht gehoben (und davon hatte ich nicht so viele). Man muss einfach so tun, als ob. Aber ich habe bald gelernt: Das reicht nicht. Mit dem Als-ob ist es so wie mit dem Glück beim Golfen. Auf der *Driving Range* verriet mir mein Lehrer mal augenzwinkernd: Wenn man viel übt, hat man auf dem Platz seltsamerweise viel mehr Glück.

Ich hatte ein faszinierendes Erweckungserlebnis: Identität ist nichts Starres. Sie ist flüssig, plastisch und kann verschiedene Aggregatszustände einnehmen. Du kannst ein anderer werden, wenn du es willst (und wenn man dich lässt). Dabei hilft ein aufgeblasenes Selbstwertgefühl mehr als Selbstgeringschätzung: besser den Versuch wagen und scheitern als bescheiden abwinken.

Endlich war ich ein Student. Ich war zweiundzwanzig, und mein Leben war süß und verlangsamte sich. Es war wie Waten durch Honig. Die Metamorphose war abgeschlossen. Aus der Chrysalis war ein Libelle geworden. Sie torkelte noch etwas bei ihrem Flug durch die hohe Luft.

Aber sie flog.

Ein Mensch ist immer das Opfer seiner Wahrheiten.

Albert Camus,
Der Mythos von Sisyphos, 1942

14

Nichts so fein gesponnen

»Es ist nichts so fein gesponnen, es kommt ans Licht der Sonnen.« Wie einen Triumphmarsch paradierte Omi die ausgeleierte Volksweisheit, wenn sie mal wieder entdeckt hatte, dass ich nicht in der Schule gewesen war oder die Flasche Racke-Rauchzart-Whisky mit Wasser auf den von ihr angestrichenen Pegel gebracht hatte. Auf den Tag vierzehn Jahre nach dem Tod meiner Mutter, am Montag, dem 3. November 1969, zeigte sich: Auch Omi hatte viel gesponnen. Und auch bei ihr war das Gespinst nicht fein genug.

Ich hatte den Vorabend mit Renate verbracht und war anschließend noch im Republikanischen Club gewesen – ein Treffpunkt für alles, was politisch irgendwie »links« war und gern Kölsch trank. Rechts war damals hinten und unten, links war vorn und oben. Willy Brandt war gerade Bundeskanzler geworden, Walter Scheel Außenminister. Die sozialliberale Koalition hatte die Große Koalition unter dem »Altnazi« Kiesinger abgelöst, und so gab es seit Wochen was zu feiern. Ich kam – wie so oft – nach Hause, als die Männer, die bei Ford die Capris gelb spritzten, gerade zur Arbeit fuhren. Omi war schon wach und roch nach Racke. »Wo warst du wieder?«, lallte sie mit schwerer Zunge.

»Bei Renate. Und im Club.«

»Du undankbares Subjekt! Andere Leute sind dir ja wischtiger als die Frau, der du alles verdankst. Die kann ja zusehen, wie sie klarkommt. Aber dat haben mir ja alle prophezeit: Der wird es Ihnen nicht danken. Eines Tages ist der weg.«

»Aber, Omi. Ich bin dreiundzwanzig und möchte … ach, vergiss es.« Immer das Immergleiche: Ein Abend mit Renate – Verrat an Omi. Ein Bier mit Kommilitonen – Verrat an Omi. Ein Kinobesuch – Verrat an Omi. Hätte sie mich anketten können, sie hätte es getan.

»Wie einen Hund behandelst du misch«, brüllte sie, »wenn dat deine arme Mutter wüsste. Aber die ist dir ja auch gleichgültig. Heute vor vierzehn Jahren ist sie jestorben und du jehst jarantiert wieder nich an ihr Jrab.«

Ich ließ sie stehen, ging in mein Zimmer und schloss die Tür. Sie wollte hinterher, aber ich hielt die Klinke fest, bis sie sich beruhigte und grollend davonzog. Dann knallte ihre Tür. Vielleicht hatte sie recht: Ich war undankbar und egoistisch. Ich hätte spüren müssen, dass sie Zuwendung und Anerkennung brauchte und verdiente, einfache Tugenden im Umgang mit Menschen, die Dale Carnegie in seinem *Wie man Freunde gewinnt* akzentuiert hatte. Das war die Theorie. Um sie in die Praxis umzusetzen, fehlten mir die Kraft, die Liebe und wohl auch die Empathie.

Auch in einem anderen Punkt hatte Omi recht: Ich war seit Jahren nicht mehr an Mamis Grab gewesen. Warum auch? Dort lag sie ja nicht. Nur ihr Skelett: ein paar Kilo Calciumsalze. Was soll ich an einem Grab? Schließlich bin ich Atheist. Ich bin ein unmystischer Mensch und glaube nicht an Götter, Geister und Essenzen, schon gar nicht daran, dass man ihnen an einem bestimmten Ort Reverenz erweisen muss. Auch Toten nicht. Mein Herz ist Mamis Gedenkstätte. Aber nach so vielen Jahren jüdischer und christlicher Erziehung kannst du zwar Totenrituale missachten, allerdings nur um einen Preis: ein verdammt schlechtes Gewissen. Schuldgefühle erzeugen – darin sind alle drei abrahamitischen Religionen führend auf der Welt. – Schön, ich werde Mami am nächsten Tag auf dem Friedhof besuchen.

Also nicht sie, sondern ihre Calciumsalze.

Ein Anruf und die Folgen

Am Morgen danach hatte ich eigentlich eine Soziologievorlesung und ein Philosophieseminar, aber, wie so oft: Ich ließ sie sausen und ging gleich in den AStA. Schließlich war ich Sozialreferent und musste mich um die viel dringenderen BAföG-Probleme meiner Mitstudenten kümmern, musste Buden besorgen und musste mich – damals, 1969, ein Jahr nach dem *Summer of Love* extrem wichtig! – um die Frage kümmern, wie viele Frauenärzte in Köln die Pille verschrieben, ohne die Kommilitoninnen vorher einem peinlichen Moralverhör zu unterziehen. *Pillen-Sexler* schrieben Witzbolde an meine Adressen-Tipps am Schwarzen Brett.

Die erste Sonne beleuchtete Omis Zu-grob-Gesponnenes durch einen Zufall. Der Fotokalender über meinem Schreibtisch zeigte die Niagarafälle, und das Bild erinnerte mich an Onkel Bernie und meine schöne Zeit in Amerika vor einem Dutzend Jahren. Er und Tante Jutta waren ein paarmal mit mir zu den Fällen gefahren – sie liegen nur eine halbe Autostunde von Buffalo entfernt. Seit der Flucht aus Buffalo hatte ich keinen Kontakt mehr mit ihnen gehabt. Spontan beschloss ich, Onkel Bernie anzurufen, heute an Mamis Todestag. Ich hatte nur gute Erinnerungen an die Zeit: Levy's, Sneakers und Basketball auf dem Schulhof, *peanut butter and jelly sandwiches*. Andererseits: Ich hatte meinen Verwandten doch Geld geklaut! Peinlich. Und Omi hatte behauptet, dass sie mich hassten. Egal, mehr als einhängen und mich einen Dieb schimpfen konnten sie nicht.

»Hi, this is Jacky.«

Zwei Sekunden Fragezeichen, dann explodierte die Freude am anderen Ende der Leitung.

»No, hab ich doch immer gesogt, when Jankele is a großer Junge, he will call«, kauderwelschte Onkel Bernie. Im Hintergrund hörte ich Tante Jutta meine Cousins rufen, Tränen in der Stimme: *»Oh my God! Rosalie, Mike – pick up your phones! It's Jacky!«*

Und dann erfuhr ich die Wahrheit über Omis und meine Auswanderung in die USA und die Flucht nach Deutschland. Omi hatte mir erzählt, Onkel Bernie habe sie eingeladen, mit mir nach Amerika zu kommen, weil sie so viel für Mami und mich geopfert hatte. Aber das war eine Lüge gewesen. Bernie hatte ihr das gezwungenermaßen angeboten, weil Omi ihn erpresst hatte: Der Junge wolle nicht ohne sie gehen, habe sie beteuert. Auch gelogen.

Tante Jutta erzählte, wie schnell ich die Sprache gelernt und Freunde gefunden hätte; wie ich meine Lehrer begeistert hätte und immer mehr ein kleiner Amerikaner geworden sei; wie Omi aber umso eifersüchtiger geworden sei, je wohler ich mich gefühlt hätte. Sie habe gespürt, dass ich mich schnell von ihr entfernte. Sie habe mich oft verprügelt, wegen kleinster Vergehen, habe mir verboten, das Rad zu benutzen, das Onkel Bernie mir zum elften Geburtstag geschenkt hatte, und habe mich nicht an Familienausflügen teilnehmen lassen.

Im Laufe der Zeit hatten Jutta und Bernie den Eindruck gewonnen, Omi habe ihre Auswanderung als eine Art Altersversorgung betrachtet. Immer wieder habe es Streit gegeben, weil sie sich bedienen ließ und nicht bereit war, im Haus mitzuarbeiten. Und sie behandelte Rosalie und Michael schlecht. Mich habe sie zum Beispiel aufgefordert, Michael die Kellertreppe hinunterzuschubsen, die dreijährige Rosalie habe in Omis Beisein bei laufendem Verkehr auf der Straße gespielt, bis eine Nachbarin aufgeregt angerufen habe. Nicht ich sei das Problem gewesen, sondern Omi. Und es stellte sich heraus, dass alles Schlechte, was Omi mir in der Nacht der Abreise über Jutta und Bernie erzählt hatte, Lügen gewesen waren. Omi hatte mich mit nach Deutschland nehmen wollen, und dazu war ihr jedes Mittel recht gewesen.

»Aber«, wandte ich ein, »ich habe euch doch Geld gestohlen.«

»*Come on, Jacky, forget it*, die paar Cent. Du warst elf. Kinder klauen halt manchmal. Deine Omi hat uns viele Tausend Dollar Cash gestohlen, bevor sie mit dir verschwunden ist.«

Bevor wir einhängten, versprach Tante Jutta, mir Briefe von Omi und meiner Mutter zu schicken, damit ich mir selbst ein Bild machen könne.

Ich war wütend auf Omi. Wenn das alles stimmte, hatte sie alle belogen: mich, meine Verwandten und Rabbiner Asaria. Und sie hatte viel Geld gestohlen. Ich strich die restlichen Vorlesungen, die Probleme der Mitstudenten und auch den Besuch auf dem Friedhof. Stattdessen beschloss ich, am nächsten Tag Tante Else zu besuchen. Vielleicht konnte Omis Schwester mir erklären, was Omi sich bei all dem gedacht hatte.

Paul Otto

Abends im Republikanischen Club stritt ich mit einigen meiner Genossen vom *Sozialdemokratischen Hochschulbund* über die Zahl der Winddurchlasslöcher in den Transparenten für die Demo in der nächsten Woche. Von Hochschulpolitik verstand ich wenig, dafür aber etwas von Physik.

Wie viele junge Leute damals wollte ich die Welt verändern. Auslöser für diese Idee war wieder ein Buch meines damaligen Lieblingsphilosophen Bertrand Russell. Darin las ich:

I have lived in the pursuit of a vision, both personal and
social. Personal: to care for what is noble, for what is beautiful,
for what is gentle; to allow moments of insight to give wisdom
at more mundane times. Social: to see in imagination the society
that is to be created, where individuals grow freely, and where
hate and greed and envy die because there is nothing to nourish
them.[84]

Ich war tief beeindruckt. Das würde auch meine Vision von einer besseren Welt sein. Eine, in der ich Zeit fände für das Edle und Schöne, eine Welt, in der Hass, Gier und Neid stürben. Der SHB schien mir dazu die richtige Plattform zu sein.

Am Nachbartisch hielt Paul Otto Hof. Sechs oder sieben Studenten hockten um ihn herum, als säßen sie ihm zu Füßen, und lauschten andachtsvoll dem philosophischen Nektar, der reichlich aus seinem Munde troff. Irgendwann hörte auch ich nur noch dem Mann mit dem arroganten kategorischen Ton zu, dem Einmeterachtzigmann mit dem Adlergesicht und der Franz-Liszt-Frisur.

Paul Otto leuchtete. Zwei Quellen speisten das Licht. Eine strahlte von innen, strahlte aus einem Gluther aus Geist, umfassendem Wissen und einem waffenscheinpflichtigen Selbstbewusstsein. Die andere Quelle war Widerschein: Blendender Glanz eines mir bis dahin unbekannten philosophischen Universums.

Das Zentralgestirn schien ein gewisser Karl Popper zu sein. Um ihn herum zogen Planeten namens Albert, Topitsch oder Feyer-

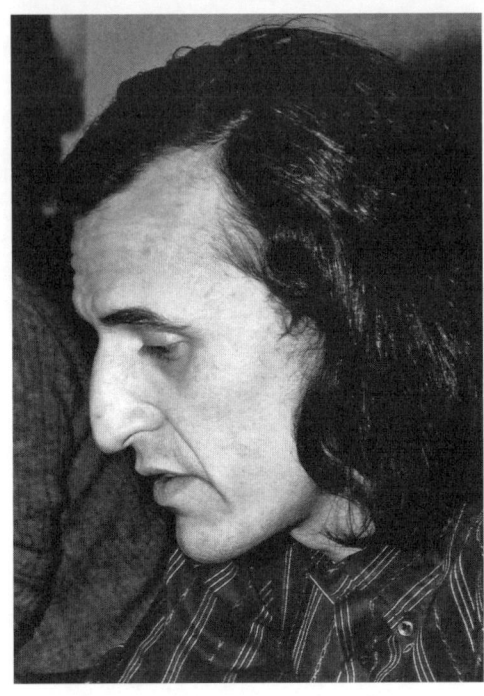

Abb. 18:
Paul Otto Brandt
(1935–1992), 1970

abend ihre Bahnen. Dieses Sonnensystem hieß »Kritischer Rationalismus«. Zwischendurch tauchten gleißende Kometen wie Kant, Russell und Wittgenstein auf. Das waren die Guten. Die Bösen waren Rote Riesen wie Hegel und Marx – allesamt ausgebrannte Sterne, die sich, nun im Endstadium, noch einmal groß und rot aufblähten. Dann waren da Weiße Zwerge wie Platon oder Aristoteles – uralte, längst kollabierte Sonnenleichen. Und es gab noch Staubwolken, die den philosophischen Himmel verfinsterten: neue wie Derrida und alte wie Heidegger. Nicht zu vergessen die Schwarzen Löcher Adorno und Habermas – philosophische Phänomene mit gewaltiger Anziehungskraft, die aber nach Paul Ottos Meinung kein Licht verbreiteten. Seine Worte waren strukturiert wie ein Sonatenkopfsatz, getaktet mit einem Metronom aus Logik.

All diese Namen fielen in rascher Folge. Wenige kannte ich vom Hörensagen, viele nicht. Es war leicht festzustellen, wo Paul Ottos Sympathien lagen. Kam die Rede auf den österreichisch-britischen Wissenschaftstheoretiker Karl Popper oder den Mannheimer Soziologen Hans Albert, bekamen seine Augen ein stolzes Glühen, bei Philosophen wie Heidegger oder Adorno schnaubte er vor dem Namen kaum merklich und schloss die Lider etwas länger als gewöhnlich – als bemühe er sich, seine Verachtung zu verbergen.

Nach und nach verabschiedeten sich seine Anhänger in die Nacht, besoffen von Kölsch und Paul Ottos philosophischem Schaumwein. Ich war neidisch auf ihn: So wollte ich auch sein, ein »philosophischer Kopf«, wie Schiller Leute nannte, die versuchen, die Landmasse unter dem Archipel des Wissens zu erkennen, statt sich wie die tumben Brotgelehrten mit der Erforschung der Inselchen zu beschäftigen. Und so wie er wollte ich auch reden können, so eloquent *und fundiert*. Nein, nein: Ich konnte schon beeindruckend kluge Dinge von mir geben. Aber ich wusste, es war nur die sprachliche Version von Luftgitarre-Spielen. Ich war ein Meister darin, gedankliche Vagheit und sprachliche Ungenauigkeiten unter Putz zu legen, intellektuellen Smog zu verbreiten.

»Spielen wir 'ne Partie Blitzschach?«, fragte mich das Adlergesicht, als wäre es selbstverständlich, dass man dieses aggressive Figurengemetzel beherrschte.

»Geht das in deinem Alter noch?« Ich schätzte Paul Otto auf Mitte dreißig.

Er lachte keckernd: »Hoffen wir mal, dein Spiel ist nicht so lahm wie deine Scherzchen. Jeder fünf Minuten?«

»Okay«, konterte ich, »du kannst dir schon mal das Feld aussuchen, auf dem ich dich matt setze.«

Paul Otto schürzte anerkennend die Lippen und nickte. Der Kampf gegen einen Großkotz würde seinem Sieg mehr Glanz verleihen: »Einverstanden – h8!«

Ich eröffnete mit Bauer d4, Paul Otto verteidigte den Versuch, das Zentrum zu usurpieren, mit Springer f6. Also Nimzowitsch-Indisch! Nach zehn Minuten hatte ich ihn da, wo ich ihn haben wollte, und setzte, kurz bevor das rote Ärmchen der Schachuhr fiel, mit zwei Türmen seinen König matt: »Gute Nacht auf h8«, triumphierte ich.

Diese Hybris musste ich bitter büßen. Paul Otto war rachsüchtig. Wir soffen bis in die frühen Morgenstunden, mal gewann er, mal ich, aber er setzte mich arrogant und gnadenlos matt auf allen Feldern des Wissens, auf die er mich listig lockte: Mein Lieber, das ist ein logischer Fehlschluss! Mein Lieber, das ist ein Kategorienfehler! Mein Lieber, das hat Sextus Empiricus schon vor fast zweitausend Jahren widerlegt!

Ich war tief beeindruckt von diesem flamboyanten Denker, der die Luft aus den aufgeblasenen Fesselballons der Philosophen ließ, und ich spürte, wie der entweichende Luftzug auch mein muffiges Hirn freiwehte.

Tante Else

Am nächsten Morgen stand ich vor Tante Elses Tür. Es dauerte, bis sie öffnete, und ich musste daran denken, dass sie und ich gestern vor vierzehn Jahren auf dem Jüdischen Friedhof gestanden hatten. Gesehen hatte ich Tante Else zuletzt vor sieben Jahren, als ich sechzehn gewesen war. Wir hatten immer ein inniges Verhältnis gehabt, und vielleicht würde sie mir ein paar Fragen über Omi beantworten.

Tante Else öffnete, machte den Mund auf und wieder zu und

wieder auf. Dann herzte sie mich, küsste mich: »Jacky, Jacky, wie schön, dass du mich nicht vergessen hast.«

Ich berichtete ihr von dem Telefonat mit Onkel Bernie.

Ja, das wisse sie alles – und leider noch sehr viel mehr. Sie habe nach unserer schnellen Rückkehr aus den USA ständig Streit mit Omi gehabt. Irgendwann, während ich in Bad Honnef gewesen war, habe man sich getrennt und sich seither nicht mehr gesehen. Jetzt, wo ich groß sei, könne sie mir auch die Wahrheit über ihre Schwester sagen: »Sie hat dich und deine Mami geliebt und gleichzeitig ausgenutzt.«

»Ausgenutzt? Wie konnte man mich ausnutzen? Ich hatte doch nichts.«

»Doch, du hattest zwei für sie sehr wichtige Dinge. Einmal die Aussicht auf Wiedergutmachung.« Aber vor allem sei ich für sie ein Licht gewesen, in dessen Widerschein sie als Wohltäterin habe glänzen können. »Das hat sie immer so gemacht«, versicherte Tante Else, »sie war so was wie ein umgekehrter Kuckuck. Sie setzte sich in die Nester von Wirtsvögeln, brütete deren Eier aus und wollte dann dafür Lob. Moment ...« Sie lief in den Keller und kam mit einem in Packpapier eingeschlagenen Karton mit Fotos und vergilbten Kuverts zurück. »Hier, lies diese Briefe.«

Ich überflog sie. Es waren Briefe von Frauen aus den Jahren 1925 bis 1945, die über Tante Else erfahren wollten, wo sie Omi finden könnten, Frauen, die sich bitter beklagten, warum Omi nichts mehr von sich hören ließ. Gleichzeitig bedankten sie sich für Omis Hilfe: beim Umzug, beim Ausfüllen von Anträgen, beim Formulieren von Beschwerdeschreiben. Im Kern enthielten diese Briefe Varianten eines einzigen Themas: Man habe ihr doch alles gegeben: Wohnung, Zuneigung und viel Geld. Unter den jammernden Frauen waren zwei Diakonissinnen, die Omi zuliebe aus dem Orden ausgetreten waren und sich nun von ihr, Gott und der Welt verlassen fühlten.

Eine davon, nennen wir sie Gerhild, sie war damals um die siebzig, habe ich ein paar Wochen später besucht. Sie hatte Krebs im Endstadium, weinte die ganze Zeit und war kaum ansprechbar. Sie hatte in den frühen Vierzigern mit Omi in Köln gelebt. Omi hatte sie überredet, den Orden zu verlassen. Gerhild hatte kurz zuvor eine größere Erbschaft gemacht und genoss nun mit Omi das Leben. Omi hatte schon damals den Führerschein, und so kaufte Gerhild ihr einen Wagen. Ob ich ihr Omis Adresse geben soll? Nein, sie wolle nichts mehr mit dieser Frau zu tun haben.

Was hatte Omi all die Jahre gemacht, bevor sie meine Mutter kennengelernt hatte? Tante Else erzählte: 1923, mit achtzehn, verließ Omi das Elternhaus und ließ sich nur blicken, wenn sie »völlig am Ende« war. Niemand wusste, wo sie war und was sie tat. Geld zerrann ihr »unter den Fingern«. Was war sie von Beruf? Tante Else wurde wortkarg. »Ach, so dies und das. Hat auch als Chauffeur gearbeitet.«

Als wir uns zum Abschied umarmten, drückte sie mir zwei zerfledderte Notizbücher meiner Mutter aus den Jahren 1945 bis 1947 in die Hand, die ganz unten im Karton gelegen hatten. Notizen aus der Zeit, als Mami in einem französischen Gefängnis gesessen hatte und anschließend in einem deutschen: »Hat deine Omi hier vergessen, zusammen mit ein paar Tausend Mark Schulden. Das Geld krieg ich wohl nie wieder.«

»Soll ich einen Kontakt zwischen euch Schwestern …?«

»Nein!«

»Ist da noch mehr, was ich über Omi wissen sollte?«

Tante Else zögerte und blickte auf den Boden: »Mehr kann ich dir nicht sagen … Sie ist schließlich meine Schwester.«

Lies oder stirb

Abends traf ich Paul Otto wieder, diesmal im Metronom, einer Studentenkneipe, in der Bebop- und Dixieland-Jazz aus den Lautsprechern kam, um, wie der Wirt Friedel meinte, »dat Pack« fernzuhalten. Ich trank wenig, weil ich wenig Geld hatte; Paul Otto soff. Wir flipperten und diskutierten dabei über die Notstandsgesetze und dann über Erich von Dänikens Buch *Erinnerungen an die Zukunft*, das im Vorjahr erschienen und ein Millionenseller war. Von Däniken behauptete, technisch überlegene Außerirdische hätten uns vor langer Zeit besucht, seien für Götter gehalten worden und hätten ihre Spuren in Stonehenge, in der Bibel oder auf der Osterinsel als Beweise hinterlassen.

Ich verteidigte von Däniken: »Ist doch zumindest denkbar, dass unsere Kulturen von diesen Aliens beeinflusst worden sind.«

»Denkbar, denkbar«, grummelte Paul Otto, »denkbar ist vieles. Denkbar ist auch, dass die Außerirdischen einen Dunst hinterlassen haben, der gutgläubigen Idioten noch heute das Gehirn vernebelt und sie an Wunder, Poltergeister oder die heilende Kraft von Edelsteinen glauben lässt. Alles unwissenschaftlicher Nonsens.«

»Aber«, erwiderte ich, »die Wissenschaft weiß auch nicht alles.«

»Richtig, die Wissenschaft hat Löcher, große sogar. Das heißt aber doch nicht, dass man diese Löcher mit irgendeinem mystischen Mist auffüllen darf.«

Als Paul Otto pinkeln ging, gesellte sich ein Schnauzbart namens Klaus zu mir: »Sieh an, Paul Otto hat einen neuen Schüler.«

»Was meinst du damit?« Ich fühlte mich in eine Ecke gedrängt, in die ich nicht gehörte: Jesus, Platon, Aristoteles – *die* hatten Schüler.

»Nicht bös gemeint«, wiegelte Klaus ab, »war selbst mal 'n Paul-Otto-Schüler, hab jahrelang mit einem Dutzend Studenten um ihn rumgehockt, seinen ›Vorlesungen‹ zugehört und mit ihm diskutiert. Große Klasse. Unfassbar viel gelernt. Leider keine Zeit mehr. Mache grad 'n Doc in Zahnmedizin.«

»Vorlesungen? Ist er Professor?«

»Nö. Sein Hörsaal ist die Kneipe. Hat hier in Köln bei König und Scheuch Soziologie studiert und bei Hans Albert in Mannheim. Nie zu Ende. Kurz vor'm Abschluss ist sein bester Freund gestorben. Zusammenbruch. Nie wieder aufs Gleis gekommen. Schade. Wär einer der Größten geworden.«

»Und wovon lebt er?«

»Schreibt Hausarbeiten, Diplomarbeiten, Doktorarbeiten in Soziologie, Philosophie, Germanistik und so, selbst in Medizin.«

Beeindruckend. Ein Universalgelehrter! Paul Otto und ich wurden bald gute Freunde. Nicht schnell, dazu war er zu arrogant und zu unnachsichtig beim Aufdecken meiner selbst verschuldeten Wissenslücken. Und mit »selbst verschuldet« bezeichnete Paul Otto Wissenslücken, die nicht durch einen Mangel an Verstand existieren, sondern durch fehlende Initiative, sie auch ohne den Befehl anderer kleiner zu machen – »Kant'sche Wissenslöcher«, wie er sie nach Kants berühmter Definition von »Aufklärung« nannte.

Was das praktisch bedeutete, lernte ich einige Tage später. Ich kam von einem späten Soziologieseminar und ging gleich ins Metronom. Paul Otto war schon da. Ich warf ein Buch des Philosophen Jürgen Habermas auf den Tisch, *Zur Logik der Sozialwissenschaften*: »Ich soll ein Referat über den ersten Aufsatz halten. Aber ich versteh kein Wort.«

Paul Otto las die Überschrift vor. »Analytische Wissenschaftstheorie und Dialektik … jaja, den Aufsatz kenn ich: Jargon, Sprachakrobatik, aufgeblasenes Soziologengewäsch. Geschrieben, um einzuschüchtern, nicht, um verstanden zu werden.« Dann begann das Verhör.

»Reden wir über den Titel: Was ist Wissenschaftstheorie?«

»Keine Ahnung.«

»Was ist Dialektik?«

»Irgendwie Hegel und so?«

»Kannst du das ›und so‹ ein wenig präzisieren?« Paul Ottos Stimme troff vor Ironie.

»Im Moment irgendwo nicht.«

Das damals in Mode gekommene Füllwort erregte seinen Zorn: »Jacky, hör mal mit dem dauernden *irgendwie* und *irgendwo* auf. Das geht mir sonst irgendwann irgendwie auf die Nerven, irgendwo jedenfalls. Sprich präzise oder halt's Maul.«

»Okay«, nuschelte ich kleinlaut und seufzte: »Paul Otto, hier stehen Sätze, die ich einfach nicht verstehe: ›Die gesellschaftliche Totalität führt kein Eigenleben oberhalb des von ihr Zusammengefaßten, aus dem sie selbst besteht.‹ – Was zum Teufel meint dieser Habermas?«

»Wer sich tief weiß, bemüht sich um Klarheit«, dozierte Paul Otto, »wer der Menge tief scheinen möchte, bemüht sich um Dunkelheit – Nietzsche.«[85] Er blickte mich triumphierend an, als habe er den Satz selbst erfunden, und fuhr fort: »Erstens zitiert Habermas hier Adorno, und zweitens sagt der mit großer Geste etwas sehr Triviales: dass die Gesellschaft aus gesellschaftlichen Beziehungen besteht, also aus verwandtschaftlichen Beziehungen, Geschäftsbeziehungen oder Liebesbeziehungen und so. Aber dein persönliches Verständnisproblem ist hier uninteressant. Du musst erst einmal herausfinden, um welche philosophischen und soziologischen Probleme es *grundsätzlich* geht. Das kriegst du nicht mit Nachdenken hin oder mit deinem Fremdwörter-Duden. Nicht dein mangelndes *Sprachverständnis* ist das Hauptproblem, sondern dein mangelndes *Problemverständnis*. Du musst nachlesen, was andere Denker zu diesem Problem gedacht haben. Wo sie weitergekommen und wo sie gescheitert sind.«

»Okay, ich geh in die Bibliothek …«

»Auf keinen Fall! Später. Die wichtigsten Bücher muss man besitzen. *Man muss mit ihnen leben!* Alles Wichtige steht in den Originalwerken. Kennst du den Baron von Münchhausen?«

»Ja, großartiger Lügner. Erzählte, wie er auf einer Kanonenkugel geritten sei.« Endlich wusste ich auch mal was.

»Erkenntnistheoretisch interessanter ist die Geschichte, wie er im Sumpf zu versinken droht, sich aber in höchster Not beim Schopf packt und dann an den eigenen Haaren aus dem Morast zieht.«

»Paul Otto, könntest du mir jetzt erklären, was dieser Habermas meint?«

»Ich denke nicht daran. *Du* musst dich *selber* aus dem Sumpf deines Nichtwissens ziehen.«

»Ach du Kacke.«

»Du hast einen brillanten Kopf. Leider ist wenig drin. Zunächst müssen wir dir die Angst vor den imposanten philosophischen Großschwätzern nehmen, vor Wortgeklingel und aufgeblasenem Jargon wie dem von Adorno gerade. Du liest Folgendes – schreib mit: Hans Reichenbach, *Aufstieg der wissenschaftlichen Philosophie.* Dann liest du Ernst Topitschs Aufsatz: *Sprachlogische Probleme der sozialwissenschaftlichen Theoriebildung.* Da geht's um Leerformeln und anderes aufgeblasenes Geschwätz von Philosophen und Soziologen. Wird dir die Augen öffnen.«

Ich schrieb stöhnend mit.

»Danach brauchst du ein Basiswissen über die Geschichte der Philosophie. Da liest du: Bertrand Russell, *Philosophie des Abendlandes.* Klar, einfach und lustig. Und dann nähern wir uns deinem Problem. Du kaufst dir von meinem Lehrer Hans Albert das *Traktat über kritische Vernunft.* Ist gerade erschienen.«

»Großer Gott, wann soll ich das alles lesen?«

»Das sind höchstens tausendfünfhundert Seiten. Pro Seite geb ich dir drei Minuten mit Fremdwörter nachschlagen, macht viertausendfünfhundert Minuten, sind fünfundsiebzig Stunden, sagen wir achtzig. Sind bei acht Stunden täglich: zehn Tage. Sagen wir zwei Wochen!«

»Unmöglich! Ich will schließlich auch noch leben.«

»Wenn es dir ernst damit ist, ein paar Wissensinseln im Ozean deines Nichtwissens aufzuschütten ...«

»Vergiss es, Paul Otto. Tut mir schon leid, dass ich gefragt habe.«

Paul Otto stand auf und schimpfte, ich solle doch ein Bildungsidiot bleiben, wie die meisten Studenten in den Sozialwissenschaften. Die hätten am Ende ihres Studiums drei Aufsätze und vier Bücher gelesen, und das auch nur unter Zwang, ernährten sich geistig ansonsten vom Vorlesungskonzentrat ihrer Profs, vom vorverdauten Brei der Sekundärliteratur und ließen sich am Ende von ihm, Paul Otto, für eine Schweinekohle ihre Arbeiten schreiben. Er stürzte sein Kölsch runter, drehte sich abrupt um und ging grußlos aus der Tür.

Am nächsten Morgen war Samstag. Keine Vorlesungen, keine AStA-Sitzungen, und Renate hatte übers Wochenende eine Exkursion mit ihrem Biologieseminar. Ich kämpfte einen schweren, aber kurzen Kampf gegen meine Faulheit: Tu einfach so, als hättest du es schon geschafft, dachte ich, was wäre das für ein Gefühl? Ein sehr gutes, merkte ich. Ich könnte eines Tages aufhören, Paul Otto wegen seines Wissens zu bewundern, weil ich selbst welches hätte. Ich könnte vielleicht mit ihm auf Augenhöhe diskutieren und müsste mich nicht von ihm zusammenstauchen lassen wie ein leerer Pappkarton.

Also zur Universitätsbuchhandlung Witsch. Der verdammte Buchladen brachte mich dazu, während des gesamten Studiums ständig hoch verschuldet zu sein: Die Schlitzohren richteten mir ein Konto ein, sodass ich Bücher kaufen konnte, ohne bar zu zahlen. Dieser Verlockung konnte ich nie widerstehen.

Als Renate am Sonntagabend zurückkam, hatte ich das erste Buch durch und auch den Aufsatz im zweiten. Dreihundertfünfzig Seiten. Geht doch. Ich war sehr stolz auf mich. Paul Otto auch.

Wir zogen viele Jahre gemeinsam durch die Kneipen. Diskutierten Popper, Lakatos und Feyerabend, schimpften auf die Hegels, Heideggers und Derridas, rümpften die Nase über Leerformeln, Wortgeklingel und Scharlatanerie in Soziologie, Psychologie und Pädagogik und amüsierten uns über logische Paradoxien: Ist das Wort »unselbstbezüglich« selbstbezüglich? Wenn ja, dann nein; wenn nicht, dann doch.

Paul Otto machte die Kneipe für mich zur Hochschule. Er brachte mir bei, dass Unis nicht so wichtig sind, dass man die großen Denker der Welt zu seinen Lehrern machen sollte.

Wie recht er hatte: Diese Lehrer schlafen in großen Bibliotheken und kleinen Büchern. Und wachen immer auf, sobald sie ein bisschen persönliche Zuwendung bekommen. Paul Otto brachte mich dazu, die Originale zu lesen, nicht die Zweitverwerter. Und er zeigte mir die Tragik intellektuellen Lebens. Mit dem Niveau ist es wie beim Wandern in den Bergen: Je höher man kommt, desto dünner wird die Luft.

Wir verbrachten fast jede Nacht zusammen in irgendeiner Pinte des Kneipenviertels *Kwartier Lateng*. Paul Otto entfachte ein Diskussionsfeuer, in das wir jede Nacht frisches Öl gossen – und jede Menge Kölsch. Es erlosch dennoch nicht. Paul Otto wurde mein Mentor, mein Professor und bald auch mein Freund. Er zeigte mir, dass Omis kleinbürgerlicher Rat, immer brav den Mittelweg zu wählen, kein guter Weg ist. Nicht im Leben, nicht in der Philosophie, nicht in der Wissenschaft. Denn, wie der

US-amerikanische Kolumnist Jim Hightower versicherte: *There's nothing in the middle of the road but yellow stripes and dead armadillos.*[86]

Grabesstille

Am Wochenende nach dem Besuch bei Tante Else fuhr ich zum Jüdischen Friedhof. An jenem Tag dachte ich zum ersten Mal wieder intensiv an meine Mutter. Ich sah mich an ihrem Sterbebett, sah ihre grün glimmenden Augen, ihr blassmildes Gesicht, die blauschwarze Kaskade ihrer Haare. Ich roch den Desinfektionsalkohol für die Morphiumspritzen und hörte ihre letzten Worte: *Werd ein guter Jude, lern viel und, vor allem, werd glücklich.* Und nun stand ich hier: Atheist, Gammelstudent, unglücklich, wütend auf die Welt, die meine Mutter so schlecht behandelt hatte, und voller Hass auf Omi, die mich mit Lügen aus meinem geliebten Amerika fortgelockt hatte.

Gleich heute Abend, wenn ich Omi traf, würde ich ihr all diese Fakten an den Kopf schleudern und … Vielleicht besser nicht: Das würde sie verärgern und unser ohnehin gespanntes Zusammenleben unerträglich machen. Außerdem würde ich mir etwas vergeben.

All die Jahre habe ich Omis Prügeleien, Beschimpfungen und Wutausbrüche mit stoischem Gleichmut ertragen. Habe die Achseln gezuckt, wenn in der Kneipe antisemitische Witze erzählt wurden. Wenn Altnazis mir erzählten, dass es auch nette Juden gebe. Nur keine Schwäche zeigen!

Ich hatte Lessings *Nathan* auf den Kopf gestellt: Nein, ich blute nicht, wenn du mich stichst; nein, ich sterbe nicht, wenn du mich vergiftest; und nein, ich räche mich nicht, wenn du mich beleidigst.

Ich ging vor Mamis Grab auf und ab und fragte mich: Warum nehme ich das einfach hin? Ich wollte cool sein und war doch nur feige: zu feige preiszugeben, wie leicht und wie tief man mich verletzen konnte. Wie schwer das Leid meiner Mutter mich verletzt hatte. Meine Gelassenheit war ein Schutzschild. Ich hatte Angst, von anderen nicht anerkannt zu werden, wenn ich Schwäche zeigte. Diese Erkenntnis wiederum machte mich wütend auf mich selbst, und zum zweiten Mal seit meiner Kindheit ließ ich meinen Tränen freien Lauf, hoffte, dass sie Angst, Wut und Hass aus mir herausschwemmten.

Auszug

Ich setzte mich auf Mamis Grabumrandung und brütete vor mich hin, ohne auf den einsetzenden Regen zu achten. Völlig durchnässt stand ich schließlich auf und wusste in dem Moment: Schluss mit Coolness und Feigheit. Omi hatte mich tief verletzt. Schwerer als je ein Mensch zuvor. Ich musste darauf reagieren, um nicht meine Selbstachtung zu verlieren. Ich beschloss, Omi zu verlassen. Ich konnte nicht mehr mit ihr zusammenleben. Mit Mamis Auftrag, glücklich zu sein, würde es sonst nichts werden.

Omi war wütend und verletzt und tobte. Das Kind, dem sie ihr ganzes Leben gewidmet hatte: undankbar. Das sie bei sich aufgenommen hatte: undankbar. Dessen Mutter sie aus dem Gefängnis geholt hatte: undankbar. Ich bat Omi, mir die umfangreichen Akten zu Renten- und Wiedergutmachungsansprüchen zu geben, zum Rehabilitationsverfahren. Ich würde mich nun selbst darum kümmern.

»Gehören mir.«

Ob ich ein paar Fotos von meiner Mutter haben könne, Bilder von mir als Kind, von mir in Amerika?

»Gehören mir.«

Wenigstens meine elektrische Gitarre, eine perlmuttweiße italienische Eko mit vier Tonabnehmern und sechs *slide-switch* Selektoren?

Dann eben nicht.

Eine Stunde später kam ich mit drei Umzugskisten in mein Zimmer. Alle Schränke und Regale waren leer. Ihr Inhalt lag auf dem Boden. Ebenso alle Fotos von mir, Renate und ihren Eltern, beschriftet mit hässlichen Bemerkungen.

Auf einem Bild mit uns vieren auf einer Couch stand: »Die alten Omas sind unerwünscht«. Über Ursel und mich hatte sie geschrieben: »Die große Liebe zur Schw. Mutter«. Auf einem anderen Bild, das Ursel, Renate und mich beim Wandern unter einer überdachten Landkarte zeigt: »Alles unter einem Dach: die alte und die junge Geliebte. Goim.« Sie meinte »*Gojim*«, den hebräischen Plural für »Nichtjude«, auch als Schimpfwort gebraucht für »dumme oder lasterhafte Menschen«.

Als ich die Kisten in den Wagen packte, hatte ich ein Scheißgefühl im Magen. Immerhin hatte Omi mich zwanzig Jahre lang aufgezogen, hatte mir Essen gegeben, für die Wiedergutmachung gekämpft und war darüber müde, grau und hart geworden. Da war es wieder, dieses *Damned if you do, damned if you don't*. Aber kurz darauf ging es mir besser: Ich hatte eine wichtige Bindung gekappt und fühlte mich plötzlich frei und schwerelos. Wie Aristoteles' Stein im leeren Raum, der nicht fallen kann, weil er ja nicht weiß, wo oben und unten ist.

Freedom's just another word for nothing left to lose …

Kritisch und rational ins Glück

Kurz darauf kaufte ich mir Paul Ottos letzte Buchempfehlung, eins der wichtigsten Bücher in meinem Leben: für den Einstieg in die Philosophie, für ein rationales Weltbild und für die Suche nach persönlichem Glück. In der Buchhandlung strahlte es mich in sonnengelbem Leinen an: *Traktat über kritische Vernunft* von Hans Albert.[87] Ich blätterte herum: Erkenntnislehre, Logik, Ideologiekritik, Entmythologisierung, Hermeneutik, Politik – pfff! Und eine Philosophie, von der ich noch so gut wie nichts gehört hatte: Kritischer Rationalismus.

Wie konnte ein solch gelehrtes Buch, weit über meinem geistigen Horizont, zu einem glücklichen Leben beitragen? Ich will versuchen, das zu zeigen.

Unser Hauptproblem im Alltagsleben und in der Wissenschaft hat Wilhelm Busch in seinem Gedicht »Beruhigt« treffend formuliert:

> *Zwei mal zwei gleich vier ist Wahrheit.*
> *Schade, daß sie leicht und leer ist,*
> *Denn ich wollte lieber Klarheit*
> *Über das, was voll und schwer ist.*

Ja, das wollen wir: Klarheit und Wahrheit über die tiefen Fragen unseres Lebens. Die meisten Menschen wollen, dass man Wahrheit nicht einfach nur behauptet, sondern auch begründet. Dieses Begründungsproblem ist der Glutkern des Kritischen Rationalismus. Die meisten philosophischen Systeme erkennen Wissen nur an, wenn es »sicher und begründet« ist. Das hört sich vernünftig an, denn wer will schon zusammenfantasiertes Zeug hören, das auf tönernen Füßen steht.

Das Problem ist nur, dass es aus drei Gründen logisch unmöglich ist, Wissen sicher zu begründen: *1. Der unendliche Rückschritt:* Wie ein kleines Kind mit seinen Warum-Fragen könnten wir jeden Grund wieder mit einem Warum infrage stellen und dann wiederum den nächsten und so weiter bis ins Unendliche: Warum ist die Banane krumm? Weil sie nicht gerade gewachsen ist. Und warum nicht? *2. Der Zirkel:* Wir könnten uns selbst täuschen und zirkelhaft argumentieren: Warum ist die Banane krumm? Weil sie nicht gerade gewachsen ist. Warum nicht? Weil sie krumm sein wollte. Warum wollte sie krumm sein? Weil sie sein wollte wie die anderen Bananen. Und die Bananen sind halt krumm. *3. Der Abbruch des Begründungsverfahrens:* Warum ist die Banane krumm? Weil sie nicht gerade gewachsen ist. Und warum nicht? Weil es in ihrer DNA festgelegt ist. Und warum? Weil Gott es verdammt noch mal so wollte. Und warum wollte er ...? Hey, das musst du jetzt einfach glauben, ist selbstevident, versteht sich doch von selbst. Ende der Diskussion! Ein anderes Wort für diesen willkürlichen Abbruch des Begründungsverfahrens: *Dogma.*[88]

Drei unbefriedigende Alternativen. Aber wenn sichere Begründungen nicht möglich sind, bleibt uns dann nur der Strudel des radikalen Skeptizismus, der an allem zweifelt und irgendwann an sich selbst verzweifelt, weil er sogar bezweifelt, ob man überhaupt zweifeln kann? Oder das schwarze Loch des Nihilismus, für den alles sinnlos ist, alle Ideale, Normen und Werte? Oder die Nebelbänke des Relativismus, in denen alle Maßstäbe sich auflösen? Nach dem Motto: Wir sind doch zu blöd, wahres Wissen zu erkennen. Alles ist relativ, mach, was du willst – *anything goes.*

Oder bleibt uns nur die befriedigendste der unbefriedigenden Lösungen, die Flucht ins Dogma, der Weg der Päpste: der Religionspäpste, der Ideologiepäpste, der Politikpäpste, der Wissenschaftspäpste – und der Päpste und Päpstinnen im heimischen

Bereich? Achtung, Folgendes muss nicht mehr begründet werden … glaub es einfach. Ende, aus, Banane!

Hans Albert schlägt als Lösung den Kritischen Rationalismus des österreichisch-englischen Philosophen Karl Popper vor: Such doch gar nicht erst nach dem Felsengrund des Wissens, nach absoluter Wahrheit, unbezweifelbarer Erkenntnis – nach dem archimedischen Punkt.[89] Betrachte das Gebäude unseres Wissens wie ein Pfahlhaus: Die Pfähle sind unsere Theorien und Weltbilder. Sie müssen nicht auf Felsengrund stehen. Treib die Pfähle ins Sumpfland des Nichtwissens. Setz die Standfestigkeit gnadenlos kritischen Tests aus: Tritt hart dagegen und prüf, ob sie auch halten. Wenn ja, bau los. Beginnt das Haus zu wackeln, treib die Pfähle tiefer, ramm neue ein und tausch die alten aus. So gelangen wir schrittweise zu einem Haus, das hält.

Übersetzt in die Welt der Theorien bedeutet das: Wenn sie die Ereignisse in unserer Welt einigermaßen gut erklären und voraussagen können, geben wir uns vorläufig zufrieden. Danach gilt das Evolutionsprinzip von *trial and error* – Versuch und Irrtum: Was sich bei der Prüfung bewährt, bleibt, bis etwas Besseres kommt. So kommen wir schrittweise voran.

Der Verzicht auf absolute Erkenntnis öffnet im Hirn Räume der Freiheit. Der freiwillige Verzicht auf die Sicherheit im Denken gibt dir die Freiheit und den Mut, ins Unsichere fortzuschreiten und dich dort wohlzufühlen. In einem Sumpf zu leben, ohne Angst davor zu haben, zu versinken. Glück kann sich nur entwickeln, wenn wir eine selbst gewählte Balance zwischen Freiheit und Sicherheit finden. In uns selbst und in der Gesellschaft.

Ohne sichere Erkenntnis zu leben, hat eine weitere Konsequenz: Sei tolerant anderen Meinungen gegenüber. Die Maxime lautet: Du könntest recht haben, ich unrecht, lass uns reden und es herausfinden. Das trägt zudem zum persönlichen Glück bei, denn zu dieser Toleranz gehört auch, sich selbst gegenüber tolerant zu sein und seine Fehler zu akzeptieren. Fehler in der Vergangenheit, die Reue und Schuldgefühle auslösen, und Fehler, die wir in der ungewissen Zukunft machen könnten, die sich schon heute melden – als Sorgen. Reue, Schuldgefühle und Sorgen sind aber Emotionen, die unsere Gegenwart verpesten können – und es meistens tun.[90]

Der Verzicht auf Erkenntnissicherheit verstärkt zudem unser Autonomiegefühl. Das Gefühl, unser Leben selbst bestimmen zu können, nicht Spielball externer Kräfte zu sein, Spielball der Götter, der Sterne oder eines Lebensroulettes, auf deren Einfluss wir unser missliches Schicksal abwälzen können.

Wir alle wollen das Wahre, Gute und Schöne in unserem Leben. Oft sehen wir das Ziel nur nebelhaft, aber wir haben die Chance, uns diesen Dingen zu nähern. Durch Versuch und Irrtum. Dabei haben wir keine andere Wahl, als Fehler zu machen. Das ist aber nicht schlimm, wenn wir versuchen, sie mithilfe von Kritik und intellektueller Redlichkeit nach und nach durch immer kleinere Fehler zu ersetzen. Der griechische Philosoph Xenophanes – wenn man so will, ein früher Vorläufer des Kritischen Rationalismus –, drückte das vor 2500 Jahren etwa so aus:

Nicht von Anfang an haben die Götter uns Sterblichen alles enthüllt, aber im Laufe der Zeit finden wir suchend das Bessere. Sicheres Wissen hat kein Mensch je erblickt. Und hätte er es gesehen, wüsste er es nicht. Alles ist durchwoben von Vermutungen.[91]

Der Kritische Rationalismus schien mir wie ein Licht, wo andere Philosophien nur unstet im Dunkel flackerten. Mir gefiel vor allem das einfache Schema des Problemlösungsverhaltens: Analysiere das Problem, prüf die Lösungsvorschläge kritisch und nimm, was momentan am besten erscheint. Sei dabei offen gegenüber

Kritik. Kritik ist unangenehm, denn wir werden mit Fehlern, Widersprüchen, unerwünschten oder unhaltbaren Folgen unseres Handelns konfrontiert und empfinden das oft als persönlichen Angriff. Kritik aber ist das einzige Mittel, um zu besseren Ergebnissen zu kommen: Auch ein Arschtritt bringt dich nach vorne.

Der Kritische Rationalismus ist eine optimistische Philosophie, vielleicht die optimistischste neben der Philosophie Epikurs: Die Welt ist real und kein Hirngespinst. Irgendwo da draußen gibt es so etwas wie »Wahrheit«. Niemand hat ein Monopol darauf, aber wenn wir zusammenarbeiten, können wir uns ihr schrittweise nähern.

Poppers Philosophie hatte einen übergreifenden Effekt auf meine Lernmotivation: Ich muss nicht gleich perfekt sein. Es geht nicht darum, sofort alles richtig zu machen. Man kann mit Fehlern beginnen und sie dann allmählich ausmerzen. Lernen ist Anpassung, ist Evolution, ist Homöostase – ein Gleichgewichtszustand, dessen Balance ständig in Gefahr ist, der immer wieder durch Energiezuschuss neu hergestellt werden muss. Nur eins ist wirklich wichtig: einfach anfangen.

Der Kritische Rationalismus brachte mich fast automatisch in Opposition zu allen Philosophien oder Ideologien, die behaupten, die Wahrheit bereits gefunden zu haben, auf alles eine endgültige Antwort zu haben, darunter Kommunismus, Katholizismus und andere Religionen, Freuds Psychoanalyse oder mystisch-esoterische Ideen. Solche Theorien versprechen absolute Gewissheit und beanspruchen zu wissen, was für andere gut ist.

Suspekt sind dem Kritischen Rationalismus auch alle Philosophen, Theologen, Ideologen oder Politiker, die wissen, auf welches Ziel unsere Geschichte oder unsere Gesellschaft zustrebt. Sie berufen sich auf eherne Entwicklungsgesetze, mit denen die Zukunft prognostiziert werden könne. Das ist natürlich Unsinn: Wir können nicht heute schon wissen, was wir erst morgen wissen werden. Außerdem verändern wir mit unseren Handlungen ständig die Wirklichkeit. Daher ist es unmöglich, alle Folgen unserer Handlungen vorauszusagen. Die gefährlichsten dieser Theorien versprechen den Himmel auf Erden, schaffen aber nur die Hölle.

Das Dritte Reich, der Stalinismus oder der Maoismus waren Systeme, deren Hauptziel es war, die politische und gesellschaftliche Veränderung aufzuhalten, sie einzufrieren – eine geschlossene Gesellschaft nach dem Vorbild einer archaischen Stammeskultur zu errichten. Die Leidtragenden waren die Juden, »Zigeuner«, Homosexuellen und politisch Verfolgten in den Konzentrationslagern. Am Ende des ersten Bandes seiner *Offenen Gesellschaft* schrieb Karl Popper Sätze zu diesem Thema, die mich damals tief beeindruckt haben:

Wir können niemals zur angeblichen Unschuld und Schönheit der geschlossenen Gesellschaft zurückkehren. Unser Traum vom Himmel lässt sich auf Erden nicht verwirklichen. Sobald wir beginnen, unsere kritischen Fähigkeiten zu üben, sobald wir den Appell persönlicher Verantwortung fühlen und damit auch die Verantwortung, beim Fortschritt des Wissens zu helfen, in diesem Augenblick können wir nicht mehr zu einem Zustand der Unterwerfung unter die Stammesmagie zurückkehren. Für die, welche vom Baume der Erkenntnis gekostet haben, ist das Paradies verloren. [...] Wenn wir uns zurückwenden, dann müssen wir den ganzen Weg gehen – wir müssen wieder zu Bestien werden. [...] Aber wenn wir Menschen bleiben wollen, dann gibt es nur einen Weg, den Weg in die offene Gesellschaft. Wir müssen ins Unbekannte, ins Ungewisse, ins Unsichere weiterschreiten und die Vernunft, die uns gegeben ist, verwenden, um, so gut wir es eben können, für beides zu planen: nicht nur für Sicherheit, sondern zugleich auch für Freiheit.[92]

Diese Ideen schienen mir ein guter Weg zum Glück der Menschheit zu sein, aber vor allem auch ein Weg zu meinem persönlichen Glück.

We lie to ourselves
The better to lie to others.

Robert Trivers[93]

15

Briefromane

Renate und ich zogen 1969 in unsere erste Wohnung. Kurz darauf kam unser Freund Peter Lobsien dazu, und wir hatten eine kleine Wohngemeinschaft. Peter war ein eins neunzig großer, blonder Robert-Redford-Typ mit einem staubtrockenen norddeutschen Humor; er studierte Jura und zog nachts mit uns durch die Kneipen. Wir verstanden uns prächtig.

Einige Zeit nach meinem Anruf in Buffalo kam ein Paket aus Amerika mit Erdnussbutter, Marshmallows und mit Briefen, die Omi und meine Mutter an meine Verwandten geschickt hatten.

Wir überflogen Omis Briefe und legten sie zunächst beiseite. Es waren fast ausschließlich Bettelbriefe in einem schwer erträglichen Kitschstil, bei dessen Lektüre selbst Hedwig Courths-Mahler sich ein bisschen in den Mund erbrochen hätte: Aus allen Zeilen rann klebriges, dickflüssiges Pathos, und alle Briefe hatten die gleichen drei Merkmale:

1. Anfang: Dank für Geld, Kleidung und Lebensmittel und ein theatralischer Bericht über Mamis Gesundheitszustand: »*Fela hat immer Schmerzen und kann fast keine Nacht schlafen, manches-*

mal jammert sie so sehr, dass man es sogar in der ganzen Nachbarschaft hört.«

2. Mitte: Klage über hohe Kosten und Bitte um mehr Unterstützung. Etwa: Der Arzt habe dringend geraten, »*Fela braucht eine Existenz, einen Laden oder sonst einen Handel, damit sie abgelenkt wird mit ihren Gedanken*«. Zehntausend Mark würden sehr helfen. (Damals immerhin das vierfache Jahresgehalt des Durchschnittsverdieners – Omi hielt meine Verwandten für reiche Leute. Seit wann empfehlen Ärzte Läden für zehntausend Mark?)

3. Schluss: Motivation für neue Spenden durch moralischen Druck und Öffnen der Tränendrüse: »*Ich muss an euch schreiben, ohne Wissen von Fela, da sie sich über nichts aufregen darf. Der Arzt hat es ihr ausdrücklich angetragen. Sie hat auch viel Heimweh zu Bernie, immer wieder denkt sie an das Unrecht, was man ihr getan. Jetzt gerade war Jahrzeit und da hat sie wieder um ihre Mutter und Tochter geweint.*«

Wir wandten uns zunächst Mamis Briefen zu. Nur zwei sind von Hand geschrieben, der Rest mit Omis Schreibmaschine. Renate schwenkte einen maschinengeschriebenen gelben Brief: »Das müsst ihr lesen. Hat deine Mami aus dem Gefängnis an Omi geschrieben.«

im Gefängnis, den 22, Oktober 1948

Mein einziges Muttilein!
Ich will versuchen so kleines Zettel zu schreiben.
Liebes, einzig <u>Mamelein</u>, wenn Du noch hast interesse, so rette mich! Fahre zu Lola und erzeile ihr alles. Sie sollen die ganze Sache ibergeben die Amerikaner Militärregierung. Daß ich bin Jüdin und nur sie mich retten direkt in Gott! Man muß eine

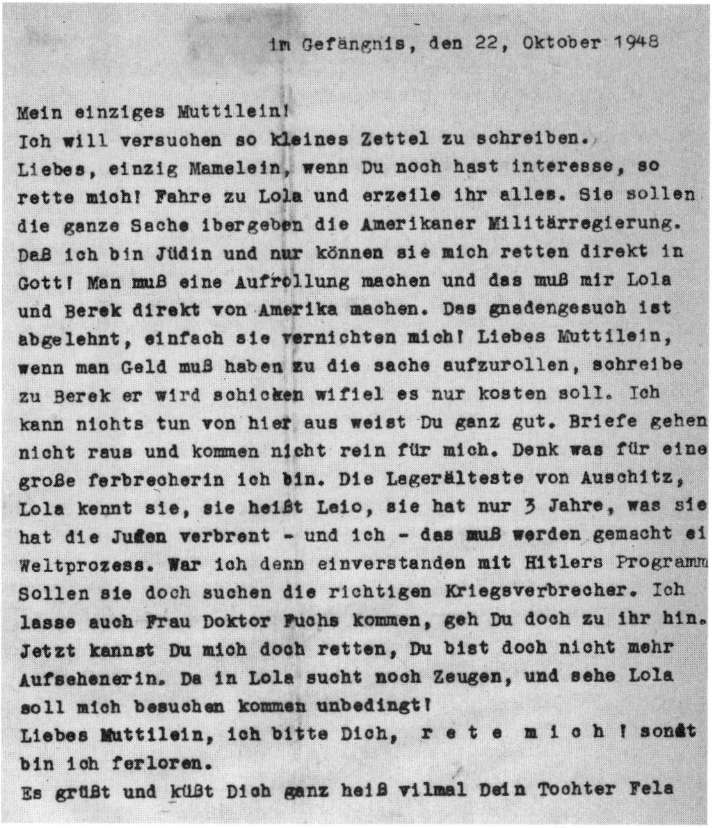

in Gefängnis, den 22, Oktober 1948

Mein einziges Muttilein!
Ich will versuchen so kleines Zettel zu schreiben.
Liebes, einzig Mamelein, wenn Du noch hast interesse, so
rette mich! Fahre zu Lola und erzeile ihr alles. Sie sollen
die ganze Sache ibergeben die Amerikaner Militärregierung.
Daß ich bin Jüdin und nur können sie mich retten direkt in
Gott! Man muß eine Aufrollung machen und das muß mir Lola
und Berek direkt von Amerika machen. Das gnadengesuch ist
abgelehnt, einfach sie vernichten mich! Liebes Muttilein,
wenn man Geld muß haben zu die sache aufzurollen, schreibe
zu Berek er wird schicken wifiel es nur kosten soll. Ich
kann nichts tun von hier aus weist Du ganz gut. Briefe gehen
nicht raus und kommen nicht rein für mich. Denk was für eine
große ferbrecherin ich bin. Die Lagerälteste von Auschitz,
Lola kennt sie, sie heißt Leio, sie hat nur 3 Jahre, was sie
hat die Juden verbrent - und ich - das muß werden gemacht ei
Weltprozess. War ich denn einverstanden mit Hitlers Programm
Sollen sie doch suchen die richtigen Kriegsverbrecher. Ich
lasse auch Frau Doktor Fuchs kommen, geh Du doch zu ihr hin.
Jetzt kannst Du mich doch retten, Du bist doch nicht mehr
Aufseherin. Da in Lola sucht noch Zeugen, und sehe Lola
soll mich besuchen kommen unbedingt!
Liebes Muttilein, ich bitte Dich, r e t e m i c h ! sonät
bin ich ferloren.
Es grüßt und küßt Dich ganz heiß vilmal Dein Tochter Fela

Abb. 19: Der gelbe Brief – angeblich von meiner Mutter
aus dem Gefängnis an Omi, 22. Oktober 1948

Aufrollung machen und das muß mir Lola und Berek [Onkel
Bernie] *direkt von Amerika machen. Das gnadengesuch ist
abgelehnt, einfach sie vernichten mich! Liebes _Muttilein_, wenn
man Geld muß haben zu die sache aufzurollen, schreibe zu
Berek er wird schicken wifiel es nur kosten soll. Ich kann nichts
tun von hier aus weist Du ganz gut. Briefe gehen nicht raus und*

kommen nicht rein für mich. Denk was für eine große Ferbreche-
rin ich bin. Die Lagerälteste von Auschwitz, Lola kennt sie, sie
heißt Leio, sie hat nur 3 Jahre, was sie hat die Juden verbrent –
und ich – das muß werden gemacht ei Weltprozess. War ich denn
einverstanden mit Hitlers Programm Sollen sie doch suchen die
richtigen Kriegsverbrecher. [...] Liebes Muttilein, ich bitte Dich,
r e t e m i c h ! sonst bin ich ferloren.
Es grüßt und küßt Dich ganz heiß vilmal Dein Tochter Fela
[Hervorhebungen von mir]

Ich musste laut lachen: Das soll meine Mutter geschrieben haben? Nie. So sprach sie nicht. Das war eine Parodie auf Mamis
Jüdel-Deutsch. Und eine schlechte (wie man an ihren garantiert
echten eigenhändigen Notizbucheintragungen auf den S. 33 und
126 sieht). Und Muttilein, Mamelein, Tochter? Meine Mutter
hätte höchstens das jiddische *Mammele* benutzt, nicht die typisch
deutschen Diminutive. Außerdem nannte sie Omi bei ihrem Vornamen – zumindest, wenn ich dabei war.

Renate las den Brief noch einmal durch: »Mit der Orthografie
stimmt auch was nicht. Deine Mutter sprach doch Polnisch und
Jiddisch, oder?«

»Ja«, sagte ich, »und ein bisschen jiddisches Deutsch wie in der
Bio im Notizbuch, das Tante Else mir gegeben hat, und ein wenig Französisch. So gesehen hat sie doch vieles korrekt geschrieben.«

»Gerade das ist ja mein Problem«, sagte Renate. »Fast alles,
was selbst Deutschen schwerfällt, hat deine Mutter richtig gemacht.«

Tatsächlich. Das Eszett wurde korrekt verwendet. Ein Eszett
gibt es aber weder im Polnischen noch im Jiddischen noch im
Französischen, auch keine Umlaute oder die Großschreibung von
Substantiven. Fast alles, was Ausländer an unserer Rechtschrei-

bung so schwer finden, stimmte in diesem Brief: die meisten Umlaute, die Großschreibung (nur zwei Fehler!) und – der größte
Stolperstein – die Differenzierung zwischen »s«, Doppel-»s« und
»ß«.

Mir fiel noch etwas auf: Ich habe meine Mutter nie mit der
Maschine schreiben sehen. Und hier sieht man Leerschritte nach
jedem Satzzeichen – das lernen selbst Deutsche nur durch viel
Übung. Außerdem: Wie kommt die Schreibmaschine einer ent-
lassenen Aufseherin in den Knast zu meiner Mutter?

»Ich darf feststellen«, juristelte Peter, »das Schreiben ist mit an
Sicherheit grenzender Wahrscheinlichkeit nicht von deiner Mutter, sondern von Omi.«

»Danke, Euer Ehren«, erwiderte ich, »aber warum schickt
sie diesen Mamilein-Jüdelkitsch an Tante Jutta und Onkel Bernie?«

Wir gingen die anderen von meiner Mutter unterschriebenen
Briefe durch. An den Rand eines Blattes hatte Tante Jutta den
Kommentar geschrieben (siehe Abb. 21):

Dieses hat Claire sicher im Auftrage Deiner Mutter geschrie-
ben. Aber warum sie extra die Fehler machte, weiß ich nicht.
Du wirst mir Recht geben, wenn Du einen Brief lesen wirst,
den Deine Mutter schrieb.

Sie meinte die beiden einzigen handgeschriebenen Briefe meiner
Mutter. Bevor wir uns die vornahmen, analysierten wir einen
Brief vom 9. Januar 1951 im Licht von Peters These, dass Omi die
Autorin sei. Damals war meine Mutter schon aus dem Gefängnis
entlassen worden:

Diez, den 9. Januar 1951

Ihr Lieben! Liebe Jutta und lieber Berny!

Heute erhielten wir mit großer Freude Euer liebes Bild.
Unsere Freude können wir Euch garnicht beschreiben. Nun
haben wir Euch beide Lieben bald wie lebend vor uns und
wir können Euch nicht genug anschauen. Besonders Fella
kann sich nicht vom Anschauen des Bildes loslösen. "Berny
sieht aus, wie unsere seelige Mutter" sagt sie immer wieder.
Schön seit Ihr beide auf dem Bild, so recht vom lieben Gott
für einander geschaffen. Und so glücklich schaut Ihr aus,
was Fella ganz besonders glücklich macht. Jackilein ist
selbstverständlich ganz stolz, daß er Euch fast in Lebens=
größe sehen kann und sagen kann: "das ist meine liebe Tante
Jutta und mein lieber Onkel Berny in Buffalo"- Heute noch
werden wir Euer Bild einrahmen lassen, damit es einen Ehren=
platz in unserem Heim einnehmen kann. Habt recht herzlichsten
Dank für Euer Gedenken!
Liebe Schwegerin, und lieber Bruder. zunekst möchte ich Euch
für Euer Bild herzlich danken, was mich so ser Glücklich macht
Das Bild macht michser Glücklich, aber andere satz, wecktes
Alte Erinerungen in mir wach. Denn so oft ich schaue auf Berny
denck ich das, ich Unsere Gottseelige Mutter sehe.
Liebe Juta, Du schreibst mir, ich sol Dir mitteilen was ich mi
Wünsche. Es ist mir ser schwer dieses zu schreiben, denn ich mu
es Euch überlaßen was Ihr für mich Tuen wolt, unnd könnt.
Fehlen tut bei uns natrlich ser fiel, aber wier sient bscheid
und zufrieden. Um Dir L.Jutta, Um Dir mein Herzenswunsch beken
zugeben, darf ich Dir schreiben, daß ich bei einer bekanten Fr
einen Regen Mantel gesehen habe, den sie aus Amerika bekam.
ER hat mir so gut gefaln, das ich mir so was wünsche fir unz.
Ich bin 1.64 m gros Fig.44. Wen es geht, schike doch biette,
Tee, Pfeffer und Zimt.
Sei bitte nicht bese das ich Dir fon dehm schreibe, den für
uns sint solche Dinge unerschwinglich. Unser Einkommen reicht
nur kaum für Wonug und Essen, und alle Teckxtilien sint in
Deutschland heute teure denn je, so das man sich nicht anscha
earkenn. ih. ÜBwoasdmZÖÖNZ,l.ew32LiebtTanteJ Jutta, Onkel
Berny. Eben sizt Jakilein bei mir und möchte auch so gerne a
Ich Lieben schreiben. Meine Lieben es ist zu schade das Ihr
das KInd nicht sehen könt. Er ist so Lieb und klug wie ener v
18.Jahr. Den ganzen Tag sizt er und schreibt grosse lage Brie
an Euch. manches mal muß er selbst die B.in Kasten werfen, den
er denckt das die alle B, die er an Tante Juttelein,u.Onkel
Bernys schreibtxxxhtxg doch nichtxx fortgeschickt werden.
Ich danke Euch nochmals von Herzen für alle alle Liebe die
Ihr unz schenckt.
Das Du Dich besseren wielst mit dem schreibe hat mich gefre
denn manches mal war ich an Zweiflen.
Für heute fiele herzliche Grüsse, und Kißeli,alles gute für
Euch wienschend Eure Swester und Schwegerin.

Fella

Auch an alle anderen herzliche Grüsse.
Sage doch bitte Die Machtehnisth Marta das sie sol entlich
mal schreiben.

Abb. 20:
Links der angebliche Brief meiner Mutter an Onkel Bernie vom 9. Januar 1951 im Original

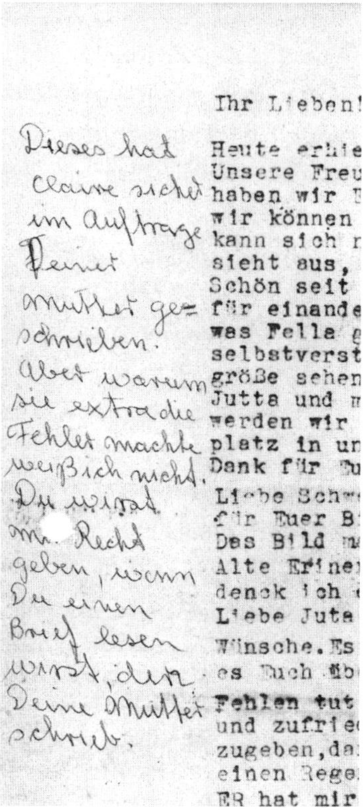

Dieses hat Claire sicher im Auftrage Deiner Mutter geschrieben. Aber warum sie extra die Fehler machte weiß ich nicht. Du wirst mir Recht geben, wenn Du einen Brief lesen wirst, den Deine Mutter schrieb.

Ihr Lieben!

Heute erhie
Unsere Freu
haben wir
wir können
kann sich
sieht aus,
Schön seit
für einande
was Felle
selbstverst
größe sehen
Jutta und
werden wir
platz in un
Dank für
Liebe Sch
für Euer B
Das Bild
Alte Erine
denck ich
Liebe Juta
Wünsche.Es
es Euch üb
Fehlen tut
und zufrie
zugeben,da
einen Rege
ER hat mir

Abb. 21:
Kommentar von Tante Jutta auf einer Kopie des Briefes vom 9. Januar 1951, die sie mir zu einem früheren Zeitpunkt geschickt hatte. Dort fragt sie, warum Omi absichtlich Fehler in den Brief eingebracht habe.

Im ersten Absatz spricht Omi meine Verwandten selbst an und bedankt sich in einigermaßen korrektem Deutsch persönlich für ein Foto von Tante Jutta und Onkel Bernie. Ab dem zweiten Absatz schreibt meine Mutter. Zumindest soll orthografisch der Eindruck erweckt werden: »*Liebe Schwegerin,und lieber Bruder. zunekst …*«

Wenn Omi dies geschrieben hat, ist sie schlau vorgegangen: Sie hat den Schreiberwechsel auch durch einen schwächeren Anschlag optisch unterstützt. Der weitere Brief folgt dann dem üblichen Bettel-Schema. Und alles in einem falsch jüdelnden

Deutsch mit seltsamen Rechtschreibfehlern und einer orthografischen Eigenheit, die für alle Texte Omis typisch sind: Sie kürzt Wörter ab. Besonders das Wort »liebe« mit »l.« oder »lb.« und das Wörtchen »und« mit »u.«. Kurz darauf heißt es, nun wieder mit »normalem« Anschlag:

> *Fehlen tut bei uns natrlich ser fiel, aber wier sient bscheiden und zufrieden. Um Dir l. Jutta, Um Dir mein Herzenswunsch bekannt zugeben, [...] Sei bitte nicht bese das ich Dir fon dehm schreibe, den für uns sint solche Dinge unerschwinglich. Unser Einkommen reicht n nur kaum für Wonug und Essen [...].* [Hervorhebung von mir]

Dann soll offensichtlich der Eindruck erweckt werden, der kleine vierjährige Jacky hacke etwas in die Maschine (mit deutlich schwächerem Anschlag):

> *jh.üäwqasdanßööNZ,l.ew32 Liebet Tante J Jutta, Onkel Berbny.*

Dann schlüpft Omi wieder zurück in die Rolle meiner Mutter, die nun über mich schreibt:

> *Eben sizt Jakilein bei mir und möchte auch so gerne an Ech Lieben schreiben. Meine Lieben es ist zu schade das Ihr das KInd nicht sehen könt. Er ist so Lieb und klug wie ener von 18. Jahr. Den ganzen Tag sizt er und schreibt grosse lage* [lange] *Briefe an Ech. manches mal muß er selbst die B.* [Briefe] *in Kasten werfen, denn er denckt das die alle B, die er an Tante Juttelein, u. Onkel Bernys schreibt [...] doch nicht fortgeschückt werden.* [Hervorhebungen von mir]

Bei »Tante Juttelein« setzte bei mir verstärktes Fremdschämen ein. Uns fiel auf, dass dieser Brief zwar zwei Jahre jünger ist als der angebliche Gefängnisbrief, aber grammatikalisch und orthografisch wesentlich schlechter. Wenn Omi wirklich die Schreiberin war, machte sie den Fehler vieler Amateurhochstapler: Sie war nicht konsistent. Das Deutsch meiner Mutter hätte im Laufe der Zeit *besser* werden müssen, nicht schlechter. Und warum gab sich Omi die Mühe, neben ihrem eigenen Ich noch zwei weitere Ichs zu simulieren: meine jüdelnde, radebrechende Mutter und mich, ein vierjähriges Kind?

Bei der weiteren Lektüre stellten wir fest: Omi war die viel- und in den höchsten Tönen besungene Heldin aller von meiner Mutter unterschriebenen Briefe. Vom 17. Oktober 1949, kurz nach Mamis Entlassung, stammt ein Brief, den Omi für meine Mutter geschrieben hat, offensichtlich nur als Mamis Sprachrohr, nicht in ihrer Rolle als Fela. Dabei verzichtete Omi aufs übliche Jüdeln, außer bei wenigen Stellen. Auch dieser Text ist eine Eloge auf die Wohltäterin Omi:

Erstens möchte ich mich bedanken, für die Geldspende, die wir von Bad Nauheim aus von euch erhielten. Ich haben mich außerordentlich gefreut. Bisher habe ich gar nicht gewusst, was Geld überhaupt bedeutet, denn mein Mama (Lele) *hat alles für mich gesorgt* [Lele ist Omis Vorname Claire in meiner Kindersprache]. *Es war schon die höchste Zeit, dass ich heimgekommen, denn schon länger hätte ich* u. *auch* Mama *es nicht mehr ausgehalten mit den Nerven* u. *auch finanziell.* [...] Mein Mama *ist fast arm geworden durch mich und ihre Haare viel grau, aber nun ist sie glücklich, es doch geschafft zu haben, sie hat mir die Freiheit errungen.* [...] Mein Mama *ist so treu zu mir, wie unsere gottselige Mutter* [...]. *Ich habe schreckliches durchgemacht in diesem* Gef. *in Diez, fast mehr als im KZ.*

Ein Glück, dass mein Mama kam u. mich gerettet hat. [Hervorhebungen von mir]

»Mein Mama ist fast arm geworden« – immer wieder die Hinweise auf Omis finanzielle Leistungen. Und immer stellte Omi sich als Wohltäterin in gleißendes Licht. Aber warum? Nur, um ab und zu ein paar Pakete mit Kleidern oder Lebensmitteln zu bekommen? Da hätte es genügt zu schreiben: »Lieber Bernie, Deine Schwester bittet Dich, ihr folgende Dinge zu schicken …«

Wir waren nun überzeugt: Omi war die Schreiberin! Peter und ich gingen die Briefe durch, die Omi mit ihrem eigenen Ich geschrieben und unterschrieben hatte. Dabei bemerkten wir, dass sie auch dort ständig ins Pseudojüdeln verfiel. In einem Brief vom 14. und 15. August 1956, ein Jahr nach Mamis Tod, schrieb sie nach Amerika, sie sei am gerade fertiggestellten Grab gewesen, werde »alles Geld zusammennehmen, was ich habe«, und sich noch etwas zusätzlich leihen, damit sie es bezahlen könne:

> *Ich bin davon überzeugt, daß Du schon etwas für uns unterwegs hast und jeden Tag kommen kann, solange werden wir schon durchkommen.*

Omis Deutsch war nicht perfekt, aber ihre reiche Korrespondenz mit Behörden und Rechtsanwälten beweist: Sie schrieb deutsche Satzkonstruktionen. Am 16. Dezember 1956, kurz vor unserer Auswanderung nach Amerika, jüdelte und radebrechte Omi:

> *Heute waren wir noch bei Fela* [ihrem Grab], *um ihr zu danken für ihre gute Fürbitte und möge sie weiter bitten beim lb. Gott. Hab geklopft* [Brauch am jüdischen Jom-Kippur-Fest] *auch für Rosalie* [meine amerikanische Cousine], *sie soll bleiben gesund. War doch so viel Freude für Fela, daß wir*

eine kleine Rosalie haben. Immer hat sie sich gewünscht dem
Kind etwas zu senden als Geschenk, und <u>war es</u> nicht geglückt,
aber wir <u>werden schon machen</u> Tante Felas Wunsch <u>zu erfüllen</u>,
wenn wir kommen. [Hervorhebungen von mir]

Jüdelnde Anbiederei. Zum Glück hatte ich kurze Fußnägel. Sie
hätten sich sonst bei der Lektüre all dieser Briefe hochgerollt.
Wozu führte Omi dieses Schmierentheater auf? Wozu wollte sie
sich bei meinen Verwandten einschleimen? Wozu zeigen, dass sie
eine Jüdin *honoris causa* war? Und wieso machte sie mit dem Jüdeln auch nach dem Tod meiner Mutter weiter?

Und erst jetzt, während ich dies zusammentrage und nieder-
schreibe, fällt mir etwas Seltsames auf: Wieso hätte meine Mutter
die Briefe an Onkel Bernie alle in gebrochenem Deutsch schreiben sollen? Wäre es nicht viel einfacher und natürlicher für sie
gewesen, mit ihrem Bruder in der gemeinsamen Muttersprache
zu kommunizieren, in Polnisch oder Jiddisch?

Der umgekehrte Kuckuck

Tante Jutta hatte ja an den Rand eines Briefes geschrieben: »Warum sie extra die Fehler machte, weiß ich nicht. Du wirst mir
Recht geben, wenn Du einen Brief lesen wirst, den Deine Mutter
schrieb.«

Tante Jutta meinte zwei Briefe, die meine Mutter selbst aus
dem Gefängnis nach Amerika geschrieben hatte, mit der Hand.
Ich hatte Mamis handgeschriebenen Brief damals nur mit Blick
auf den Inhalt durchgelesen: Zum ersten Mal hatte ich ein au-
thentisches Dokument aus der Gefängniszeit in der Hand gehalten. Ich war erschüttert und gerührt gewesen. Vierzig Jahre lang
hatte ich diesen Brief nicht mehr gesehen. Als ich ihn für dieses

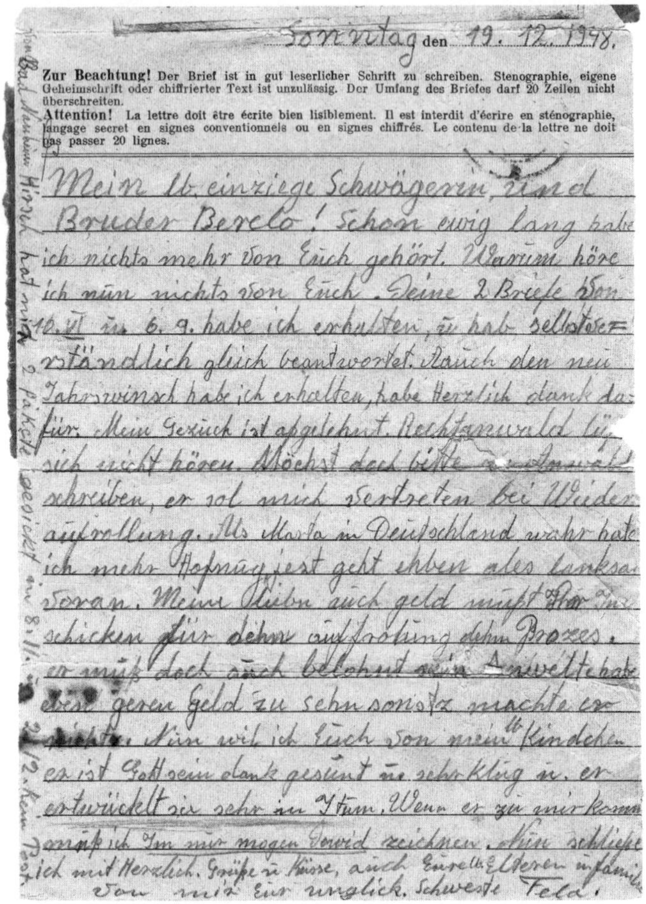

Abb. 22: Angeblicher Brief meiner Mutter aus dem Gefängnis
vom 19. Dezember 1948 an Onkel Berel [Onkel Bernie]

Buch abschreibe, springt mir etwas ins Auge, das ich damals
übersehen hatte: Der Brief enthält sieben von Omis typischen
Abkürzungen, orthografische Fehler, ist aber über weite Strecken
jüdelfrei:

Mein <u>lb.</u> einziege Schwägerin und Bruder Berelo!
Schon ewig lang habe ich nichts mehr von Euch gehört. Warum
höre ich nun nichts von Euch. Deine 2 Briefe von 10. VI. <u>u.</u> 6. 9.
habe ich erhalten, <u>u.</u> hab selbstverständlich gleich geantwortet.
Auch den neu Jahrswisch [Neujahrswunsch] *habe ich erhalten,*
habe Herzlich dank dafür. Mein Gezuch ist apgelehnt. Rechts-
anwald läßt sich nicht hören. Möchst doch bitte zu Anwald
schreiben, er sol mich vertreten bei Wiederaufrollung. [...] *Meine*
lieben auch geld mußt Ihr ihm schicken für dehn auffrolung dehm
Prozes. [...] *Nun wil ich Euch von mein <u>lb.</u> Kinde* [unleser-
lich] *er ist Gott sein dank gesunt <u>u.</u> sehr klug <u>u.</u>, er entwückelt*
sie sehr in <u>Jtum</u>. [Hervorhebungen von mir]

Ebenso verräterisch sind die Striche über den »u«. Die waren typisch für Menschen, die die deutsche Kurrentschrift oder Sütterlin
gelernt hatten. In beiden wurden »u« und »n« gleich geschrieben
und mussten deshalb durch einen Strich oder einen Kringel über
dem »u« unterschieden werden. In den Texten, die mit Sicherheit
von ihrer Hand sind, schrieb sie das »u«, wie wir es heute schreiben.
Abschließend vergleiche ich Mamis angeblichen Gefängnisbrief
mit ihrer garantiert selbst geschriebenen Biografie in dem Notizbuch (S. 33, 126), das Tante Else mir gegeben hatte. Die Eintragungen stammen wohl aus dem gleichen Jahr. Zwischen beiden
liegen nicht nur stilistische Welten. Der handgeschriebene Gefängnisbrief ist auch in einer anderen Handschrift geschrieben:
Die kleinen »r« zum Beispiel sind völlig unterschiedlich, auch das
große »M«.

Ich bin erschlagen von dieser Erkenntnis: *Kein einziger Brief*
stammt von der Hand meiner Mutter.

Omi hatte sich offensichtlich ein Weltbild zusammengezimmert, in dem sie Erfüllung fand: In dieser Story war Omi die mu-

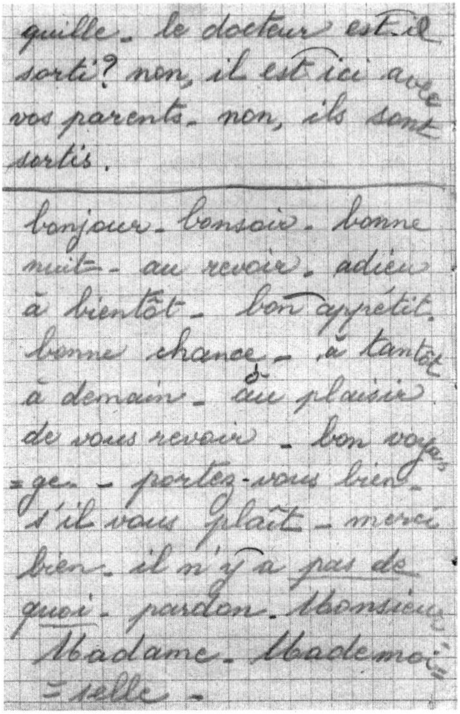
quille. le docteur est-il
sorti? non, il est ici avec
vos parents. non, ils sont
sortis.

bonjour. bonsoir. bonne
nuit. au revoir. adieu
à bientôt. bon appétit.
bonne chance. à tantôt
à demain. au plaisir
de vous revoir. bon voya-
-ge. portez-vous bien.
s'il vous plaît. merci
bien. il n'y a pas de
quoi. pardon. Monsieur
Madame. Mademoi-
-selle.

Abb. 23: Die wirkliche Handschrift meiner Mutter. Die Eintragungen stammen aus der Zeit in der Haftanstalt Fresnes (Mai 1945–Oktober 1946). Auf vielen Seiten übt sie Französisch und schreibt die Übersetzung auf Polnisch daneben. Die Unterschiede zwischen dieser Handschrift und jener der Gefängnisbriefe sind deutlich – besonders differieren die Schreibweisen von »M« und »r«.

tige Anwältin einer unschuldig verurteilten Jüdin, zugleich barmherzige Samariterin und Krankenpflegerin eines schwerverletzten Menschenkindes, Retterin ihres hilflosen Sohnes. Aus Dankbarkeit ernannte diese Jüdin sie zur Mutter ehrenhalber und nannte sie »Mama«, »Mamelein« oder »Muttilein«. Omi, der »umgekehrte Kuckuck«, wie Tante Else sie genannt hatte, hatte ein neues Ei zum Brüten gefunden.

Heute weiß ich, dass es für Tante Elses hübsche Metapher einen Fachbegriff gibt: »Helfersyndrom« – Menschen mit unterentwickeltem Selbstbewusstsein steigern sich in eine Helferrolle hinein und beziehen ihren Selbstwert daraus, anderen beizustehen. Oft sind es Narzissten, deren »Hilfsbereitschaft« bis zur Selbstaufopferung gehen kann, bis zum Märtyrertum sogar. Irgendwann haben sie keine eigenen Wünsche und Ziele mehr, und die Hilfsbereitschaft wird zur Sucht. Vom Geholfenen erwarten sie bedingungslose Dankbarkeit, von der sozialen Umgebung rückhaltlose Anerkennung.

Omi hatte Mamis Leben ganz und gar übernommen: Alle »Public Relations« liefen über sie. Sie stellte Anträge an Behörden und korrespondierte mit Hilfsorganisationen. Sie simulierte sogar den persönlichen Kontakt Felas zu ihrem Bruder in Buffalo (wir hatten in Diez kein Telefon). Und in jedem Brief tutete Omi voller Kitsch und Pathos ins Mein-Mama-Horn. Was heißt »tutete«: Sie intonierte ein ganzes Blasorchester. Sie ließ meine Verwandten in Amerika wissen: Ohne Omi geht nichts. Ich habe ein flaues Gefühl im Magen. Dann spüre ich, wie das Gift aus Hass und ohnmächtiger Wut in mein Gehirn strömt.

Meine Mutter: gefangen in Omis Matrix.

Die Stadtschwester

Kurz darauf schickte Tante Jutta einen weiteren Packen Briefe von Omi und meiner Mutter. Darunter ein Schreiben der Diezer Stadtschwester Emma Steinbacher vom 12. Mai 1948. Ich las die Anschrift: Diez-Lahn, Louise-Seher-Str. 8 – seltsam! Dort haben doch *wir* gewohnt, Omi, Mami und ich! Wer war diese Frau Steinbacher?

Sehr geehrter Mr. Lewkowicz!
Vor mir liegt Ihr Schreiben vom 30. 4. 1948, welches Sie an
Rechtsanwältin Dr. jur. Renate Fuchs in Diez richteten. [...]
Stammen Sie auch aus Bensburg in Polen? Hatten Sie einen
Bruder mit Namen Motek? In diesem Falle wäre doch Frau

Stadtschwester
Emma *Steinbacher*
 + *Diez-Lahn* + (Germany)
Louise Seher *Str. 8*

Sprechstunden
täpl. von 14-16 Uhr
(außer Mittwoch u. Samstag)

D i e z , den 12. Mai 1948.

Mister
Bernhard L e w k o w i c z
              Co.Jadd. 481 Colvia Ave
B u f f a l o   16 NY.
========================
              USA.

Sehr geehrter Mister Lewkowicz!

Vor mir liegt Ihr Schreiben vom 30.4.48, welches Sie an
Rechtsanwältin Dr. jur. Renate Fuchs in Diez richteten.

Ich möchte nunmehr bei Ihnen nur noch einige Fragen stellen
die ich bitte, mir doch zu beantworten:
Stammen Sie auch aus Bensburg in Polen? Hatten Sie einen
Bruder mit Namen Motek? In diesem Falle wäre doch Frau
Fela Dreksler Ihre Stiefschwester. Nur sagte mir Frau
Dreksler, daß sich ihr Stiefbruder Berek Lewkowitz schrieb.
Frau Dreksler kann sich nicht erinnern, Sie von Auschwitz
her zu kennen, dies sei aber auch darum, weil man dort
niemals die Namen gewußt habe.

Frau Dreksler stammt aus Bensburg, Kreis Kielce. Sie war
mit einem jüd.Schneider verheiratet und hatte zwei Kinder.
Frau Dreksler selbst ist auch Jüdin. Sie kam mit ihrer
ganzen Familie, Mutter, Geschwister,Ehemann, Kinder usw.
ins KZ-Lager Auschwitz und kamen dort außer ihr alle
anderen Angehörigen ums Leben. Von ihren beiden Stief-
brüdern Berek und Motek Lewkowitz weiß Frau Dreksler nur,
daß diese in ein Zwangsarbeitslager verbracht wurden; ob
sie dann später noch nach Auschwitz kamen, weiß sie nicht.
Fela Dreksler war im KZ bis sie von den Amerikanern befreit wurde im April 1945. Im Mai 1945 wurde sie in Paris
wieder verhaftet, da sie in Auschwitz Stubenälteste war
und als solche ihre Mithäftlinge mißhandelt hätte.
Da sie nun ihre ehemaligen Leidensgenossinnen aus dem KZ-
Lager und ihre Stiefbrüder sucht, wurde uns Ihre Adresse
bekannt. Es ist schwer für Frau D. Entlastungszeugen zu
finden, da fast alle Mithäftlinge ausgewandert zu sein
scheinen, denn die Briefe kommen als unbestellbar zurück.

Nur 6 Wochen war Frau D. 1945 in Freiheit. Aus dieser Zeit
stammt ein 2jähriges Kind, ein prächtiger Junge, den ich
bei mir aufgenommen habe, bis Frau D. vielleicht doch eine-
Tag-es ihre Freiheit wieder erhält.Auch sonst habe ich
die Sorge um Frau D. in Bezug auf Rechtsanwalt usw. übernommen. Ein Bild von Frau D. füge ich bei. Vielleicht ist
sie doch Ihre Schwester? Dann bitte, helfen Sie ihr, denn
ihr Gesundheitszustand ist durch KZ und lange Haf t sehr
schlecht und zerrüttet.
Ich würde mich freuen, bald von Ihnen zu hören.

                              Hochachtungsvoll!
                              [Unterschrift] Emma Steinbacher

Abb. 24: Brief von Stadtschwester Emma
an Onkel Bernie vom 12. Mai 1948

Fela Dreksler Ihre Stiefschwester. […] Da sie nun ihre ehema-
ligen Leidensgenossen aus dem KZ–Lager und ihre Stiefbrüder
sucht, wurde uns Ihre Adresse bekannt. Es ist schwer für Frau
D., Entlastungszeugen zu finden, da fast alle Mithäftlinge aus-

gewandert zu sein scheinen, denn die Briefe kommen als unbe-
stellbar zurück.
Nur 6 Wochen war Frau D. 1945 in Freiheit. Aus dieser Zeit
stammt ihr 2jähriges Kind, ein prächtiger Junge, den ich bei mir
aufgenommen habe, bis Frau D. vielleicht doch eines Tages
ihre Freiheit wieder erhält. Auch sonst habe ich die Sorge um
Frau D. in Bezug auf Rechtsanwalt usw. übernommen.

Stadtschwester Emma Steinbacher: Hatte *sie* mich aufgenommen? Hatte *sie* für Mamis Freiheit gekämpft, Zeugen gesucht?
Omi hatte doch immer behauptet, dass all das ihr Werk gewesen
sei, dass ich alles nur ihr verdanke. Oder hatten wir jetzt zwei
Menschen mit Helfersyndrom, die miteinander konkurrierten?

Stunden später, bei einem Kölsch im Republikanischen Club,
dämmerte es mir: Ich kannte den Namen der Stadtschwester, vor
allem den Stempel: Er stand in fast allen Büchern Omis in unserer
Kölner Wohnung. Wieso besaß Omi Bücher der Stadtschwester?
Ich hatte mir zuvor nie Gedanken darüber gemacht.

Ich musste diese Frau finden und beschloss, zunächst die im
Brief erwähnte Rechtsanwältin aufzusuchen.

Die Rechtsanwältin

Ein paar Tage später faltete Peter seine Einsneunzig in meinen
Fiat 770, und wir fuhren nach Diez zu der ehemaligen Rechtsan-
wältin meiner Mutter, Frau Dr. Fuchs. Sie war sehr hilfsbereit und
übergab mir ihre Korrespondenz aus den Jahren 1948 bis 1950,
als meine Mutter noch im Diezer Gefängnis saß. Darunter auch
Briefe, die Stadtschwester Emma Steinbacher an verschiedene
Behörden und Hilfsorganisationen geschickt hatte, und deren
Antwort.

»Stadtschwester Steinbacher war mit Ihrer Mutter befreundet«, erklärte die Rechtsanwältin. »Sie kümmerte sich im Gefängnis um Fela, hörte ihre traurige Geschichte und glaubte ihr. Sie wandte sich dann an mich, und wir arbeiteten zusammen, um Zeugen für Felas Unschuld zu finden.«

»Wie viele Zeugen haben Sie gefunden?«

»Über zwanzig.« Das war im Nachkriegsdeutschland eine Leistung. Viele Menschen hatten kein Telefon und konnten nur über Briefe und ein paar Suchdienste erreicht werden.

»Haben Sie ein Wiederaufrollungsverfahren angestrebt oder ein Gnadengesuch?«

»Beides. Aber die Rechtslage für ein Wiederaufrollungsverfahren war schlecht. Die Franzosen waren wütend wegen des erlittenen Unrechts. Und eine Rehabilitation hätte bedeutet, dass sie einen Justizirrtum hätten zugeben müssen – das machten sie sehr ungern.«

Dr. Fuchs und Schwester Steinbacher hatten offensichtlich Himmel und Hölle in Bewegung gesetzt, um Zeugen zu finden. Sie suchten und fanden sie in Europa, in Israel und den Vereinigten Staaten. Mindestens zwanzig Zeugen hatten eidesstattliche Erklärungen zugunsten meiner Mutter abgegeben. Ich überflog sie kurz. Alle Erklärungen stammten von KZ-Häftlingen, die mit meiner Mutter in Birkenau gewesen waren und sie meist auch persönlich gekannt hatten. Alle stimmten überein: Meine Mutter hatte die ihr zu Last gelegten Untaten nie begangen. Ich zitiere die Erklärungen hier in Auszügen.

Rosa Wester kannte meine Mutter schon aus Będzin. Sie schreibt: *Frau Dreksler lag im Block 8, ich lag im Block 21. Wir haben uns für gewöhnlich abends getroffen nach dem letzten Appell. […] Es hat nie jemand darüber geklagt, dass Frau Dreksler jemanden misshandelt oder sich sonst grausam verhalten hätte. Solche Klagen wären mir aber bestimmt zu Ohren gekommen, denn in dem Lager wusste man ganz genau, wer* [unleserlich] *war und wer nicht.*

Jedzia Szterenszos: *Ich war eine Zeit lang im gleichen Block und in der gleichen Stube mit Fela Dreksler. [...] Sie war absolut anständig und hat niemand misshandelt.*

Rega Drechsler: *Frau Dreksler war sehr anständig und hat auch den Mitgefangenen geholfen. Ich habe nur Gutes über sie gehört.*

Eva Jakubowitz: *[Ich habe] mit ihr zusammen in der gleichen Baracke immer im gleichen Bett geschlafen. [...] Frau Fela Dreksler ist eine energische Frau, die sich durchzusetzen weiß, die aber allen Mitgefangenen gegenüber immer sehr anständig und hilfsbereit gewesen ist.*

Metha Schaeffer: *Frau Dreksler benahm sich mir gegenüber, wie auch allen anderen Mitgefangenen, stets anständig. Nie habe ich irgendwie Klagen über sie gehört. Frau Dreksler hat mir sogar verschiedentlich etwas von ihren Rationen abgegeben.*

Salla Nosycowa war Läuferin im KZ. Das waren junge Funktionshäftlinge, die Botendienste verrichteten: *Ich glaube, dass sie als Stubendienst diese Grausamkeiten, mit denen man sie beschuldigt, nicht getan hat. Erstens hatte sie keine Machtbefugnisse dazu und zweitens wäre dies uns Läuferinnen bestimmt und auch mir zu Ohren gekommen, denn über solche Dinge wussten wir immer Bescheid.*

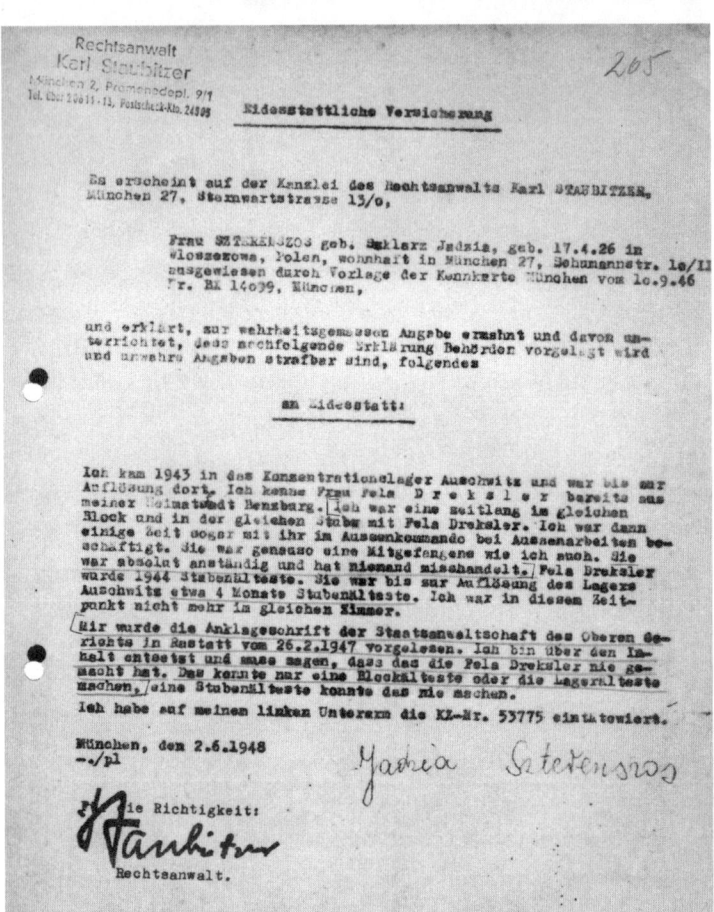

Abb. 25: Zeugenaussage zum Gnadengesuch

Ich bemühte mich, ruhig zu bleiben. Aber am liebsten wäre ich der Rechtsanwältin um den Hals gefallen: Diese Aussagen entlasteten Mami eindeutig. Ich hätte verstehen können, wenn sie die ihr zur Last gelegten Untaten tatsächlich begangen hätte. Funktionshäftlinge waren in einer schwierigen Situation. Aber so hatte ich ein besseres Gefühl. Ich schämte mich, weil ich zuvor nicht rückhaltlos an Mamis Unschuld geglaubt hatte.

»Jacky, der Darmkrebs Ihrer Mutter wurde immer schlimmer. Es war klar, dass sie nicht mehr lange leben würde. Ein paar Monate, ein paar Jahre vielleicht. Kein Arzt konnte das sagen. Schwester Steinbacher und ich haben uns darum zunächst auf ein Gnadengesuch konzentriert und haben Maître Baldeyrou beim Obersten Militärgericht in Rastatt kontaktiert. Er war auch der Anwalt, der Ihre Mutter beim Prozess verteidigte. Das Verfahren lief ziemlich schlecht für sie. Soweit ich weiß, wurde es auf Französisch geführt, das sie kaum verstand, und Maître Baldeyrou wurde erst in letzter Minute hinzugezogen. Ich richtete ein Gnadengesuch an das Oberste Militärgericht und schickte dem Maître die eidesstattlichen Erklärungen zu. Hier, schauen Sie.« Sie reichte mir eine Abschrift ihrer vielen Eingaben.

Die Notarin wartete geduldig, bis ich fertig war und die Papiere an Peter weitergab, der sie auch überflog und mit eindeutigen Gesten Erleichterung signalisierte.

Die Rechtsanwältin brachte Kaffee und Plätzchen. »Es war die Entscheidung Ihrer Mutter, ein Gnadengesuch vorzuziehen. Verständlich und richtig, wenn man so schwer krank ist. Nach vielen Mühen und Briefen hatten wir schließlich Erfolg.«

Sie blätterte durch die Papiere – hier! Am 12. August 1949 schrieb Maître Baldeyrou an Stadtschwester Emma Steinbacher:

Werte Schwester,
General Koenig hat Ihre Freundin um 5 Jahre Gefängnis begnadigt. Somit wird also Fela Dreksler nächsten Mai oder Juni freigesprochen werden, da sie ja im Mai 1945 verhaftet wurde.
[...] Ich habe auch Frau Fela Drekslers Bruder geschrieben, um ihn von dem Ausgang des Gnadengesuche in Kenntnis zu setzen.

»Welche Rolle hat meine Omi, Frau Stahl, überhaupt gespielt?«, fragte ich. »In diesen Briefen hier läuft alles nur über Sie und Schwester Steinbacher. Von Omi ist keine Rede.«

»Frau Stahl spielte zunächst keine Rolle. Sie hat hier und da einen Brief an die amerikanischen Verwandten Ihrer Mutter geschrieben. Schwester Steinbacher und Frau Stahl verband zunächst eine – wie soll ich sagen? – unstete Freundschaft.«

»Wer hat denn damals für mich und meine Mutter gesorgt?«

»Schwester Steinbacher. Da Sie nicht bei Ihrer Mutter im Gefängnis sein konnten, kamen Sie wohl in ein Heim, und dann hat die Stadtschwester Sie zu sich genommen. In der Wohnung der Stadtschwester lebte auch Frau Stahl. Im Krieg und in der Zeit danach war Wohnraum knapp, und die Behörden verfügten sogenannte Zwangseinweisungen für evakuierte Menschen oder Flüchtlinge. Sie, Jacky, waren, glaube ich, auch über die Schwester krankenversichert. Sie war ein liebenswerter, großzügiger Mensch.«

Ich versuchte, meine Verwirrung zu überspielen, und ordnete meine Gedanken: »Frau Dr. Fuchs, in meinem Hirn ist Leere, wo Sie und Schwester Steinbacher sein sollten. Ich weiß nur, dass meine Omi das alles gemacht hat.«

Sie lächelte mild: »Jacky, Sie waren vier, als Frau Stahl alles übernahm. Und all Ihre Informationen stammen von Frau Stahl.«

Sie hatte recht. Ich kannte nur Omis selbstlobende Darstellung des Geschehens. Ich fragte die Anwältin, wie denn nun Omi ins Spiel gekommen sei.

Ihr Blick wurde hart: »Das ist komplex. Dazu möchte ich nichts sagen. Bitte verstehen Sie.«

Schade, aber ich konnte sie nicht zwingen. Ich fragte die Notarin, ob sie im Telefonbuch nachschauen könne, ob Schwester Steinbacher noch in Diez lebte. Sie war aber nicht zu finden. Wir bedankten uns und gingen.

Orli Walds Eid

Frau Dr. Fuchs gab mir auch Orli Walds eidesstattliche Erklärung für meine Mutter, die ihr sehr geholfen hatte. Orli, der »Engel von Auschwitz«, hatte in Birkenau das höchste Amt inne, das ein Funktionshäftling ausfüllen konnte – sie war Lagerälteste, eine Funktion, die ausschließlich deutschen Nichtjuden anvertraut wurde, und hatte das Lagerkrankenhaus unter sich. Ebenfalls eine Aufgabe, die meines Wissens nur deutschen Nichtjuden übertragen wurde. In ihrer Erklärung vom 26. April 1949 zeichnete sie auch ein umfassendes Bild der Situation der Funktionshäftlinge. Deshalb möchte ich sie hier ausführlich zitieren:

Ich bin Mitglied im Vorstand des Auschwitzkomitees Deutschland. Infolgedessen hat man sich an mich gewandt, mit der Bitte, einer unschuldig Verurteilten zu helfen. Frau Fela Fani Dreksler ist mir dem Aussehen nach gut bekannt. […] In den Jahren 42 – 43 gab es einen direkten Befehl der Lagerführung, dass Block- oder Stubenälteste stets einen Lederriemen oder einen Stock bei sich tragen mussten. Ob sie davon Gebrauch machten oder nicht, war eine zweite Frage, tragen mussten sie ihn auf jeden Fall, da sie ansonsten sehr hart bestraft wurden, oft sogar mit dem Tode. Es gab sehr wenig jüdische Funktionshäftlinge, die mit dem Lederriemen schlugen. Die, welche es taten, waren im Lager sehr gut bekannt und waren auch mir bekannt. Frau Fela Fani Dreksler gehörte nicht zu ihnen. Dass Frau Fela Fanni Dreksler eigenhändig eine Liste, eine Todesliste an die Lagerführung geliefert haben soll, ist vollkommen ausgeschlossen. […]
Die Frauen, die zum Gastod bestimmt wurden, wurden ganz alleine von den SS-Wachmannschaften und den SS-Ärzten ausgesucht. […] Die sogenannten Selektionen gingen übrigens nicht anhand von Listen vor sich. Die SS ließ alle Frauen antre-

ten. Sie mussten hintereinander an ihnen vorbeilaufen, wer blass oder krank aussah oder sonst nicht gefiel, wurde herausgefischt und zum Gastod bestimmt. […] Die SS-Oberaufseherin Drexler ist wohl jedem Häftling, der in Auschwitz war, sehr gut bekannt. Sie war eine Bestie. […] Im ersten Jahre in Auschwitz hat diese Oberaufseherin Drexler öfters jüdische Blockälteste oder Stubenälteste, die nicht energisch genug erschienen oder sonst ihr Missfallen erregt hatten, einfach ins Krematorium befördert oder zu Tode geschlagen. Es ist mir kein einziger Fall im Lager bekannt, wo ein jüdischer Funktionshäftling einen anderen Häftling zu Tode geschlagen hätte.

Auschwitz war ein sehr hartes Lager und in den ersten Jahren eine Hölle, in welcher man kaum leben konnte. Ohrfeigen gab es dort wie Sand am Meer, auch zwischen Häftlingen. Aber Ohrfeigen sind doch wohl in einer solchen Situation keine Verbrechen gegen die Menschlichkeit. Die jüdischen Mädchen standen jeden Tag mit einem Fuß im Grab. Sie kämpften um ihr Leben. […] Fela Dreksler hat nie jemand getötet, nie jemand wirklich misshandelt. Und doch befand sie sich jahrelang in einer Situation, in der die Parole »Rette sich, wer kann« vielen Menschen mit gesundem Verstand einleuchten müsste. Ihre ganze sogenannte Schuld besteht darin, dass sie verschiedenen Mithäftlingen ein paar Ohrfeigen gab.

Ohrfeigen also! An keiner anderen Stelle in den Akten wird zugegeben, dass meine Mutter sich eine auch noch so geringe Verfehlung hat zuschulden kommen lassen. Ich vermute, sie hat Orli Wald persönlich von den Ohrfeigen erzählt, als diese uns in Diez besuchte. Omi beschwerte sich später bei Orli, dass sie dies in ihrer Erklärung erwähnt hatte. Orli schrieb weiter:

Dafür erhielt sie zehn Jahre Gefängnis. Eine kurze Zeit lang war
sie im Lager Stubenälteste. Sie musste den Block in Ordnung
halten, sie musste das Essen verteilen. In Auschwitz gab es keine
Essensausgabe ohne Schlägerei. Das Essen war schlecht und die
Portionen klein. Der Allgemeinzustand der Häftlinge war
schlecht. Jeder wollte so viel wie möglich von der dünnen Suppe
ergattern, ohne Rücksicht darauf, ob der oder die Mitgefangene
überhaupt Essen erhielt. An 1000 Menschen, die sich hungrig
auf die Esskessel stürzten, gerecht Suppe zu verteilen, war keine
Kleinigkeit und konnte nicht geschehen, ohne dass man die Rück-
sichtsloseren zurückstieß oder ihnen eine knallte. Menschliche
Gesetze werden nur dort respektiert, wo menschliche Bedingungen
sind. [...] Ein paar Ohrfeigen sind in einer Lebenslage, in der
man täglich zuschauen musste, wie die SS-Wachmannschaften
Frauen wie die Fliegen ganz einfach totschlugen, keine große Sache.
Wer eine Zeit lang täglich in der Früh aufwachte und feststellte,
dass er die ganze Nacht Körper an Körper mit schon Gestorbe-
nen verbracht hatte, wird bald den Begriff der Heiligkeit und
Unantastbarkeit eines Menschenlebens ganz oder teilweise ver-
lieren. Es ist ein großes Unrecht, die Opfer einer solchen Zeit,
die Gehetzten und Gejagten, anzuklagen. Anklagen muss man
immer und immer wieder die Systeme, die Menschen in eine
solche Lage bringen und gebracht haben. Unabhängig von sol-
chen Erkenntnissen aber haben die Zeuginnen, die Fela Dreksler
belasteten, unwahre Aussagen gemacht. Auch sie wollen wir
nicht anklagen! Hass und Verbitterung trüben immer den klaren
Blick und die Zeuginnen haben alle Ursache, zu hassen und ver-
bittert zu sein. Zu kritisieren wäre allerdings das Verhalten des
Gerichtes und die Behandlung der Fela Dreksler in den deut-
schen Gefängnissen. 5 Minuten vor ihrer Verhandlung sah sie
ihren Verteidiger zum ersten Mal. Sie hatte keine Zeit, sich mit
ihm zu unterhalten. Er war auch von vornherein von ihrer

Schuld überzeugt. Nach ihrer Verurteilung versuchte er, sie da-
von abzuhalten, ein Berufungsverfahren zu beantragen. [...]
Felas Mithäftlinge waren SS-Aufseherinnen, dieselben, die
auch schon im KZ Auschwitz ihre Peinigerinnen waren. Ihr
Verhalten der tätowierten Jüdin gegenüber unterschied sich
nicht von ihrem vorherigen Verhalten.[94]

Kampf um Rehabilitierung

Peter zeigte mir einen Brief, den Maître Baldeyrou am 6. Dezember 1949 an Emma Steinbacher geschrieben hatte, einige Wochen nach Mamis Freilassung. Omi hatte den Namen der Stadtschwester in der Anrede unleserlich gemacht und ihn in die USA
geschickt. Darin schrieb der Anwalt, er sei absolut nicht erstaunt
gewesen, dass die Stadtschwester ihm den Wunsch meiner Mutter nach Rehabilitierung vorgetragen habe. Dann argumentierte
der Maître, warum er gegen eine Wiederaufrollung des Verfahrens
sei: »zu kostspielig, zu langwährend, völlig unsicher«. Schließlich
versuchte Baldeyrou, die Stadtschwester für seine Auffassung zu
gewinnen: »Ich zähle unbedingt auf Sie, um ihr das zu verstehen
zu geben.«

Nach einem weiteren Briefwechsel mit der Rechtsanwältin wird
klarer, was geschehen ist: Im September 1949 wird meine Mutter
auf dem Gnadenweg aus dem Gefängnis entlassen. Im Winter
1949 des gleichen Jahres formiert sich eine Art Anti-Rehabilita-
tionsfront unter Mamis Helfern. Vier sind gegen ein Wiederaufrollungsverfahren, weil der Ausgang zu unsicher ist: die Diezer
Rechtsanwältin Fuchs, der französische Rechtsanwalt Maître Baldeyrou, Stadtschwester Steinbacher und Orli Wald, die damals
in einem Brief ebenfalls abgeraten hat.

Meine Mutter ist enttäuscht. Sie wünscht sich nichts sehnlicher als einen Freispruch. Omi sieht ihre Chance und schlägt sich auf Mamis Seite. Es gibt einen bitteren Streit. Wenn Omi damals wirklich an einem klassischen Helfersyndrom litt, wie ich vermute, musste sie versuchen, konkurrierende Helfer auszuschalten; denn typische »Helfer« lehnen die Unterstützung und Einmischung von anderen ab. Und so geschieht es: Im Februar 1950 taucht Omis Name zum ersten Mal in den Akten auf: in einem sechsseitigen Brief an die österreichische Nationalrätin Rosa Jochmann. Darin stellt sie ihre Leistungen für den »Schützling« in leuchtenden Farben dar, berichtet, dass sie Zeugen gesucht und gefunden habe, dass sie Felas kleinen Jungen zu sich genommen habe, und bittet um Hilfe bei der Rehabilitierung meiner Mutter. Ebenfalls vom Februar stammen die letzten Briefe von oder an die Stadtschwester, die Rechtsanwältin, den Maître und Orli Wald. Nach dem Februar läuft alles über Omi. Die anderen werden nicht mehr erwähnt, sind ausgebootet. Offensichtlich hat Omi meine Mutter (und mich) im Februar 1950 »übernommen«.

Die Stadtschwester zieht verbittert aus, Omi und meine Mutter bleiben in der Wohnung der Schwester, die eine Zeit lang wohl noch die Miete weiterzahlt, wie uns die Rechtsanwältin verraten hatte. Bücher und Möbel lässt die Schwester ebenfalls zurück.

»Vielleicht hatte die Übernahme ja auch einen finanziellen Hintergrund für deine Omi«, meinte Peter. »Deine Mutter war ja jetzt frei und konnte Ansprüche auf Haftentschädigung und Wiedergutmachung anmelden.«

Gut möglich. Aber noch etwas ist seltsam. Der erste Mein-Mama-Muttilein-Jüdelbrief trägt das Datum vom 22. Oktober 1948, da war meine Mutter noch in Haft. Auch der gefälschte handschriftliche Brief meiner Mutter an Onkel Bernie stammt aus dieser Zeit. Ein zweiter vom Januar 1949. Könnte es sein, dass Omi die »Übernahme« von langer Hand geplant hatte und sich allmählich als eigentliche Wohltäterin einschlich? Schwer zu sagen. Die Akten nennen nur Daten, ansonsten schweigen sie dazu. Zu dieser Theorie würde passen, dass Omi den Namen der Stadtschwester in dem Brief, den sie an meine Verwandten schickte, getilgt hatte.

Aber wer zieht freiwillig aus seiner Wohnung, lässt Bücher und Möbel zurück und zahlt sogar die Miete weiter? Ich kann mir nur vorstellen, dass Omi etwas gegen Schwester Steinbacher in der Hand hatte. Aber für eine solche Form der Erpressung gibt es keine Hinweise in den Akten.

Der Amtsgerichtspräsident

Anfang Januar 1970 fuhren Peter und ich zu seinen Eltern nach Lübeck. Peters Vater war dort Amtsgerichtspräsident. Ich erzählte ihm von Mamis und meinem Schicksal, von Omis Weigerung, mir die Akten zu geben, und von den seltsamen Briefen.

»Was wollen Sie tun, Jacky?«

»Ich will wissen, was da los war. Wem ich etwas verdanke und wem nicht. Wie es um die Wiedergutmachung steht, um die Waisenrente und um das Rehabilitationsverfahren, das Omi betrieb. Aber Omi gibt die Unterlagen nicht heraus.«

»Sie könnten Frau Stahl gerichtlich zwingen …«

»Das bringt nichts. Sie hat die Akten schon vor *mir* versteckt und wird sagen, sie seien gestohlen worden oder sonstwas. Ich muss sie halt selbst besorgen. Omi hatte im Laufe der Zeit drei oder vier Rechtsanwälte, die alle ohne Entgelt gearbeitet haben, um meiner Mutter und dem kleinen Judenjungen Gerechtigkeit zu verschaffen. Da gehe ich hin. Außerdem weiß ich, mit welchen Behörden Omi zu tun hatte und noch hat. Aber ob die mir Einblick in die Akten gewähren?«

»Ich helfe Ihnen, Jacky. Machen Sie mir eine Liste der Behörden, dann versuche ich, Ihnen den Weg zu ebnen, wo es nötig ist.«

Ich zeigte ihm die paar Fotos, die ich von Onkel Bernie und Tante Jutta bekommen hatte. Er schaute sie sich flüchtig an. Bei einem verweilte er länger.

»Wie alt waren Sie da?«

»Ich schätze sieben, höchstens acht.«

»Also 1953. Sie haben mir doch erzählt, dass Frau Stahl sehr arm war und keinem Beruf nachging.«

»Ja, wir waren die Ärmsten, die ich kannte.«

»Und wieso steht da hinter Ihnen ein Fernseher?«

Es war ein Loewe Opta Iris, einer der ersten deutschen Fernseher. Warum fragte er? Jeder hatte doch einen Fernseher. Selbst arme Studenten wie Renate, Peter und ich.

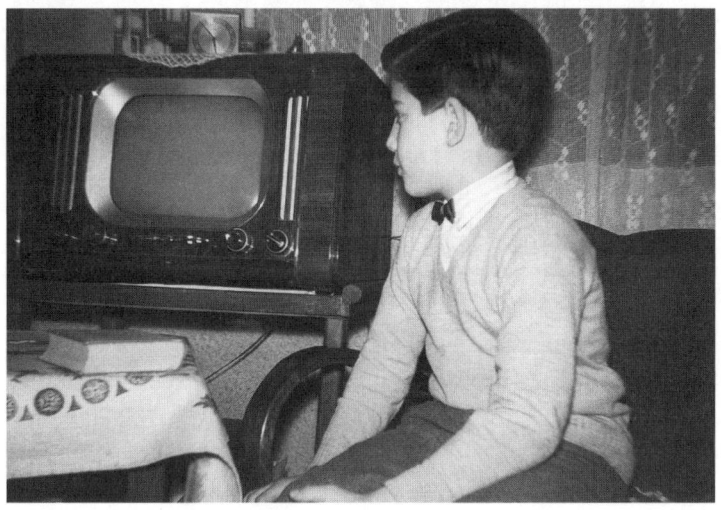

Abb. 26: Jacky (7) vor dem Fernseher, 1953,
einem der ersten Geräte auf dem deutschen Markt

»Jacky, die ersten Fernsehsendungen wurden hier im Norden an Weihnachten 1952 ausgestrahlt. Im restlichen Deutschland ab 1953. So eine Kiste kostete damals, ich schätz mal, um die tausend Mark. Ein Arbeiter oder kleiner Angestellter verdiente vielleicht hundertfünfzig Mark im Monat. Brutto.«

Ich überlegte: Woher hatte Omi das Geld? In jenen Jahren hatte sie nie gearbeitet. Den ersten Job hatte sie angenommen, als ich in Bad Honnef gewesen war – ich war etwa zwölf oder dreizehn gewesen. Und ein Auto hatte sie auch immer gehabt. Einen Hanomag, einen Wanderer, einen DKW. Ich denke an Onkel Jörn zurück und an seine Wunde am Oberarm, typisch für Waffen-SS-Angehörige, die sich nach dem Krieg die Blutgruppentätowierung wegschossen, um nicht identifiziert zu werden. War ein Teil der mildtätigen Gaben, die Omi von vielen bekommen hatte, womöglich ein Ergebnis von Erpressung? Reine Spekulation.

»Mein Junge«, brummte Peters Vater, »ich glaube, Sie haben eine Menge zu recherchieren. Viel Glück dabei.«

Im Januar 1970 pötteten Peter und ich mit meinem rostigen Fiat 770 mit maximal hundertzehn Stundenkilometern durch Deutschland und begannen eine umfangreiche Recherche bei Behörden und Rechtsanwälten, die in den letzten zwanzig Jahren mit Omi zusammengearbeitet hatten.

Ein paar Anrufe des Amtsgerichtspräsidenten hatten gewirkt: Wir durften uns stundenlang Akten anschauen, Notizen machen und bekamen in einigen Fällen sogar Kopien.

Wir sammelten über sechshundert Seiten Aktenmaterial über meine Mutter, mein Leben und Omis Kampf mit Ärzten, Behörden und Institutionen. Wir sortierten und sichteten alles, während die Beatles im Radio »*Let It Be*« sangen, und Free »*All Right Now*«. Ich erkannte, dass so manches von dem, was ich für Fakten gehalten hatte, nicht oder nicht ganz stimmte.

Ein seltsames Testament

Im Herbst 1970 tauchte ich mit einem Blumenstrauß bei Renates Eltern auf und bat förmlich um die Hand ihrer Tochter. Ursel meinte schmunzelnd, die Hand würden sie mir gerne geben, den Rest hätte ich ja schon lange.

Renate und ich heirateten Ende Dezember. Tante Jutta und Onkel Bernie kamen mit meiner Cousine Rosalie aus Buffalo, um mitzufeiern.

Ich rief Omi an, um sie zur Hochzeit einzuladen. Als sie hörte, dass meine amerikanischen Verwandten kämen, knurrte sie, mit dem Pack wolle sie nichts mehr zu tun haben und ich brauche auch nicht mehr anzurufen. Ich sei für sie gestorben. Und das war der letzte Kontakt mit ihr. Ich rief noch ein paarmal an, aber sie knallte immer wieder den Hörer auf.

Tante Jutta und Onkel Bernie brachten weitere Briefe mit, die sie in einer alten Kommode gefunden hatten. Darunter war eine handschriftliche Erklärung meiner Mutter, datiert auf den 14. Oktober 1955, zweieinhalb Wochen vor ihrem Tod.

»Ist das ein Testament?«, fragte ich Tante Jutta.

»Ich denke schon. Omi hat es uns gleich nach Felas Tod geschickt, damit wir ihren letzten Willen erfahren.«

An dem Dokument ist vieles merkwürdig: Die Schrift kannte ich gut – es ist Omis verstellte Handschrift. Sie nutzte sie zum Beispiel, wenn sie so tat, als würde meine Mutter für mich eine Entschuldigung wegen Fehlens an die Schule schreiben. Ich habe Hinweise auf Stellen hervorgehoben, die auf Omi als Autorin hinweisen. Schon der erste Satz ist eine Finte:

Ich, Fela Dreksler, will für <u>meine Mama</u>, das ist Frau Claire Stahl, folgende Erklärung niederschreiben lassen. [Hervorhebung von mir]

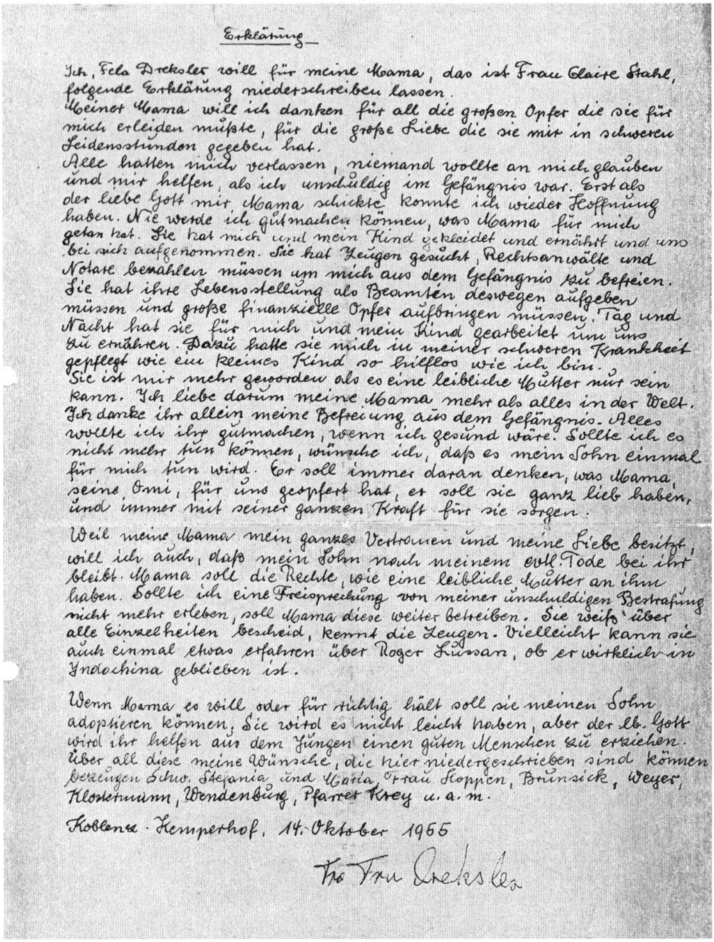

Erklärung —

Ich, Fela Drechsler, will für meine Mama, das ist Frau Claire Stahl, folgende Erklärung niederschreiben lassen.

Meiner Mama will ich danken für all die großen Opfer die sie für mich erleiden mußte, für die große Liebe die sie mir in schweren Leidensstunden gegeben hat.

Alle hatten mich verlassen, niemand wollte an mich glauben und mir helfen, als ich unschuldig im Gefängnis war. Erst als der liebe Gott mir Mama schickte konnte ich wieder Hoffnung haben. Nie werde ich gutmachen können, was Mama für mich getan hat. Sie hat mich und mein Kind gekleidet und ernährt und uns bei sich aufgenommen. Sie hat Zeugen gesucht, Rechtsanwälte und Notare bezahlen müssen um mich aus dem Gefängnis zu befreien. Sie hat ihre Lebensstellung als Beamtin deswegen aufgeben müssen und große finanzielle Opfer aufbringen müssen. Tag und Nacht hat sie für mich und mein Kind gearbeitet um uns zu ernähren. Dazu hatte sie mich in meiner schweren Krankheit gepflegt wie ein kleines Kind so hilflos wie ich bin. Sie ist mir mehr geworden als es eine leibliche Mutter mir sein kann. Ich liebe darum meine Mama mehr als alles in der Welt. Ich danke ihr allein meine Befreiung aus dem Gefängnis. Alles wollte ich ihr gutmachen, wenn ich gesund wäre. Sollte ich es nicht mehr können, wünsche ich, daß es mein Sohn einmal für mich tun wird. Er soll immer daran denken, was Mama, seine Omi, für uns geopfert hat, er soll sie ganz lieb haben, und immer mit seiner ganzen Kraft für sie sorgen.

Weil meine Mama mein ganzes Vertrauen und meine Liebe besitzt, will ich auch, daß mein Sohn nach meinem evtl. Tode bei ihr bleibt. Mama soll die Rechte, wie eine leibliche Mutter an ihm haben. Sollte ich eine Freisprechung von meiner unschuldigen Bestrafung nicht mehr erleben, soll Mama diese weiter betreiben. Sie weiß über alle Einzelheiten Bescheid, kennt die Zeugen. Vielleicht kann sie auch einmal etwas erfahren über Roger Lussan, ob er wirklich in Indochina geblieben ist.

Wenn Mama es will oder für richtig hält soll sie meinen Sohn adoptieren können, sie wird es nicht leicht haben, aber der lb. Gott wird ihr helfen aus dem Jungen einen guten Menschen zu erziehen. Über all diese meine Wünsche, die hier niedergeschrieben sind können bezeugen Schw. Stefania und Maria, Frau Koppien, Brünsick, Weyer, Klostermann, Wendenburg, Pfarrer Krey u. a. m.

Koblenz-Kemperhof, 14. Oktober 1955

für Frau Drechsler

Abb. 27: Ein seltsames »Testament«

Es sollte wohl der Eindruck entstehen, meine Mutter habe das Dokument einem Fremden diktiert. Aber Omi war die Schreiberin. Das zeigen die Handschrift und die typischen Abkürzungen. Die erste Hälfte des Textes besteht aus der üblichen pathetischkitschigen Mein-Mama-ist-ein-Engel-Selbstbeweihräucherung. Die Elogen legen nahe, in welche Wahnwelt Omi sich hineingesteigert hatte. Meine Erfahrungen mit ihr lassen mich vermuten, dass einige Gläschen Racke Rauchzart diesen naiven Kitsch gefördert hatten.

Meiner Mama *will ich danken für all die großen Opfer die sie für mich erleiden mußte, für die große Liebe die sie mir in schweren Leidensstunden gegeben hat.*
Alle hatten mich verlassen, niemand wollte an mich glauben und mir helfen, als ich unschuldig im Gefängnis war. Erst als der liebe Gott mir _Mama_ schickte konnte ich wieder Hoffnung haben. Nie werde ich gutmachen können, was _Mama_ für mich getan hat. Sie hat mich und mein Kind gekleidet und ernährt und uns bei sich aufgenommen. Sie hat Zeugen gesucht, Rechtsanwälte und Notare bezahlen müssen um mich aus dem Gefängnis zu befreien. Sie hat ihre _Lebensstellung als Beamtin_ deswegen aufgeben müssen und große finanzielle Opfer aufbringen müssen. [Hervorhebungen von mir]

Das stimmt alles nicht oder nicht ganz. Nicht Omi hatte mich bei sich aufgenommen, sondern Schwester Steinbacher, die – genau genommen – auch Omi während des Krieges aufgenommen hatte. Nicht Omi hatte die Zeugen gesucht und meine Mutter aus dem Gefängnis »befreit«, sondern die Stadtschwester in Zusammenarbeit mit einem französischen Anwalt und Rechtsanwältin Dr. Fuchs. Auch war keiner von Omi bezahlt worden, wie der Text suggeriert: Alle hatten unentgeltlich für meine Mutter gearbeitet.

Omi schrieb hier, sie habe ihre Lebensstellung als Beamtin aufgeben müssen, weil sie als Gefängniswärterin einer Jüdin geholfen habe. Auch das war eine Verdrehung der Fakten, wie Peter und ich später herausfanden: Wir besuchten die ehemalige Direktorin des Diezer Gefängnisses, Frau Renne, so will ich sie hier nennen, die mittlerweile in Neuwied arbeitete. Das Gespräch lief etwa so ab:

»Frau Renne, erinnern Sie sich noch an Claire Stahl?«

»Ja, leider sehr gut.«

»War sie eine Beamtin?«

»Nein, Hilfsaufseherin.«

»Sie schrieb, sie habe den Dienst quittiert, weil man sie angefeindet habe.«

»Niemand hat sie angefeindet. Drücken wir es mal so aus: Wir haben ihr sehr eindringlich nahegelegt zu kündigen; sonst hätten wir sie rausschmeißen müssen.«

»Warum?«

»Herr Dreksler, ich bin Beamtin. Das darf und werde ich Ihnen nicht sagen.«

»Lag es daran, dass Frau Stahl meiner Mutter geholfen hat?« Das jedenfalls hatte Omi in allen Selbstdarstellungen immer wieder behauptet.

»Nein, mit Ihrer Mutter hatte das absolut nichts zu tun.«

Ich insistierte, aber mehr bekam ich aus der verschwiegenen Frau nicht heraus.

Weiterhin schrieb Omi als Fela:

Sie ist mir <u>mehr geworden, als es eine leibliche Mutter</u> nur sein kann. Ich liebe darum <u>meine Mama</u> mehr als alles in der Welt. Ich danke <u>ihr allein meine Befreiung</u> aus dem Gefängnis.

Der letzte Satz stimmt nicht. Die Befreiung verdankte meine Mutter Schwester Steinbacher, Frau Dr. Fuchs und dem französischen Rechtsanwalt Baldeyrou.

Alles wollte ich ihr gutmachen, wenn ich gesund wäre. Sollte
ich es nicht mehr tun können, wünsche ich, daß es mein Sohn
einmal für mich tun wird. Er soll immer daran denken, was
<u>*Mama*</u>*, seine Omi, für uns geopfert hat, soll sie ganz lieb haben*
und <u>*immer mit seiner ganzen Kraft für sie sorgen*</u>*.*

Hier sprach Omi einen wichtigen Aspekt des ganzen Unternehmens an: Sie etablierte mich als Träger ihrer Altersversorgung.

Weil <u>*meine Mama*</u> *mein ganzes Vertrauen und meine Liebe*
besitzt, will ich auch, daß mein Sohn nach meinem <u>*evtl.*</u>
Tode bei ihr bleibt. <u>*Mama*</u> *soll die* <u>*Rechte, wie eine leibliche*</u>
<u>*Mutter*</u> *an ihm haben.*

Das ist der entscheidende Abschnitt: Hier werde ich Omi zugesprochen und gehe quasi in ihren »Besitz« über. Nun kommt die einzige Stelle in Omis vielen Selbstdarstellungen, wo mein wirklicher Erzeuger genannt wird:

Vielleicht kann sie auch einmal etwas erfahren über <u>*Roger Lussan*</u>*,*
ob er wirklich in Indochina geblieben ist.

In anderen Dokumenten stand als Vater immer: Jakob Kornfeld, rituelle Heirat. Wohl, um klarzumachen, dass ich erstens ehelich geboren wurde und zweitens einen jüdischen Vater hatte. Roger Lussan klingt nicht jüdisch genug, Jakob Kornfeld schon.

Wenn <u>*Mama*</u> *es will oder für richtig hält soll sie meinen Sohn*
adoptieren können. Sie wird es nicht leicht haben, aber der
<u>*lb. Gott*</u> *wird ihr helfen aus dem Jungen einen guten Menschen*
zu erziehen. […]
Unterschrift: *Fro/Fru Dreksler*

Das »Testament« schließt mit der für Omi typischen und verräterischen »lb.«-Abkürzung und einer seltsamen Unterschrift. Die beiden Vornamen, die meine Mutter in variierender Schreibweise benutzte, waren Fela und Fanny oder Fanni. Hier aber steht so etwas wie »Fro Fru«. Genau kann ich es nicht entziffern. Wollte Omi hier die Kraftlosigkeit einer Sterbenskranken simulieren? Oder hatte sie keins der vielen korrekt unterschriebenen Blankoblätter mehr, die meine Mutter für Omi signiert hatte, bevor sie wieder einmal für längere Zeit ins Krankenhaus hatte gehen müssen? Schließlich musste Omi im Namen meiner Mutter ja weiter mit den Behörden korrespondieren. – Schwer zu sagen.

Vier Jahre früher hatte meine Mutter im Beisein eines Notars ein Testament unterschrieben. Darin hatte sie auf die verschiedenen Ansprüche auf Wiedergutmachung und andere Gelder hingewiesen und verfügt:

Als Erbe dieser Ansprüche setze ich meinen Sohn Jacob Joseph Dreksler ein, desgleichen aber auch für die mir zuteilgewordene Pflege und Sorge meine frühere Aufseherin Claire Stahl. Diese wird mit meinem Sohne Erbin meiner Schadens- und Wiedergutmachungsansprüche zu gleichen Teilen.
Im Übrigen setze ich meinen Sohn und Frl. Claire Stahl als gleichberechtigte Erben meines sonstigen Vermögens ein, das ich evtl. aus Polen, aus Amerika oder sonst woher erhalten sollte.

Neben dem »handschriftlichen Testament« gibt es noch einige viel kürzere Schriftstücke mit ähnlichem Inhalt, die Omi von meiner Mutter hatte unterschreiben lassen. All dies, vermute ich, hatte nur einen Zweck: Omi wollte, mehrfach abgesichert, zwei Dinge etablieren, und zwar dass sie unendlich viel für meine Mutter getan hatte und dass sie Anspruch auf mich hatte.

Warum dieser Aufwand?

Das »handschriftliche Testament« war ausschließlich für meine Verwandten bestimmt. Ich vermute, Omi wollte schon früh zementieren, dass sie und ich nach dem Willen meiner Mutter eine unzertrennliche Einheit waren: Wenn Jacky nach Amerika geht, muss Omi mit. Omi kannte sich im Behördenkram aus. Sie wusste, dass eine solche Willenserklärung ohne Zeugen und mit einer dürftigen Unterschrift keinerlei testamentarische Funktion haben würde.

Die Stadtschwester

Wir mussten Stadtschwester Emma Steinbacher finden, das war Peter und mir klar. Sie war die Einzige, die in allen Einzelheiten wusste, was geschehen war. Peter und ich fuhren nach Diez, um sie zu suchen. Sie war verschwunden. Keiner wusste, wohin. Da kam Peter auf die Idee, einfach bei verschiedenen Ärzten zu fragen. Einer würde die Schwester doch wohl kennen. Und tatsächlich: Sie wohnte jetzt in einem Nest bei Diez.

Wir parkten den Wagen in der Nähe der Kirche. Hier irgendwo sollte sie wohnen. Vor einem alten Häuschen standen ein paar Leute. Wir fragten einen jungen Mann, ob er die Stadtschwester Emma Steinbacher kenne. Ja, die habe geheiratet, heiße jetzt anders und wohne gleich in dem Haus hinter uns. Er lief los und brachte eine ältere Dame zu uns. Sie hatte ein mildes, gütiges Gesicht, aber aus ihren Augen blitzte Misstrauen, als sie sich uns zögernd näherte.

»Guten Tag. Ich heiße Jacky Dreksler und wollte …«

Das Misstrauen wich aus ihren Zügen. Sie erstarrte für einen Moment, dann wurde ihr Gesicht von Panik verzerrt, und sie schlug die Hände vor die Augen. Laut schreiend – »Nein! Nein!

Nein!« – lief sie ins Haus zurück. Peter und ich schauten uns unsicher an. »Jacky, dein Name hat offensichtlich nicht nur in Kölner Kneipen einen schlechten Ruf«, versuchte Peter die Situation zu überspielen.

Ich ging durch die erstarrten Umstehenden hindurch und folgte der alten Dame durch die offen stehende Tür ins Haus. In der Küche fand ich sie, in einer Ecke in die Hocke gegangen, sich selbst umarmend. Sie zitterte, als ich mich näherte, die Augen auf den Boden gerichtet. »Es tut mir leid, dass ich Sie erschreckt habe.« Sie schaute mich nicht an und zitterte immer stärker. »Ich möchte Ihnen ein paar Fragen zu Frau Stahl stellen.«

Sie begann zu wimmern: »Bitte nicht, bitte nicht, bitte nicht.«

»Ich war bei Frau Dr. Fuchs, der Rechtsanwältin. Ich weiß, was Sie beide für meine Mutter und mich getan haben. Ich wollte Ihnen danken …«

»Jaja, jaja«, wimmerte sie, »bitte lassen Sie mich, bitte.«

Aber ich konnte jetzt nicht gehen. Ich musste wissen, was da los gewesen war. Ich kniete mich vor sie und nahm ihr sanft die Hände von den Augen. Sie blickten mich irrlichternd an.

»Liebe Stadtschwester«, sagte ich eindringlich, »irgendwann Anfang 1950 sind Sie aus Ihrer eigenen Wohnung ausgezogen. Sie haben meiner Mutter und Frau Stahl alles überlassen. Selbst Möbel und Bücher. Warum? Was ist da vorgefallen?«

Sie begann zu weinen, stand mühsam auf und lief laut schluchzend aus der Küche. Das hatte keinen Zweck. Ich ging zurück zu Peter. Ich hatte feuchte Augen. Ich werde nie erfahren, was Omi dieser armen Frau angetan hat. Und ich werde dieser großzügigen, selbstlosen Frau nicht mehr für die Liebe danken können und für alles, was sie für Mami und mich getan hat.

Aber die Schriftgelehrten und Pharisäer brachten ein Weib zu ihm:
Meister, dies Weib ist ergriffen auf frischer Tat im Ehebruch.
Mose aber hat uns im Gesetz geboten, solche zu steinigen; was sagst du?
Er sprach zu ihnen: Wer unter euch ohne Sünde ist,
der werfe den ersten Stein auf sie.[95]

Johannes 8,3 – 7

16

Tante Elses Geheimnis

Ein halbes Jahr nach der Hochzeit verbrachten Renate und ich drei Monate bei Tante Jutta und Onkel Bernie in Amerika. Peter war auch eingeladen worden und mitgekommen, aber er konnte nur drei Wochen bleiben. Tante Jutta, Onkel Bernie, Tante Marta, Mike und Rosalie – sie liebten mich und ich sie. Meinen unverhohlenen Atheismus ertrugen sie, als hätte ich nur einen vorübergehenden Schnupfen. Nur, als ich einmal fragte, warum der Allmächtige mich zum Atheisten gemacht habe, gebot Onkel Bernie: »*Jacky, shut up, that's enough!*« Und ich hielt den Mund.

Beim Abschied legte Tante Jutta mir ans Herz: »Du musst ein Buch darüber schreiben, was deine Mutter erlebt hat, damit deine Kinder mal wissen, was ihre Großmutter erleiden musste. Man muss darüber reden, um es nicht zu vergessen.«

»Jaja, irgendwann mal, ich hab doch noch gar keine Kinder …«

Wieder in Köln, fand ich endlich Zeit, mich dem Stapel Unterlagen zu widmen. Am interessantesten fand ich einen Brief, den

Tante Else am 9. Mai 1958 an Tante Jutta geschrieben hatte, also neun Monate nachdem Omi und ich aus Amerika geflohen waren:

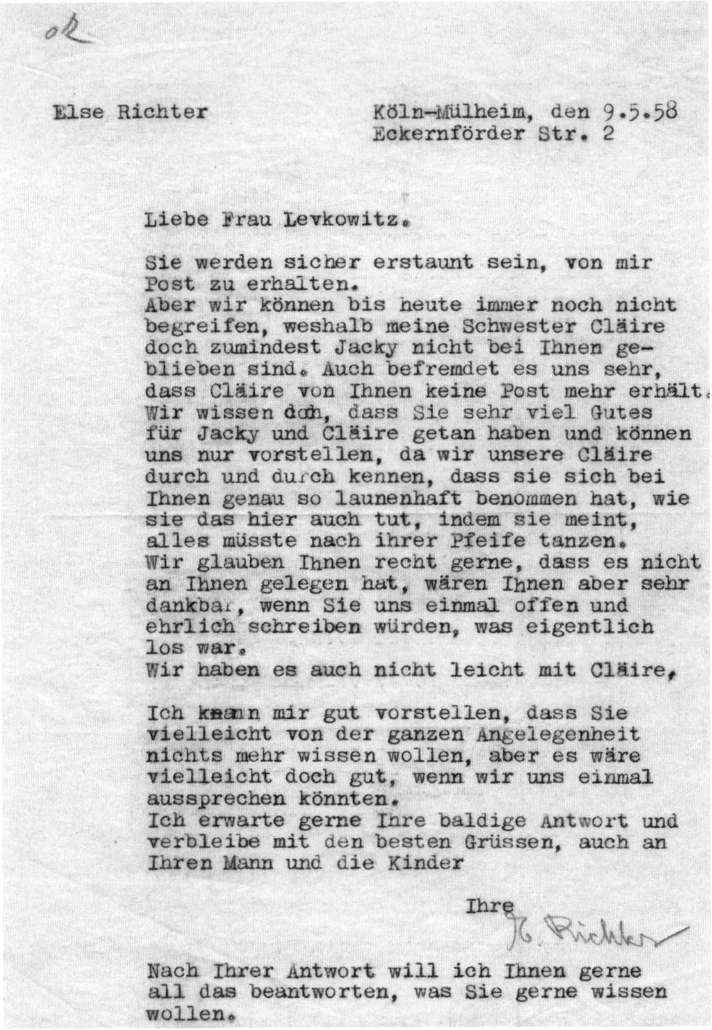

oL

Else Richter   Köln-Mülheim, den 9.5.58
                         Eckernförder Str. 2

Liebe Frau Levkowitz,

Sie werden sicher erstaunt sein, von mir
Post zu erhalten.
Aber wir können bis heute immer noch nicht
begreifen, weshalb meine Schwester Cläire
doch zumindest Jacky nicht bei Ihnen geblieben sind. Auch befremdet es uns sehr,
dass Cläire von Ihnen keine Post mehr erhält.
Wir wissen doch, dass Sie sehr viel Gutes
für Jacky und Cläire getan haben und können
uns nur vorstellen, da wir unsere Cläire
durch und durch kennen, dass sie sich bei
Ihnen genau so launenhaft benommen hat, wie
sie das hier auch tut, indem sie meint,
alles müsste nach ihrer Pfeife tanzen.
Wir glauben Ihnen recht gerne, dass es nicht
an Ihnen gelegen hat, wären Ihnen aber sehr
dankbar, wenn Sie uns einmal offen und
ehrlich schreiben würden, was eigentlich
los war.
Wir haben es auch nicht leicht mit Cläire,

Ich kann mir gut vorstellen, dass Sie
vielleicht von der ganzen Angelegenheit
nichts mehr wissen wollen, aber es wäre
vielleicht doch gut, wenn wir uns einmal
aussprechen könnten.
Ich erwarte gerne Ihre baldige Antwort und
verbleibe mit den besten Grüssen, auch an
Ihren Mann und die Kinder

                       Ihre
                         E. Richter

Nach Ihrer Antwort will ich Ihnen gerne
all das beantworten, was Sie gerne wissen
wollen.

Abb. 28: Tante Elses Brief an Tante Jutta, 9. Mai 1958

Liebe Frau Lewkowicz,

Sie werden sicher erstaunt sein, von mir Post zu erhalten. Aber wir können bis heute immer noch nicht begreifen, weshalb meine Schwester Claire, doch zumindest Jacky nicht bei Ihnen geblieben sind. Auch befremdet es uns sehr, dass Claire von Ihnen keine Post mehr erhält. Wir wissen doch, dass Sie sehr viel Gutes für Jacky und Claire getan haben, und können uns nur vorstellen, da wir unsere Claire durch und durch kennen, dass sie sich bei Ihnen genauso launenhaft benommen hat, wie sie das hier auch tut, indem sie meint, alles müsste nach ihrer Pfeife tanzen. Wir glauben Ihnen recht gerne, dass es nicht an Ihnen gelegen hat, wären Ihnen aber sehr dankbar, wenn Sie uns einmal offen und ehrlich schreiben würden, was eigentlich los war. Wir haben es auch nicht leicht mit Claire. Ich kann mir gut vorstellen, dass Sie vielleicht von der ganzen Angelegenheit nichts mehr wissen wollen, aber es wäre vielleicht doch gut, wenn wir uns einmal aussprechen könnten.

Also noch einmal zu Tante Else. Sie freute sich, als ich wieder vor der Tür stand, bat mich herein und brachte Kaffee und Pflaumenkuchen mit Sahne. Ich zeigte ihr den Brief: »Warum hast du meinen Verwandten geschrieben?«

»Deine Tante Jutta hatte mir *zuerst* geschrieben. Warum, weiß ich nicht mehr. Irgendwie ging's um Omis Vormundschaft. Irgendein Streit mit dem Rabbiner.«

Ich hatte das alles schon längst vergessen: Mit dem Rabbiner hatte Omi ja mal im Clinch gelegen. Während des Gesprächs kamen die Erinnerungen zurück, und sie sirrten wie Querschläger in meinem Schädel.

Der Vormundschaftsstreit

Ich schrieb einen Brief an Rabbiner Asaria, der inzwischen in Israel lebte. Er konnte doch bestimmt Tante Elses Andeutungen präzisieren. Am 3. Dezember 1971 antwortete er:

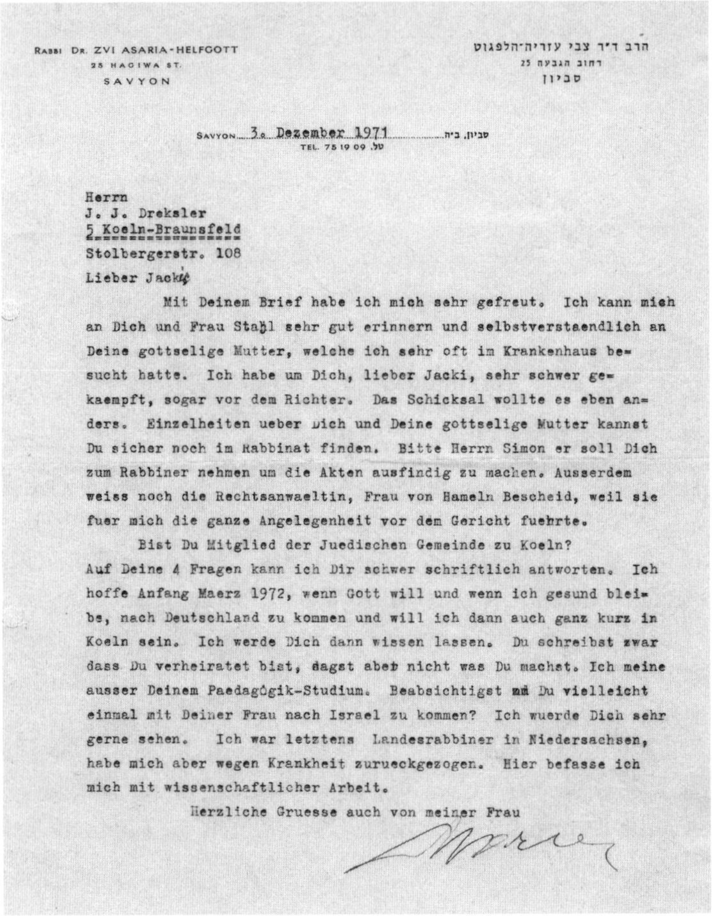

RABBI DR. ZVI ASARIA-HELFGOTT
28 HAGIWA ST.
SAVYON

הרב ד״ר צבי עזריה־חלפגוט
רחוב הגבעה 28
סביון

SAVYON, 3. Dezember 1971, ב״ה.
TEL. 75 19 09 על.

Herrn
J. J. Dreksler
5 Koeln-Braunsfeld
Stolbergerstr. 108
Lieber Jacki,

     Mit Deinem Brief habe ich mich sehr gefreut. Ich kann mich an Dich und Frau Stahl sehr gut erinnern und selbstverstaendlich an Deine gottselige Mutter, welche ich sehr oft im Krankenhaus besucht hatte. Ich habe um Dich, lieber Jacki, sehr schwer gekaempft, sogar vor dem Richter. Das Schicksal wollte es eben anders. Einzelheiten ueber Dich und Deine gottselige Mutter kannst Du sicher noch im Rabbinat finden. Bitte Herrn Simon er soll Dich zum Rabbiner nehmen um die Akten ausfindig zu machen. Ausserdem weiss noch die Rechtsanwaeltin, Frau von Hameln Bescheid, weil sie fuer mich die ganze Angelegenheit vor dem Gericht fuehrte.

     Bist Du Mitglied der Juedischen Gemeinde zu Koeln? Auf Deine 4 Fragen kann ich Dir schwer schriftlich antworten. Ich hoffe Anfang Maers 1972, wenn Gott will und wenn ich gesund bleibe, nach Deutschland zu kommen und will ich dann auch ganz kurz in Koeln sein. Ich werde Dich dann wissen lassen. Du schreibst zwar dass Du verheiratet bist, sagst aber nicht was Du machst. Ich meine ausser Deinem Paedagogik-Studium. Beabsichtigst Du vielleicht einmal mit Deiner Frau nach Israel zu kommen? Ich wuerde Dich sehr gerne sehen. Ich war letztens Landesrabbiner in Niedersachsen, habe mich aber wegen Krankheit zurueckgezogen. Hier befasse ich mich mit wissenschaftlicher Arbeit.

     Herzliche Gruesse auch von meiner Frau

Abb. 29: Brief von Rabbiner Dr. Zvi Asaria an mich,
3. Dezember 1971

Lieber Jacky,

*über Deinen Brief habe ich mich sehr gefreut. Ich kann mich
an Dich und Frau Stahl sehr gut erinnern und selbstverständlich an Deine gottselige Mutter, welche ich sehr oft im Krankenhaus besucht hatte. Ich habe um Dich, lieber Jacky, sehr
schwer gekämpft, sogar vor dem Richter. Das Schicksal wollte
es eben anders. Einzelheiten über Dich und Deine gottselige
Mutter kannst du sicher noch im Rabbinat finden. Bitte
Herrn Simons, er soll Dich zum Rabbiner nehmen, um die
Akten ausfindig zu machen.*

Vor Gericht? Ich blätterte noch einmal in den Akten und fand
einen bösen Brief von Onkel Bernie an Asaria. Fast ein Jahr nach
dem Tod meiner Mutter, vier Monate bevor Omi und ich nach
Amerika auswanderten, am 10. September 1956, hatte Onkel Bernie den Kölner Rabbiner scharf zurechtgewiesen:

*Durch unsere hiesige Gemeinde musste ich erfahren, dass Sie
Ihre Ansicht dahingehend geäußert haben, dass Sie für meinen
Neffen Jacky Dreksler bei mir keine Zukunft sehen, sondern
den Jungen nach Israel schicken möchten. Sie scheinen sich nicht
ganz klar zu sein, was Frau Stahl für meine Schwester und
ihr Kind in Wirklichkeit getan hat. Es gibt keinen zweiten
vergleichbaren Fall.*

*Das Kind ist bei Frau Stahl in den allerbesten Händen, das weiß
ich wohl besser als Sie, denn dazu hatten wir jetzt neun schwere
Jahre Zeit. Wäre diese Frau nicht gewesen – wohin wären meine
Schwester und das Kind geraten, gerade nach diesen schweren,
schweren Jahren haben die beiden Überlebenden – mein Neffe und
auch Frau Stahl – endlich verdient, Ruhe zu finden, denn sie
haben lange genug wie gehetzt leben müssen – leider! Aus diesen
Gründen ersuche ich Sie, diesen beiden Menschen den verdienten*

*Frieden zu gönnen und sich nicht in unsere privaten Dinge zu
mischen.*

*Das Kind besucht auf meine Veranlassung nur in Begleitung
von Frau Stahl die Synagoge. Frau Stahl gibt sich alle Mühe,
das weiß ich, und was noch fehlt, bekommt Jacky einmal, wenn
er bei mir sein wird, darüber machen Sie sich keine Sorgen.
Eine Abschrift dieses Schreibens geht mit gleicher Post an Frau
Stahl.*

Die Kopie an Frau Stahl wäre nicht nötig gewesen, denn Omi
hatte dieses Schreiben selbst für Onkel Bernie aufgesetzt und dabei wie üblich vor allem ihre Leistungen hervorgehoben. Im Be-
gleitschreiben an Bernie log sie, der Rabbiner wolle ihr die Vormundschaft nehmen, um mich nach Israel zu schicken. Wenn
Onkel Bernie nicht einschreite, würde ich dort für den Kampf
gegen Ägypten ausgebildet werden.

So absurd die Idee war, Israel wolle Zehnjährige militärisch aus-
bilden, so gut war der Zeitpunkt für diese Propaganda gewählt.
Ägyptens Präsident Nasser hatte sechs Wochen zuvor verkündet,
den Suezkanal zu nationalisieren, und hatte ihn unter die Kontrolle
ägyptischer Truppen gebracht. Maßnahmen, die Ende des Jahres
zur Suez-Krise führten.

Nach Omis Darstellung waren sie und ich nicht nur Opfer der
Verfolgung durch Nazis, sondern jetzt auch Opfer der Verfolgung
durch die Jüdische Gemeinde. Tante Jutta und Onkel Bernie hatten keine Veranlassung, Omi zu misstrauen. In ihren Augen war
sie ja »die Gute«. Sie konnten nicht ahnen, dass Omi selbst die
Autorin der Lobeshymnen gewesen war, die meine Mutter nach
Buffalo gesandt hatte.

Welchen Grund hatten Omis Manöver gehabt? Ich ging zu den
Rechtsanwälten des Rabbiners, und sie gaben mir bereitwillig Kopien des gesamten Streites zwischen Omi und der Jüdischen Ge-

meinde. Es war tatsächlich darum gegangen, Omi die Vormundschaft abzuerkennen. Die Klageschrift, die Zeugenaussagen, die
Gegenerklärungen von Omi und meine Erinnerungen ergaben
jetzt ein klares Bild von den damaligen Geschehnissen.

Drei Monate nach dem Tod meiner Mutter im November 1955
wurde Omi mein Vormund, so, wie im Testament vorgesehen. Sie
war auch zur Hälfte Erbin aller Ansprüche aus Wiedergutmachung,
Haftentschädigung und so weiter. Im notariellen Testament stand
nichts über meine religiöse Erziehung. Wozu auch? Für Mami war
klar gewesen: Ich war Jude, war bisher als Jude erzogen worden
und würde weiterhin als Jude erzogen werden. Sie hatte mir ja
auch auf dem Sterbebett das Versprechen abgenommen, ein guter Jude zu sein, und Rabbiner Asaria beauftragt, sich darum zu
kümmern. Ebenso klar war, dass ich zu Onkel Bernie nach Buffalo auswandern würde.

Schon am Tag des Begräbnisses log Omi mir vor, dass sie mit
nach Amerika komme, weil Onkel Bernie und Tante Jutta sie eingeladen hätten. Sie hatte meinen Verwandten geschrieben, ich wolle auf keinen Fall alleine nach Amerika und hätte sehr geweint,
was alles nicht stimmte. Widerwillig luden sie also auch Omi ein
mitzukommen. Für eine gewisse Zeit zumindest, bis ich mich ein-
gewöhnt hätte. Onkel Bernie und Tante Jutta wollten auf diese
Weise anerkennen, was Omi für meine Mutter und mich getan
hatte.

Omi aber wollte unbedingt mit nach Amerika, um dort den
Lohn für ihre Mühen zu kassieren. Das zeigen die schleimigen
Briefe Omis an Tante Jutta und Onkel Bernie: Omi hegte diesen
Plan offensichtlich schon während der Krankheit meiner Mutter.

Die Jüdische Gemeinde in Köln nahm mich mit offenen Armen auf, Omi wurde wegen ihres Einsatzes regelrecht hofiert. Laut
Zeugenaussagen in der Klageschrift war ich jeden Freitag in der

Synagoge, um das Totengebet zu sprechen, und nahm an allen Festen und Veranstaltungen teil. Omi war immer dabei. Sie schärfte mir ein, nichts von unseren Auswanderungsplänen zu erzählen. Und sie gab sich alle Mühe, ihre Verbundenheit mit dem Judentum zu demonstrieren: Dem Rabbiner gegenüber gab Omi sogar vor, sie wolle zum jüdischen Glauben übertreten. Sie lernte mit mir Hebräisch und erklärte dem Rabbiner, sie wolle mit mir nach Israel auswandern.

Ende Februar 1956 wurde Omi mein Vormund. Auch davon durfte ich niemandem etwas sagen. Ab da änderte sich ihr Verhalten der Gemeinde gegenüber völlig. Mein Religionslehrer Ernst Simons schrieb an den Rabbiner über Omi und mich:

> *Am Anfang machte er [Jacky] auf mich einen recht strebsamen Eindruck und war die Zusammenarbeit mit seiner Pflegemutter Frau Stahl gut. Sie schickte ihn zu den Aktivitäten unserer Kinder regelmäßig zur Gemeinde. In den letzten Wochen sehe ich ihn nur ganz selten freitagsabends in der Synagoge, während er an allen Veranstaltungen unserer Kinder nicht mehr teilnimmt.*

Ich erinnerte mich schmerzhaft: Es war die Zeit, als ich mich in Rebecca verliebt hatte. Sie hatte mein Petseleh sehen wollen, um sicherzugehen, dass ich Jude war.

Kurze Zeit nach diesem Brief erfuhr Rabbiner Asaria über die Gemeindesekretärin, mit der sich Omi angefreundet hatte, von unseren Auswanderungsplänen. Asaria war sehr verwundert. In der Klageschrift heißt es:

> *Der Rabbiner, der der verstorbenen Mutter des Mündels zu wiederholten Malen am Krankenlager und Sterbebett in die Hand versprochen hatte, Jacky unter seine besondere Obhut zu nehmen und dem Wunsche der Mutter entsprechend*

im jüdischen Glauben zu erziehen, sah sich veranlasst, die
Auswanderungspläne der Vormünderin auf ihre Ernsthaftigkeit
hin zu prüfen, insbesondere auch, soweit sie die religiöse Erzie-
hung des Kindes betrafen, da er sich auf Grund des der Mutter
gegebenen Versprechens mitverantwortlich fühlte.

Asaria schrieb nun am 28. Mai 1956 an den Direktor des *United*
Hias Service, einer Organisation, die bei der Emigration von Juden
nach Israel half:

Frau Stahl erklärte mir zu der Zeit, da sie noch keinen gericht-
lichen Entscheid [über die Vormundschaft] *in den Händen*
hatte, dass sie mit dem Kind gerne nach Israel auswandern möchte.
Nun erfahre ich, dass die Verwandten in Amerika interessiert
daran sind, das Kind und Frau Stahl nach dort kommen zu lassen.
Mir wäre es wichtig, die Wahrheit zu wissen. Es wäre mir sehr
lieb, wenn Sie mich mit den Verwandten des Kindes in Verbindung
bringen könnten, damit ich genau erfahre, was der Wunsch die-
ser Verwandten ist. Ich war öfters bei der gottseligen Frau Dreks-
ler, und wir haben uns oft über das Kind unterhalten. Ich ver-
sprach ihr am Sterbebett, für Jacky zu sorgen. Ich habe selbst Frau
Stahl warm empfohlen. Seit Wochen hege ich Zweifel an der
Aufrichtigkeit der Worte von Frau Stahl.

Der angebliche Wunsch, nach Israel auszuwandern, war eine von
Omis üblichen Schmeichel-Lügen, eine Finte, um sich die weitere finanzielle Unterstützung durch die Gemeinde zu sichern. Sie
hatte Angst, der Rabbiner könne mich ihr fortnehmen, deshalb
musste auch die Auswanderung geheim gehalten werden.

Was muss Omi gelitten haben: Sie stand so kurz vor dem Ziel,
ihr Lebenswerk zu vollenden – gesetzlich abgesegnete Macht über
mich zu bekommen, über ihre Altersversorgung.

Omi und ich wanderten dann Ende Januar 1957 nach Amerika aus und flohen im August bei Nacht und Nebel zurück nach Deutschland. Ich wurde im Spätsommer bei den sehr katholischen Damen Tante Hilde und Tante Berta in dem kleinen Kinderheim in Bad Honnef untergebracht. Irgendwie erfuhr das die Jüdische Gemeinde in Köln und schickte Religionslehrer Simons, um mir weiter Hebräisch- und Religionsunterricht zu erteilen. Das hat Omi aber unterbunden.

Onkel Bernie hatte nach Omis und meiner Flucht erkannt, dass sein von Omi aufgesetzter böser Brief an den Rabbiner ein Fehler gewesen war, und schickte Asaria einen traurigen Brief. Darin schilderte er aus seiner Sicht meine Flucht aus Amerika und regte an, Omi die Vormundschaft zu entziehen:

Kenmore, Buffalo, 5. August 1957

Sehr geehrter Herr Rabbiner!
Sie waren sicher auch überrascht, als Sie Frl. Stahl sowie Jacky dort [in Köln] *sahen. Frl. Stahl muss sich wie ein Dieb mit dem Jungen, Samstag ganz früh morgens, aus dem Haus geschlichen haben. Wenn ich das gewusst hätte, dass es so verlaufen würde, hätte ich nie Frl. Stahl rübergebracht, denn nun haben wir noch weniger, als wir gehabt hatten.*
Aber um mein Gewissen rein zu halten, musste ich es so tun, denn sie schrieb mir immer, dass Jacky ohne sie nicht gehen würde. Es tut mir nur leid, dass Jacky jetzt der Leidende sein muss, es hatte ihm alles hier so gut gefallen, und in der Schule machte er gute Fortschritte, und er beherrschte schon die Sprache in einer so kurzen Zeit.
Im Anfang war alles gut und schön, und wir hatten Jacky für uns gewinnen können. Aber sie wurde sehr aufgeregt vor Angst, dass wir ihr den Jungen nehmen würden, und sie sagte mir,

*dass ich noch viel zu tun hätte, bevor ich den Jungen kriegen
würde. Und dann ging es bergab. Wir haben alles versucht, aber
Jacky war komplett in ihrer Gewalt. Es tut mir nur von Herzen weh, dass meine Schwester Frl. Stahl als Vormund erwählt
hatte.*

*Jacky muss sie lieb haben, aber er hat auch Angst vor ihr, denn
ihm wurde immer mit etwas gedroht. Als ich für ein paar Tage
mit den Kindern zum Strand fahren wollte, wurde mir verboten,
den Jungen mitzunehmen, und wenn sie nicht mitkam, blieb
er auch zurück. Schläge bekam er auch sehr oft von ihr, und wenn
ich fragte, warum, gab Jacky mir zur Antwort, die Omi weiß
schon, wofür ich Schläge nötig habe.*

*Jetzt möchte ich Sie, werter Rabbiner, bitten, zu prüfen, ob es
möglich ist, die Vormundschaft aus Religionsgründen zu entziehen.
Denn man kann nie wissen, wie sie das Kind noch verhetzen
kann, denn in seinen Augen sind wir jetzt die Schlechten, und
sie kann es noch so weit bringen, dass er später sein eigenes Volk
hassen wird.*

*In meiner Abwesenheit hat Frl. Stahl mir sämtliche Schubladen
durchsucht und Fotos sowie Briefe, die ich über den* [unleserlich]
*von ihr erhielt, vernichtet. Als ich das sah, musste ich an die
Zeit denken, als die Gestapo so gearbeitet hatte, und außerdem
vermissen wir noch Sachen von größerem Wert.*

Onkel Bernie hatte Asaria also gebeten, den Entzug der Vormundschaft zu betreiben. So wandte sich Rabbiner Asaria an das Vormundschaftsgericht in Köln. Das wusste noch nichts von unserer
Amerika-Reise und meiner Unterbringung im Heim in Bad Honnef und forderte verärgert einen Bericht von Omi.

Am 1. März 1959 fuhr Omi dann mit mir zum Gefängnis in Siegburg und sagte, ich könne meinen Diebstahl gutmachen, wenn
ich katholisch würde. Ich wandte noch ein, dass Mami gewollt

habe, dass ich jüdisch bleibe. Nein, das sei nicht so, behauptete Omi, meine Mami habe ihr auf dem Sterbebett anvertraut, sie glaube an Jesus Christus. Und wäre ihr nur eine Stunde mehr geblieben, nur ein paar Minuten mehr, der Pfarrer hätte sie noch getauft.

Ich wusste, dass das gelogen war, aber ich war zu feige, ihr das zu sagen, und zu feige, den Übertritt abzulehnen. Der angeforderte Bericht Omis kam, und das Vormundschaftsgericht zitierte daraus:

Frau Stahl gibt an, dass der Junge katholisch wird, weil das Kind selbst den Wunsch äußerte. Angeblich hat seine Mutter mit der jüdischen Gemeinde keine Verbindung haben wollen und dem Christentum nahegestanden. Da Jacky in Honnef wohnt, ist es zweckmäßig, ihn zur religiösen Frage durch das zuständige Jugendamt zu hören. Es wird um weitere Veranlassung gebeten.

Omi schrieb daraufhin dem Vormundschaftsgericht am 24. März 1959:

Da ich vom Jugendamt erfuhr, dass sie dort Nachfrage über Jacky hielten, darf ich wohl mit Recht annehmen, dass sich der jüdische Seelsorger mal wieder für das Kind interessiert. Unser Leben verlief – da ich ja Christin bin – auch wie in einem christlichen Hause ab. Das Kind besuchte bis auf heute auch immer nur christliche Schulen und nahm auf seinen ausdrücklichen Wunsch auch am Religionsunterricht teil. Erst nach dem Tode seiner Mutter bzw. nachdem wir im August des Jahres 1955 von Diez nach Köln verzogen, habe ich versucht, das Kind zur Synagoge und der jüdischen Lehre näherzubringen. Dieser Versuch schlug fehl, sei es durch den Widerstand des Kindes oder durch

sonstige Umstände. Es ist somit wohl kein Wunder, dass mein
Mündel auch weiterhin an christl. Religionsunterricht teil-
nehmen wollte, was auch im Sinne seiner Mutter war, da sie
mir den Jungen vererbte.

»Vererbte«! Der kleine *lapsus linguae* verriet, was ich für Omi war: ein Erbstück, das in ihren Besitz übergegangen war. Am 10. August 1959 schrieben die Anwälte Asarias an Onkel Bernie, ich hätte überraschenderweise vor dem Vormundschaftsgericht in Bad Honnef erklärt, ich wolle katholisch werden, auch meine Mutter wäre Christin geworden, hätte sie noch etwas länger gelebt – der ganze Meineid, den Omi mir eingetrichtert hatte (ich habe ihn schon auf S. 230 zitiert). Später schrieben die Anwälte der Synagoge an Onkel Bernie, sie seien bei meiner Aussage auch zugegen gewesen, und man habe deutlich gespürt, wie sehr ich »unter dem Einfluss der Vormünderin« gestanden hätte.

Am 20. Dezember 1959 gab Omi einem Amtsgerichtsrat des Vormundschaftsgerichts einen mündlichen Bericht. Im dreiseitigen Protokoll steht unter anderem:

Frau Dreksler hat sich als Jüdin nicht recht wohl gefühlt. Während
ihres Sterbens betete ich in Gegenwart der Schwestern Maria
und Anna christliche Sterbegebete. Neben uns brannte die Sterbe-
kerze. Kurz vor ihrem Hinscheiden erklärte die Sterbende:
»Mama, ich mache mir noch Gedanken mit Jesus im Reinen zu
sein. Wer weiß, warum ich so leiden musste. Weil mein Volk
Jesus nicht erkannt hat.« Diese Aussprüche waren die letzten
Worte der Sterbenden.

Und in einer sechsseitigen Erklärung beschrieb Omi dem Gericht ausführlich, was sie alles für Mami und mich getan habe, dass sie ihr gesamtes Vermögen für uns geopfert habe, wie schlecht die

Welt und insbesondere der Rabbiner sei. Dabei knetete und ölte Omi die Wahrheit, bis sie in die Löcher passte, die sie grub:

Um nicht als Judenfeind angesehen zu werden, der irgendwie seine Pflicht verletzen würde, hatte ich den Rabbiner in Köln gebeten, vielleicht einmal nach Frau Dreksler zu sehen. Als ich gemeinschaftlich mit ihm bei Frau Dreksler erschien, der Rabbiner blieb nur einige Minuten, machte sie mir die bittersten Vorwürfe darüber, dass ich ihn zu ihr gebracht hatte. Sie sagte mir, dass sie ihn nicht mehr sehen wolle. Auch er wolle ja nur ihr Kind haben. Sie prophezeite mir auch bei dieser Gelegenheit schon, dass dieser Rabbiner mir bestimmt noch viel Schwierigkeiten machen würde. Fast einen Monat später ist Fela Dreksler schon verstorben. Mir wurde mitgeteilt, dass ich den Jungen zur Synagoge führen müsste. Ich musste es tun aus Angst vor dem Rabbiner. Ein Testament war noch nicht eröffnet. Aber auch danach noch lebte ich in dauernder Angst vor dem Rabbiner, denn wie leicht konnte man mich als Judenfeind bezeichnen. In meiner maßlosen Angst zwang ich auch darum den Jungen immer wieder mit mir in die Synagoge zu gehen. Aus dieser Angst heraus war auch bei mir der Entschluss gekommen, mit dem Jungen nach USA zu fahren, um endlich einmal Ruhe in seiner Angst zu finden, obgleich seine Mutter niemals damit einverstanden war, dass der Junge nach USA sollte. Aber hier kamen wir von einem Unglück in das andere. Auch hier wieder war es das Gleiche, der Kampf um den Besitz des Jungen. [Hervorhebungen von mir]

Dieser Brief besteht fast ausschließlich aus Lügen und Faktenverdrehungen. Die einzig wahre Aussage ist die hervorgehobene: Es war ein Kampf um »den Besitz des Jungen«. Besitzen aber wollte nur sie mich.

Schließlich reichte Omi noch einen »Auszug aus einem Brief von Frau Jutta Lewkowicz vom 9.8.56 an Frau Stahl« am Vormundschaftsgericht ein, ohne allerdings das Original je vorgelegt zu haben, was die Anwälte der Gemeinde zu Recht sehr seltsam fanden und monierten. In dem angeblichen Brief aus Amerika fantasierte Omi, Tante Jutta habe ihr fast ein Jahr nach dem Tod meiner Mutter folgende Warnung vor dem Kölner Rabbiner geschrieben:

Gestern hat mich die Gemeinde hier angerufen und sagte mir, Dir zu schreiben, dass Du auf Jacky ganz besonders gut aufpassen sollst und er soll mit keinem sprechen und gehen und dabei Augen gut aufhalten. Denn der Rabbiner findet keine Ruhe. Er war bei Hias und verlangte unsere Adresse und sagte, dass er Jacky lieber nach Israel gehen sehen würde.

Eine Fälschung. Tante Juttas Brief hatte es nie gegeben. Omi war gut im Basteln von *Faktoiden*:[96] Sieht aus wie ein Fakt, könnte ein Fakt sein, ist aber keiner. Wie sie den Beamten überzeugen konnte, es sei ein Auszug aus einem echten Brief, weiß ich nicht. Das Amtsgericht Köln-Mülheim glaubte Omis Lügen und Wahrheitsbeugungen. In seinem Urteil vom 10. Februar 1960 wies das Vormundschaftsgericht den Antrag der Jüdischen Gemeinde zurück, man möge Frau Stahl von der Vormundschaft entbinden.

Am 1. März wurde ich dann vierzehn und damit religionsmündig, Ostern wurde ich katholisch. Damit war die Gemeinde abgeschmettert, Omi blieb mein Vormund.

Geldgier oder Vergebung

In den Jahren bis zu meinem Auszug schrieb Omi ständig Anträge an alle möglichen Behörden. Es ging um Renten, Waisenrenten, Entschädigungen, Wiedergutmachungszahlungen für meine Mutter oder Zahlungen aufgrund der Tatsache – so Omis Argumentationslinie –, dass Verwandte nach dem Tod meiner Mutter für mich gesorgt hätten, wären sie nicht im KZ umgekommen. Omi beantragte und bekam Härteausgleichszahlungen, die eine oder andere Rente für mich und Geld aus allen möglichen Quellen.

Bei solchen Anträgen machte Omi oft Angaben, die kreativ mit den Fakten umgingen. Zum Beispiel hatte Omi nach dem Tod meiner Mutter versucht, Alek den im KZ umgekommenen Mann meiner Mutter, als meinen Vater einzuschmuggeln, um so an Geld zu kommen. Aber das Amt wies den Antrag mit Hinweis auf die Unwahrscheinlichkeit einer mehr als zwölfmonatigen Schwangerschaft ab.

Ein andermal hatte sie der Landesrentenbehörde gegenüber behauptet, meine Großmutter Róża habe von ihrem ersten Mann ein »Textilunternehmen« geerbt und in der Königstraße in Breslau eine Kleiderfabrik gehabt, die Einzelhändler beliefert habe. Das Amt hatte dort nachgefragt und von der Heimatauskunftsstelle den Bescheid bekommen, der Name Dreksler sei in den Adressbüchern nicht verzeichnet, die Hausnummer gebe es gar nicht und auch im Straßenverzeichnis sei ein Mieter dieses Namens nicht zu ermitteln.

Nach Abschluss der Recherchen reisten Peter und ich wieder zu seinem Vater nach Lübeck. Wir trugen ihm das Ergebnis vor. Dann zog sich der Amtsgerichtspräsident für eine Stunde zum Aktenstudium zurück. Wir trafen uns bei Kaffee und Kuchen im Garten. Lobsien lobte uns:

Az. 2 D 1575 H   Düsseldorf, den 14. Juli 1966

V e r m e r k :

1.) Die von Frau Claire S t a h l in ihren Schreiben vom 3.5. und
    2.6.1966 (Bl.47 und 49 d.A.) gemachten Angaben über Haus- und
    Grundbesitz, sowie über berufliche Tätigkeit der Familie Dreksler,
    konnten durch die Heimatauskunftsstelle in Hannover nicht be-
    stätigt werden.(Bl.51 d.A.)
    Um den Vorgang abschließend bearbeiten zu können ist beabsichtigt,
    dem Antragsteller ab Todesmonat der Mutter (Nov.1955) eine Waisen-
    rente (Berechnungsgrundlage Mindestrente) nach seiner im KZ- ver-
    storbenen Großmutter, Frau Rosa Dreksler, zu gewähren.
    Es kann unterstellt werden, daß die Großmutter, sofern sie noch
    lebte, für den Lebensunterhalt ihres Enkelkindes, zumindest durch
    Gewährung von Kost, Bekleidung und Unterkunft, gesorgt hätte.

2.) An die
    Staatskanzlei des Landes
    Rheinland-Pfalz

    65 M a i n z

    Rheinstraße 113

Betr.: Antrag auf Waisenrente für Jacob Josef Dreksler nach
       seiner Großmutter Rosa Dreksler geb. Jüngermann aus
       Verfolgungsgründen.

Bezug: Ihr Schreiben vom 22.6.1966 Az. 1403 - D - 15/61

Zur Vervollständigung der dort vorliegenden Unterlagen teile ich
mit, daß dem Antragsteller, vertreten durch Frau S t a h l , ein
Vergleich angeboten worden ist.

3.) Zum Vorgang.

                              I.A.

Beglaubigt:

Regierungs-Angestellte

Abb. 30: Großmütterliche Rente trotz falscher Angaben

»Ausgezeichnete Recherche. Gründlich, umfassend, übersicht-
lich. Peter, ich habe wieder Hoffnung für einen erfolgreichen Abschluss deines Jurastudiums.«

Peter grinste: »Ich studiere Jura, Vater, echt? Jetzt wird mir einiges klar. Ich hatte mich schon gewundert, warum all die netten Kurzstorys mit Paragrafensymbolen beginnen und …«

Lobsien zog die Brauen hoch, und Peter verstummte.

»Jacky«, begann der Amtsgerichtspräsident, »Ihr Vormund hat Ihnen eine beachtliche Summe vorenthalten. Die könnten Sie einklagen. Wollen Sie das?«

Darüber hatte ich noch gar nicht nachgedacht. Renate und ich besaßen außer der Wohnungseinrichtung nichts. Eine gewonnene Klage würde uns nach unseren Maßstäben reich machen. Kein übler Gedanke. Ich überlegte: Omi war zwanzig Jahre lang dem Geld hinterhergejagt. Hatte sich zwischen Mami und die Stadtschwester geschoben, diese dann ausgebootet und das Leben meiner Mutter und meins übernommen. Hatte dann einen unermüdlichen Kampf gegen alle möglichen Behörden gefochten: Wiedergutmachung, Haftentschädigung, Härteausgleich, Waisenrente, Sonderzahlungen. Dabei war ihr jedes Mittel recht gewesen. Sie hatte Briefe und Dokumente gefälscht, behauptet, Fela und ihr Mann Alek hätten Juwelen besessen, Kunstwerke, Pelze, Bargeld und eine gut gehende Schneiderwerkstatt in Będzin mit vielen Nähmaschinen. Sie hatte meiner Großmutter Róża eine Wohnung und ein Geschäft in Breslau angedichtet und sogar eine Kleiderfabrik. Hatte behauptet, im Hause meiner Mutter habe man nur Deutsch gesprochen, als das bei einem Antrag opportun erschien. Sie hatte Zeugen gesucht, sie besucht, Eingaben gemacht, ungünstigen Bescheiden widersprochen und Rechtsanwälte überredet, umsonst für uns zu arbeiten. Dabei war sie zäh, ausdauernd und erfindungsreich gewesen.

Auch von Privatpersonen hatte Omi Geld abgestaubt, nachdem sie mit der Geschichte von dem armen kleinen Judenjungen weich gekocht worden waren. Sie hatte Zuwendungen von jüdischen Gemeinden, Hilfsfonds und wohltätigen Organisationen erhalten. Meine amerikanischen Verwandten hatten ihr für meine Mutter und mich jahrelang Geld, Kaffee und Kleidung geschickt. Und am Ende hatte Omi ihnen ein paar Tausend Dollar gestohlen, bevor sie sie heimlich verließ, um mit mir nach Köln zurückzukehren.

Auf der anderen Seite hatte Omi an Mamis Unschuld geglaubt. Hatte unermüdlich für sie gekämpft. Für ihre Gesundheit und für ihre Rehabilitierung. Sie hatte mir keine Liebe, aber ein Zimmer, Essen und eine Ausbildung gegeben. Dass ich die Chance auf dem Gymnasium nicht genutzt habe und rausflog, ist meine eigene Schuld. Sie hatte mich wie in einem Gefängnis gehalten und mich als ihren Besitz und ihre Alterssicherung betrachtet.

»Wollen Sie Ihren Vormund verklagen?«, fragte Lobsien noch einmal und riss mich aus meinen Gedanken.

Geldgier und Hass kämpften in mir. Mit einer Klage könnten Renate und ich – für unsere Verhältnisse – reich werden. Zugleich würde mein Sinn für Gerechtigkeit befriedigt. Omi hatte eine Strafe verdient. Und die angestaute Wut hätte endlich ein Ventil.

»Nein. Sie hat viel Gutes für meine Mutter und mich getan, wenn auch meist aus Egoismus. Aber ihre Motive sind mir inzwischen egal.«

Lobsien nickte: »Jacky, das ist eine gute Entscheidung. Sie verlieren Geld, aber Sie gewinnen Ihren Seelenfrieden.«

Bullshit

Damals war ich sehr wütend auf Omi. Sie war nicht nur eine Lügnerin. Sie war ein *spin doctor*, ein »Bullshitter«, wie der Princeton-Philosoph Harry G. Frankfurt Menschen wie Omi nannte: Der Aufrichtige spricht die Wahrheit, der Lügner lügt, schreibt Frankfurt in seinem einflussreichen Essay *Bullshit*,[97] aber der Lügner kennt die Wahrheit zumindest und zollt ihr insofern Respekt. Der Bullshitter aber steht weder auf der Seite der Wahrheit noch auf der der Lüge. Er dreht und verdreht die Wirklichkeit opportunistisch so, dass er sein Ziel erreicht, egal, ob mit Lügen, Wahrheiten oder halben Wahrheiten.

Es gibt harmlose Varianten des Bullshittens, etwa in der Literatur oder in meinem Bereich, dem Showbusiness. Hier wird geradezu erwartet, dass wir eine Mischung aus Wirklichkeit und Lüge so verquirlen, dass »Unterhaltung« entsteht. Wer in eine Show des Illusionisten David Copperfield geht, bittet quasi: Ich zahl dir viel Geld – bitte belüg mich dafür, betrüg mich einen Abend lang, gib mir unterhaltsame Illusionen.

Die gefährliche Variante praktizieren die *spin doctors* in der Politik, die Wahrheiten und Lügen zu manipulierten Gesamtkunstwerken verdichten.

Während ich dieses Buch schrieb, überlegte ich, ob ich so viel besser bin als Omi und mich pharisäerhaft über sie erheben kann, und erinnerte mich an eine Situation im Jahr 1991. Das Telefon klingelte. Eine Dame murmelte irgendwas von NDR und Studio Hamburg: »Herr Dreksler, wir wollen eine neue Gameshow ausstrahlen, die in allen englischsprachigen Ländern einen Riesenerfolg hatte.«

Ich sagte: »Danke, dass Sie mir das persönlich mitteilen, bevor ich es wie alle anderen aus der Tagespresse erfahre.«

Sie kicherte: »Herr Dreksler, wir haben noch keine Erfahrung mit Gameshows, darum sind wir auf Sie gekommen. Schließlich sind Sie ja einer von Deutschlands erfolgreichsten Gameshow-Regisseuren und ...«

»Das stimmt so nicht«, sagte ich wahrheitsgemäß. Ich war zwar seit 1984 einer der meistbeschäftigten Showautoren im Fernsehen, hatte Shows für Dagmar Berghoff und Max Schautzer geschrieben, für Heino, Carolin Reiber, Freddy Quinn, Michael Schanze,

Mike Krüger oder Dieter Thomas Heck, aber Regie hatte ich noch nie geführt.

Meine Worte »Das stimmt so nicht« waren Bullshit im Sinne Frankfurts: Ich merkte gleich, wohin der Hase lief, und log mit dem Wörtchen »so«, sprach mit »Das stimmt nicht« die Wahrheit und wusste sehr wohl, wie die Gesamtkonstruktion im Kontext ihrer vorgefassten Meinung aufgefasst werden würde.

»Nein, nein, Herr Dreksler«, wehrte die Dame ab, »Ihre Bescheidenheit ehrt Sie, aber wir haben uns erkundigt. Dürfen wir Ihnen ein Flugticket schicken, damit wir uns mal unterhalten? Ach, und übrigens: Es wäre schön, wenn Sie auch die Produktion übernehmen könnten.«

Ich zögerte und überlegte: Das war die Chance auf ein neues großes Los, eine neue faszinierende Karriere als Regisseur und Produzent. Aber es gab ein Problem: In ein paar Hundert Fernsehsendungen hatte ich gelernt, dass man im Fernsehgeschäft alle blenden kann, alle, nur *eine* Truppe nicht – die Kameraleute und Bildmischerinnen. Schon in dem Moment, in dem ich die Klinke der großen eisernen Studiotür runterdrücke, werden die riechen, dass da ein blutiger Anfänger kommt, dachte ich.

Ich gründete mit meinem Freund Roland Kaiser schnell eine Produktionsfirma, Atlantic Media, und wir flogen nach Hamburg. Ich hatte beim Gespräch nicht aufgeklärt, dass ich kein Regisseur war. Ich war gar nicht mehr darauf eingegangen und musste nicht lügen. Zumindest nicht mit Worten. Es war performatives Lügen plus Bullshit. Mit Rolands Sängercharme und meinem Vertrauensvorschuss überredeten wir die Nordlichter: Regie sei eine verantwortungsvolle Aufgabe, noch wichtiger sei der Produzent – wir würden gerne die Produktion übernehmen, für die Regie hätten wir jedoch gern einen brillanten und erfahrenen Regisseur, Friedrich Schaller, mit dem wir schon oft zusammengearbeitet hätten. Das stimmte – Roland als Sänger, ich als Autor einer Show. Also auch wieder Bullshit, aber keine Lüge. Und als Moderator schlügen wir meinen Freund Mike Krüger vor, für den ich viele Shows, darunter seine Spielshow *Vier gegen Willi*, und ein paar Songs geschrieben hätte, was auch alles stimmte.

Wir haben wohl überzeugenden Bullshit abgeliefert. Und so produzierten wir über hundert Folgen der Gameshow *Punkt Punkt Punkt* mit Mike Krüger, zuerst für den NDR, dann für SAT.1. Und wir waren erfolgreich. Rechtfertigt der Erfolg nachträglich den Bullshit? Wohl kaum. Aber: Plötzlich war ich Produzent. Mehr als fünfhundert Sendungen für verschiedene Formate habe ich im Lauf der Zeit produziert, davon hundertfünfzig Sendungen *RTL Samstag Nacht* mit meinem Freund Hugo Egon Balder als Co-Produzent.

Ich hatte mir wieder mal ein Los gekauft und Glück gehabt – es hatte gewonnen. Aber ich hatte es mir mit Bullshit erschlichen. Andererseits: Hatte Mami mir nicht immer das erste Gebot jüdischer Chuzpe vorgebetet? »Jankele, mer muss immer ehrlich sein. Aber mer darf auch nicht bled sein.«

Gemischte Gefühle.

Die schöne Zeit

»Schatz, hättest du etwas dagegen, wenn ich ein halbes Jahr oder ein Jahr lang in Berlin unterrichte?«

Renates Frage traf mich unvorbereitet. Wir waren gerade in eine schicke Wohnung gezogen, in einen guten Stadtteil mit Parks und hübschen Häuschen. Renate unterrichtete an einer Realschule; ich unterrichtete am Gymnasium Köln-Höhenhaus und hatte ein Promotionsstipendium für das nächste Jahr in der Tasche. Die Sonne schien warm auf uns. Das Leben war gut.

Ich rührte weiter in meinem Kaffee, biss in mein Schinkenbrötchen und lächelte sie an. Hatte sie gehört, wie mein Gehirn explodierte? Anscheinend nicht. Oder vielleicht doch? Und kaschierte es nur mit einem Lächeln, bei dem sie die Nase ein wenig kräuselte, während sie das Ei mit einem präzisen Messerschlag köpfte?

»Berlin? Nein, Süße, natürlich nicht«, sagte ich und versuchte, cool zu wirken.

»Ich hab nämlich gestern gehört, dass die dort eine Biolehrerin mit meiner Fächerkombi … und du weißt ja, ich wollte doch immer schon mal … Natürlich nur, wenn es dir nicht …«

»Absolut nicht, Süße. Wann denn?«

Renate guckte auf die Uhr: »Ouu, schon so spät … Muss heut was früher da sein … Wir quatschen nachher, Schatz.«

Ich hatte erst zur zweiten Stunde Unterricht und versuchte, die Zeitung zu lesen. Aber die Buchstaben verschwammen vor meinen Augen. Verdammt, ich heule doch nie!

Ich fühlte, das war das Ende unserer Ehe.

Ich hätte heulen, schreien, ausrasten müssen. Hätte brüllen müssen: Sag mir, wer! Und wo! Und wann! Und wie oft! Und warum, verdammt noch mal! Aber ich markierte den Stoiker, gab mich, wie es in Jewels Song »*Foolish Games*« heißt, »*fashionably sensitive but too cool to care*«. Wir waren jetzt seit zehn Jahren zusammen, hatten selten Streit – keine besonderen Vorkommnisse, zumindest aus meiner Sicht, aber die mag verzerrt sein.

Renate zog nach Berlin. Es war eine schnelle, weiche Trennung – sollte ja nur für ein paar Monate sein! Aber wir beide spürten, es war für immer. Und wir spürten, dass auch der andere das spürte, aber wir ließen es uns nicht anmerken.

Im späten Oktober trafen wir uns zum Absegeln in unserer Yachtschule am Steinhuder Meer, wo wir seit ein paar Jahren in den Ferien als Segellehrer arbeiteten. Wir schliefen noch einmal miteinander, und anschließend erzählte Renate mir, dass sie sich im Sommer beim Segeln in einen Berliner verliebt hatte. Ich nehme an, er war nur der Anlass, nicht die Ursache unserer Trennung. Wir haben nie ausführlich darüber gesprochen. Da ich nur tausend Mark Doktorandenstipendium bekam, bezahlte Renate die Miete weiter. Sie war wirklich sehr großzügig.

Alle Anfänge sind schwer. Alle Enden sind traurig. Es kommt auf das an, was dazwischenliegt.[98] Ein Dutzend Jahre später habe ich für Charles Aznavour ein paar Chansontexte geschrieben, darunter »Die schöne Zeit«, und als ich fertig war, dachte ich: Möglicherweise haben mich die vielen guten Jahre mit Renate dazu inspiriert, gute Worte für »*Les bons moments*« zu finden, das Lied des großen Chansonniers:

Wir hatten eine schöne Zeit,
Wir hatten eine große Zeit.
Vor Glück verrückt, im Schmerz verzückt
War'n wir zu zweit.
Im Herzen Frühlingszärtlichkeit,
Stolz, dass wir zwanzig war'n und frei.
In heller Liebesglut und Leidenschaft vereint.
Einmal reich, einmal keine Mark,
Wir waren glücklich, war'n autark,
Denn Nacht und Tag war hell und stark
Die Liebe da für uns allein.
Trotz Abschiedsbitterkeit,
Es gab doch vor der Dunkelheit
Die schöne Zeit, die schöne Zeit.[99]

Ich habe Renate sehr geliebt. Ihre Zärtlichkeit, ihre wache Intelligenz und ihr spitzbübisches Sommersprossenlächeln. Als ich ihr am Gate nachwinkte, hatte sie die Trennung in den Augen. Sie winkte auch noch einmal. Dann war ich allein, und die Welt implodierte. Ich weinte bis zum Parkplatz. Ich war verletzt und deprimiert, aber ich war auch wütend auf Renate und fragte mich, ob sie das Salz in meinen Tränen wert war. – Ja, sie war es. Jedes Gran.

Wir waren zehn Jahre zusammen und sind jetzt vierzig Jahre auseinander. Ohne uns zu sehen, ohne uns zu sprechen. *Tempi passati.*

Doch die Gedanken an die großen Tage glosen noch rot und golden in meinem Herzen.

Tante Else

Ich besuchte wieder Tante Else und berichtete ihr von den Ergebnissen meiner Recherchen.

»Glaubst du, Omi hat uns geliebt? Meine Mutter und mich?«

»Ich glaube schon. Soweit sie dazu fähig war.«

»Wie meinst du das?«

»Claire ist eine Egomanin. Schon als Kind interessierte sie sich nur für sich. Wenn sie nicht im Mittelpunkt stand, hörte sie nicht mehr zu. Andere Menschen interessierten sie nicht. Sie war eine Narzisstin.«

So hatte ich das noch nie gesehen. Aber Tante Else hatte wahrscheinlich recht. Narzissten brauchen andere Menschen hauptsächlich als Bestätigungsspender. Omi hatte ein nichtssagendes Fischgesicht, hatte keinen Beruf gelernt, war nicht der hellste Buntstift im Kasten (wenn auch bauernschlau), war nicht gebildet, war humorlos, lachte oder lächelte kaum, hatte Probleme, Wortspiele und Ironie zu verstehen, war grob, borstig und schlecht gelaunt. Das jedenfalls hätten ihre Freunde gesagt – wenn sie welche gehabt hätte. Anerkennung bekam sie nur, wenn sie sich als Menschenfreund, als Wohltäterin darstellen konnte. Deshalb wurde ich dauernd anderen präsentiert: Seht her, wie ich mich um den armen Jungen kümmere, was ich aus ihm gemacht habe.

Eigentlich, denke ich heute, entsprach ein Teil von Omis Wesen dem Stereotyp der jüdischen Mutter: Die ist überfürsorglich und klammert, will alles über dein Leben wissen und es in allem kontrollieren. Und sie bejammert ständig ihr hartes Leben und wie wenig man ihr alles danke. Und sie erwartet stets mehr an Dankbarkeit, als ein Mensch geben kann. Ja, Omi war das fleischgewordene Stereotyp der jüdischen Mutter – minus Mutterliebe.

»Tante Else«, sagte ich, »Narzisstin hin oder her – sie hat sich doch *wirklich* um meine Mutter gekümmert. Hat sie gepflegt, hat Mühe, Arbeit, Geld investiert, hat sich wirklich aufgeopfert, hat unermüdlich mit Behörden korrespondiert, sie mit Anträgen bombardiert. Hat für mich gesorgt. Zwanzig Jahre lang. Macht man das nur für Anerkennung?«

»Vielleicht wollte sie an euch irgendetwas wiedergutmachen, sich von einer Schuld befreien.«

»Welcher Schuld?«

Tante Else wand sich: »Na ja, irgendwo haben im Dritten Reich ja alle Deutschen irgendwie mit irgendwas eine gewisse Schuld auf sich geladen, verstehst du? Nicht nur durch Mitmachen, auch durch Maulhalten oder Weggucken.«

»Meinst du, meine Mutter war so was wie Omis Entlastungsjüdin?«

»Vielleicht am Anfang der Beziehung.«

»Entlastungsjuden« waren in der Nachkriegszeit wichtig bei der Entnazifizierung: Okay, ich habe dies oder das getan. Aber ich habe auch mal einen Juden beschäftigt, einer Jüdin Fluchtgeld gegeben, jüdische Kinder drei Tage lang in meinem Keller versteckt, das dürfte doch entlastend zu Buche schlagen, oder?

»Tante Else, rück mit der Sprache raus: Was war da mit Omi im Dritten Reich? Warum hätte sie eine Entlastungsjüdin gebraucht?«

»Jacky, ich möchte nicht darüber reden.«

»Tante Else!«

»Jacky, ich kann dir nur eins sagen: Deine Omi war ein glühender Nazi.«

»Was hat sie damals gemacht?«

»Jacky, ich kann nicht darüber reden.«

»War sie in der Partei?«

»Jacky, ich will nicht darüber reden.«

»War sie irgendwo Gefängniswärterin?«

Tante Else vergrub ihr Gesicht in den Händen und schluchzte: »Jacky, bitte, versteh doch, sie ist immerhin meine Schwester!«

Is the kindness we count upon
Hidden in everyone?

Diana Krall,
»*Narrow Daylight*«

17

What a Wonderful World

Omi ein Nazi?

Ich spürte wieder, wie die Wut in mir aufwallte, der Hass und das Gefühl tiefer Demütigung. Aber nach wenigen Momenten war es vorbei. Das Gift war zu schwach geworden oder mein Immunsystem zu stark. Ich spürte nichts. Nur tiefe Ruhe. Und Gelassenheit. Ich beschloss, endgültig Frieden zu schließen mit mir und der Welt. Selbst mit den Betrügern und Mördern, mit den Sadisten und Gefühllosen – und mit Omi.

Alle Zeugenaussagen hatten bewiesen, dass meine Mutter unschuldig gewesen war. Ich brauchte mir nicht – und niemandem sonst – mit einem Wiederaufrollungsverfahren zu beweisen, dass sie keine Lagerbestie gewesen war. *Ich* wusste es. Das genügte. Ich hätte auch gar nicht das Geld gehabt, um die Rechtsanwälte zu bezahlen. Ich packte also die sechshundert Blatt Akten, meine Notizen und die Notizbücher meiner Mutter zusammen, verschnürte alles fest und legte es in die hinterste Ecke eines Schrankes. *That was that.*

Verschwunden war die kleine Gewitterwolke, die ständig über mir geschwebt hatte. Fort das narzisstische Beleidigtsein wegen tatsächlicher und eingebildeter Kränkungen. Jetzt würde ich mein Leben neu erkunden und schätzen. Ohne Ballast aus der Vergangenheit, aber gern auch ohne Garantien für die Zukunft.

Einstein soll gesagt haben: Es gibt nur zwei Weisen, sein Leben zu leben. Einmal, als wäre nichts ein Wunder. Zum anderen, als wäre alles ein Wunder. Ich finde die zweite Möglichkeit intellektuell attraktiver, und sie entspricht vor allem meinem Lebensgefühl. Ich brauchte Gott sei Dank keine Religion, um ein anständiger Mensch zu sein, vor allem nicht, um die Wunder dieser Welt zu genießen. Nicht die miefigen Standardmirakel aus der Bibel und nicht die primitive Magie der Esoteriker. Nein – die wirklichen Wunder in einer Welt voller Hass, Gewalt und Grausamkeit sind: dass wir alle ein Streicheln und das Lachen eines Kindes schön finden, dass die meisten Menschen die meiste Zeit über meistens gut sind und dass uns die Erhabenheit des besternten Himmels erschauern lässt. Und das alles, obwohl wir doch nur aus hundert Milliarden dummer, blinder Zellen bestehen.

Während ich dieses Buch schrieb, habe ich mich voller Dankbarkeit an die vielen kleinen Lebensregeln erinnert, die meine Mutter mir mit auf den Weg gegeben hat: »Jankele, lieber einmal im Monat beschissen werden als dreißig Tage misstrauisch sein.« – »Jankele, wenn du willst a Prinzessin, musst du werden a Prinz.« – »Jankele, Ja ist besser als Nein.«

Wie viel Weisheit in diesen fünf Wörtern liegt, habe ich in den Nullerjahren gemerkt, als ich Executive Producer der RTL-Improvisations-Show *Frei Schnauze* mit Mike Krüger war. Die wichtigste Impro-Regel, habe ich da gelernt, ist: Sag Ja, stimm zu, akzeptiere, was deine Mitspieler dir anbieten – und leg noch ein bisschen was drauf. Jedes Nein tötet die Show.

Das Leben *ist* eine Improvisations-Show.

Mein Lebensgefühl heute und seit vierzig Jahren ist in einem Lied verdichtet, das George David Weiss und Bob Thiele

1968 für Louis Armstrong geschrieben haben: »*What a Wonderful World*«.[100]

1968 – keine ruhige Zeit damals: Krieg in Vietnam, Mord an Martin Luther King, an Robert F. Kennedy und dem Studentenführer Rudi Dutschke, Sklavenhandel in Saudi-Arabien,[101] autoritäre Diktaturen und Kleptokratien in vielen kommunistischen Ländern, in Afrika, Süd-Amerika und Westeuropa (Griechenland, Spanien, Portugal), Kalter Krieg und die permanente Drohung, dass uns schon morgen die Haut in Fetzen vom versengten Körper hängt. Wir jungen Leute waren damals aufgewühlt und aggressiv. Und angekotzt: von zu viel Gleichgültigkeit und Bigotterie um uns herum; zu viel Unterdrückung und Ausbeutung, zu viel Krieg und Rassenhass. Und zu vielen ehemaligen Nazis in hohen Positionen der deutschen Politik und Wirtschaft.

Louis Armstrongs Lied stellt sich mit einem sanften *Dennoch* gegen die mächtigen Ströme von Wut und Hass, Gier und Neid, Not und Gewalt und besingt die einfache Schönheit unserer Welt, grüne Bäume, rote Rosen, blauer Himmel, weiße Wolken, gesegnete Tage und heilige Nächte – *what a wonderful world*:

> *I see friends shaking hands, sayin' »How do you do?«*
> *They're really sayin' »I love you.«*
> *I hear babies cryin'. I watch them grow.*
> *They'll learn much more than I'll ever know.*
> *And I think to myself*
> *What a wonderful world.*

Ja, was für eine wundervolle Welt. Und wenn sie mal nicht so wundervoll war, habe ich immer an meine Mutter gedacht. An ihr Leid in zwei Ghettos, ihre Tortur in zwei KZs, ihre tragische Verhaftung nach ein paar Wochen Freiheit. Die Grammatik ihres Denkens reduzierte sich auf wenige Worte: Essen, keine Schläge, frei sein, Kind durchbringen. Und ich sagte mir: Dreksler, hör auf zu jammern! Tritt einen Schritt zurück und sieh dein Problem aus der Perspektive von Menschen, die Unsägliches erlitten haben und immer noch erleiden.[102] Und immer, wirklich immer, wurde mein Problem dann – nein, nicht gelöst, aber – kleiner und lösbarer.

Der römische Dichter und Philosoph Lukrez hat dieses Prinzip vollendet formuliert in seinem epikureischen Lehrgedicht *Über die Natur der Dinge*:

> *Angenehm ist es und beruhigend, wenn Winde über weitem Meer das Wasser aufwühlen, vom festen Land aus zuzusehen, wie ein anderer dort zu kämpfen hat. Nicht das Leiden anderer ist Quelle dieses süßen Gefühls, erfreulich vielmehr ist zu sehen, von welchem Unglück du selber verschont bist.*[103]

Hatte meine Mutter zuweilen dieses Glücksgefühl? Ich weiß es nicht, aber ich vermute, sie hatte – bei allem Leid – zumindest das Gefühl, *Glück gehabt zu haben*. Sie hat, denke ich, sicher die Differenz gefühlt zwischen dem, was ihr widerfahren ist, und dem, was ihr noch Schreckliches hätte passieren können. Als gläubige Jüdin hat sie gewiss auch oft die Frage nach den Ursachen ihres Leidens gestellt. Denn gläubige Menschen, denen das Grauen widerfährt, weisen meist nicht ihrem Glauben die Tür, sondern suchen nach dem Sinn ihrer Qual. Wollen wissen, warum ausgerechnet *das* zu Gottes Plan gehört. Auch der gläubige Jude Jesus suchte laut Markus-Evangelium nach dem Zweck des Unheilsgeschehens, als er zur neunten Stunde am Kreuz ausrief: »Mein Gott, mein Gott, warum hast du mich verlassen?« – Wir wissen nicht, was sein Vater geantwortet hat.

Ich bin dankbar, dass mir die Religion erspart blieb, das pseudophilosophische Herumgeeiere aufgeklärter Christen, die Hasspredigten fundamentalistischer Muslime und die Schlachtgesänge der jüdischen Ostkurve. Aber einfach nur dankbar sein, das können wir nicht. Wir wollen *jemandem* dankbar sein. Beim Schreiben dieses Buches habe ich oft gedacht: Schade, dass ich Atheist bin, sonst könnte ich jeden Tag Gott, Manitou oder der Schicksalsgöttin Tyche danken, dass ich ohne Kanonendonner aufwache, dass meine Frau nicht mit verstümmelten Genitalien leben muss und meine Kinder nicht aus einem verseuchten Dreckloch trinken müssen.

Ich fühle Dankbarkeit. Aber ohne schicksalsbestimmende Wesen wabert sie formlos und schwer zu fassen in meinem Kopf herum.

Wut, Hass, Schuld und Angst

Die meisten Probleme, die ich hatte, konnte ich nicht auf andere Menschen schieben, nicht auf die gnadenlose, sinnlose Hobbes-Welt, die meine Mutter so unbarmherzig leiden ließ. Auch nicht auf meine schwierige Jugend mit Omi oder gar auf »die Gesellschaft«, wie es damals üblich war. Meine Probleme waren Folgen meiner eigenen Gedankenlosigkeit, meiner Unzulänglichkeit, meiner Fehlentscheidungen. Seit ich erwachsen bin, trage ich die Verantwortung allein. Ich erzählte Paul Otto damals das Ergebnis meiner Recherchen.

»Und«, fragte er, »welches Urteil fällst du über deine Omi?«

»Kommt drauf an, welche Moralphilosophie ich zugrunde lege. Das Nützlichkeitsprinzip von Bentham sagt: Handle so, dass als Folge das größtmögliche Maß an Glück für die Menschen entsteht. So gesehen kann ich sie nicht verurteilen. Ihr Erziehungsergebnis bin ich: ein glücklicher Mensch. Kant andererseits sagt: Handle nur nach einer Maxime, die du zum allgemeinen Gesetz erheben würdest. Danach müsste ich sie verurteilen, denn sie hat gelogen und betrogen. Und wer will das schon zum Gesetz erheben?«

»Jaja, Jacky, einerseits – andererseits: Lämmer nicht rum, leg dich fest.«

»Paul Otto, du willst mich in ein Entweder-oder zwingen. Keine Chance. Es gibt mehr als eine Perspektive. Die meisten wichtigen Dinge auf der Welt sind nicht digital: null oder eins, schwarz oder weiß, ja oder nein. Die meisten wichtigen Dinge sind analog: Gradienten, Verläufe, Übergänge.«

Ich hatte mir damals eine einfache Lebensregel zurechtgelegt: Gradienten, wo es geht; Dichotomien, wo sie nötig sind. Wer sein Leben zu moralischen oder ästhetischen Entweder-oder digitalisiert, wird zum Empfindungsidioten, der keine Nuancen kennt.

Mein Mentor und Freund schaute mich amüsiert und liebevoll an: »Chapeauchen, Chapeauchen. Du denkst nicht nur wie ein guter Kritischer Rationalist, du handelst auch so.«

Während ich dies schreibe, erinnere ich mich an eine Parabel, die ich vor vielen Jahren einmal im *Reader's Digest* gelesen habe: Ein Indianer sitzt mit seinem Sohn am Feuer. »Mein Sohn, in unseren Herzen tobt ein Kampf zwischen zwei Wölfen. Der eine ist voller Liebe und Verständnis, der andere voller Hass und Wut.«

»Und welcher Wolf gewinnt?«, fragt der Junge.

»Der, den du fütterst.«[104]

Ich hatte damals beschlossen, den ersten Wolf zu füttern. Die Jahre des Zorns in Jahre des Glücks münden zu lassen. Ein neues Leben zu beginnen, ein Leben ohne die Gespenster der Vergangenheit, der Gegenwart und der Zukunft. Ohne Minderwertigkeitsgefühle, ohne Schuldgefühle, ohne Hass und Wut. Denn mein Hass auf Deutschland und die Nazis loderte zu jener Zeit hell. Und ich empfand eine enorme Wut.

Wut darüber, dass Pius XII., ab 1939 Papst, nie ein klares Wort über die Gräueltaten gegen Juden gesagt hat und bis heute kein Nazi exkommuniziert wurde (außer Goebbels, aber nicht wegen seiner Verbrechen, sondern weil der katholische Nazi eine geschiedene Protestantin geheiratet hatte).

Wut über einflussreiche Würdenträger wie der Philosoph Martin Heidegger, der bis 1976 hochgeachtet unter uns lebte, obwohl er bis Kriegsende NSDAP-Mitglied gewesen, im Braunhemd zu Vorlesungen erschienen war, die Studenten mit »Heil Hitler« begrüßt und jüdische Professoren angeschwärzt hatte. Oder über den bis 1969 amtierenden Bundeskanzler Kurt Georg Kiesinger, der 1933 in die NSDAP eingetreten war, im Reichsaußenministerium die Position des stellvertretenden Leiters der Rundfunkpolitischen Abteilung innegehabt hatte und in seinen Memoiren behauptete, durch seinen Beitritt habe er der antisemitischen Rassenpropaganda entgegenwirken wollen. *Bullshit!*

Wut über die vielen ungesühnten Verbrechen: Nach heutigem Stand seien von den rund 6500 namentlich bekannten SS-Leuten in Auschwitz nur 49 verurteilt worden, davon etwa 20 in der DDR, sagte Richter Franz Kompisch beim möglicherweise letzten Auschwitz-Prozess der deutschen Geschichte im Juli 2015 in Lüneburg. Dort wurde der »Buchhalter von Auschwitz«, der 94-jährige Oskar Gröning zu vier Jahren Haft verurteilt wegen Beihilfe zum Mord an 300 000 Menschen. Ich rechne: Pro 205 Ermordete nur ein Tag Haft!

Wut über das ungerechte Urteil gegen meine Mutter: 10 Jahre mit schwerer Zwangsarbeit für angebliche »Verbrechen gegen die Menschlichkeit« (die aus höchstens ein paar Ohrfeigen für egoistische Vordrängler bei der Essensausgabe im KZ bestanden hatten). Albert Speer, Hitlers Architekt und Rüstungsminister von 1942 bis 1945 bekam im Nürnberger Prozess gegen die 24 Hauptkriegsverbrecher 20 Jahre.[105]

Und Wut über Omi: Dass sie meine Mutter und mich nicht nur als Gewissenswaschanlage benutzt hatte, sondern auch als Terminkontrakt, als Wette auf zukünftige Gewinne. Der Deal war einfach: Sie lieferte Unterkunft, Lebensmittel, Kleidung und Pflege und erwartete dafür als bindende Leistung in der Zukunft eine finanzielle Rendite durch meine Renten- und Wiedergutmachungsgelder. Meine vorgesehene Gegenleistung bei diesem Termingeschäft waren Anerkennung, Dankbarkeit und Altersversorgung.

Aber erledigt.

Ich habe auch meinen Frieden mit der Religion gemacht, obwohl ich weiß, wie recht der amerikanische Nobelpreisträger Steven Weinberg hatte, als er schrieb: »Religion ist eine Beleidigung der Menschenwürde. Mit ihr oder ohne sie würden gute Menschen Gutes tun und böse Menschen Böses. Aber damit gute Menschen Böses tun, bedarf es der Religion.«[106] Ich denke, wenn überhaupt jemand, waren die Gnostiker auf dem richtigen Weg, als sie dachten, unsere Welt sei nicht von einem wohltätigen Gott geschaffen worden, sondern von einem bösartigen Demiurgen.

Und ich habe meinen Frieden mit Omi gemacht: Wir beide haben den unausgesprochenen Kontrakt lange Jahre erfüllt. Dann kam die schmerzhafte Auflösung. Das war's. Meine Wut auf Omi ist verraucht. Ich habe ihr vergeben und bin dankbar für ihre Fürsorge.

Als Renate mich verließ, hatte ich Schuldgefühle: Was habe ich falsch gemacht? Habe ich sie so schlecht behandelt, dass sie aufgab? Aber ich habe nichts Entscheidendes gefunden. Und ich war wütend und verletzt. Wir hatten unsere Beziehungsdefizite nie aufgearbeitet, nie nächtelang durchdiskutiert. Es gab ein paar Schuldzuweisungen von beiden Seiten – du hast dieses getan, jenes unterlassen – und mehr nicht. Auf der Wunde hatte sich schon Schorf gebildet. Er würde irgendwann abfallen, und wenn ich die Wunde gut behandelte, würde mit etwas Glück die Narbe später kaum sichtbar sein. Und ich hoffte, dass die Wunden, die ich ihr in den gemeinsamen Jahren zugefügt hatte, ebenso sanft heilen würden.

»Wir Intellektuellen«, dozierte Paul Otto einmal, und ich fühlte mich sehr geschmeichelt, von ihm da einbezogen zu werden, »wir Intellektuellen können unsere emotionalen Probleme am besten auf der intellektuellen Ebene lösen.« Mag sein. Wittgenstein war anderer Meinung: »Wir fühlen, dass selbst, wenn alle möglichen wissenschaftlichen Fragen beantwortet sind, unsere Lebensprobleme noch gar nicht berührt sind.«[107]

Aber Vaihingers Philosophie des Als-ob half mir auch hier. Ich würde so tun, als seien Wut und Hass durch Nachdenken lösbar und vielleicht durch Nachahmen guter Beispiele. Um Hass, Wut und Zorn loszuwerden, müsste man, gut jüdisch und christlich gedacht, denen vergeben, die einem Verletzungen zugefügt haben, erst dann könnte man vergessen.

Nach den Gräueln des Zweiten Weltkriegs schürten viele den Hass gegen die Kriegsverbrecher und riefen nach Rache. Aber war das ein guter Weg? Der französische Philologe Ernest Renan erkannte 1882 in seiner Rede *Was ist eine Nation?*: Wichtig beim Bilden einer Nation sei das Vergessen, denn die Entstehung sei stets von Gewalt begleitet. Winston Churchill dachte zum Glück für Deutschland ebenso und forderte 1946 in seiner berühmt gewordenen Züricher Rede einen »segensreichen Akt des Vergessens« all der Verbrechen, um Europa vor einem Rückfall in die Barbarei zu bewahren und eine Staatengemeinschaft nach dem Vorbild der USA aufzubauen.

Churchill ließ sich vom Gedanken der Amnestie leiten, einer Idee, die schon die alten Griechen gekannt hatten. Man kann nicht ein ganzes Volk ins Gefängnis sperren oder erschießen. Es gibt nur eine Möglichkeit für einen Neuanfang: wenige Große hängen, die vielen Kleinen laufen lassen. An den Großen symbolisch und stellvertretend Rache üben, den Kleinen vergeben. Nachdem die größten Verbrechen geahndet sind, müssen Vergeltungs- und Rachsucht schweigen. Die meisten von uns empfinden das als ungerecht, und das ist es auch. Aber es scheint der einzige Weg zu sein, neu zu beginnen und einen Weg in eine bessere Zukunft für alle zu finden.

Viele kluge Staatsmänner haben dieses Verfahren zur Aussöhnung und Vergebung gewählt. Zwei Tage nach Cäsars Ermordung forderte Cicero: »Alle Erinnerung an die Zwieträchtigkeiten sei durch ewiges Vergessen zu tilgen.« Als man den »Westfälischen Frieden« nach dem Dreißigjährigen Krieg schloss, hieß es: »Ewiges Vergessen all dessen, was seit Beginn der Unruhen geschehen ist.«[108]

Bei meiner Suche nach einem Anfangspunkt des Vergebens und Vergessens fand ich einen Ausspruch des indischen Gelehrten Buddhaghosa. In seinem 1500 Jahre alten Werk *Visuddhimagga* sagt er, man solle nicht Wut, Hass und Zorn an einem Feind, der einen verletzt habe, auslassen: Sonst bist du wie ein Mann, der einen anderen schlagen will und dazu ein glühendes Stück Kohle aufhebt oder Exkremente in die Hand nimmt. So verbrennt er zuerst sich selbst oder fängt an zu stinken.[109]

Ich bin mit solchen Überlegungen ein gutes Stück weitergekommen. Aber ich muss zugeben: Zuweilen denke ich, dass Vergeben auch eine Form von Feigheit sein kann, eine Form des Schwanzeinziehens vor der Mühe des Hassens und des Bestrafens. Und vor der Last, über die Frage zu grübeln, wie aus ganz normalen Menschen Massenmörder werden – eine Frage, der Harald Welzer in seinem Buch *Täter* auf beeindruckende Weise nachgegangen ist.[110] Das Gift des Hasses und der Wut mag bei mir noch nicht vollständig neutralisiert sein. Aber es ist so weit verdünnt, dass es nur noch ab und zu Bauchgrummeln hervorruft.

Amnestie, aber keine Amnesie!

Gutes aus Bösem

»Dass Böses aus Gutem entstehen kann, ist begreiflich«, schrieb Christian Friedrich Hebbel in seinen Tagebüchern, »wie aber Gutes aus Bösem?«

Ich hatte eine einsame Kindheit. Ich hätte mir eine Mutter gewünscht, die tat, was Mütter tun: Butterbrote schmieren, Mut machen, Grenzen zeigen, Liebe verströmen. Und einen Vater. Aber Mami lag im Bett, brachte mir mit vier Lesen und Schreiben bei und »Überlebenstechniken« wie Nähen, Stopfen, Stricken und Bohnern. Und dass das Leben aus einer Kette von Niederlagen besteht und man früh lernen muss, auf die Schnauze zu fallen, um das Aufstehen zu üben. Omi kümmerte sich um mich nur, wenn Fehlverhalten zu bestrafen war.

Sprachkurse im Vorschulalter, Schwimmbäder mit Hightech-Rutschen, Geburtstagspartys mit Hüpfburgen – all das, was heute den »Tanz um das Goldene Kind«[111] ausmacht, hätte ich gern gehabt. Stattdessen streifte ich jeden Tag bis abends durch Wiesen, Felder und Wälder, sprang im Winter auf der Aar von Eisscholle zu Eisscholle, schwamm in der Lahn, aß Sauerampfer und kaute Roggenkörner, wenn ich Hunger hatte, klaute Äpfel und Rhabarber aus Obstgärten, auch Quitten – Wuach! Die kann man nicht essen! –, und verdarb mir den Magen mit grünen Pflaumen. Vielleicht, denke ich voller Nostalgie, vielleicht war es ja ein Glück, dass ich keine Helikopter-Eltern hatte, die jede Bewegung verfolgten, keine Curling-Eltern, die die Bahn vor mir blank fegten, damit ich erfolgreich zu einem vorbestimmten Ziel gleiten konnte. Vielleicht. – Vielleicht sind das aber auch nur romantische Reminiszenzen eines alten Mannes, der sich den Mangel schönredet.

In meinem langen Leben habe ich viele Fehler gemacht:

Es war ein Fehler, meine Dissertation *Probleme und Elemente einer kritisch-rationalen Pädagogik* nicht zu beenden. Sie siechte lange dahin. Den Todesstoß aber versetzte ihr der Philosoph Paul Feyerabend, ein ehemaliger Schüler Karl Poppers, der die *Offene Gesellschaft* ins Deutsche übersetzt hatte. In seinem Buch *Wider den Methodenzwang* zeigte er, dass mein Ansatz gegenstandslos war: Es gebe keine »wissenschaftliche Methode«, sagte er – *anything goes*. Ich schwenkte zu Feyerabends wissenschaftstheoretischem Anarchismus über und gab auf. So sah ich es damals. Heute denke ich, dass Feyerabends Argumente erstens doch nicht so zwingend waren und dass sie zweitens für mich ein Vorwand waren, die Bürde abzuwerfen. Obwohl mir eine Assistentenstelle in Aussicht gestellt worden war, erkannte ich, dass die akademische Karriere nichts für mich war.

Es war ein Fehler, kampflos aufzugeben, als Renate mich verließ. Sicher, unsere Beziehung zeigte nach zehn Jahren Ermüdungserscheinungen. Aber hatte meine Mutter mir nicht Sockenstopfen beigebracht, als ich fünf gewesen war? Und hätte ich dabei nicht lernen sollen, dass man Dinge, die kaputt sind, nicht einfach wegwirft, sondern repariert?

Den schlimmsten Fehler aber – und den verwerflichsten – machte ich am 4. Dezember 1974, als eine meiner Schülerinnen mich zu Hause besuchte.

Bärbel war ein hochintelligentes Mädchen mit schulterlangen aschblonden Haaren und einer winzigen Zahnlücke zwischen den Schneidezähnen. Sie war hübsch und sehr selbstbewusst. Im Jahr zuvor war sie in meinem Leistungskurs Soziologie gewesen und mir aufgefallen, weil sie ihre Tests immer schon nach der Hälfte der Zeit abgegeben hatte. Fehlerfrei. Seit Beginn des neuen Schuljahres war sie dann nicht mehr in meiner Klasse. Wie alle meine Schüler duzte sie mich. 1968 war gerade mal sechs Jahre her, und ich bildete mir etwas darauf ein, ein »progressiver« Lehrer zu sein. In meiner Klasse durfte man sogar rauchen. *Those were the days.*

Zu Beginn des Herbsthalbjahres spielte Bärbel mit ihrer Band auf einem Schulfest. Querflöte. Und wirklich gut. Nach dem Gig machte ich ihr ein Kompliment, und sie sagte: »Du spielst ja auch in einer Band, hast du mal erzählt.«

»Band‹ ist stark übertrieben. Mein Freund Achim und ich singen zweistimmig und spielen Gitarre. Und ein Freund nimmt das Gedudel auf Tonband auf.«

»Ich hab mich noch nie gehört«, sagte sie und lächelte mich an. »Darf ich auch mal mitdudeln?«

»Klar. Samstagnachmittag spielen wir wieder.«

Bärbel kam und spielte Querflöte. Zwei Monate später fragte sie mich auf dem Schulhof: »Kann ich mir das Band mal anhören?«

»Kein Problem. Ich mach dir 'ne Kopie.«

»Ich hab kein Tonbandgerät.«

»Okay, dann komm einfach irgendwann bei mir vorbei. Kannst ja 'n paar Freunde aus deiner Band mitbringen.«

Tage später kam sie. Allein. Wir saßen auf der Couch und hörten uns das Aufgenommene an. Vor allem Rod Stewarts »*Mandolin Wind*«. Bärbels Flötenfills und ihr Solo im Instrumentalteil klangen wie geschmolzene Luft, und sie war begeistert. Mehr aus Höflichkeit als aus Interesse fragte ich Bärbel, was sie in ihrer Freizeit so treibe.

Abb. 31: Jacky (29) und Babs (16) –
Urlaub auf Texel 1975

Sie erzählte ein bisschen und meinte dann, bisher sei sie immer bei einem netten alten Mann putzen gegangen, um sich ein paar Mark zu verdienen. Das sei jetzt vorbei, gestern sei er gestorben. Sie weinte, und ich legte tröstend meinen Arm um ihre Schultern. Sie lehnte ihren Kopf an mich und schluchzte. Aber plötzlich – streichelte sie meine Hand.

Mein Alarmsystem schrillte. Grundgütiger, dachte ich, du musst jetzt unter irgendeinem Vorwand aufstehen. Aber da küsste sie mich schon. Es war unverzeihlich, dass ich das zuließ und den Kuss dann auch noch erwiderte. Ich war schließlich neunundzwanzig. Sie war gerade sechzehn geworden. Und Schülerin meiner Schule.

Wir wurden ein Paar. Bärbel war *bubbly*, sprudelte vor Intelligenz und Lebensfreude. Wenn ich sie lange genug ansah, war der Raum in Bernsteinlicht getaucht, und ich glaubte, Beethovens *Pastorale* zu hören. Schon nach wenigen Wochen schmerzte die Wunde, die Renate hinterlassen hatte, nur noch selten, und immer öfter musste Bärbels Freundin als Ausrede für die Eltern herhalten, wenn sie über Nacht blieb.

»Alle Lust will Ewigkeit, will tiefe, tiefe Ewigkeit«[112], hatte Nietzsche gesagt. Auch wir hofften in den ersten Wochen auf das ewige gemeinsame Glück; aber wir wussten beide, wie gering die Wahrscheinlichkeit war, es zu erreichen. Zu groß die Unterschiede: hier ich, der schon viel Vergangenheit mit sich herumschleppte, dort Bärbel, die fast nur aus Zukunft bestand. Das Morgen drohte dunkel. Aber egal, wir lebten im hellen Jetzt. Morgen ist ja erst morgen. Aber wir nahmen immer wieder den Schmerz des drohenden Abschieds vorweg und legten Leonard Cohens »*Hey, That's No Way To Say Goodbye*« auf den Plattenteller:

I loved you in the morning, our kisses deep and warm,
Your hair upon the pillow like a sleepy golden storm.
Yes, many loved before us, I know that we are not new,
In city and in forest they smiled like me and you,
But now it's come to distances and both of us must try,
Your eyes are soft with sorrow,
Hey, that's no way to say goodbye.

Wir fuhren morgens gemeinsam zur Schule und gingen ab dem Parkplatz getrennt.

Aber unsere Schritte reimten sich.

Happy Ending

Ich schreibe diese Zeilen am 4. Dezember 2014. Heute vor genau vierzig Jahren haben Bärbel und ich uns geküsst. Nach dem Kuss bat sie mich, sie nicht mehr »Bärbel« zu nennen – »Babs« heiße sie.

Seit vierzig Jahren sind wir nun zusammen. Vierzig gute Jahre. Wir leben ein selbstbestimmtes Leben, das wir mit Arbeit, Sinn und Liebe gefüllt haben. Wir haben zwei wundervolle Töchter, Noemi (25) und Noelani (21), in deren Gesichtern ich Mamis Züge wiedererkenne: die warmen, intelligenten Augen, die geschwungenen Lippen und die hohen Wangenknochen.

Als die Deutschen 1939 Mamis Heimat und ihre Familie überfielen, war sie so alt wie meine älteste Tochter Noemi heute. Mami hatte kein Glück in ihrem Leben; ich umso mehr, ganz so, als wäre die Verteilung des Glücks in einer Familie ein Nullsummenspiel. 400 000 Holocaust-Überlebende gibt es laut *Jewish Claim Conference* noch. Meine Mutter könnte dazugehören – sie wäre jetzt hundert Jahre alt. Es würde sie sicher glücklich machen, wenn sie dieses Buch lesen könnte. Und mich auch.

Ich hatte das Glück, zur richtigen Zeit die richtigen Menschen und die richtigen Bücher kennenzulernen. Sie brachten mir bei, nicht im Morast des Trübsinns zu waten, halfen mir, Wärme und Liebe zu empfangen und zu geben, und lehrten mich, die Nebel vor der Erkenntnis des »Wahren, Guten und Schönen« ein wenig zu lichten. Aber vor allem hatte ich das Glück, in *diesem* Deutschland zu leben und nicht in jenem des Dritten Reiches.

Ich hatte das Glück, ab vierzehn im lichtdurchfluteten Hain des Atheismus aufzuwachsen und nicht im dampfenddunklen Dschungel der Religion. Ohne Angst vor Fegefeuer, Hölle und ewiger Verdammnis. Der Anfang meines Lebens und das meiner Mutter wurden durch Religion definiert, so wie das Leben vieler

Abb. 32:
Vier Jahrzehnte
später – Jacky und
Babs 2014 in Wien

Milliarden Menschen. Ich toleriere, nein, ich akzeptiere ihren
Glauben. Aber ich bedaure sie. Seit vielen Jahrhunderten bringen
Christen, Muslime oder Hindus andere Christen, Muslime oder
Hindus um. Oft ging es gar nicht um Religion, sondern eher um
Macht oder Habgier. Aber wo immer Religion im Spiel war bei
diesen Bränden, war sie der Brandbeschleuniger.

Ich hatte das Glück, das einfache Geheimnis der Liebe zu
durchschauen (wenn auch erst spät): »Glücklich allein ist die
Seele, die liebt.« Der ausgeleierte Goethe-Spruch hing bei Omi
im Flur.[113] Im Goldrahmen. Ich habe lange gebraucht, bis ich
seine Tiefe begriff: Geliebt zu werden ist ein Glück, aber nur ein
kleines im Verhältnis zum wirklichen Glück. Einen Menschen

lieben zu dürfen: Das ist das große Glück. Ich habe das Glück, dieses große Glück zu haben.

Drei gute Wünsche gab mir meine Mutter auf dem Sterbebett mit auf den Weg: *Werd ein guter Jude, werd Arzt oder Rechtsanwalt und werd glücklich.* Die beiden ersten Wünsche habe ich ihr nicht erfüllt: Aus mir wurde ein Atheist und ein Fernsehproduzent. *»When you reach for the stars you may not quite get one«*, sagte der Werbefachmann Leo Burnett, *»but you won't come up with a handful of mud either.«*[114]

So gesehen ist *ein* erfüllter Wunsch aus dreien doch nicht schlecht: Seit über vierzig Jahren bin ich glücklich, weil ich gelernt habe zu lieben, zu verzeihen und mich selbst zu achten.

Als Babs unsere Töchter Noemi und Noelani auf die Welt brachte, war ich dabei. Beide Male wiegte ich das winzige warme Wesen in meinen Armen, ich küsste es und flüsterte: »Willkommen auf dieser wundervollen Welt. Ich wünsch dir ein glückliches Leben.«

ANHANG

Dank

Kein Buch werde jemals fertig, schrieb Karl R. Popper im Vorwort seiner *Offenen Gesellschaft*: Während man daran arbeite, lerne man gerade genug, um seine Unzulänglichkeit klarzusehen.[115] Bei keinem meiner Bücher habe ich das mehr gespürt als bei diesem. Ich bin daher all denen besonders dankbar, die mich während der Recherchen und der Niederschrift unterstützt haben.

Mein besonderer Dank gebührt Alfred Neven DuMont, dem inzwischen leider verstorbenen Kölner Verleger und Aufsichtsratsvorsitzenden der Unternehmensgruppe MDS, zu der auch der DuMont Buchverlag gehört, und seiner Tochter Isabella. Alfred wischte meine Einwände vom Tisch: Nein, das sei eine spannende Geschichte. Nein, es gebe noch genügend Menschen, die das interessiere. Und ja, wir müssten auch heute noch gegen das Vergessen ankämpfen. Auch ich hatte vergessen, vielleicht verdrängt, was ich damals, vor fast fünfzig Jahren, herausgefunden hatte, damals, als ich meine Familiengeschichte recherchiert und Geheimnisse aufgedeckt hatte, die mein Vormund gut verschleiert hatte. Alfred hat mich davon überzeugt, dass es nicht reicht, anerkennend zu nicken, wenn ich auf den Straßen über die »Stolpersteine« des Künstlers Gunter Demnig gehe, der seit Jahren gegen das Vergessen ankämpft. Dass es nicht reicht, wenn meine Töchter nur von Anekdoten beim Abendessen wissen, woher sie kommen.

Isabella hat ihren Vater überhaupt erst auf meine Geschichte aufmerksam gemacht. Sie hat dann die ersten Entwürfe gelesen und mich ermutigt, weiterzumachen. Ich verdanke ihr in hohem Maße, dass dieses Buch überhaupt entstand.

Für Kritik, Anregungen und Informationen habe ich vielen Menschen zu danken. Aus Platzmangel führe ich sie hier nur namentlich auf. Alle hätten eine ausführliche Würdigung ihrer Hilfe und der geopferten Zeit verdient: Hugo Egon Balder, Jean-Pierre Clert, Barbara und Rolf Funken, Ingo Gsedl, Claudia Liebrand, Peter Mennigen, Harald Spiegel, Peter Wald und Thomas Wortmann. Sie haben das Buch ganz oder in Teilen gelesen, haben mich während der Arbeit inspiriert und ermutigt. Vor allem ihre freundschaftliche, aber unbeirrte Kritik hat mir geholfen, ein besserer Autor zu werden.

Jacek Garncarczyk und Czeslaw Wrona haben die polnischen Texte meiner Mutter ins Deutsche übersetzt. Doris Trappe die französischen. Ich bin ihnen sehr dankbar für die Mühe, die sie sich damit gemacht haben, sich durch die oft schwer lesbaren handschriftlichen Texte meiner Mutter zu quälen.

Claudia und Rolf Warda danke ich für das Foto des Hauses, in dem meine Mutter in Paris möglicherweise gewohnt hat. Und meiner Tochter Noemi für das Klappenfoto.

Ute Mühleib und Rabbiner Jaron Engelmayer von der Jüdischen Gemeinde Köln danke ich für ihre freundliche und kompetente Hilfe bei Fachfragen.

Meine Tante Jutta Lewkowicz aus Buffalo hatte dieses Buch schon 1970 angeregt; aber ich habe damals leider nicht auf sie gehört. Ihr danke ich für viele wertvolle Informationen über das Leben meiner Mutter, über das meines Vormunds und über mein eigenes Leben. Außerdem verdanke ich ihr zahlreiche Briefe, Fotos und Schriftstücke, die sie über die Jahrzehnte aufbewahrt hat.

Besonderen Dank schulde ich Sabine Cramer, der Chefin des DuMont Buchverlages. Sie hat den Titel des Buches vorgeschlagen. Ich war davon so begeistert, dass ich meine eigene Vorschlagsliste gar nicht erst hervorgekramt habe. Sie hat das Werk mit großer Sympathie und Empathie persönlich betreut und lektoriert, hat meine zuweilen mäandernden Ideen kanalisiert und viele kreative Vorschläge gemacht, die dafür gesorgt haben, dass es ein lesbareres Buch geworden ist, als ich es ohne sie zuwege gebracht hätte.

Ebenso danke ich meiner wundervollen Lektorin Kerstin Thorwarth, deren Expertise in der deutschen Sprache und deren stilistisches Feingefühl den Leser vor zahllosen Schludrigkeiten und überflüssigen Passagen bewahrt haben.

Ich danke meiner Frau Babs und meiner Tochter Noemi für die begleitende mehrfache Lektüre des Buches, für weiche Kritik und harte Kürzungsvorschläge.

So sehr mir all diese liebenswerten Menschen geholfen haben: Alle Fehler oder Versäumnisse verantworte ich allein.

Meiner ganzen Familie – Babs, Noemi und Noelani – danke ich für das Verständnis, wenn ich während der Niederschrift zu spät zum Essen erschien oder abwesend vor mich hinbrütete. Ich danke ihnen für interessierte Fragen, für Ermunterung und vor allem für ihre Liebe.

Und das Glück.

Anmerkungen

[1] »*Comedy Is Truth and Pain*« heißt das erste Kapitel in: John Vorhaus: *The Comic Toolbox*, Los Angeles 1994, S. 1 ff.

[2] Jean-Paul Sartre: *Überlegungen zur Judenfrage*, Reinbek bei Hamburg 2010, S. 58–65.

[3] Hugo Egon Balder mit Bernd Philipp: *Ich habe mich gewarnt*, Berlin 2004, S. 140.

[4] Selten liest man, ob bekannte CEOs Christen, Muslime oder Buddhisten sind. Aber bei CEOs wie Soros, Ellison, Bloomberg oder Zuckerberg wird häufig darauf hingewiesen, dass sie Juden sind.

[5] Streng genommen bin ich ein *agnostischer Atheist*: Ich bin mir sehr sicher, dass es weder Gott, Götter oder gottähnliche Wesen gibt (auch keine Geister oder Dämonen), aber ich kann deren Nicht-Existenz aus logischen (und praktischen) Gründen nicht beweisen. Wenn Sie sich für dieses Thema interessieren, finden Sie im Internet viele Artikel unter den Stichworten *Russells Teekanne* und *Universelle Es-gibt-Sätze*. Als Einstieg könnte dieser Wikipedia-Eintrag helfen: https://de.wikipedia.org/wiki/Russells_Teekanne.

[6] Die entscheidende Frage ist einfach: Nach wie vielen Jahren endet der Anspruch eines besiegten und vertriebenen Volkes auf sein ehemaliges Land? Ich frage mich, was geschieht, wenn die Nachfahren all der anderen ehemaligen Landesherren in Palästina den gleichen Anspruch erheben und »ihr Land« zurückhaben wollen: die Assyrer, Hethiter, Kanaaniter, Philister, Seevölker, Babylonier, Perser, Ägypter, Griechen, Ptolemäer, Seleukiden, Römer, Byzantiner, muslimischen Araber, Kreuzritter oder Osmanen. Konkreter: Was ist beispielsweise mit Spanien und Portugal? 781 Jahre lang beherrschten Muslime einen großen Teil des Gebiets der heutigen Länder: auf dem Höhepunkt der Ausdehnung um 900 n. Chr. mehr als zwei Drittel der Fläche. Erst vor rund 500 Jahren wurden die Muslime nach der Reconquista vertrieben (1492). Entspre-

chend der zionistischen Geschichtslogik könnte der Islamische Staat beanspruchen, dort wieder ein Kalifat zu errichten.

[7] Aus geschichtswissenschaftlicher Sicht vgl. dazu etwa: Shlomo Sand: *Die Erfindung des Landes Israel. Mythos und Wahrheit*, Berlin 2014, und vom selben Autor: *Die Erfindung des jüdischen Volkes. Israels Gründungsmythos auf dem Prüfstand*, Berlin 2011. Aus archäologischer Sicht: Israel Finkelstein / Neil A. Silberman: *Keine Posaunen vor Jericho. Die archäologische Wahrheit über die Bibel*, München 2007, und Israel Finkelstein: *Das vergessene Königreich. Israel und die verborgenen Ursprünge der Bibel*, München 2014.

[8] Nicht nur Juden glauben an diese dialektisch verschränkte Zugehörigkeit zu Volk, Land und Religion. Auch die indische Hindutva-Bewegung vertritt diese Volk-Idee. Nach diesen Hindu-Nationalisten – »Indien nur für Hindus« – ist ein Inder genetisch und kulturell immer ein Hindu, egal, welche Religion er hat. Und hier wie dort dient diese verquaste Ideologie vornehmlich zur Unterdrückung derer, die nicht das Definitionssieb »Auserwähltes Volk« passieren können oder passieren sollen. Auch in Hawaii werden bestimmte Wohnungskredite (vom *Department of Hawaiian Home Lands*) oder die Erlaubnis, bestimmte hervorragende private Schulen zu besuchen *(Kamehameha Schools)*, abhängig gemacht vom Nachweis, hawaiianisches Blut zu besitzen.

[9] Zitiert nach Andrea Böhm: »Gefangen in Trümmern«, *Die Zeit*, 25. September 2014, S. 29.

[10] Die Metapher stammt von Thomas Jefferson: »*[W]e have the wolf by the ear, and we can neither hold him, nor safely let him go. Justice is in one scale, and self-preservation in the other.*« Jefferson zu John Holmes am 22. April 1820, als sie über Sklaverei und die Frage diskutierten, ob Missouri, ein Sklavenstaat, in die Union aufgenommen werden sollte. Zitiert nach: Philip B. Kurland, Ralph Lerner: *The Founders Constitution*, Works 12:158, 60, Chapter 15, Document 666, http://press-pubs.uchicago.edu/founders/documents/v1ch15s66.html.

[11] Zur Plünderung jüdischen Eigentums vgl. die Untersuchungen des Politikwissenschaftlers Wolfgang Dreßen, der sich in die Arisierungsakten des Dritten Reichs vertieft hat. Als Einstieg zum Beispiel: Wolfgang Dreßen: »Billigende Inkaufnahme«, http://www.taz.de/!5131483.

[12] Im Jahr 2015 hatten 16,4 Millionen (20,3 %) der Menschen in Deutschland einen »Migrationshintergrund«. Davon hatten 56 Prozent einen deutschen Pass (Angaben des Statistischen Bundesamtes).

[13] Ich verdanke dieses Bild Berthold Kohler. Vgl. sein Artikel »Die Welt lacht zurück«, *F. A. Z.*, 15. Juli 2014, S. 1.

[14] Der polnische Vorname Róża, auf Deutsch Rosa, wird etwa wie »Ruhscha« ausgesprochen – mit weichem »sch« wie in »Garage«.

[15] Eine der schönsten, wenn auch kitschigsten Versionen dieses Songs aus dem Jahr 1911 finden Sie auf *YouTube* von der Countrygruppe *Trio* (Dolly Parton, Linda Ronstadt, Emmylou Harris): www.youtube.com/watch?-v=igrBCBlsovU.

[16] Friedrich Nietzsche: *Die fröhliche Wissenschaft*, Berlin 2013, Aphorismus 126, S. 109.

[17] Jim Holt: *Why Does the World Exist? One Man's Quest for the Big Answer*, London 2013, S. 34.

[18] Johann Georg Krünitz: *Oekonomische Encyklopädie, oder allgemeines System der Staats-, Stadt-, Haus- und Landwirthschaft, in alphabetischer Ordnung*, 242 Bde., Berlin 1773–1858. Zitiert nach: Online-Ausgabe der Universität Trier, http://www.kruenitz1.uni-trier.de/xxx/j/kj01500.htm.

[19] Vgl. Mary Fulbrook: *A Small Town Near Auschwitz. Ordinary Nazis and the Holocaust*, Oxford 2012, S. 50–55.

[20] Ebd., S. 50.

[21] Ebd., S. 50.

[22] Nassim Nicholas Taleb: *Antifragilität. Anleitung für eine Welt, die wir nicht verstehen*, München 2014, S. 21.

[23] Ebd., S. 22.

[24] Matt Ridley hat zu diesem Thema ein großartiges Buch geschrieben: *The Rational Optimist. How Prosperity Evolves*, New York 2010.

[25] In: Stephen Moss: »Maria and Alec Ossowski«, *The Guardian*, 13. Januar 2005. Zitiert nach: http://www.theguardian.com/world/2005/jan/13/secondworldwar.poland.

[26] Mary Fulbrook: *A Small Town Near Auschwitz. Ordinary Nazis and the Holocaust*, Oxford 2012, S. 281–291.

[27] Rutka Laskier: *Rutkas Tagebuch. Aufzeichnungen eines polnischen Mädchens aus dem Ghetto*, Berlin 2011, S. 53.

[28] Mary Fulbrook: *A Small Town Near Auschwitz. Ordinary Nazis and the Holocaust*, Oxford 2012, S. 294 f.

[29] Vgl. dazu: www.ted.com/talks/dan_gilbert_asks_why_are_we_happy?language=de.

[30] Zumindest glaube ich das. Ich erzähle sie selbst seit Jahrzehnten und habe sie auch schon im Internet gefunden.

[31] Dienstgrad der SS im Range eines Obergefreiten.

[32] In der Literatur häufig auch als »Selektion« bezeichnet.

[33] Die genauen Zahlen findet man in Danuta Czech: *Kalendarium der*

Ereignisse im Konzentrationslager Auschwitz-Birkenau 1939–1945, Reinbek bei Hamburg 1989.

[34] In einem Brief an des Kaisers amerikanischen Freund Poultney Bigelow. Zitiert nach: Seite »Wilhelm II. (Deutsches Reich)«. In: Wikipedia, Die freie Enzyklopädie. Bearbeitungsstand: 15.Juli 2014, 17:46 UTC. URL: https://de.wikipedia.org/wiki/Wilhelm_II._(Deutsches_Reich [Abgerufen: 27.Oktober 2015, 13:22 UTC]. Das Zitat stammt aus: Cornelius Pollmer, Oliver Das Gupta: »»Blut muss fließen, viel Blut‹ – Die bizarrsten Zitate von Kaiser Wilhelm II.« In: *Süddeutsche Zeitung*, 27.Januar 2009.

[35] Danuta Czech: *Kalendarium der Ereignisse im Konzentrationslager Auschwitz-Birkenau 1939–1945*, Reinbek bei Hamburg 1989, S.564 und 567.

[36] Seite »Babyn Jar«. In: Wikipedia, Die freie Enzyklopädie. Bearbeitungsstand: 22.Juli 2014, 16:57 UTC. URL: https://de.wikipedia.org/wiki/Babyn_Jar [Abgerufen: 23.Juli 2014, 11:36 UTC].

[37] Rudolf Höß: *Kommandant in Auschwitz. Autobiographische Aufzeichnungen des Rudolf Höss* [sic], hrsg. von Martin Broszat, München 1979, S.127.

[38] Ebd., S.130.

[39] Ebd., S.171.

[40] Ebd., S.126.

[41] Ebd., S.171f.

[42] Den genauesten fand ich bei: Wikimedia Commons: https://commons.wikimedia.org/wiki/File:Auschwitz-Birkenau.png.

[43] Siehe: www.schafferpaul.com/prog/de/AlsIchInAuschwitzWar-06.php.

[44] William Isaac Thomas: »*The Methodology of Behavior Study*«, in: William Isaac Thomas: *The Child in America. Behavior Problems and Programs*. New York 1928, S.553–576.

[45] Raphael Gross/Werner Renz (Hg.): *Der Frankfurter Auschwitz-Prozess (1963–1965): Kommentierte Quellenedition*, Bd.1, Frankfurt am Main 1963–1965, S.196.

[46] Seite »Funktionshäftling«. In: Wikipedia, Die freie Enzyklopädie. Bearbeitungsstand: 11.Mai 2014, 15:02 UTC. URL: https://de.wikipedia.org/wiki/Funktionshäftling [Abgerufen: 30.Juni 2014, 16:09 UTC] Wikipedia zitiert aus Himmlers Rede vom 21.Juni 1944, zitiert nach: Karin Orth: »Gab es eine Lagergesellschaft? ›Kriminelle‹ und politische Häftlinge im Konzentrationslager«, in: Norbert Frei u.a. (Hg.): *Darstellungen und Quellen zur Geschichte von Ausschwitz. Bd. 4: Ausbeutung, Vernichtung, Öffentlichkeit. Neue Studien zur nationalsozialistischen Lagerpolitik*, München 2000, S.110, Anm.7.

47 Rudolf Höß: *Kommandant in Auschwitz. Autobiographische Aufzeich-*
nungen des Rudolf Höss [sic], hrsg. von Martin Broszat, München 1979,
S. 104 f.

48 Ebd., S. 153.

49 Ebd., S. 153.

50 Hermann Langbein: *People in Auschwitz*, Chapel Hill, NC 2004, S. 403.

51 Ebd., S. 403 ff.

52 Vgl. Olga Lengyel: *Five Chimneys: A Woman Survivor's True Story of*
Auschwitz, Chicago 1995, S. 196 et passim.

53 Vgl. den Artikel: »Mich hat Auschwitz nie verlassen«, *Der Spiegel*, 5/2015,
S. 51.

54 Sima Vaisman: *In Auschwitz. Das Protokoll einer jüdischen Ärztin nach*
der Befreiung, Düsseldorf o. J., S. 21.

55 Danuta Czech: *Kalendarium der Ereignisse im Konzentrationslager Ausch-*
witz-Birkenau 1939–1945, Reinbek bei Hamburg 1989, S. 966.

56 Rudolf Höß: *Kommandant in Auschwitz. Autobiographische Aufzeich-*
nungen des Rudolf Höss [sic], hrsg. von Martin Broszat, München 1979,
S. 146 f.

57 Ebd., S. 20.

58 Ebd., S. 186.

59 Gero von Randow: »Marmelade und kein Blut«, *Die Zeit*, 28. August 2014,
S. 1.

60 Bernd Steger/Peter Wald: *Hinter der grünen Pappe. Orli Wald im Schat-*
ten von Auschwitz – Leben und Erinnerungen, Hamburg 2008, S. 193.

61 Vgl. Rudolf Hoke/Ilse Reiter (Hg.): *Quellensammlung zur österreichi-*
schen und deutschen Rechtsgeschichte, Wien/Köln/Weimar 1993, S. 561.

62 Ian Buruma berichtet in der *Zeit* über die bemerkenswerte sexuelle Rege-
neration der befreiten Häftlinge: »Sobald die Überlebenden wieder laufen konnten, gab es Tanzveranstaltungen. Und Sex. Manche Mitarbeiter
des Roten Kreuzes und anderer Hilfsorganisationen fanden das anstößig,
ein Zeichen moralischen Verfalls infolge jahrelanger Misshandlung. Es
war eine Fehleinschätzung der menschlichen Natur: Man sehnte sich doch
nach menschlicher Wärme, nach Beziehungen, Kindern. Blitzhochzeiten
waren in den Lagern schon kurz nach der Befreiung sehr verbreitet. Zio-
nistische Organisationen ermunterten ausdrücklich zu Hochzeiten und
sexuellen Beziehungen unter den jüdischen Überlebenden; Empfängnis-
verhütung war verpönt. Nach der Drohung totaler Vernichtung und Jahren
der Unmenschlichkeit war das Bedürfnis nach Nachwuchs eine selbst-
verständliche Reaktion.« Ian Buruma: »Ein kurzer Sommer der Anarchie«,
Die Zeit, 29. April 2015, S. 18.

[63] Hannah Arendt: *Eichmann in Jerusalem. Ein Bericht von der Banalität des Bösen*, München 1976, S. 399.

[64] Orli Wald: »Jackelis Mutter«, in: Bernd Steger/Peter Wald: *Hinter der grünen Pappe. Orli Wald im Schatten von Auschwitz – Leben und Erinnerungen*, Hamburg 2008, S. 226. Das Buch enthält neben einer historischen Aufarbeitung des tragischen Lebens von Orli Wald und ihrer Zeit in deutschen Konzentrationslagern von Orli selbst verfasste literarische Kurzbeiträge.

[65] Ebd., S. 228 f.

[66] James A. Michener: *Hawaii*, 2. Aufl., New York 1973, S. 1036.

[67] Die tragischen Folgen dieser unsinnigen Politik zwischen Wirtschaftssanktionen und Militärinterventionen beschreibt Michael Lüders, der ehemalige Nahost-Korrespondent der Hamburger Wochenzeitung *Die Zeit* mit erschreckender Anschaulichkeit in seinem Buch: *Wer den Wind sät. Was westliche Politik im Orient anrichtet*, München 2015. Präsident Ronald Reagans Außenminister George P. Shulz sieht das inzwischen auch so, wenn er auf vierzig Jahre amerikanische Außenpolitik zurücksieht: »Wenn ich an all das Geld denke, das wir für Bomben und Munition ausgegeben haben und unser Scheitern in Vietnam ... und anderen Orten der Welt ... Statt unsere Agenda mit Gewalt durchzusetzen, hätten wir Schulen und Krankenhäuser in diesen Ländern bauen sollen und das Leben ihrer Kinder verbessern sollen. Heute nähmen diese Kinder einflussreiche Positionen ein und wären uns dankbar, statt uns zu hassen.« George P. Shulz in einer persönlichen Mitteilung an den Neurowissenschaftler Daniel J. Levitin: *The Organized Mind. Thinking Straight in the Age of Information Overload*, New York 2014, S. 156.

[68] Zitiert nach Richard Dawkins: *The God Delusion*, London [u. a.] 2006, S. 251.

[69] Zitiert nach: Wolf Schneider: *Gewönne doch der Konjunktiv! Sprachwitz in 66 Lektionen*, Reinbek bei Hamburg 2010, S. 192.

[70] Ein treffender Begriff von Dietmar Dach. In: »Vergiss die Peitschen!«, *F. A. Z.*, 12. Februar 2015, S. 11.

[71] Die Taufe ist im Grunde eine Variante des Exorzismus. Doppelt Getaufte gibt es in der Bibel meines Wissens nur in der Apostelgeschichte 19,1–5. Vgl. dazu Heinz-Werner Kubitza: *Der Jesuswahn*, Marburg 2011, S. 286 f.

[72] Die Idee habe ich zuerst gelesen bei Richard Dawkins: »*[M]odern theists might acknowledge that, when it comes to Baal and the Golden Calf, Thor and Wotan, Poseidon and Apollo, Mithras and Ammon Ra, they are actually atheists. We are all atheists about most of the gods that humanity has ever believed in. Some of us just go one god further.*« Vgl. Richard Dawkins:

A Devil's Chaplain. Reflections on Hope, Lies, Science, and Love, Boston/ New York 2003. Eine ähnliche Idee stammt von Stephen F. Roberts, wie er sagt, aus einem Blog des Jahres 1995 auf der nicht mehr existierenden Website »Dejanews.com«: »*I contend we are both atheists, I just believe in one fewer god than you do. When you understand why you dismiss all the other possible gods, you will understand why I dismiss yours.*« Vgl. Stephen F. Roberts: *Brief History of the Quote*, http://freelink.wildlink.com/quote_history.php.

[73] Hosea 14.

[74] Matthäus 25, 31–46.

[75] Die Bayer AG war damals Deutschlands größte Chemiefirma mit rund 60 000 Beschäftigten. Töchterfirmen waren die Agfa AG und die Gevaert AG, die sich 1964 zusammenschlossen.

[76] Die Plattitüde mit intelligentem Subtext ist nicht von mir, aber ich weiß leider nicht mehr, von welchem Autor sie stammt.

[77] Wiesław Brudziński: *Katzenjammer. Aphorismen*, Frankfurt am Main 1966, S.10.

[78] Diese These wird vertreten in Kimberley Cornish: *The Jew of Linz*, London 1998. Es ist höchst fragwürdig, ob Wittgenstein und Hitler überhaupt voneinander wussten: Sie waren zwei Klassen auseinander. Vgl. dazu: Carlos Widmann: »Der Indiana Jones von Linz«, *Der Spiegel*, 28/1998, http://www.spiegel.de/spiegel/print/d-7934447.html.

[79] Ein Begriff aus Klaus Theweleit: *Männerphantasien 1 + 2*, Bd. 1: *Frauen, Fluten, Körper, Geschichte*, München 2000. Zitiert nach: Sigrid Löffler: »Der Künstler und sein Frauenopfer«, *Der Spiegel* 9/1989 [http://www.spiegel.de/spiegel/print/d-13495662.html].

[80] Dies sind die letzten beiden Zeilen aus Rainer Maria Rilkes Gedicht »Um die vielen Madonnen sind viele ewige Engelknaben«, geschrieben am 27. April 1898 in Florenz. Das ganze Gedicht findet man hier: http://www.rilke.de/gedichte/um_die_vielen_madonnen.htm.]

[81] Hans Vaihinger: *Die Philosophie des Als Ob. System der theoretischen, praktischen und religiösen Fiktionen der Menschheit auf Grund eines idealistischen Positivismus*, 7. und 8. Aufl., Leipzig 1922.

[82] Zitiert nach William Shakespeare: *Romeo und Julia*, übersetzt von August Wilhelm Schlegel, in: *William Shakespeare's dramatische Werke*, hrsg. von Wilhelm Oechelhäuser, 21. Aufl., Stuttgart [u.a.] 1891, S.391.

[83] Die Formulierung geht zurück auf den amerikanischen Poeten Shel Silverstein. Für die Countryrock-Gruppe *Dr. Hook & the Medicine Show* schrieb er 1976 den Song »*Jungle to the Zoo*« (Lead-Gesang: Dennis Locorriere). Darin heißt es: »*It's one step from the jungle to the zoo.*« Die

Songidee und die Zeile ist dann später, nun, sagen wir: »kreativ adaptiert« worden im Ulla-Meinecke-Song »Es ist ein kleiner Schritt vom Dschungel in den Zoo«.

[84] Bertrand Russell: *Portraits from Memory and Other Essays*, New York 1956, S. 57.

[85] Der Aphorismus geht weiter: »Denn die Menge hält alles für tief, dessen Grund sie nicht sehen kann: Sie ist so furchtsam und geht so ungern ins Wasser.« Vgl. Friedrich Nietzsche: *Die fröhliche Wissenschaft*, Berlin 2013, Aphorismus 173, S. 123.

[86] »In der Mitte der Straße gibt es nichts als gelbe Streifen und tote Gürteltiere.« Jim Hightower: *There's Nothing in the Middle of the Road but Yellow Stripes and Dead Armadillos*, New York 1998.

[87] Hans Albert: *Traktat über kritische Vernunft*, Tübingen 1969.

[88] Ebd., S. 11–15.

[89] Der griechische Philosoph, Mathematiker und Ingenieur Archimedes (um 287–212 v. Chr.) sagte, man solle ihm einen langen Hebel und einen festen Punkt geben, dann könne er die Erde ganz allein anheben. Im übertragenen Sinne wird mit dem *archimedischen Punkt* eine vollkommen unbezweifelbare Wahrheit bezeichnet.

[90] Vgl. dazu Wayne W. Dyer: *Der wunde Punkt. Die Kunst, nicht unglücklich zu sein. Zwölf Schritte zur Überwindung unserer persönlichen Problemzonen*, 36. Aufl., Reinbek bei Hamburg 2013, S. 136 f. et passim.

[91] Ich habe Xenophanes' Fragmente 18 und 34 behutsam modernisiert. Vgl. dazu die Übersetzung von Hermann Diels: *Die Fragmente der Vorsokratiker*, Reinbek bei Hamburg 1963, S. 19 f.

[92] Karl Popper: *Die offene Gesellschaft und ihre Feinde*, Band I: *Der Zauber Platons*, 7. Aufl., Tübingen 1992, S. 238 f.

[93] Robert Trivers: *Deceit and Self-Deception. Fooling Yourself the Better to Fool Others*, New York 2011, S. XV.

[94] Der Text der eidesstattlichen Erklärung ist in Teilen identisch mit Orli Walds Ausführungen in dem auf S. 143 erwähnten Artikel: Orli Wald: »Jackelis Mutter«, in: Bernd Steger / Peter Wald: *Hinter der grünen Pappe. Orli Wald im Schatten von Auschwitz – Leben und Erinnerungen*, Hamburg 2008, S. 226 f.

[95] Ich habe das Zitat gekürzt. In der Lutherbibel von 1912 heißt es: »Aber die Schriftgelehrten und Pharisäer brachten ein Weib zu ihm, im Ehebruch ergriffen, und stellten sie in die Mitte dar und sprachen zu ihm: Meister, dies Weib ist ergriffen auf frischer Tat im Ehebruch. Mose aber hat uns im Gesetz geboten, solche zu steinigen; was sagst du? Das sprachen sie aber, ihn zu versuchen, auf daß sie eine Sache wider ihn hätten.

Aber Jesus bückte sich nieder und schrieb mit dem Finger auf die Erde. Als sie nun anhielten, ihn zu fragen, richtete er sich auf und sprach zu ihnen: Wer unter euch ohne Sünde ist, der werfe den ersten Stein auf sie.«

[96] Norman Mailer hat diesen Begriff geprägt: »Erfindungen …, die noch nicht einmal Lügen sind«, Mittel, mit denen man manipulieren kann. Vgl. Norman Mailer: *Marilyn Monroe. Eine Biographie*, München / Zürich 1973, S. 21.

[97] Harry G. Frankfurt: *Bullshit*, Frankfurt am Main 2006, S. 62 f.

[98] Ich habe diesen schönen Gedanken in einem amerikanischen Film gehört, weiß aber leider nicht mehr, welcher es war.

[99] Charles Aznavour: »Die schöne Zeit« auf der CD *du und ich*. Musik: Charles Aznavour, Text: Jacky Dreksler, EMI Music Holland BV, 1995.

[100] Louis Armstrong: »*What a Wonderful World*«. Musik: George David Weiss, Text: Bob Thiele. Aufgenommen am 16. August 1967, erstmals vorgestellt in Johnny Carsons *Tonight Show*.

[101] Der Handel mit Sklaven wurde in Saudi-Arabien erst 1968 offiziell abgeschafft. Aber bis heute werden dort (und in anderen Ländern) Menschen noch wie Sklaven gehalten, vor allem weibliche Haushaltshilfen. Vgl. dazu etwa: https://en.wikipedia.org/wiki/Human_trafficking_in_Saudi_Arabia. Vgl. auch: http://edition.cnn.com/2015/07/27/world/us-trafficking-tip-report-2015.

[102] Nach Angaben des Hohen Flüchtlingskommissars der Vereinten Nationen waren 2012 etwa 45 Millionen Menschen weltweit auf der Flucht, davon rund 30 Millionen »Binnenvertriebene«, also Menschen, die innerhalb ihres eigenen Landes vertrieben wurden. Heute, im Jahr 2015, sind es wahrscheinlich 60 Millionen Menschen, davon 35 Millionen aus Afrika. Mehr als 12 Millionen Menschen leben heute noch als Sklaven, sind Opfer von Menschenhandel, Zwangsarbeit oder sexueller Ausbeutung. Vgl. etwa: https://de.wikipedia.org/wiki/Flüchtlingsstrom und »Handelsware Mensch: Menschenhandel im 21. Jahrhundert«, http://reset.org/knowledge/handelsware-mensch-menschenhandel-im-21-jahrhundert.

[103] Ich zitiere die Stelle aus der großartigen Übersetzung von Klaus Binder. Lukrez: *Über die Natur der Dinge*. Neu übersetzt und reich kommentiert von Klaus Binder, Berlin 2014, S. 71.

[104] Die hübsche Parabel wird im deutschsprachigen Internet meist unspezifisch als »Indianerweisheit« verkauft oder einem bestimmten Stamm zugeschrieben, z. B. den Cherokee. Auf der Website *Florilegia* wird die Herkunft der Story analysiert. Wenn korrekt ist, was da steht, dann wurde die Geschichte zum ersten Mal 1978 in einem Buch des amerikanischen Baptistenpastors Billy Graham erzählt (in einer Version mit einem Es-

kimo und seinen zwei Hunden): *The Holy Spirit: Activating God's Power in Your Life.* Vgl. dazu: http://tithenai.tumblr.com/post/17655980732/the-history-of-the-two-wolvestwo-dogs-story.

[105] Speer saß seine Strafe vollständig im alliierten Kriegsverbrechergefängnis Spandau ab und wurde 1966 entlassen. Durch Buchvorabdrucke, Bücher, Interviews und den Verkauf von NS-Raubkunst wurde er danach reich. Dass er von der Judenvernichtung gewusst hatte, war damals klar. Erst nach Speers Tod wurde bekannt, dass er maßgeblich am Bau von Massenvernichtungslagern beteiligt gewesen war. Einen schnellen Überblick gibt der Wikipedia-Artikel »Albert Speer«.

[106] *»Religion is an insult to human dignity. With or without it you would have good people doing good things and evil people doing evil things. But for good people to do evil things, that takes religion.«* Weinberg in einer Rede auf der Konferenz »*Cosmic Questions*« der American Association for the Advancement of Science (AAAS) im National Museum of Natural History in Washington, DC, am 15. April 1999. Zitiert nach: https://de.wikipedia.org/wiki/Steven_Weinberg.

[107] Ludwig Wittgenstein, *Tractatus logico-philosophicus*, 6.52.

[108] Vgl. hierzu und den vorherigen Passagen über Gerechtigkeit und Vergebung auch Rudolf Taschner: *Gerechtigkeit siegt – aber nur im Film*, Salzburg 2011, S. 98–109.

[109] Bhadantācariya Buddhaghosa: *Visuddhimagga*, 2010, IX, 23.

[110] Vgl. Harald Welzer: *Täter. Wie aus ganz normalen Menschen Massenmörder werden*, Frankfurt am Main 2013, insbesondere das Kapitel »Alles ist möglich«, S. 246–268.

[111] Die Formulierung stammt von Josef Kraus, seit 1987 Präsident des Deutschen Lehrerverbandes (DL).

[112] Friedrich Nietzsche: *Also sprach Zarathustra. Ein Buch für Alle und Keinen*, Vierter und letzter Teil, *Das trunkene Lied* 12, Köln 1994.

[113] Egmonts Geliebte Klärchen singt im 3. Akt: »Freudvoll | Und leidvoll, | Gedankenvoll sein, | Langen | Und bangen | In schwebender Pein, | Himmelhoch jauchzend, | Zum Tode betrübt – | Glücklich allein | Ist die Seele, die liebt.« Allgemeiner formuliert hat diese Weisheit der Apostel Paulus in seiner Abschiedsrede an die Ältesten von Ephesus: »Geben ist seliger denn Nehmen« (Apostelgeschichte 20, 35). Das gleiche Prinzip hat auch Thomas Hobbes angesprochen, der Philosoph des Egoismus. In einer möglicherweise erfundenen Anekdote gibt der bekannte Egoist Hobbes einem Bettler ein Almosen. Sein Begleiter vermutet, Hobbes habe das gewiss aus dem christlichen Gebot der Nächstenliebe heraus gemacht. Aber Hobbes erwidert, er habe es aus reinem Eigeninteresse

getan, denn den Bettler glücklich zu sehen, mache ihn selbst glücklich. Vgl. Ulrich Willems: *Entwicklung, Interesse und Moral. Die Entwicklungspolitik der Evangelischen Kirche in Deutschland*, Wiesbaden 1998, S. 93.

[114] »Wenn du nach den Sternen greifst, erreichst du vielleicht nicht wirklich einen – aber du stehst am Ende auch nicht mit einer Handvoll Dreck da.« [meine freie Übersetzung]

[115] Karl Popper: *Die offene Gesellschaft und ihre Feinde*, Bd. 1: *Der Zauber Platons*, 7. Aufl., Tübingen 1992, S. XVII (Vorwort zur ersten amerikanischen Ausgabe).

Quellen und Literatur

Materialrecherche

Ich bin der Letzte, der die Geschichte meiner polnischen Familie erzählen kann. Meine Verwandten sind alle in Ghettos und Konzentrationslagern umgekommen – außer meinem amerikanischen Onkel.

Die Quellen zu diesem Buch habe ich zwischen 1970 und 1974 zusammengetragen – sechshundert Blatt Aktenmaterial von Behörden und Rechtsanwälten, Briefe und Notizbücher meiner Mutter aus ihrer Zeit in französischen und deutschen Gefängnissen. Dazu kommen Gespräche mit Zeitzeugen, die meine Mutter kannten. Meine Gedanken und Erkenntnisse während dieses Prozesses habe ich damals schriftlich festgehalten.

Mein Onkel Bernie Lewkowicz sprach Anfang der Nullerjahre lange mit mir über das Familienleben in Będzin und die Ereignisse beim Einmarsch der deutschen Truppen. Ich konnte alles auf Tonband festhalten, kurz bevor Alzheimer begann, sein Gehirn zu verwüsten.

Meine Tante Jutta Lewkowicz, Bernies Frau, erzählte mir ausführlich über die Zeit vom Ende der Vierzigerjahre, als Omi angefangen hatte, Briefe nach Buffalo zu schreiben, bis zum Streit um die Vormundschaft mit der Jüdischen Gemeinde in Köln, und über die Zeit, als ich bei ihr in Buffalo wohnte. Ihr verdanke ich auch die zahlreichen Briefe, die mein Vormund in die USA schickte.

Rechtschreibung

Die zitierten Quellen des Aktenmaterials sind nach den Regeln der alten Rechtschreibung geschrieben und enthalten zudem zahlreiche Fehler. Aus Gründen der Lesbarkeit habe ich sie an die neue Rechtschreibung angepasst: habe »ß« zu »ss« umgeformt, wo es die neuen Regeln vorsehen, die Groß- und Kleinschreibung korrigiert und die Kommasetzung angeglichen. Auch Namen habe ich behutsam verändert: habe *Jacki* oder *Jackie* zu *Jacky* vereinheitlicht und *Drechsler* oder *Drexler* zu *Dreksler* (außer bei der SS-Frau *Drexler*). So kann es zu Diskrepanzen zwischen einem abgebildeten Dokument und dem gedruckten Text kommen.

Bei Briefen aus den USA habe ich der besseren Lesbarkeit halber die deutschen Umlaute verwendet und nicht »ae«, »ue« usw. Auslassungen längerer Passagen habe ich nur gekennzeichnet, wenn der Sinnzusammenhang es erforderte. Omis Mimikri-Briefe habe ich immer ohne Korrekturen wiedergegeben.

Literatur

Albert, Hans: *Traktat über kritische Vernunft*, Tübingen 1969

Arendt, Hannah: *Eichmann in Jerusalem. Ein Bericht von der Banalität des Bösen*, München 1976

Balder, Hugo Egon mit Bernd Philipp: *Ich habe mich gewarnt*, Berlin 2004

Bhadantācariya Buddhaghosa: *Visuddhimagga. The Path of Purification*, o.O. 2010

Brudziński, Wiesław: *Katzenjammer. Aphorismen*, Frankfurt am Main 1966

Carnegie, Dale: *Wie man Freunde gewinnt*, Zürich 1955

Cornish, Kimberley: *The Jew of Linz*, London 1998

Czech, Danuta: *Kalendarium der Ereignisse im Konzentrationslager Auschwitz-Birkenau 1939–1945*, Reinbek bei Hamburg 1989

Dawkins, Richard: *A Devil's Chaplain. Reflections on Hope, Lies, Science, and Love*, Boston/New York 2003

Dawkins, Richard: *The God Delusion*, London [u.a.] 2006

Diels, Hermann: *Die Fragmente der Vorsokratiker*, Reinbek bei Hamburg 1963

Dyer, Wayne W.: *Der wunde Punkt. Die Kunst, nicht unglücklich zu sein. Zwölf Schritte zur Überwindung unserer persönlichen Problemzonen*, 36. Aufl., Reinbek bei Hamburg 2013

Finkelstein, Israel: *Das vergessene Königreich. Israel und die verborgenen Ursprünge der Bibel*, München 2014

Finkelstein, Israel/Silberman, Neil A.: *Keine Posaunen vor Jericho. Die archäologische Wahrheit über die Bibel*, München 2007

Frankfurt, Harry G.: *Bullshit*, Frankfurt am Main 2006

Fulbrook, Mary: *A Small Town Near Auschwitz. Ordinary Nazis and the Holocaust*, Oxford 2012

Gross, Raphael/Renz, Werner (Hg.): *Der Frankfurter Auschwitz-Prozess (1963–1965): Kommentierte Quellenedition*, Bd. 1, Frankfurt am Main 1963– 1965

Hightower, Jim: *There's Nothing in the Middle of the Road but Yellow Stripes and Dead Armadillos*, New York 1998

Höß, Rudolf: *Kommandant in Auschwitz. Autobiographische Aufzeichnungen*, hrsg. von Martin Broszat, München 1979

Hoke, Rudolf/Reiter, Ilse (Hg.): *Quellensammlung zur österreichischen und deutschen Rechtsgeschichte*, Wien/Köln/Weimar 1993

Holt, Jim: *Why Does the World Exist? One Man's Quest for the Big Answer*, London 2013

Kubitza, Heinz-Werner: *Der Jesuswahn. Wie die Christen sich ihren Gott erschufen. Die Entzauberung einer Weltreligion durch die wissenschaftliche Forschung*, Marburg 2011

Langbein, Hermann: *People in Auschwitz*, Chapel Hill, NC 2004

Laskier, Rutka: *Rutkas Tagebuch. Aufzeichnungen eines polnischen Mädchens aus dem Ghetto*, Berlin 2011

Levitin, Daniel J.: *The Organized Mind. Thinking Straight in the Age of Information Overload*, New York 2014

Lüders, Michael: *Wer den Wind sät. Was westliche Politik im Orient anrichtet*, München 2015

Lukrez: *Über die Natur der Dinge*. Neu übersetzt und reich kommentiert von Klaus Binder, Berlin 2014

Mailer, Norman: *Marilyn Monroe. Eine Biographie*, München/Zürich 1973

Michener, James A.: *Hawaii*, 2. Aufl., New York 1973

Nietzsche, Friedrich: *Also sprach Zarathustra. Ein Buch für Alle und Keinen*, in: Friedrich Nietzsche: *Werke in drei Bänden*, Bd. 2, Köln 1994

Nietzsche, Friedrich: *Die fröhliche Wissenschaft*, Berlin 2013

Oheim, Gertrud: *Einmaleins des guten Tons*, Gütersloh 1955

Pinker, Steven: *Gewalt: Eine neue Geschichte der Menschheit*, Frankfurt 2011

Platon: *Der Staat*, Stuttgart 1958

Platon: *Gesetze/Nomoi*, Berlin 2013

Popper, Karl R.: *Die offene Gesellschaft und ihre Feinde*, Bd. 1: *Der Zauber Platons*, Tübingen 1992

Randow, Gero von: »Marmelade und kein Blut«, *Die Zeit*, 28. August 2014

Ridley, Matt: *The Rational Optimist. How Prosperity Evolves*, New York 2010

Russell, Bertrand: *Portraits from Memory and Other Essays*, New York 1956

Russell, Bertrand: *Why I'm Not a Christian and Other Essays on Religion and Related Subjects*, New York 1957

Saint-Exupéry, Antoine de: Der kleine Prinz, 68. Aufl., Düsseldorf 2012

Sand, Shlomo: *Die Erfindung des jüdischen Volkes. Israels Gründungsmythos auf dem Prüfstand*, Berlin 2011

Sand, Shlomo: *Die Erfindung des Landes Israel. Mythos und Wahrheit*, Berlin 2014

Sartre, Jean-Paul: *Überlegungen zur Judenfrage*, Reinbek bei Hamburg 2010

Schneider, Wolf: *Gewönne doch der Konjunktiv! Sprachwitz in 66 Lektionen*, Reinbek bei Hamburg 2010

Shakespeare, William: *Romeo und Julia*, übersetzt von August Wilhelm Schlegel, in: *William Shakespeare's dramatische Werke*, hrsg. von Wilhelm Oechelhäuser, 21. Aufl., Stuttgart [u. a.] 1891

Steger, Bernd / Wald, Peter: *Hinter der grünen Pappe. Orli Wald im Schatten von Auschwitz – Leben und Erinnerungen*, Hamburg 2008

Taleb, Nassim Nicholas: *Antifragilität. Anleitung für eine Welt, die wir nicht verstehen*, München 2014

Taschner, Rudolf: *Gerechtigkeit siegt – aber nur im Film*, Salzburg 2011

Theweleit, Klaus: *Männerphantasien 1 + 2*, Bd. 1: *Frauen, Fluten, Körper, Geschichte*, München 2000

Thomas, William Isaac: »*The Methodology of Behavior Study*«, in: *The Child in America. Behavior Problems and Programs*, New York 1928

Trivers, Robert: *Deceit and Self-Deception. Fooling Yourself the Better to Fool Others*, New York 2011

Vaihinger, Hans: *Die Philosophie des Als Ob. System der theoretischen, praktischen und religiösen Fiktionen der Menschheit auf Grund eines idealistischen Positivismus*, 7. und 8. Aufl., Leipzig 1922

Vaisman, Sima: *In Auschwitz. Das Protokoll einer jüdischen Ärztin nach der Befreiung*, Düsseldorf o. J.

Vorhaus, John: *The Comic Toolbox. How to Be Funny Even If You're Not*, Los Angeles 1994

Welzer, Harald: *Täter. Wie aus ganz normalen Menschen Massenmörder werden*, Frankfurt am Main 2013

Wittgenstein, Ludwig: *Tractatus logico-philosophicus*, Frankfurt am Main 1963

Nichtzitierte Quellen

Meine Mutter Fela und mein Onkel Bernie waren begeisterte und begnadete Geschichtenerzähler. Aber systematische Zusammenhänge konnte ich trotz der Fülle an Anekdoten und Vignetten natürlich nicht gewinnen. In den Akten habe ich zahlreiche Schilderungen über die Erlebnisse meiner Mutter im Ghetto und im KZ gefunden. Aber sie wurden alle von der Hand und aus der Sicht meines Vormunds Claire Stahl für den Zweck geschrieben, Behörden zu überzeugen, Zahlungen zu bewilligen, oder Menschen zu überreden, meiner Mutter zu helfen. Sie entsprechen zuweilen nicht den Fakten oder sind bewusst tendenziös verfasst. Oft stimmen sie nicht mit den Erzählungen meiner Mutter oder meines Onkels überein. Für meinen ehemaligen Vormund heiligte der Zweck die Mittel. Ich habe daher viele Bücher von Augenzeugen gelesen, um mir ein umfassenderes Bild zu machen. Deren Erlebnisse und Sichtweisen sind nicht in mein Buch eingegangen. Aber sie haben die Atmosphäre sicherlich nuanciert oder gar beeinflusst. Und sie haben mir geholfen, die Geschichtchen meiner Mutter und Onkel Bernies zu verifizieren oder infrage zu stellen. Darum seien sie hier aufgeführt.

Birenbaum, Halina: *Die Hoffnung stirbt zuletzt*, Hagen 1989 [1967 (poln.)]

Charmatz, Konrad: *Nightmares. Memoirs of the Years of Horror Under Nazi Rule in Europe, 1939–1945*, Syracuse 2003

Dieckmann, Christoph / Quinkert Babette (Hg.): *Im Ghetto 1939–1945. Neue Forschungen zu Alltag und Umfeld.* Beiträge zur Geschichte des Nationalsozialismus, Band 25, Göttingen 2009

Dobroszycki, Lucjan: *The Chronicle of the Łódź Ghetto 1941–1944*, New Haven and London 1984

Frankl, Viktor E.: *Man's Search For Meaning*, Boston 2006

Held, Monika: *Der Schrecken verliert sich vor Ort*, Köln 2012

Kielar, Wiesław: *Anus Mundi. Fünf Jahre Auschwitz*, Frankfurt am Main 2002 [1972 (poln.)]

Kisch, Egon Erwin: *Geschichten aus sieben Ghettos*, Frankfurt am Main 1989 [1934]

Klamt, Andrzej / Marek Pelc: *… Verzeihung, ich lebe*, BRD / Polen 2000 (DVD)

Lang, Hans-Joachim: *Die Frauen von Block 10. Medizinische Versuche in Auschwitz*, Hamburg 2013

Lengyel, Olga: *Five Chimneys: A Woman Survivor's True Story of Auschwitz*, Chicago 1995 [1946 (frz.)]

Levi, Primo: *Survival in Auschwitz. If This Is A Man*, New York 2008 [1947 (ital.)]

Levitin, Daniel J.: *The Organized Mind. Thinking Straight in the Age of Information Overload*, New York 2014

Michman, Dan: *Angst vor den »Ostjuden«. Die Entstehung der Ghettos während des Holocaust*, Frankfurt am Main 2011

Millu, Liana: *Der Rauch über Birkenau*, Frankfurt am Main 2012 [1947 (ital.)]

Rosenfarb, Chava: *The Tree of Life. A Trilogy of Life in the Łódź Ghetto.* Book Two: *From the Depths I Call You, 1940–1942*, Madison 1985 [1972 (hebr.)]

Sem-Sandberg, Steve: *Die Elenden von Łódź*, Stuttgart 2011

Trunk, Isaiah: *Łódź Ghetto. A History*, Bloomington and Indianapolis 2006

Wesołowska, Danuta: *Wörter aus der Hölle. Die »lagerszpracha« der Häftlinge von Auschwitz*, Kraków 1998

Żywulska, Krystyna: *Wo vorher Birken waren. Überlebensbericht einer jungen Frau aus Auschwitz-Birkenau*, Darmstadt 1980 [1946 (poln.)]